E. C. Gaskell

The Life of Charlotte Brontë

Elizabeth Gaskell

夏洛蒂·勃朗特传

〔英〕盖斯凯尔夫人 著 祝庆英 祝文光 译

上海译文出版社

目　次

序 ……………………………… 克莱门特·肖特　001

第一章 …………………………………………… 001
对基思利及其周围地区的描述——哈沃斯牧师住宅和教堂——勃朗特一家的石碑

第二章 …………………………………………… 009
约克郡人的特点——西区的制造业——清教徒的后裔——一个颇具特点的事件——乡村旧貌——与世隔绝的乡村房屋——两位约克郡乡绅——民间的粗野运动——哈沃斯副牧师威廉·格里姆肖——他对教民们的看法和态度——"阿维尔"或丧筵——哈沃斯野外苏格兰教会——任命雷德海德先生为终身副牧师时哈沃斯的骚乱——居民的特点——勃朗特先生来到哈沃斯

第三章 …………………………………………… 031
帕特里克·勃朗特牧师——他同彭赞斯的勃兰威尔小姐的婚姻——彭赞斯的社会风俗——勃兰威尔一家——勃兰威尔小姐给勃朗特先生的几封信——勃朗特太太的婚礼——夏洛蒂·勃朗特的诞生地桑顿——迁至哈沃斯——对牧师住宅的描述——哈沃斯的人们——勃朗特一家在哈沃斯——小勃朗特们的早期教育——勃朗特先生的特点——勃朗特太太之死——勃朗特一家的学习——勃朗特先生谈论他的孩子们

第四章 …………………………………………… 048
勃兰威尔小姐来到哈沃斯——凯瑞斯·威尔逊牧师开办的柯文桥学

校——"史凯契尔德小姐""海伦·彭斯""谭波尔小姐"的原型——校中出现伤寒——勃朗特姊妹的特点——玛丽亚·勃朗特和伊丽莎白·勃朗特之死

第五章·· 062
老仆人泰比——帕特里克·勃兰威尔·勃朗特——夏洛蒂·勃朗特少年时期的作品的目录和作为例子的几页——《岛民故事集》序的摘录——《一八二九年的历史》——夏洛蒂对美术的爱好——从早期作品的手稿中摘录的片段——夏洛蒂的智力倾向和家里的责任——牧师住宅发生的一件怪事——洋溢着青春的诗情

第六章·· 077
对夏洛蒂·勃朗特的外貌的描绘——在罗海德的伍某某小姐的学校——奥克韦尔府及其传说——夏洛蒂第一次在学校出现——她的充满青春气息的性格和政治见解——在罗海德的学生时代——卡特赖特先生和卢德派——布尔德府的罗伯逊先生——礼拜堂里的几幕以及海德蒙德威克和高默沙尔的其他特点

第七章·· 097
夏洛蒂·勃朗特离开学校,回家教妹妹读书——牧师住宅里的学习和书籍——同学来访——给初次去伦敦的朋友的信——论书籍的选择——论跳舞——勃兰威尔·勃朗特的性格和才能——为他深造安排的计划——分离的前景

第八章·· 115
夏洛蒂在伍某某小姐的学校中当教师——艾米莉想家——说明夏洛蒂的沮丧和忧郁的信——姐妹们在家里——哈沃斯的冬日夜晚——夏洛蒂写信给骚塞,勃兰威尔写信给华兹华斯——勃兰威尔的信和诗——失去一个朋友做伴的前景——夏洛蒂和骚塞的通信——在沮丧中写的信——老仆人遇到的一次事故,勃朗特一家特有的好心——安妮·勃朗特的症状——夏洛蒂遇到的第一次求婚——夏洛蒂和安妮出去当家

庭教师——夏洛蒂当家庭教师时的生活经历——哈沃斯第一个副牧师上任——遇到的第二次求婚——到海滨游览

第九章 ································· 157

勃兰威尔·勃朗特仍在家里——勃兰威尔小姐和她的外甥女们——办学校的计划——夏洛蒂开始写第一部小说——哈沃斯的副牧师——夏洛蒂对婚姻的想法——她找工作,找到当家庭教师的职位

第十章 ································· 171

第二次当家庭教师时的生活经历——再次打算开办学校和计划实现这个愿望——拒绝伍某某小姐转让学校的建议——为离开英国作准备

第十一章 ······························· 186

勃朗特先生送女儿去布鲁塞尔——埃热太太的寄宿学校和学校成员——埃热先生有关夏洛蒂·勃朗特和艾米莉·勃朗特的叙述——夏洛蒂有关学校的叙述——她的法文作文练习——她对比利时人的印象——寄宿学校的安排——夏洛蒂当英语老师时的表现——失去一个年轻的朋友——勃兰威尔小姐逝世,回哈沃斯——埃热先生致勃朗特先生的信

第十二章 ······························· 216

夏洛蒂回布鲁塞尔——她叙述的嘉年华会和四旬斋——寄宿学校中英语老师的孤独——她的作业《论拿破仑之死》——抑郁,孤独,想家——和埃热太太的疏远,回哈沃斯——心地善良的特点——艾米莉和她的狗"基伯"

第十三章 ······························· 238

重新考虑和放弃开办学校的计划——勃兰威尔·勃朗特的可悲的行动及其后果

第十四章 ······························· 251

柯勒、埃利斯和阿克顿·贝尔诗集的出版——和出版商的通信——给伍某某小姐和其他朋友的信——给一个年轻朋友的劝告的信

第十五章 · 265

勃朗特先生失明，一次成功的白内障摘除手术使他恢复视力——夏洛蒂·勃朗特的第一部小说《教师》——她开始写《简·爱》——创作这部作品时的环境——她对女主人公的想法——她对家的眷恋——十二月里的哈沃斯——一封自白和劝告的信

第十六章 · 276

一八四七年初夏洛蒂·勃朗特的健康状况——家庭中的考验——《呼啸山庄》和《艾格妮丝·格雷》被出版商接受——《教师》遭到退稿——《简·爱》完成，被接受和出版——有关《简·爱》的书评和作者对书评的评论——她父亲拿到此书——《简·爱》引起的公众的关注——第二版献给萨克雷先生——柯勒·贝尔和刘易斯先生有关《简·爱》的通信——《呼啸山庄》和《艾格妮丝·格雷》出版——勃朗特小姐有关《呼啸山庄》的作者的叙述——勃朗特姊妹为家里的事情考虑——柯勒·贝尔同刘易斯先生的通信——哈沃斯于健康不利的状况——夏洛蒂·勃朗特论一八四八年革命——她否认作者身份——安妮·勃朗特的第二部小说《威尔德菲尔府的房客》——有关三个贝尔的误会及其后果——柯勒·贝尔和阿克顿·贝尔去伦敦——夏洛蒂·勃朗特谈论她的这次访问——查普特咖啡馆——在卡斯特顿的牧师女儿学校——勃兰威尔·勃朗特之死——艾米莉·勃朗特患病和逝世

第十七章 · 326

《评论季刊》评《简·爱》——安妮·勃朗特病重——她的信和最后一首诗——她去斯卡巴勒——她在那里的临终时刻、逝世和葬礼——夏洛蒂回哈沃斯，她的孤独

第十八章 · 348

开始写作《谢利》和它的完成——人物的原型和创作时的环境——铁路股票的损失——写给刘易斯先生和其他朋友的讨论《谢利》的信，有关《谢利》的书评——勃朗特小姐去伦敦，会见萨克雷先生，认识

马蒂诺小姐——她对文学界人士的印象

第十九章 ································· 367

"柯勒·贝尔"被认出是哈沃斯和附近一带的勃朗特小姐——她给刘易斯先生的信，讨论他对《谢利》的书评——孤独，严重的精神沮丧和不安——她拜访詹·凯·沙特尔沃思爵士夫妇——她对评论家的看法，评论萨克雷的《潘登尼斯》和司各特的《对妇女教育的几点建议》——约克郡读者对《谢利》的意见

第二十章 ································· 380

哈沃斯的一个于健康不利的春天——勃朗特小姐应邀去伦敦访问——她有关《领袖》的评论——在荒原上散步的联想——写给一个赞赏她的作品的陌生人的信——她在伦敦访问时的几件事——给她的仆人玛莎的信——在苏格兰访问时的印象——里奇蒙画的勃朗特小姐的肖像——为她父亲担心

第二十一章 ································ 393

拜访詹·凯·沙特尔沃思爵士夫妇——传记作者对勃朗特小姐的印象——勃朗特小姐叙述的她的威斯特摩兰湖区之行——她不爱结识人和访问——有关《女人的使命》、丁尼生的《悼念》等的评论——她在苏格兰访问时的印象——有关《帕拉斯神像》上一篇书评的评论

第二十二章 ································ 402

准备再版《呼啸山庄》和《艾格妮丝·格雷》——她的苏格兰之行的反作用——她和刘易斯先生初次见面——她对巴尔扎克和乔治·桑的评价——一件颇有特点的事——有关一次来哈沃斯牧师住宅作的友好访问的叙述——对西德尼·多贝尔的《罗马人》和阿诺德博士的性格的评论——给多贝尔先生的信

第二十三章 ································ 415

勃朗特小姐访问马蒂诺小姐，对她女主人的评价——马蒂诺小姐叙述的她客人的几件轶事——关于马蒂诺小姐的新作和罗斯金先生的《威

尼斯的石头》的评论——为再一次去伦敦作准备——给西德尼·多贝尔先生的信：秋天的荒原——萨克雷先生在威利斯会堂的第二次演讲，柯勒·贝尔的出席引起的轰动——她对伦敦之行的叙述——她与罗吉斯先生共进早餐，参观大展览会，看威斯敏斯特勋爵的画——回哈沃斯，从哈沃斯写的信——她对萨克雷先生的演讲的评论——有关性格发展的劝告

第二十四章 ··· 435
关于友谊的评论——给盖斯凯尔夫人的信，评论她和马蒂诺小姐有关大展览会、萨克雷先生的演讲和《圣徒的悲剧》的观点——勃朗特小姐对孩子们的感情——她对《威斯敏斯特评论》上一篇关于妇女解放的文章的评论——哈沃斯牧师住宅里又有人生病——有关移民的信——定期发病——勃朗特小姐伦敦之行的印象——《维莱特》的进展——冬季渐渐加重的病情和痛苦——她的评论萨克雷的《艾斯芒德》的信——重又陷入忧伤和情绪低沉——关于新出版的几本书的评论——对一八五一至一八五二年冬季的回顾——给盖斯凯尔夫人的有关《露丝》的信

第二十五章 ··· 460
勃朗特小姐重访斯卡巴勒——她父亲患重病——她自己的病——《维莱特》接近完成——再次评论《艾斯芒德》和《汤姆叔叔的小屋》——有关《维莱特》的信——又一封关于《维莱特》的信——又一次评论《艾斯芒德》——《维莱特》完成——过分敏感的一个例子

第二十六章 ··· 474
传记作者的困难——尼科尔斯先生对勃朗特小姐的忠贞不渝的深深的爱——她克己的一个例子——她重访伦敦——这次访问的印象——给盖斯凯尔夫人的信——评论家对《维莱特》的反应——和马蒂诺小姐的通信——有关萨克雷先生的肖像的信——里彭主教访问哈沃斯牧师住宅——勃朗特小姐希望看到有关她的作品的批评——她怕见陌生人及其原因——有关萨克雷先生的演讲的信

第二十七章 ………………………………………… 492
给盖斯凯尔夫人的信——传记作者叙述访问哈沃斯的情况，回忆同勃朗特小姐的谈话——勃朗特小姐给她朋友的信——她同尼科尔斯先生订婚，为婚礼作的准备——婚礼和结婚旅行——婚后的幸福生活——新的症状及病因——尼科尔斯太太写的最后两封信——一个令人惊慌的变化——她的逝世

第二十八章 ………………………………………… 516
葬礼上的送丧者——结束

附录　勃朗特年表 ………………… 祝庆英　518
译后记 ……………………………… 祝庆英　523

序

克莱门特·肖特①

人们一致公认盖斯凯尔夫人的《夏洛蒂·勃朗特传》是用英文写的最佳传记之一。她有资格胜任这一工作,这是很明显的。她是个颇有才艺的小说家,风格可喜。虽然她从未看到过艾米莉和安妮②,但她是夏洛蒂·勃朗特的朋友。她富于同情心,而同情心是传记艺术中必不可少的。此外,小说家可以提供的传奇因素和以浓烈色彩描绘的能力并没有给这部传记带来什么损失。盖斯凯尔夫人的作品可以使公众满意,但不能使那些同女主人公直接有关的朋友们满意。老帕特里克·勃朗特③在初次阅读后称赞了这位作家,但是当人们向他指出,书中描绘的他并不完全令人满意时,他就非常生气。勃朗特小姐的丈夫亚瑟·贝尔·尼科尔斯也喜欢这本书,但后来也对书中提到他个人的地方表示不满,虽然现在看来,这些地方是够友好的。

这本《传》于一八五七年以两卷本的形式出版,几乎立即出了第二版。然而,在第三版就作了许多改动。现在这个本子就是根据第三版印的。大约删去两页内容,加了许多新的材料。删去的内容被人认为是诽谤性的;事实上有三个人指控盖斯凯尔夫人犯诽谤罪,虽然其中之一的马蒂诺小姐④只是写了大量信件,来纠正盖斯凯尔夫人对她与夏洛蒂·勃朗特之间的关系中的一些叙述。柯文桥学校⑤的凯瑞斯·威尔逊先生则威胁说要以诽谤罪起诉;同时索普格林的罗宾逊太太(勃兰威尔·勃朗特⑥曾在她家住过),因为被说成是"引诱他的人",要求道歉。盖斯凯尔夫人充满了十字军式的热情。她到认识勃朗特一家的人们中间到处奔走;确实仔细衡量过朋友们和人们提供的复杂的故事。

人们像村民们通常那样，远远地望着这一家安静的、退隐的人家。盖斯凯尔夫人在哈沃斯的黑公牛旅店里住了几天，这家旅店现在还在，人们常常指给你看勃兰威尔·勃朗特爱坐的那张椅子。盖斯凯尔夫人问起勃兰威尔的情况，人们给她讲了个故事，说明他同一位罗宾逊太太之间有相当肮脏的私通关系。罗宾逊太太是他在一个叫索普格林的地方当家庭教师时的女主人。毫无疑问，勃兰威尔的想象力使他把他同这家人家的关系浪漫化了。从他留下的一些手稿看，他具有一定程度的想象力。他对他的姐妹讲了些有关这位太太喜欢他的离奇故事，甚至说她丈夫产生了嫉妒，结果修改了遗嘱。在勃兰威尔去世和盖斯凯尔夫人的《传》出版以前，做牧师的罗宾逊先生已经去世，他的寡妇改嫁，成为司各特太太。她立即通过几位律师起诉，迫使作者道歉。这位太太似乎是个轻浮的人，只要能找到个调情的对象，总要跟那人调情，但是现在看来，勃兰威尔对他的姐妹说了谎，这却是无可怀疑的。A.M.F.罗宾逊小姐写的《艾米莉·勃朗特》之中详细议论了这件丑闻。盖斯凯尔夫人确实认为罗宾逊太太行为不检，她把夏洛蒂·勃朗特信中反映的勃兰威尔的叙述当作福音一般可靠。在她的一封信里，我看到她明白表示要揭露这个"邪恶的女人"。这是一个过于慷慨的冲动的结果，她在《雅典尼恩》⑦上表示道歉以后，很好地摆脱了这件麻烦事。由于她对柯文桥学校所作的叙述，她也招来了类似的

---

① 克莱门特·肖特（Clement King Shorter，1857—1926）：英国新闻撰稿人、评论家。
② 艾米莉（Emily Brontë，1818—1848）和安妮（Anne Brontë，1820—1849）：夏洛蒂·勃朗特的妹妹。
③ 帕特里克·勃朗特（Patrick Brontë，1777—1861）：夏洛蒂·勃朗特的父亲。
④ 马蒂诺（Harriet Martineau，1802—1876）：英国女作家。夏洛蒂的朋友。
⑤ 柯文桥学校：夏洛蒂年幼时就读的一所学校。
⑥ 勃兰威尔·勃朗特（Patrick Branwell Brontë，1817—1848）：夏洛蒂·勃朗特的弟弟。
⑦ 《雅典尼恩》：原文为Athenaeum，意思是"雅典娜神殿"。是英国当时著名的文学艺术评论刊物，一八二八年创刊。英国许多大作家都曾在这刊物上发表文章。

麻烦。她把凯瑞斯·威尔逊先生写成一个伪装虔诚的魔鬼,然而他却是为穷牧师的孩子开办学校的慈善家。我们当中看过他的书和他的信的人会觉得他没有什么可称赞的,但是当有人说他属于老式的地狱火[①]那一派,那就把他说得太坏了。在这方面,这不能使学童们高兴,也不能使家长们高兴。今世的幸福从属于来世的幸福,这是凯瑞斯·威尔逊先生的信条,但除了这一点以外,看来他的意图确实还是好的,几个小勃朗特在这所学校里感到不愉快,那只表明她们的身体不像这种艰苦的学校生活所需要的那么强壮,而且她们过于敏感,过于富于想象,她们当中的两个人后来就有力地证明了这一点。

为了叙述勃朗特家几个孩子的早年生活,盖斯凯尔夫人不得不去找三个人。从传记中可以看到,有两个同学,夏洛蒂自始至终对她们是忠实的。她们是埃伦·纳西和玛丽·泰勒——即这本书中的埃[②]和玛丽——还有罗海德学校的教师伍勒小姐,在最初两版中她的名字是写全的,后来几版中,由于这位女士的要求,改成了"伍某某小姐"。玛格莱特·伍勒(1792—1885)似乎是个心地非常仁慈的女人,使自己受到所有学生的欢迎。她的学校起先在罗海德,后来在杜斯伯里荒原,在几个时期,她的三个姐妹协助她做办学校的工作。她放弃办学后,还住在约克郡,终年九十岁。她总是很喜欢谈论她这几个著名的学生,而且肯定赢得了她们的敬意。书中的"埃",即埃伦·纳西(1817—1897),在第一次遇到夏洛蒂·勃朗特时是个十四岁的姑娘。我认识她时,她是个讨人喜欢的老太太,对夏洛蒂抱有崇拜偶像似的崇敬心情。她很骄傲地相信自己被作为《谢利》[③]中的卡罗林·赫尔斯通的原型。她收到夏洛蒂写给她的许多信。盖斯凯尔夫人发表了她的信

---

① 指上帝惩罚罪人之火。
② 原文为 E.,即 Ellen(埃伦)的缩写。
③ 《谢利》:夏洛蒂·勃朗特的一部长篇小说。

的一些片段，二十年后，威姆斯·雷德爵士在他的《夏洛蒂：一部专著》一书中以比较详尽的形式发表。同埃伦·纳西的通信，我已在几本书中全部发表①。

然而，夏洛蒂·勃朗特早年的朋友中最富有才干的是玛丽·泰勒，即《谢利》中的罗丝·约克，盖斯凯尔夫人称她为玛丽。玛丽，正如她的信所表现的，在智力上要大大超过纳西小姐和伍勒小姐。她确实有一定程度的文学才能，写过一部小说《迈尔斯小姐》，一卷散文《女人的第一天职》，但是，盖斯凯尔夫人引用过其中片段的她的出色的信，却是最能为她赢得名声的。她是富人的女儿，这种人家的特点和《谢利》中的约克一家很相似。正因为她在布鲁塞尔学习，夏洛蒂·勃朗特才和她妹妹到那里去。中年时，她家遭到一些不幸，于是她移居新西兰的惠灵顿，同一个哥哥住在一起。盖斯凯尔夫人的《传》出版时，她在新西兰。她批评这本书的那些信特别有趣。②她最后三十年在约克郡度过，七十六岁时在那里去世。

勃朗特故事中另一个人是埃热先生，夏洛蒂在比利时他的学校里起先当学生，后来当老师。她在两部小说中非常生动地描绘了他的个性，但是她对这个奇特的人的真正的感情，由于一九一三年七月二十

---

① 《夏洛蒂·勃朗特和她周围的人》，1896年（霍德尔与斯托顿公司版）；《勃朗特姐妹：生平和书信》二卷，1908年（霍德尔与斯托顿公司版）；《勃朗特姐妹和她们周围的人》（J.M.丹特公司版）。——本文作者注

② "这本书获得了完美的成功。对忧郁的一生画了一幅逼真的图画，实际上你还解决了我的一个疑问，那就是你将怎样叙述她而不任意地把她周围的人都如实地描绘出来。这虽然还不像现实中的那么阴郁，但已经阴郁得使看书的人也许会说它夸大了，而且觉得想怀疑和反驳它。我看到两篇评论它的书评。其中之一把它总结为'贫困和自我抑制的一生'，另一篇根本写得不中肯。一个有第一流的才能、勤奋和正直的女人居然一生都在'贫困和自我抑制'的梦魇中度过，他们似乎都不认为这种状态是奇怪或错误的。我怀疑他们中间是否会有人这样认为。"摘自玛丽·泰勒致盖斯凯尔夫人的信，一八五七年七月三十日写于新西兰惠灵顿。见克莱门·肖特：《勃朗特姐妹：生平和书信》1908年版第一卷第十五页。——本文作者注

九日《泰晤士报》发表的她给他的几封信,第一次公开了。这几封信是由 M.H.斯皮尔曼翻译的。①埃热夫妇在一八八六年纪念金婚,埃热太太于一八九〇年去世,她丈夫于一八九六年去世。盖斯凯尔夫人书中写到另外一些人物,其中有她的出版商乔治·史密斯,他显然有一个时期想同这位古怪的小说家结婚,她的天才使他的出版公司大大增光。无论如何,夏洛蒂有个印象,他曾经考虑过这件事,这个印象她在一两封信里谈到过。她自己并非不感兴趣,从约翰博士这个人物对她的出版商作出宽厚评价这一点可以看出。还有一个人,就是同她结婚的亚瑟·贝尔·尼科尔斯。许多年以后,我遇到他,他正在爱尔兰的巴纳格过着乡下农人的简朴生活。这时他已收起副牧师的法衣,正同他的第二个妻子一起过着幸福的生活。第二个妻子是他自己的表妹,她还向我谈了许多年以前夏洛蒂·勃朗特到那里度蜜月的情景。

书中一个并非最无吸引力的人物是传记作者。她是个可爱的小说家,随着时间的推移,她的作品越来越受欢迎。她现在被认为是维多利亚时代最伟大的人物之一,这不仅由于她写了这本传记,而且还由于写了许多长、短篇小说,这个版本提供了她的作品的最完全的书目②。凡是能使我们更多地了解盖斯凯尔夫人同夏洛蒂·勃朗特的关系的材料都是有价值的,所以我毫不抱歉地把这本书的这篇序言(其实不需要序言)的一大部分篇幅用来抄录一篇迄今为止没有发表过的材料③。盖斯凯尔夫人在这篇材料中生动地描绘了她到哈沃斯的访问。

---

① 这些信在克莱门特·肖特的《勃朗特姐妹和她们周围的人》中重新刊印出来。——本文作者注
② 本译本未收入。
③ 经康都依街的文物书商玛格斯兄弟惠允,根据他们收藏的一份手稿抄录。——本文作者注

我们走上教堂附近的一条狭窄的支路——经过副牧师的家、学校，绕过传布疾病的墓地，来到通牧师住宅的院子的大门。我走进院子——猛烈的狂风沿着砂石小径刮来，差点儿把我刮回去——转过房子的拐角，走上一小块草地。草地四周是一圈矮矮的石墙。比较高大的墓石高耸在石墙周围。门两旁各有两扇窗户，门口有石阶。在石阶上我遇到一个面色红润、显得疲劳、不很文雅的男人——但是我没有时间去想他。走进门就到了一个非常干净的过道，往左走进一间四四方方的客厅，从客厅的窗户望出去，可以望到那块草地，再过去的高高的墓石，教堂的塔楼一头，村舍和远处褐色的荒原。

勃朗特小姐非常亲切地欢迎我，那间房间看上去暖和、整洁、舒适到了极点，家具主要是深红色的，这对户外那一片暗淡凄凉的颜色来说十分合适。她家的每一样东西都是过去几年里新添置的，每一样东西，家具、设备等等都非常协调。一切都很简单，良好，可以满足每个可能出现的合理需要，而且非常认真细致地收拾得干干净净。她本人就很整洁，使我为自己的任何一点不整洁感到羞愧，一张椅子放得不是地方，针线活留在桌上没有收起来，我看得出这一切对于她那爱整洁的习惯来说，而绝不是对于她那性情来说，是一种烦恼，你知道这两者之间的区别。那里挂着里奇蒙[①]给她画的肖像，那是史密斯、艾尔德两位先生送给她父亲的，还挂着后来印的萨克雷[②]的肖像和一张很好的威灵顿公爵[③]的肖像。我的房间在这间客厅上面，从窗户望出去也是同一片

[①] 里奇蒙（George Richmond，1809—1896）：英国肖像画家。
[②] 萨克雷（William Makepeace Thackeray，1811—1863）：英国作家。
[③] 威灵顿公爵（Arthur Wellesley Wellington，1769—1852）：英国统帅，在反对拿破仑战争中，为反法联盟军队的统帅之一，以指挥滑铁卢战役闻名。一八二八年后历任首相、外交大臣。有"铁公爵"之称。

景色，在某种光线下，尤其在月光下，确实很美。勃朗特先生几乎整天待在前门的那一边(右手一边)的房间里。他的房间后面是厨房，客厅后面是一间像食品室一类的储藏室。勃朗特先生的卧室在他的起居室上面，勃朗特小姐的卧室在厨房上面。仆人的卧室在食品室上面。我想象不出当他们还是一个大家庭的时候其余的人睡在哪里。风以一种奇特的、非人间的方式在这所毫无遮蔽的四方形房子周围呼啸、哀号、低泣。

我和她两人一起吃饭，勃朗特先生的饭是按照他那始终不变的习惯送到他的起居室去的(想想看！只剩下他们两个人还要这样)。然后她告诉我，我在石阶上遇到的那个人是弗兰西斯·贝诺克先生，有点像黑希斯派克那样的人。他上一天写信给她，说他在赫尔宣读一篇有关货币的论文以后回家途中将来拜访她。他来拜访勃朗特小姐的理由是"他是乐于赞助作家和文学的人"。我希望他属于你那个协会，勃朗特小姐按照他写的地址寄了一封信去，说她宁可不见他，但是他还是来了，而且把勃朗特先生迷住了，勃朗特先生想叫女儿进来；我们说如果要我们屈服于哪个人的无礼(哦，请读完此信后立即把它烧毁)，那么，我们宁可不要那个人来赞助，这时，他污蔑我们是"一对骄傲的轻佻女人"。这位贝诺克先生拿出一份手稿，是密特福德小姐把即将问世的一部作品奉献给他的献辞，他以此作为一种随身携带的证明，证明他的功绩，整个事情听起来很可笑——不过，他显然是个性情和善的人，确实做了不少好事，对于这一点我不怀疑。我们城里的图尔明太太(即克罗斯兰)和查尔斯·斯韦因先生是两位作家，他打算以后把勃朗特小姐介绍给他们。勃朗特先生进来用茶点——我相信，这对于我来说是一种光荣。用茶点以前，我们顶着风在佩尼斯顿荒原上愉快地散步，走了很长一段路。褐色和紫色的佩尼斯顿荒原就在牧师住宅后面,连绵不断地铺展在小山上,再缓缓地降下去,进入一个小小的高地山谷,山谷中有一条"山溪",再过去是另外一座山势起伏的大山——越过那座山也许可以看见另外一座更远的山,再过去就是前面说过的兰开郡,但是那蜿蜒的群山似乎像斯堪的纳维亚的巨蛇围绕着这个世界,对于我来说,我真不知道它们是否就不会一直伸展到北极。在荒原上我们没有遇到过一个人。她向这里那里指出远处洼地的阴暗朦胧之中的一所深灰色住宅——住宅附近往往有几棵苏格兰冷杉——给我讲一些无法无天的人家的狂野的故事,他们这时或者以前住在那所房子里,《呼啸山庄》[①]同这些故事相比,甚至会显得平淡无奇。如此胆大妄为的人——尤其是男人们——女人们在某些方面是冷酷无情的,在另一些方面却是痴迷的。住在那里的是一些古怪的人。小土地所有者——从伊丽莎白女王[②]以来就一直住在这一地点——最近在毛纺业中用了几条山溪的水力,奇妙地增加了他们的收入,毛纺业是近五十年来突然发展起来的;没有受过教育——没有受到公众舆论的约束——因为和他们处于同等地位的人同他们一样糟,穷人除了愚昧无知以外,还完全依赖他们的雇主。勃朗特小姐对他们中间的任何人都不进行我们所谓的"访问"。她去看望穷人——经常十分耐心地在学校教书——但是比较富有的人见她穷就瞧不起她,如果他们碰到一起,他们也毫无共同之处。这些人建造大房子,住在厨房里,拥有几十万英镑,但在抚养儿子时给他们受的教育却只够让他们有资格在父亲活着时当监工,在父亲死后贪得无厌地到处搜刮钱财。从高高的荒原顶上,我们看到这里那里有一所新建的教堂——那是由她在作品

[①]《呼啸山庄》是艾米莉·勃朗特的一部长篇小说。
[②] 伊丽莎白女王(Elizabeth I, 1533—1603):英国女王(1558—1603)。

中描写过的那些爱尔兰副牧师照管的——他们每一个都是附近一带几位副牧师的如实的翻版。他们从那以后就一直用她在《谢利》中给他们取的名字相互称呼取乐。

傍晚，勃朗特先生到他房里去抽烟斗，那是真正的陶土制的烟斗。我们坐在炉火边谈论很久以前的事，那时这间屋子里有不少孩子，他们一个又一个地躺到靠近窗户的墓地里去了。八点半我们去祈祷，九点一过，除我们两人以外，人人都上了床；一般是，她独自坐着，回忆往事；因为她的视力使她无法就着烛光看书或者写作，编织只是很机械的活儿，并不妨碍遐想。每天——我在那里住了四天——从表面上的安排看，都一样——九时在勃朗特先生的房间里进早餐——吃完立即离开。我想象不出他一整天干些什么！他是个身材高高、相貌堂堂的老人，银白色的头发在他头上竖立着；近乎失明；说话带着浓重的苏格兰口音（他是从爱尔兰北部来的，使自己从一个穷苦农民的儿子的地位升上来——在剑桥时同帕默斯顿勋爵相当熟悉，在他那被关在外面的生活中，这是个愉快的、给人安慰的回忆）。除了一张写字桌以外，看不到版画、地图、文具，除了两扇窗户中间挂着的书架上的书以外，没有别的书。还有他的两只烟斗和一只痰盂，如果你认得出来的话。他对我很客气，很亲切，说一些精当的老式恭维话，但是我在内心深处却很怕他，因为有一两次，我看到他那副眼镜后面的严峻的眼睛朝勃朗特小姐闪出光芒，这使我对他有了认识，有时他含沙射影地批评她；他毫无畏惧，他帮工人反对过主人——在他认为合适和应该的时候帮助主人反对过工人；所以他很尊重别人，也很受别人尊重。但是他绝不应该结婚。他不喜欢孩子；他们在六年当中生了六个孩子，结果弄得经济拮据，家里一片混乱——（这是没有办法的）一片闹声，吵得他只好把自己关起来,不要人陪伴——不,他真的给吵得生气了。虽然他接近失明,他还是不让勃朗特小姐陪他散步;她好像认为他返老还童似的委婉地劝他不要出去,他却偏偏出去;呻吟着回家,疲累不堪——因为迷了路。"我的力气哪儿去了?"他那时嚷道,"我以前常常一天要走上四十英里。"他还有一点特别的感情——譬如说,对他的狗——几年前他病得很重时,他是到曼彻斯特去动白内障摘除手术的,他悲哀地叫道:"我再也感觉不到基伯的爪子搭在我的膝盖上了!"再解释一下我对勃朗特先生的畏惧——毕竟还不如说是敬畏——请考虑一下,虽然我喜欢明亮晃动的钢的美丽闪光,但是我一点也不爱好武器——勃朗特小姐记得她父亲早上穿衣服时,总要把一支上了子弹的手枪放进口袋,就像戴上手表一样经常。这支小手枪同我们一起坐下来进早餐,晚上同我们一起跪下来祈祷,更不用说有一支枪高高地挂着,遇到一点最小的紧急情况就可以砰地一下射出子弹。不管哪种武器,勃朗特先生都非常喜爱。他要求勃朗特小姐(啊,我不能再压缩,但是我已经写到第四页了!)去看看艾伯特亲王①在温莎的军械库;他情绪特别不好时,她给他一遍又一遍地讲那里的各种武器。但是在这整个期间,我离开了我们一天的程序,那是她平日的程序。吃过早饭,信送来了;信不多,有时一连几天根本没有信。十二时左右,我们出去散步;二时,吃午饭;四时左右再出去;六时我们吃茶点;九时,除了我们两人以外,人人都上床睡觉。这听起来是够单调的,但实际上一点也不单调。有些人,知道的事实和轶闻很快就会讲完;而勃朗特小姐却不是这种人。她有她自己的和她妹妹的一生中那些怪诞离奇的事情——除此以外,而且超出这

---

① 艾伯特亲王(Fraucis Charles Angustus Emmanuel Albert, 1819—1861):英国女王维多利亚(Queen Victoria, 1819—1901)的丈夫。

一切的是，她有她自己的独特的和启发性的见解，所以，我在最后一天感到，像那些荒原一样，我们的谈话朝任何一个方向伸展开去都不可能达到任何话题的尽头。她家有两个仆人：一个是泰比，九十多岁了，坐在厨房里的炉边，另一个是玛莎，她是真正悉心侍候他们的姑娘，待在他们家里已经有十年了。有一天，我要玛莎带我去教堂，把勃朗特家的坟指给我看；所以趁勃朗特小姐正忙着的时候，我们偷偷溜了出去。在圣餐桌围栏里竖着一块石碑——B.帕特里克牧师之妻玛丽亚·勃朗特，死于1821年，享年39岁。玛丽亚·勃朗特——死于1825年5月，享年12岁（《简·爱》中海伦·彭斯的原型。她同她下面的那个妹妹在牧师学校得了伤寒）。伊丽莎白·勃朗特，死于1825年6月，享年11岁。帕特里克·勃朗特，死于1848年9月24日，享年30岁。艾米莉·简·勃朗特，死于1848年12月19日，享年29岁。安妮·勃朗特，死于1849年5月28日，享年27岁。"对！"玛莎说，"勃兰威尔先生下葬时，她们都很好；可是艾米莉小姐在接下来的那个星期就垮下来了。我们看到她病了，但她始终不承认，不让医生走近她，不肯在床上吃早饭——最后那天早上她起来，一直在渐渐接近死亡——她**硬要**穿衣服的时候，喉咙里咯咯作响，勃朗特小姐和我都不敢提出帮她穿。她在圣诞节前不久去世——你从那边的日期上可以看到——我们都参加了她的葬礼，主人和她的狗基伯并排走着，后面是勃朗特小姐和安妮小姐，再后面是泰比和我。第二天，安妮小姐病了，症状同艾米莉的一样——她说：'哦，只要是春天，我们就可以到海边去了——只要是春天！'最后春天来了，勃朗特小姐带她去斯卡巴勒①——她们是星期六到达的，星期一她就去世了。她葬在斯卡巴勒的老教堂里。就我所记得的——泰比说勃朗

---

① 斯卡巴勒：英国约克郡北区的一个海滨胜地。

特小姐、艾米莉小姐和安妮小姐从很小的时候起就常常在祈祷以后放下针线活儿,三个人一个跟着一个,在客厅里绕着桌子走,直到近十一点钟。艾米莉小姐一直走到走不动为止,她去世后,安妮小姐和勃朗特小姐接着走——现在,我听见勃朗特小姐一个人走啊走,我心都痛了。"我问了以后才知道,勃朗特小姐每天晚上把我送到我房间以后,都要下楼开始那缓慢而单调的不停息的踱步,我相信我仿佛听到死人的脚步声跟着我。她说她不走就睡不着觉——她和她的两个妹妹是在这样的时刻谈论她们整个一生从事过的职业和拟订过的计划的。

关于勃兰威尔·勃朗特,说得越少越好——可怜的家伙。他始终不知道写了《简·爱》,虽然书出版后他还活了一年,但那一年是在死亡迫近的阴影中,在知道生命耗尽的心情中度过的。但是艾米莉——可怜的艾米莉——因为有关《呼啸山庄》的书评一篇接一篇登出来,使她感到了失望的痛苦,那真是可怕。勃朗特小姐说她没有什么为《简·爱》感到高兴和快活的回忆,每一种这样的心情都消失了,因为她目睹着艾米莉在坚毅地忍耐着,然而又知道艾米莉有怎么样的感觉。

一九一九年一月十九日

第一章

　　利兹-斯吉普顿铁路沿着埃尔河的一个深深的河谷延伸开去。和邻近的华夫河相比,埃尔河是一条缓慢迟滞的溪流。基思利车站就在这条铁路线上,离基思利镇约莫有四分之一英里路。由于毛纺业的市场迅速扩大,在过去二十年里,基思利镇的重要性和居民人数大大增加。毛纺这一项工业,主要雇用了以首府布莱德福为中心的约克郡的这一地区的工人。

　　基思利正在从一个人口众多的老式村庄转变为一个人口更多的繁荣城镇。外地人一眼就能看出,在正在拓宽的街道上,屋角突出的山形墙房屋被撤空了,为了让出更多地方给人车来往,为了建造比较新式的建筑物,被拆毁了。五十年前的那种古怪而又狭窄的店铺橱窗,正让位给大块的和整块的玻璃。几乎每一个住所都用来经营某一项商业。匆匆穿过这个小镇,你几乎看不到有什么地方可以让那些必不可少的律师和医生居住,从表面上看不到任何有职业的中产阶级的住所。这种住所在我们一些老式的天主教城镇里却比比皆是。在北方像基思利这样一个新的制造业地区和南方任何一个庄严的、沉睡似的、美丽的天主教城镇之间,社会状况,思想方法,所有关于道德、习俗,甚至政治和宗教的参考准则都截然相反比什么都明显。但是从基思利的外貌来看,它以后很可能发展成一个即使并不美丽,但也很庄严的城镇。那里有大量的灰色石块;用灰色石块建筑的一排排房屋显得坚实宏伟,这同它们那统一的、耐久的线条有关。哪怕在最小的住所里,门框和窗楣都是用大块石头做的。没有什么油漆的木头需要经常去美化,因为不美化就会露出破败的样子。石块被勤劳的约克郡主妇们仔仔细细地擦洗得干干净净。过路人向屋子里面瞥上一眼就可以看到,生活用品虽然粗糙,但是很多,也可以从这里看到女人们的勤劳的习惯。可是人们的声音粗厉,音调刺耳,这个区域以爱好音乐出名,可叫人听不出来。这里已经为音乐世界提供了一位凯洛德斯①。店铺的名称(刚才举的那个名称是其中之一)甚至在邻近的郡里的居民看来,都似乎是奇怪的,具有当地的一种奇特风味。

从基思利到哈沃斯去的路上,旅行者往上走向那些似乎在西边拦住他们去路的圆圆的灰色山冈,这时,尽管房子越来越稀少,基思利镇却并没有完全化为乡村。先是出现了一些别墅,离开大路的距离正好足以表示,别墅的主人不大可能是那种因为别人有痛苦或危险就可以被人匆忙地从舒适的炉边叫走的人。律师、医生和神父都住在就近,不大会住在灌木丛中,用一排灌木来作屏障。

在城镇里,人们不会寻求鲜艳的色彩。那里所能有的色彩只不过是铺子里的货物提供的,而不是绿叶或者周围的景色提供的。可是在乡村,人们会本能地指望看到一些鲜艳明亮的色彩,因此,在从基思利去哈沃斯的路上,不管是近处还是远处,看到每一样东西都呈现出灰蒙蒙的颜色,人们就会感到有点失望了。总共是四英里路,正如我所说的,这里有别墅、大的毛纺厂、一排排工人住房,这里那里有一些老式农舍和披屋,因此,这段路程几乎任何部分都不能称为"乡村"。有两英里光景,大路通过的地方还算平整,左边是远山,右边是一条"山溪"穿过牧场,在几个地点为建造在两岸的工厂提供水力。所有这些住宅或商业场所冒出来的烟把空气弄得混浊朦胧,黯然无光。山谷(或者按照当地人的说法,叫作"底部")土地肥沃;可是大路开始往上伸展的时候,植物就变得越来越稀少;植物并不茂盛,只不过有一些罢了;那里没有树,有的只是住宅周围的乱丛棵子和灌木丛。到处都用石堰代替树篱;在一块块可耕地上,种的庄稼是苍白

---

① 凯洛德斯(John Tiplady Carrodus, 1836—1895):英国小提琴家、作曲家。生于约克郡基思利。

的、饿瘦似的青灰色燕麦。就在这条路上,哈沃斯村耸立在旅行者面前。在到达那里以前,旅行者在两英里以外就可以看到这个村子;因为它坐落在一座美丽、陡峭的小山的山坡上,背景是暗褐色和紫色的荒原。荒原逐渐升高,并且绵延开去,甚至比教堂都高。教堂就造在这一长条狭窄小街的最高处。在地平线周围是毫无变化的、连绵起伏的山峦;从一个个山坳里只能看到那一边的另一些山峦,同样的颜色,同样的形状,最上面是荒芜凄凉的荒原。这些荒原给人们以孤独寂寞的感觉,从这点看,它们是伟大的。它们用一种单调的、绵延不断的屏障给人以禁闭的感觉,从这点看,它们却是令人抑郁。究竟是使人感到伟大,还是令人抑郁,那就要由眺望者的心情来决定了。

有一小段距离,路似乎从哈沃斯转开去,因为它正绕过一个山冈的底部;接着,路就穿过一顶横跨"山溪"的桥,开始穿过村庄,往上伸展。铺路用的石块是竖着铺的,为的是让马蹄能踩得稳一些。即使采取了这样的措施,马还是经常有向后面滑下去的危险。和小街的宽度相比,那些古老的石头房子可算是高的了。小街在到达村头比较平坦的地方以前,突然转了个弯,使这地方的某一部分陡峭得简直像一堵墙似的。走过这个高处,就可以看到教堂坐落在左边一个稍稍离开大路的地方。大约有一百年光景,赶车的人一转进通往哈沃斯牧师住宅的幽静狭小的横街就可以松一口气,马也可以比较从容地呼吸。教堂墓地就在这条狭弄的一边,校舍和教堂司事的住宅(副牧师以前就住在那里)在另一边。

牧师住宅和大路成直角,面对教堂,因此,事实上,牧师住宅、教堂、带钟楼的校舍形成一个不规则的长方形的三面,第四面就朝着那一头的田野和荒原。这个长方形的地方被一个拥挤的墓地和教士住宅前的一个小花园或院子填得满满的。由于从大路通到这里的入口在旁边,小径就拐过犄角弯到这一小块场地上来。窗下是窄窄的一条花坛,在往日是有人小心收拾的,虽然只有生命力最强的植物才能在那里生长。有一堵石墙把住宅和周围的墓地隔开,围墙内种着一丛丛接骨木和紫丁香;庭院的其余部分让一方块草坪和一条砂石路占据着。房子是灰色石块建造的,有两层楼高,屋顶用沉重的石板铺成,免得风把比较轻的覆盖物掀走。看来,这房子约莫是在一百年以前造的,每一层有四个房间;右边两个窗户(这是从参观者背朝教堂站着,准备从前门进去的角度讲的)是勃朗特先生的书房的,左边两个是全家的起居室。这里每件东西都让你感到井井有条,十分整洁。门口的台阶毫无污迹;小小的老式窗玻璃亮得像镜子。房子里里外外,干净到了极点,可以说一尘不染。

像我刚才说的,那所小教堂比村里大多数房屋都高;墓地比教堂还高,到处竖着墓碑,简直吓人。在这个王国里,这所礼拜堂或者教堂比任何其他礼拜堂或者教堂都更加古老;可是除了还没有改成现代化的两扇东窗和尖顶的根部以外,目前这种建筑的外部都没有古老痕迹。教堂里面,柱子的特点表示出,柱子是在亨利七世①统治时期以前建造的。在最古老的时候,这块场地上可能有一个苏格兰教堂或小礼拜堂;根据大主教在约克郡的记录,可以肯定,在一三一七年,哈沃斯有一个礼拜堂。调查者问起这个日期,居民就建议他们去看教堂塔楼里的一块石头:

Hic fecit Cænobium Monachorum Auteste fundator. A.D. Sexcentissimo.②

---

① 亨利七世(Henry Ⅶ, 1457—1509);英国国王(1485—1509)。
② 拉丁文:该院由隐修士奥特斯特于公元六〇〇年建造。

那就是说，还在有人到诺森布里亚[1]来传布基督教以前。惠特克说，这个错误是由于现代的石匠没有认出字就复制了隔壁那块石头上的铭文，那是用亨利八世[2]时代的字体刻的：

Orate pro bono statu Eutest Tod.[3]

他说："现在每个考古学家都知道，祷告用语'bono statu'总是指活人。我猜想这个奇特的名字一定被石匠误作 Austet，是 Eustatius 的缩写了，可是 Tod 这个字，被误读为阿拉伯数 600，其实是十分清楚，可以辨认的。由于愚蠢地自以为古老，根据这种推测，人们就觉得需要建立独立的体系，于是就竭力争取，让布莱德福的牧师有权在哈沃斯任命一个副牧师。"

我摘引这段话，为的是用来说明对三十五年以前哈沃斯一次骚乱，人们所想象的起因。这次骚乱我以后会有机会详细谈的。

教堂内部很普通，既不古老，又不现代化得使人们非注意它不可。一排排的长椅是黑橡木做成的，有很高的隔板隔开；每一间的门上都用白漆写着主人的名字。那里没有什么铜饰，没有圣坛墓，也没有纪念碑，可是在圣餐桌右边的墙上有一块石碑，上面刻着这样的字：

---

[1] 即盎格鲁-撒克逊不列颠王国。
[2] 亨利八世（Henry Ⅷ, 1491—1547）：英国国王（1509—1547）。
[3] 拉丁文：请为奥特斯特·托德的安康祈祷。

这里

安息着

哈沃斯牧师，文学士帕·勃朗特牧师的妻子

玛丽亚·勃朗特

她的灵魂

于 1821 年 9 月 15 日即出生后的第 39 年到救主那里

这里还安息着

前者的女儿玛丽亚·勃朗特

她死于

1825 年 5 月 6 日，她出生后的第 12 年

也安息着

她的妹妹伊丽莎白·勃朗特

她死于 1825 年 6 月 15 日，她出生后的第 11 年

这里也安息着

帕特里克·勃兰威尔·勃朗特

他死于 1848 年 9 月 24 日，享年 30 岁

还安息着

艾米莉·简·勃朗特

她死于 1848 年 12 月 19 日，享年 29 岁

教区牧师帕·勃朗特牧师的

儿子和女儿

这块石碑还用以纪念

　　文学士帕·勃朗特牧师的最小的女儿

安妮·勃朗特[①]

她死于1849年5月28日,享年27岁

安葬在斯卡巴勒老教堂

　　在这块石碑的上面一部分,一行行铭文中间留有充裕的空间;但是在刻下第一篇铭文时,活着的人怀着一片深情,并没有想到他们在周围留下的空白竟是留给还活着的人的。可是由于家里人一个紧接一个进入坟墓,字行就挨得很紧,字也变得小而局促了。在记载了安妮之死以后,就没有地方给别人。

　　可是这一代人当中还有一个人——这六个没有母亲的孩子中的最后一个——要在那失去妻子、失去儿女,而自己还活着的父亲安息之前去世。除了那张令人悲伤的名单以外,在上面那块石碑底下还有一块石碑,记载着下面这几行字:

　　　　　　这旁边安息着

　　　　文学士亚瑟·贝尔·尼科尔斯牧师的妻子

　　　　教区牧师、文学士帕·勃朗特牧师的女儿

**　　　　　　　　夏洛蒂**

[①] 一位评论家指出,1849年安妮·勃朗特去世时碑文上写的年龄(二十七岁)和说她生于桑顿的说法不一致。勃朗特先生是在1820年2月25日离开桑顿的。我注意到这两种说法不一致,但是我认为没有必要去查出生登记来加以纠正。我说的安妮出生的时间是根据勃朗特先生自己的话,他是这样说的:

"夏洛蒂、帕特里克·勃兰威尔、艾米莉、简和安妮都生在桑顿。"哈沃斯的居民谈起这个问题,说勃朗特先生和勃朗特太太所有的孩子都是在搬来哈沃斯以前出生的。也许铭文有误。——作者注

她死于 1855 年 3 月 31 日，她出生后的
第 39 年①

---

① 1858 年 5 月，哈沃斯教堂圣餐桌围栏内立了一块素净的石碑，纪念勃朗特一家已去世的成员。碑是白色加莱拉大理石的，底座是鸽灰色大理石的，上面加一个图案雅致的装饰性三角形上楣。在托住石碑的两个托架之间用古体英文字母刻了 I.H.S. 的交织图案。

这块石碑纠正了以前那块石碑上安妮·勃朗特年龄的错误，铭文如下，是用罗马字母刻的，但是，首字母用的是古体英文字母：

纪念

哈沃斯教区牧师、文学士帕·勃朗特牧师的妻子玛丽亚，她于 1821 年 9 月 15 日去世，在出生后的第 39 年。

以及他们的女儿玛丽亚，她于 1825 年 5 月 6 日去世，在出生后的第 12 年。

以及他们的女儿伊丽莎白，她于 1825 年 6 月 15 日去世，在她出生后的第 11 年。

以及他们的儿子帕特里克·勃兰威尔，他于 1848 年 9 月 24 日去世，享年 31 岁。

以及他们的女儿艾米莉·简，她于 1848 年 12 月 19 日去世，享年 30 岁。

以及他们的女儿安妮，她于 1849 年 5 月 28 日去世，享年 29 岁。她安葬于斯卡巴勒的老教堂。

以及他们的女儿，文学士亚·贝·尼科尔斯牧师的妻子，夏洛蒂，她于 1855 年 3 月 31 日去世，在出生后的第 39 年。

"死的毒钩就是罪，罪的权势就是律法，感谢上帝，使我们借着我们的主耶稣基督得胜。"（《哥林多前书》第十五章第五十六、五十七节）——作者注

第二章

　　为了正确了解我亲爱的朋友夏洛蒂·勃朗特的一生，我觉得在谈她的情况时比谈其他人更有必要让读者熟悉那种奇特的居民和社会的类型。她的早年就是在这中间度过的，她自己和她的姐妹们对人生的最早的印象一定是从这中间得来的。所以在继续写下去以前，我打算先对哈沃斯及其周围地区的人们的性格提供一些概念。

　　约克郡人表现出来的性格上的奇特力量，甚至给邻近的兰开斯特郡居民都留下了深刻的印象。因此，他们作为一个种族来说，是有趣的；同时，作为个人来说，他们所具有的明显的自信使他们有一种会排斥外人的独立自主的架势。我是在最广泛的意义上用了"自信"这个词。每一个人都意识到自己有强烈的洞察力和顽强的意志力，因此都自力更生，不向邻居求援。这种洞察力和意志力几乎像是西区[①]居民的出生权一样。由于极少求别人帮忙，他开始怀疑别人是否有力量给予帮助；由于自己努力总能获得成功，他就越来越依靠自己的努力，而且过高地估计自己的能力和力量。他属于那种感觉敏锐但目光短浅的类型，认为对一切还未被证明是老实人的人抱怀疑态度，是一种智慧的表示。一个人的求实品质受到极大尊敬；可是对于陌生人和没有试验过的行动方式缺少信任，这种缺少信任已扩展到了对于美德的态度上，如果这些美德不能产生直接的、感觉得到的结果，那就会被放在一边，被认为是不适合于这个繁忙的、竞争的世界；如果是消极的而不是积极的美德，那就更加如此。感情是强烈的，感情的基础也是深厚的，可是范围并不广，这种感情往往是这样的，而且也并不在表面上流露出来。的确，在这些粗犷的居民中间，很少表现出日常的礼节。他们的招呼是粗率无礼的；他们讲话时的口音和语调是粗鲁而生硬的。这里面也许有些东西可以归咎于山间空气和与世隔绝的山乡生活的无拘无束。有些东西来自他们的粗鲁的挪威祖先。他们有迅速观察别人性格的能力,有敏锐的幽默感。住在他们中间必须随时准备听到一些虽然极其真实但并不是恭维的评语,而且是简洁地说出来的。他们的感情不容易激发起来,但却持久。因此就有不少亲密友谊和忠实效劳的事例,为了举出一个经常会出现忠实效劳这种情形的正确例子,我只消请《呼啸山庄》的读者看一看"约瑟夫"这个人物就行了。

由于同样的原因,就产生了长期的怨恨,在某些情况下还发展成为仇恨,这种仇恨往往一代又一代地传下去。我记得有一次勃朗特小姐告诉过我,哈沃斯那一带有一句俗话:"在口袋里放块石头,要放七年,然后把它翻个身,再放七年,这样遇到有敌人向你走来时,你就可以马上用石头打他。"

西区的人们是追逐金钱的警犬。勃朗特小姐给我丈夫讲过一个奇怪的例子,很可以说明这种渴望财富的心情。她认识一个小小的制造商,那人经营过各种当地的投机买卖,结果都很成功,这就使他成了一个比较富裕的人。他已经过了中年,想到要保个寿险。他刚保好险,就患急病躺倒了,肯定几天之内就会丧命。医生略带迟疑地把他那毫无希望的情况吐露给他。"啊呀!"他大叫一声,一下子就回到了以前那种劲头十足的状态,"我可要**搞垮**保险公司啦!我一向是个幸运的人!"

这些人敏锐而精明,在努力达到一个好的目的时,可以是忠实而坚定不移的;在追求坏的目的时,也可以是堕落的。他们并不感情用事;他们不容易和人交上朋友。也不容易跟人结成冤家;但是一旦爱上了谁或者恨上了谁,那就很难把他们这种感情扭转过来。他们在身心两方面,在干好事和干坏事两方面,都是强有力的种族。

---

① 英国约克郡分北区、东区、西区三个行政区。

羊毛制造业是在爱德华三世①时传到这个地区来的。据传说，一群佛兰芒人②来到这里，定居在西区，教居民们拿羊毛怎么办。农业和制造业的混合劳动接着就在西区出现了，而且一直流行到最近，这种混合劳动经过了这么长远的时间，今天听起来是很有趣的。到今天古老的印象还保留着，细节却已忘记，或者不如说，只有到还保持那种习俗的英国几个遥远地区去考察过的人们才能够把细节揭示出来。主妇和她的少女们在大纺车跟前纺纱，主人在外面耕地，或者在紫色荒原上放羊，回顾一下这个情景，是很有诗意的。可是这种生活一旦真正延续到我们这个时代，我们可以从现在活着的人的嘴里听到详细情况，那么，这里面就会出现一些粗俗的细节——乡下人的粗野和小贩的尖刻混合在一起——不正当的行为和凶狠的无法无天混合在一起——这一切多少有点损害田园生活朴实无华的景象。不过，由于任何一个时期给人留下最鲜明的记忆的总是那些突出的和经过夸张的特点，所以，如果下结论说，诸如此类的社会形式和生活方式对于它们盛行的那个时期并非最好的形式和方式，那就是错误的，在我看来是不符合事实的，虽然由于这一切很可能造成弊病，由于世界在逐渐进步，这种生活方式和风俗习惯已经一去不复返了，而且谁要是试图恢复它们，那就会像要一个成人穿上孩提时的衣服一样荒谬。

奥尔德曼·考凯恩获得了专利，詹姆士一世③又对出口本色毛料作了进一步限制（再加上荷兰政府方面禁止进口英国染色毛料），这一切大大损害了西区制造商的生意。他们有独立自主的性格，他们不喜欢当局，他们有强烈的思考能力，这一切注定了他们要反抗像劳德④这样

---

① 爱德华三世（Edward Ⅲ, 1312—1377）：英格兰国王（1327—1377）。
② 佛兰芒人：比利时两个民族之一。
③ 詹姆士一世（James I, 1394—1437）：苏格兰国王（1406—1437）。
④ 劳德（Willam Laud, 1573—1645）：坎特伯雷大主教，后被处死。

的人的宗教方面的命令，反抗斯图亚特王朝①的专横的统治；詹姆士和查理损害了他们赖以谋生的那种生意，这就使他们大多数人都拥护共和政体②。我以后将会有机会来举一两个例子，说明坐落在把约克郡和兰开郡分开的山脉东西两边的村庄里，人们对于当今国内外政策都抱有激烈情绪，并且在这方面有广博的知识；两边的居民都属于同一个种族，有同样的性格。

在邓巴，为克伦威尔③效劳过的许多人的后代就住在他们的祖先从前住过的地方。对于共和政体的传统和深情的回忆，在西区从事毛纺业的人们居住的地方也许比在英国任何其他地方延续得更久，因为加在他们行业上的种种限制由护国公④的值得赞美的商业政策取消了。我从可靠方面得知，不到三十年以前，"在奥立佛时代"还经常被用来指异常繁荣的时期。从一个地区里通行的教名，可以看出当地英雄崇拜热潮的方向。严肃的、热衷于政治和宗教的人们看不到他们给孩子们取的名字的可笑的一面；在离哈沃斯不多几英里的地方，可以看到有一些人甚至在婴儿时期就注定要去度过像拉马丁⑤、科苏特⑥和丹宾斯基⑦那样的一生。因此有一件事可以证明我刚才说的，那个区里的人有传统的感情，那就是清教徒⑧一般常用的《旧约》里面的名字，还是大部分约克郡中、下层人家流行的名字，不管他们的宗教信仰是什么。

---

① 斯图亚特家族在苏格兰(1371年起)和英格兰(1603—1649，1660—1714)建立的封建专制王朝。
② 指一六四九年克伦威尔处死英王查理一世后开始到一六六〇年封建王朝复辟时止的英国共和政体。
③ 克伦威尔(Oliver Cromwell, 1599—1658)：十七世纪英国资产阶级革命中，资产阶级—新贵族集团的代表人物、独立派的首领。下面的"奥立佛时代"指他统治的那个时期。
④ 护国公(Protector)：奥立佛·克伦威尔于一六五三年十二月起为护国公。
⑤ 拉马丁(Alphonse Marie-Louis de Lamartine, 1790—1869)：法国诗人、历史学家。
⑥ 科苏特(Lajos Kossuth, 1802—1894)：匈牙利民族解放运动领袖。
⑦ 丹宾斯基(Henryk Dembinsky, 1791—1864)：波兰将军。
⑧ 清教徒：基督教新教的一派。

还有不少记载表示出，在查理二世①暴政时期，那些被驱逐的部长受到这些居民中绅士阶层和较贫苦的阶层的热情接待。这些小事全部证明了独立自主的古老传统精神，这种精神随时准备反抗被认为办事不公正的权威。直到今天为止，西区的人们还因为有这种精神而显得与众不同。

哈利法克斯教区和哈沃斯教堂所属的布莱德福教区毗连；这两个教区所在地的自然环境完全相同，荒芜凄凉，山峦重叠。这个地区煤矿丰富，山溪纵横，对毛纺业非常有利；因此，正如我所说的，几个世纪以来，居民们一直是不仅务农而且织布。可是有很长的一段时期，贸易并不能把礼节和文明带到这些偏僻的村落或者分散得很开的住所里来。亨特先生在他的《奥立佛·海伍德传》里引了生活在伊丽莎白②时代的詹姆士·里瑟的一段话。这一段话到今天还有一部分是正确的：

> "他们没有上司要巴结，没有礼仪要奉行，结果就形成一种生硬倔强的脾气，因此，陌生人会对每一个声音里的挑衅口气和每一张脸上的凶狠神情感到吃惊。"

甚至现在，一个陌生人问一个问题，如果他居然能得到一个回答，那也难免不是一个冲撞的回答。有时，这种生硬的粗鲁态度达到纯系侮辱的程度。然而，如果"外地人"宽厚地忍受所有这种粗暴，或者把它看作理所当然的事，而且好好接受他们潜在的仁慈和好客的热情，那他们也是忠实慷慨，完全可靠的。我可以举一件事情稍稍说明一下这些偏僻村落里所有阶层中都流行的粗暴态度。那是三年以

---

① 查理二世(Charles Ⅱ, 1630—1685)；英国国王(1660—1685)。
② 指伊丽莎白一世。

前,我的丈夫①和我在爱丁汉村碰到的一个小小的奇遇:

> 从佩尼金特到潘德尔山,
> 从林顿到长长的爱丁汉
> 还有整个克莱文海岸所诉说的,等等——

爱丁汉是派出战士参加著名的古老的弗洛顿战役②的地方之一,是离哈沃斯不多几英里的一个村庄。

我们正沿着小街驱车经过,这时候有一个似乎专门惹祸、从来不干好事的男孩光着身子,几乎满身是血,踉踉跄跄走进我们面前的一所茅屋。他刚才跳进了一条流过那里的小溪,那里面扔满了碎玻璃和瓶子。除了胳臂上也划了一道很深的口子以外,他的动脉已经完全割开了,有可能流血致死。他的一个亲戚安慰他说,流血致死倒很可能"省掉许多麻烦"。

一个旁观者从腿上解下一根皮带,我的丈夫用这根皮带止住了不断往外涌的血。他问是否已经派人去找外科医生了。

"去了,"有人回答,"可我们不知道是不是会来。"

"干吗不来?"

"他老了,你知道,还有气喘病,这儿又是在山上。"

我丈夫带了一个孩子作向导,尽快赶车到大约四分之三英里以外的外科医生家,碰到受伤的孩子的姑妈正从那里出来。

"他来吗?"我的丈夫问。

"他没说要来。"

---

① 作者的丈夫是威廉·盖斯凯尔(William Gaskell),曾在英国曼彻斯特市唯一神教派教堂中任牧师。
② 弗洛顿在英国诺森伯兰郡,弗洛顿战役发生于一五一三年。

"跟他说孩子一直流血,会死的。"

"我跟他说了。"

"他怎么说呢?"

"咳,他只说,'他该——的;跟我有什么关系?'"

不过,他最后派来了他几个儿子中的一个。那人虽然不是自小学的"外科这行手艺",却也能在裹绷带涂药膏方面做些必要的事。给外科医生不肯来找的借口是:"他年近八十,有点胡涂了,还有二十个孩子的事要管。"

爱看热闹的那些人中间,最无动于衷的是那个伤得么厉害的孩子的哥哥。受伤的人躺在石板地上的血泊里,大叫他的胳臂"疼",他那冷酷的亲人却冷冷地站在那里吸自己那一管黑烟斗,连一句同情和伤心的话都不说。

两边山坡上布满了黑森森的树林,那里通行的林区习俗趋向于使居民变得野蛮,这种情况一直延续到十七世纪中叶。对于只犯了很轻的罪行的男人和女人,杀头这个刑罚也都当场执行,正因为如此,对人的生命就漠不关心,这种漠不关心是很顽固的,但有时却也不是坏事。路很糟,简直都出了名了,直到最近的三十年,村庄和村庄之间还是没有什么来往。如果说工业品还能在规定时间送到区里的呢绒市场上去,那么,人们所能做到的也仅此而已。在遥远山坡上孤独的房子里,或者在一小撮与世隔绝的村落里,可以犯了罪而几乎没人知道,当然不会激起多大的公愤,用法律的铁臂来惩罚。必须记住,在那些日子里还没有乡村警察。少数几个地方长官也都被放任自流,一般相互之间都沾点亲。对于反常行为,他们大多倾向于采取容忍态度,对于和自己犯的十分相似的过错,则眼开眼闭。

男人们几乎还没有到中年,就谈论他们在这一地区度过的青年时代,那时,他们在冬季的几个月里骑马,泥泞深得齐马鞍的肚带;那时，他们只是在有非办不可的事务时才离开家，到稍远的地方去。那时，那些事务是在十分艰难的情况下去办的，他们乘着第一流的飞快马车去布莱德福，艰难的程度连他们自己都几乎不相信是可能的。举个例，有一个毛纺厂老板说，不到二十五年以前，有一个冬天早上，他不得不一大早就起床动身，为了把他父亲制造的一大车货物送到布莱德福。这一车货物是连夜赶装的，可是到了早上，在大车开走以前，一大群人围着它，灯笼闪出光芒，还检查了马蹄；接着又得有人匍匐着这儿那儿地探路，而且还总是用木棒一路从又长又陡又滑的山坡上探下来，找出马儿在哪儿可以安全地踩踏，直到马儿到达比较容易走的、印着深深车辙的大路为止。人们骑着马在高地的荒原上赶路，跟在载着包裹、行李或货物从一个镇到另一个镇去的马匹后面。在这些镇之间没有公路。

可是在冬天，所有这种交通全都断绝了，因为荒凉的高地上雪长久堆积着迟迟不化。我认识一些人，他们乘驿车翻过黑石崖，被大雪阻挡在山顶附近的小客栈里达一周或十天之久。他们不得不在那里度过圣诞节和元旦，储存给地主和他一家享用的食物在这些不速之客的突然袭击下一扫而光。然后，他们吃装在车上的火鸡、鹅和约克郡馅饼；甚至连这些食物也快吃完了，幸亏这时解冻，把他们从困境中解救了出来。

这些山村尽管与世隔绝，但是和荒原中许多洼地里到处可见的那些祖传灰色房屋的孤寂景象相比，却还算是处于尘世。这些住所不大，但是结实，有足够的地方让住在里面的人放各种生活用具。周围的产业也都是属于这些人的。土地往往是从都铎王朝①时起就属于这同一户人家；土地的主人实际上是从前的自耕农——小乡绅的残余。自

---

① 都铎王朝：英国王朝（1485—1603）。

耕农作为一个阶层迅速消灭，这是由下述两个原因中的一个造成的。要么是土地所有人好吃懒做，染上酗酒的恶习，结果不得不把产业卖掉；要么是他比较精明而又敢于冒险，看到顺着山坡流下来的小溪或者自己脚底下的矿藏可以变为新的财源，便脱离了地主的耕地生活，带着一小笔资金变为制造商，或者采煤，或者采石。

不过，这个阶层还是留下了一些人，他们住在远处高原地区的孤寂的房子里，甚至到现在，他们还是足以表示出这种生活方式会培育出怎样奇特的古怪性格，怎样狂野的意志力，不，甚至培育出怎样反常的犯罪能力。在这种生活方式里，人们很少和别人来往，公众舆论只是从那一溜地平线以外传来的某个清晰的声音的遥远的、断断续续的回声。

孤独的生活只会产生出一些幻想，直到幻想变成狂想。强有力的约克郡性格尽管在"繁华的城镇和拥挤的市场"中有各种接触，但也不大会被驯服得受人支配。在以往，这种性格在遥远的地区已经爆发为奇怪的任性。最近有人给我讲了一件奇怪的事，有一位地主（他的的确确是住在这些小山的兰开郡一边，但是血统和性格同山另一边的人一模一样），据说他一年有七八百英镑的收入，他的住宅有漂亮的古老标志，仿佛他的祖先很久以来都是大人物似的。告诉我的那个人看到房子的外表感到吃惊，于是向陪他去的那个乡下人说，要走近去仔细看看。那人回答说："你还是别去；他会大骂一通，把你赶走的。他以前就曾经朝人家腿上猛扑过去，用子弹打人家，就因为走得离他家太近。"这位绅士再仔细查问了一下，知道这个荒原乡绅的确有这个不好客的习惯，这才放弃了原先的提议。我相信这个野蛮的自耕农到现在还活着。

几年以前，在离哈沃斯不多几英里的地方，另外一位乡绅在家里去世了。他的家庭比上面那位绅士的更有名望，拥有的财产也更多——因此你也可以认为他受过更好的教育,不过也不一定。他最大的乐趣和工作就是斗鸡。他知道可能一病不起,睡在房里不能出去时,就叫人把鸡带到房间里来,躺在床上观看血淋淋的搏斗。当那场致命的病加重时,他再也不能转过脸来看斗鸡了,于是就叫人把镜子排列在床的周围和上面,让他躺着还能看斗鸡。他就是这样去世的。

这些与世隔绝的房子里还会发生一些真正的暴行和罪行。和这些暴行和罪行的传闻相比,上面讲的这些不过是怪癖的例子罢了。那些传闻还都留在当地一些老人的记忆里,其中有些传闻无疑是《呼啸山庄》和《威尔德菲尔府的房客》①的作者所熟悉的。

很难指望下层阶层的娱乐比富有的和较有教养的阶层的娱乐更合乎人道。好心地给我提供上述详细情况的那位绅士还记得,不到三十年以前,在罗奇代尔举行的逗公牛游戏。用一根链条或绳子把公牛拴在河里的一根柱子上。为了让工人们有机会用野蛮的方式取乐,同时也为了增加河水的流量,一些工厂主惯常在举行这个活动的那天让碾磨机停止转动。公牛有时会突然转个圈子,拴住它的那根绳子就把不小心走到圈子里面去的人打落水中,罗奇代尔的善良的人们不仅看到公牛被捉弄,而且看到狗被撕裂、抛起,还看到一两个邻居淹死,他们都感到兴奋。

哈沃斯的人们的坚强和富于个性并不亚于山两边的他们的邻居。哈沃斯村就坐落在荒原中,夹在两个郡之间,从基思利通到科恩的那条古老大路上。上个世纪中叶,这个村子在宗教界出了名,在哈沃斯当了二十年副牧师的威廉·格里姆肖牧师是在这里举行宗教仪式的。在以前,也许副牧师的地位同尼科尔斯先生相同。尼科尔斯先生是紧接着基督教改革运动的那个时代里约克郡的一个教士,他沉溺于饮酒

---

① 《威尔德菲尔府的房客》:夏洛蒂·勃朗特的小妹妹安妮·勃朗特写的一部小说,也译作《女房客》。

和交际,还时常对他的同伴们说,"你只能在我离地三英尺的时候听从我的话",离地三英尺是指站在布道坛上。

格里姆肖的传记是由考柏①的朋友牛顿写的;这本书里有一些奇怪的细节,让我们看到粗鲁的居民们怎样受一个怀着深度自信和坚定目的的人支配和管理。看来,他在宗教狂热方面并没有什么杰出的地方,虽然他过的是符合道德标准的生活,而且在履行教区职责方面是认真的。后来在一七四四年九月的一个星期日,女仆五时起身,看见主人已经在做祈祷了。她说,他在房子里待了一会儿以后,就到一个教区居民家去举行宗教仪式,然后又回家祈祷;再后来,仍然饿着肚子上教堂去。他在教堂里念第二遍日课时,倒了下来,等到稍微有点醒过来,不得不由人扶着离开教堂。他走出教堂时,对会众说话,叫他们不要走散,因为他马上就回来,有话要对他们说。他给送到执事家,又昏了过去。他的女仆给他按摩,让血液恢复循环;他醒过来以后,"似乎处于一种极大的狂喜之中",说的第一句话是:"我从第三重天看到一个壮丽的幻象。"他没有说出看到了什么,只是又回到教堂里,重新开始做礼拜,从下午两点一直做到七点。

从这时起,他带着卫斯理②的虔诚和惠特菲尔德③的狂热号召教区居民去过宗教生活。当时教区居民们习惯于在星期日玩足球,用石头当球玩;向其他教区挑战或者接受挑战。在村子上面的荒原里还举行赛马,这是个定期的酗酒和放荡的机会。每次举行婚礼,几乎总是要有一场粗鲁的娱乐,那就是赛跑。光着半个身子的赛跑者在体面的外地人看来,简直是出丑。"阿维尔"这个习俗,或者丧筵,经常会使醉

---

① 考柏(William Cowper, 1731—1800):英国诗人。
② 卫斯理(John Wesley, 1703—1791):英国传教士,基督教新教卫斯理宗的创始人。
③ 惠特菲尔德(George Whitefield, 1714—1770):英国卫理公会传教士,信仰复兴者。

醺醺的吊丧者之间发生激烈的格斗。这类习俗是格里姆肖先生不得不与之打交道的那些人明显可见的一些迹象。但是，他用了各种方法，有一些是最切实可行的方法，使他的教区发生了巨大的变化。在讲道时，他偶尔也由卫斯理和惠特菲尔德帮忙，在这种时候，这所小教堂就显得太小，容纳不下从远处村庄或孤独的荒野村落里涌来的人群。他们常常不得不在露天集会，的确，教堂里甚至容纳不了领圣餐的人。惠特菲尔德先生有一次在哈沃斯布道，说他希望没有必要对这里的会众多讲，因为他们坐着听如此虔诚、如此神圣的教区牧师讲道已有那么多年，"这时，格里姆肖先生就从自己的座位上站起来，大声说：'啊，先生！看在上帝的分上，别这么说。我请你不要奉承他们。我担心他们中间大多数人都会睁着眼睛到地狱里去。'"可是，如果他们非这样不可，那倒不是因为格里姆肖先生没有努力拦阻他们。他常常在私人家里布道，一星期要布二三十次。要是他看见有谁不专心听他的祈祷，他就停下来，训斥那个冒犯他的人，一直要等到看见每个人都跪下来以后，才继续祈祷。他热衷于强迫教民们严守星期日的教规，甚至在两次礼拜之间的休息时间里也不允许他的教民在田野里走动。他有时讲一篇很长的诗篇（据说是第一一九篇[①]），在人们吟唱时，他离开经坛，拿根马鞭到酒店去，鞭打那些闲逛的人，把他们赶进教堂。有些人动作快，从后门溜出去，没挨到牧师的鞭打。他体格健壮，身子灵活，骑着马跑遍群山，去"唤醒"那些以前毫无宗教概念的人。为了节约时间，而且不要加重提供房屋让他举行祈祷会的那些人家的负担，他随身带着自己的食物；在这种场合，他一天所吃的食物只是一片抹了黄油的面包或者干面包加一个生洋葱。

赛马当然是格里姆肖先生所反对的活动。每次比赛都把许多放荡

[①]《圣经·旧约全书·诗篇》第一一九篇是《诗篇》中最长的一篇。

者吸引到哈沃斯来，这好比把一根火柴放在当地的易燃物上，太容易发生危险了。据说，他用尽办法来说服甚至威胁，要停止赛马，可是没有成功。最后，他在绝望中诚心诚意地祈祷，结果下了倾盆大雨，淹没了场地，即使人们愿意冒着从天而降的大雨比赛，也没有一块地方可以让人或马放下脚去。哈沃斯的赛马就这样给停止了，至今没有再举行过。直到现在，人们还怀着崇敬的心情回忆这个善良的人，他对牧师职责的忠诚和真正的美德，是这个教区夸口的内容之一。

可是在他那个时期以后，我怕当地的人们又退回到了狂野粗暴的荒地生活方式中去，以前，他好像是凭着自己独特的个性中那股激烈的力量把他们从那种生活方式里硬拉出来。他已经为卫斯理卫理公会的教徒们建造了一所礼拜堂，而且是在一些浸礼会教徒设立了一个做礼拜的地方以后不久。的确像惠特克博士说的，这个地区的人们是"坚定的信教者"；只不过是五十年以前，他们的宗教还没有进入他们的生活。二十五年以前，他们的道德法典似乎还是根据他们的挪威祖先的道德法典制定的。复仇像世代相传的职责似的由父亲传给儿子。能够大量饮酒而头脑不受影响被看作是男子汉的美德。在星期天举行的足球赛又恢复了，还向邻近教区挑战，引来一大群喧闹的外地人，把几家酒店都挤得满满的。这使头脑比较清醒的居民都渴望善良的格里姆肖先生能再用强壮的胳臂和随时可以打人的马鞭加以制止。"阿维尔"这个古老习俗又像以前一样流行起来。教堂司事站在敞开的坟墓下方宣布"阿维尔"将在"黑公牛"或者任何由死者的朋友决定的酒店里举行；送葬者和他们的熟人就都往那里去。这个习俗的起因是，需要为远道来的人们提供一些饮食，作为最后一个向朋友致敬的表示。在《奥立佛·海伍德传》中有两段引文，表明在十七世纪为安静的新教教徒亲友们提供哪一种食物作为"阿维尔"。第一段（根据索尔斯比）中说有"冷牛奶甜酒、煨李脯、糕饼和干酪"，这是在奥立佛·

海伍德的葬礼以后的"阿维尔"。第二段,根据当时(一六七三年)的看法,比较寒碜,"只有一点糕饼、一点酒、一朵迷迭香和一副手套"。

可是哈沃斯的"阿维尔"往往要热闹得多。在穷人中间,只指望给送葬者每人提供一个加香料的面包卷。至于酒,喝的是朗姆酒、淡啤酒或者两者混合的称作"狗鼻子"的酒,一般每个客人都往放在桌子中央的盘子里丢一些钱,就用这笔钱来支付。比较富有的人会给他们的朋友预定筵席。在恰诺克先生(接替格里姆肖先生的教职的第二代接班人)的葬礼上,邀请了八十多个人参加"阿维尔",筵席的价格是每人四先令六便士,这笔钱全部由死者的朋友们支付。由于没有什么人"逃避喝酒",在那一天结束以前往往"到处都在打架";有时还加上"乱抓""拇指挖眼睛"和用牙齿咬,真是可怕。

虽然我详细描述了本世纪最初二十五年而不是以后几年中健壮的西区居民性格上与众不同的特点,但是我并不怀疑,在如此独立、任性而又生性残暴的人们的日常生活中,甚至现在也一定还可以看到一些东西,足以使只习惯于南方当地生活习惯的人们大吃一惊。而精明强干的约克郡人呢,我疑心他们对这些"外地人"抱着十分蔑视的态度。

我已经说过,现在是哈沃斯教堂的那个地方,很可能以前一度是个古老的"野外苏格兰教会"或者小礼拜堂。按照撒克逊法律,它在教会结构中占第三位或最低等级,没有权利设墓穴或举行圣礼。所以这样称呼它,是因为它没有围墙,完全敞开,同邻接的田野或荒原连成一片。按照埃德加[①]法律,创立人不得减少什一税[②],还必须从收入中余下的九成里拿出钱来供养在那里任职的牧师。在宗教改革[③]以后,

---

[①] 可能指麦西亚、诺森伯里亚国王和西撒克逊国王埃德加(Edgar,约943—975)。他被看作整个英格兰的国王,曾制定过一些法律。
[②] 即居民向教会交纳的农产品什一税。
[③] 指十六世纪欧洲的基督教改革运动。

从前曾经是野外教堂的任何一所方便教堂①，在选择教士时是由地产所有人和财产受托人选择，而由教区牧师批准的。但由于某种疏忽，自从夏普大主教②的时代起，哈沃斯的地产所有人和财产受托人失去了这个权利；选择牧师的权力落到了布莱德福牧师手中。一位权威人士是这样叙述的。

勃朗特先生说："这笔教士俸禄，是由布莱德福牧师和一些财产受托人作为圣职授与人的。我的前任领受俸禄是经布莱德福牧师同意的，但受到财产受托人的反对；由于受到如此强烈的反对，他就任才三个星期就被迫辞职。"自从我的著作再版以后，有一位约克郡的绅士给我寄来了有关这件事的更多情况。

哈沃斯唯一的圣职推荐权在布莱德福牧师手中。只有他可以推荐。然而，作为教士薪金主要来源的款子，却在财产受托人手中，如果他们不同意任命的人，他们有权扣发。恰诺克先生去世后，教区牧师首先选中勃朗特先生，他便去那里上任。人家告诉他，他们对他本人并不反对；可是作为教区牧师任命的人，他就不能被接受。于是他主动引退，声称不经教区同意，他当牧师也没有用。这时，上面就派来雷德海德先生。

当雷德海德先生遭到抵制时，又出现了一个新的困难。总得有人首先采取行动，求得解决，可是由于引起了一种无法缓和的情绪，所采取的行动就变得令人困惑了。这件事必须交给一个不偏不倚的仲裁者来解决，而我的父亲就是双方瞩目的一个绅士。于是召开了一次会议，教区牧师同意让财产受托人选择，教区牧师的推荐被接受了，事情就这样得到了解决。选中的人是勃朗特

---

① 指为便利远处教徒做礼拜而设的英国国教附属教堂。
② 夏普（James Sharp，1618—1679）：苏格兰教士，圣安德鲁的大主教。

先生，他的果断谨慎赢得了他们的心。

斯高尔斯贝博士当布莱德福牧师已经有一些时候了。我跟他谈起西区居民的性格时，他提起在哈沃斯任命雷德海德先生任圣职时发生的一些暴乱，还说其中有许多足以说明人们性格的细节，劝我了解一下。于是，我就这么做了，从演员和观众中还活着的一些人嘴里，我知道了他们为了拒绝教区牧师采取了什么方法。

前一任牧师是恰诺克先生，我已经说过，他是格里姆肖先生的第二代接班人。他由于长期患病，没有人帮助就不能履行他的职务。雷德海德先生偶尔帮助他，这使教区居民十分满意，在恰诺克先生健在时，他深受敬重。可是到了一八一九年，恰诺克先生去世，布莱德福牧师任命雷德海德先生为终身副牧师，他们认为财产受托人被布莱德福牧师不公平地剥夺了他们的权利，这时情况就完全改变了。

他执行职务的第一个星期日，哈沃斯教堂甚至连过道里都挤满了人。大部分人穿着那个地区里的木底鞋。但是当雷德海德先生在读第二段经文时，全体会众仿佛出于同一种冲动，开始离开教堂，把木底鞋尽可能大声地踩得咯咯响，最后只剩下雷德海德先生和执事两人继续做礼拜。这已经是够糟的了，可是下一个星期日情况还要糟得多。那时，像以前一样，教堂里挤满了人，可是过道上空着；既没一个人，也没一样东西挡着路。在和上星期发生骚乱差不多的时间里，也是读经文的时候，过道空着的原因就明显了。一个男人倒骑着驴子进了教堂，头上旧帽子一顶叠一顶，戴得堆不上为止。他开始驱使驴子绕着一条条过道走，会众的尖叫声、呼喊声和哄笑声完全盖住了雷德海德先生的声音，我相信，他不得不停止读经文。

在这以前，他们没有采取任何像个人暴力行为之类的行动；可是在第三个星期日，他们一定是看见雷德海德先生决定冒犯他们的愿望而大为恼火了。他当时由几个从布莱德福来的绅士陪伴着,骑马走过村上的大街。他们把马留在"黑公牛",然后走进教堂。"黑公牛"是为了举行"阿维尔"和其他目的,开在墓地近旁的一家小酒店。他走进教堂,人群跟在后面。他们当天早上雇来一个扫烟囱的人打扫教堂外屋,后来用酒把他灌得烂醉,这时就把他放在读经台跟前。雷德海德先生每说一句话,那满脸污黑的脑袋都醉醺醺、傻呵呵地点几下,表示同意。最后,若不是由哪个恶作剧的人唆使,就是出于某种醉意的冲动,他爬上布道坛的梯级,打算拥抱雷德海德先生。接着,这亵渎的玩笑迅速而狂暴地发展下去。雷德海德先生打算逃跑的时候,有一个更加胡闹的人把这个满身烟炱的扫烟囱的人推到他身上。他们把他和折磨他的两人一起摔在教堂墓地上,这地上预先倒了一袋烟炱。最后,雷德海德先生逃进黑公牛酒店,立即闩上门,人群在门外怒火冲天,威胁着说要用石头砸他和他的朋友们。告诉我的人当中有一个是老头儿,是当时这家酒店的老板,他一直认为这群愤怒的暴徒就是这样怒不可遏,雷德海德先生性命难保。然而,这个老板为他的不受欢迎的客人们作了安排,让他们逃了出去。黑公牛酒店位于又长又陡的哈沃斯街的靠近最高点的地方,在底下,有一个关卡设在通到基思利去的那条大路旁边的一座桥附近。他指点他这几个不受欢迎的客人从后门溜出去。以前,也许有许多不干好事的人正是从这扇门里逃出去,才没挨到善良的格里姆肖先生的马鞭。老板和几个马夫骑着布莱德福来的那一伙人的马,在大门跟前来回走着,人群正恶狠狠地等在那儿。骑在马上的人从几幢房子之间的空处,看见雷德海德先生和他的朋友们正在街后面慢慢地往前走,他们就立即踢着马刺,朝关卡飞驰而去。那位引起反感的教士和他的朋友们便匆匆骑上马。等到人们发现俘虏已经逃走,飞跑着追到关卡那里,关卡的门已经关上,他们早已奔驰了一段路了。

这是雷德海德先生在哈沃斯的上一次出现，后来有好多年没有再来。很久以后他才又来讲道，并且在对一大群聚精会神的会众宣讲的时候，温和地提起我刚才描述的事情。会众对他表示由衷的欢迎，因为，虽然过去为了要维持他们认为属于自己的权利，随时都会用石头打他，但是心里并不怨恨他。

上面的叙述是我从两个还健在的人那里听来的，当时也在场的一个朋友能保证我作的复述正确无误。这个叙述在一定程度上已经由一位约克郡绅士的信证实了，刚才我已经引用过他的话。

你在核对事实时会遇到困难，对此我不感到惊奇。我在回忆我听到的情况和提供情况的人时，就发现了这一点。至于有关驴子的那段故事，我相信你的叙述是对的。雷德海德先生和他女婿兰姆斯保坦姆医生对我来说并不陌生。他们两个我都喜欢。

今天，我已经问了两个在你提到的那个时期住在哈沃斯的人。他们是代理财产受托人的子女，两人都有六七十岁了，他们向我保证，是有头驴子出场。其中一个说，骑在驴子上的是个白痴，他脸朝着驴尾，头上戴了好几顶帽子。然而，给我提供情况的两个人都没有参加这几次教诲性的礼拜。我相信，在两个星期日，在整个权威性的读经礼拜结束以前，并没有采取什么行动，而且我肯定比较可敬的人们决不会对雷德海德先生有什么个人的敌视。他是最和蔼、最高尚的人之一，我跟他有许多联系，受过他很多恩惠，我很喜欢他。在看你的书以前，我没听说过扫烟囱的人爬上讲道坛梯级的事。不过，雷德海德是在场，穿着他那个等级的圣职人员的衣服……我还可以补充说，参加那几个可悲的星期日闹剧的人，大多数都不是本地居民，而是来自教区外边荒原的偏僻处所，当地称那些地方为"泥滩那头"，那里比哈沃斯离现代文明更远一层。

我可以再给你讲一两个关于哈沃斯礼拜堂管辖区内居民们的乡下习气。

在一个冬日,哈沃斯的一个邮递员把一个包裹送到我的一个朋友的办公室里,他站在那儿,让门开着。"罗宾!把门关上!"收件人说,"你们乡下没有门吗?""有,"罗宾回答,"我们有的,可是我们从来不关。"我经常看到有许多门甚至在冬天都开着。

如果引导得好,这个国家这一地区本地人的不屈不挠的、独立自主的精神是非常宝贵的;如果引导得不得当,那就危险了。我永远也忘不了一个患震颤性谵妄①的人的狂暴行动和言语。不管是愤怒、轻蔑还是惊恐,他的面容都像恶魔似的。有一次,我去访问一个很可敬的自耕农,他用热诚、朴素的语言硬要我接受他家的款待。我同意了。他对我说的话是:"啊,先生,你待停下来,刺点茶点,你一定待吃,对,你一定待吃。"桌子上立刻就摆满了食物。不管怎样,在我登上小山去看"三十水的母马和一水的马驹"的时候,时间很快过去。坐到桌边来吃茶点的时候,一位令人肃然起敬的老妇人当主妇,她在大家把茶杯倒满茶以后,这样对我说:"现在,先生,你待把桌子清了。"主人说:"她的意思是说你得做感恩祷告。"听了这个暗示,我就做了祷告。

有一次我和一位备受困苦的老妇人聊天。她在列举了自己的幸运的事以后,又说了别的事,其中提到自己说话的本领。她说:"谢天谢地,我重来不斯个爱说天言蜜语的女人。"在尝试为这个方言正字时,我特别感到不知所措,我只好告诉你一件事来

---

① 指因酒精中毒引起的。

为自己辩护，那就是，有一次我读到一封信，其中我刚才跟你说的那个词（辩护）竟写成"便虎"①！

　　不过，也有些事情可以使人们不完全认为哈沃斯是粗鲁的。这里是音乐趣味和音乐才能之乡，在这一点上，没有一个乡村地区比这里表现得更加明显。而且是在这样一个时期：除了走在时代前面的城镇以外，很难找到音乐趣味和才能发展到如此程度的。我有一次到哈沃斯去，竟发现有一个交响乐团来欢迎我。团里尽是些当地的演唱者和演奏者，对于他们来说，韩德尔②、海顿③、莫扎特④、马尔切罗⑤等等等等名字，就像家常用语一样熟悉。在知识、趣味和嗓音方面，他们和普通的乡村合唱队有明显的不同，很多重大节日里，许多地方都邀请他们去独唱或合唱。有一个人还活着，他是我五十年当中听到过的最好的男高音歌手，而且趣味高雅。别人多次劝诱他和另外一些人迁到别处去，可是这里的织机、亲友和山上的空气都有着那样大的魅力，使他们继续待在家乡。我喜欢回忆他们的演出；这个回忆延续了六十多年。在这个地区，人们的依恋、反感和好客，都是激烈的、由衷的、朴实的。每一种感情都很真挚，这是个突出的特点。根据我对他们的了解，作为一个民族，这些山民曾经是温和而真诚的；可是，一旦引起猜疑和怨恨，他们就会作出强有力的而不是无效的抵抗。对于强制手段，他们会公然反抗。

　　希普先生当上布莱德福教区牧师以后，第一次去哈沃斯，是我陪他去的。那是在一八一六年或者一八一七年的复活节。他的

---

① 原文中 excuse（辩护）写成 ecksqueaize，所以这样翻译。
② 韩德尔（Georg Friedrich Händel, 1685—1759）：德国作曲家。
③ 海顿（Franz Joseph Haydn, 1732—1809）：奥地利作曲家。
④ 莫扎特（Wolfgang Amadeus Mozart, 1756—1791）：奥地利作曲家。
⑤ 马尔切罗（Benedetto Marcello, 1686—1739）：意大利作曲家。

前任,被称为"瞎牧师"的可敬的约翰·克劳斯,对牧师的权利不很注意。必须强行作一次深入的调查,在进行调查的时候,教区居民们说了一些激烈的、强硬的话。在一个旁观者听来,这些话虽然粗鲁,但也有趣而意味深长,预示着新牧师来的时候,如果他们认为他是个不速之客,那将会发生什么事情。事情后来也正是那样发生的。

这个教堂辖区的居民从他们那特殊的教区地位和情况出发,迅速而认真地坚持反对教堂的税率。虽然离母堂①有十英里路,他们却被指定要负担这笔讨厌的税的一大部分——我相信是五分之一。

除此以外,他们还得维修他们自己的建筑等等,所以他们就拼命反对,认为这是压迫和不公正。他们会几十人一群地从山上走去参加在布莱德福举行的教区会议,在这种事情上,他们不会不表现出 suaviter in modo 比 fortiter in re② 少。幸亏,让他们采取这种行动的场合已经有许多年没有出现了。

这一地区通常使用源出于父名的姓。如果用一个人的教名和姓氏来打听他,你是很难找到他的;然而,你按情况问"奈德的乔治""鲍勃的狄克",或者"杰克的汤姆",那你就不再有困难了。在很多情况下,一个人要用他的住所来称呼。我早年的时候,有一次打听江奈生·惠特克的地址,他在镇区有一个大农场。我跟着人家的指点跑来跑去,直到我突然想起,要问"盖特的江奈生",这时候我的困难才迎刃而解。这种情况的出现是由于当地人性格一成不变,并且处于与世隔绝的状态。

谁要是见过比劳动者身份高的人举行婚礼,谁就不大会忘记

---

① 当时有些教区设有母堂和分堂。
② 拉丁语中 suaviter in modo 意思是"外柔",fortiter in re 意思是"内刚"。

那景象。人们把附近一带的马匹都找来，男男女女单独地或成双地骑在马上，组成一个欢乐的马队，浩浩荡荡，朝布莱德福教堂驰去。酒店和教堂似乎有着天然的联系，由于禁酒协会的工作当时还有待于开始，所以人们并不多去考虑保持清醒的好处。他们重新骑上马的时候，便开始一场赛马，一个喝醉了的或不熟练的男骑手或女人，常常会被看作 hors de combat①。在这种婚礼旅行结束时，也常常举行赛马，从桥那里一直跑到哈沃斯关卡。你会知道这种比赛决不是势均力敌的。

一八二〇年二月，勃朗特先生把他的妻子和六个小孩带到了这些无法无天然而并非不和善的居民中来。有些还活着的人仍然记得，七辆装载得满满的车子沿着长长的石街艰难地慢慢爬上来，把"新牧师的"家用什物运到他未来的住所里。

这所低低的、长方形的石头牧师住宅，地势很高，然而后面那绵延不断的荒原却更高。你会感到纳闷，当时健康状况已经越来越差的温柔娇弱的妻子，看了她那新居的荒凉外貌会有什么样的印象。

---

① 法语：无战斗力。

第三章

帕特里克·勃朗特牧师是爱尔兰当恩郡①人。他的父亲休·勃朗特幼小时就成了孤儿。他从这个岛的南方来到北方，定居在拉夫勃里克兰附近的阿哈德尔格教区。尽管休·勃朗特处境卑微，按照他们家庭的传说，他却是一个古老家族的后裔。可是关于这一点，他或他的子孙都不屑去查究。他结婚很早，靠着耕种有限的几英亩土地，抚养和教育了十个孩子。这个大家庭里的人以体力强大、相貌俊美著称。勃朗特先生甚至到了老年还仪表堂堂，个子高于中等身材，头的形状显得高贵，身板挺直。他年轻时一定非常英俊。

他生于一七七七年帕特里克②节（三月十七日），很早就显露出才智过人的迹象。他还很有抱负；他的远见卓识可以由下面这件事来证实。他知道他父亲不可能提供金钱方面的帮助，非得靠自己努力不可，因此，他在像十六岁那样的小小年纪，就开办了一所公共学校，用这种方式生活了五六年。然后，他在德拉姆古兰教区长泰依牧师家当家庭教师。在那以后，他进了剑桥的圣约翰学院。一八〇二年七月入学，当时二十五岁。在那里待了将近四年，他获得了文学士学位，然后被派到埃塞克斯去当副牧师，从那里再移居到约克郡。这里概述的那段生活经历表示出一个强有力的、不平凡的性格，它以坚毅独立的方式孕育和追求着一个目的。这里，一个青年——一个十六岁的孩子——离开自己的家庭，决定自己去谋生；不是以世袭的方式从事农业，而是依靠自己脑子的劳动。

根据我所听说的，我想，泰依先生对他孩子的家庭教师产生了浓厚的兴趣，也许给了他帮助，不仅帮他选定学习方向，而且建议他接受英国大学教育，还劝他以什么方式取得进入大学的资格。现在，勃朗特先生的谈吐中已经没有爱尔兰血统的痕迹；他那挺直的希腊式轮廓和长长的椭圆形的脸也决不可能显示出他的凯尔特祖籍。可是,他刚刚有了这仅有的一点生活经历,就在二十五岁时来到圣约翰学院的校门前,这一点证明了他有强大的意志力,而且蔑视别人的嘲笑。

在剑桥,他成为一个志愿军团的成员,他们的任务是到全国各地去抵制人们担心的法国的入侵。在他晚年,我曾经听他说起,当时他们必须执行摹拟军事任务,在执行时,帕默斯顿勋爵[3]经常和他联系。

现在我们来看看他定居在约克郡哈茨海德当副牧师的情况。他远离他的诞生地,远离他所有的爱尔兰亲友;的确,他不屑再和他们保持什么联系,而且我相信,自从他成为剑桥的一名学生以后,就没有再去拜访过他们。

哈茨海德是赫德尔斯菲尔德和哈利法克斯东面一个很小的村庄,可说坐落在一个小山丘上,周围是盆地,从那里居高临下,能看到一片壮美的景色。勃朗特先生在这里住了五年。在哈茨海德当教区牧师时,他向玛丽亚·勃兰威尔求婚,娶她为妻。

她是彭赞斯的商人托马斯·勃兰威尔先生的第三个女儿。她母亲当姑娘时的名字是卡恩;勃兰威尔家父母双方出身都很好,因而他们可以和彭赞斯当时最上层的人物来往。勃兰威尔先生和太太同他们还在孩童时代的四个女儿、一个儿子组成的家庭,可能就生活在原始的社会状况中,这种状况戴维博士在有关他哥哥的传记中作了出色的描写。

在人口约为二千的那个时期,这个镇只有一条地毯,房间的地上铺着海滩上取来的沙,而且连一把银叉子都没有。

---

[1] 当恩郡在北爱尔兰。
[2] 帕特里克(Patrick,约390—约460),古代基督教爱尔兰都主教。
[3] 帕默斯顿(Henry John Temple Palmerston,1784—1865):英国政治家。曾两次任首相(1855—1858,1859—1865)。

当时，我们拥有的殖民地还很有限，陆军和海军的规模都还小，相对来说，也不大需要什么知识分子。绅士们的最小的儿子往往给送去学生意、学手艺，这似乎并没有什么不光彩或者降低身份。长子，如果不允许继续赋闲在家当乡绅，那就送到牛津或剑桥去，准备从事神学、法律、医学这三大自由职业中的一项。次子也许去给外科医生、药剂师、律师当学徒。第三个儿子去给锡镴器工匠或钟表匠当学徒。第四个儿子就给打包工或绸布商当学徒。如果还有更多的儿子要抚养，那就依此类推。

这些年轻人满师以后，几乎总是要到伦敦去，使自己的行当和技艺更加精湛；等回到乡下，有了固定的职业，他们并不会从现在称之为绅士社会的那个圈子里给排挤出去。应酬在当时是和现在不同的。除了一年一度的欢宴节期以外，几乎没有什么宴会。圣诞节在当时也是个特别的纵情欢闹的节期，人们轮流请客，包括请茶点和晚餐。除了这两个时期以外，应酬几乎完全局限于茶会，三点钟聚会，九点钟散会，傍晚的娱乐一般是打几盘纸牌，像"琼教皇"①或"交易"②。当时，较低的那个阶层是极其愚昧无知的，所有阶层都很迷信，人们甚至还仍然相信女巫，几乎毫无保留地轻信鬼神和妖怪。在芒特湾几乎没有一所房子不闹鬼，没有一个地方不带有闹神闹鬼的恐怖故事。甚至在我还是个孩子的时候，我就记得在彭赞斯最漂亮的街上，有一所没人住的房子，据说那里面闹鬼，夜里年轻人走过，都要加快步伐，心怦怦直跳。中等和较高阶层的人们不大爱好文学，更不喜爱科

---

① 琼教皇（Pope Joan）：中世纪传说中的女教皇。据说琼爱上修道士福尔达，为了和他接近，琼也穿上僧侣服装。由于聪明和受人爱戴，被选为教皇。但在登位时分娩，才被发现。她的名字一度被用作一种流行的纸牌戏的名称。打牌时用普通纸牌，但缺一张称为"琼教皇"的方块 8。
② 交易（commerce）：一种牌戏。

学。他们很少作高尚的和智力方面的消遣。他们最喜欢的是狩猎、射击、摔跤、斗鸡，这些消遣一般都以酒醉告终。他们大规模地走私，随之而来的自然是酗酒和道德败坏。对于不顾一切的大胆的冒险家来说，走私就是致富的手段，与此同时，酗酒和纵欲使许多尊贵的家庭破产。

我所以引用这一段话，是因为我认为它对于勃朗特小姐的传略有一点参考价值。勃朗特小姐的坚强头脑和生动想象最早获得的印象一定来自这几个方面：一是几个用人（在那个俭朴的家庭里，白天大部分时间，用人几乎可以说是孩子们友好的伙伴），他们讲一些哈沃斯村里的传说和新闻。再是勃朗特先生，他和孩子们的接触似乎受到很大限制，他在爱尔兰和剑桥的生活都是在特殊情况下度过的。或者是她的姨妈勃兰威尔小姐。在夏洛蒂六七岁的时候，她到牧师住宅来照料她那已故的妹妹的一家。这位姨妈比勃朗特太太年长，在戴维博士描绘的彭赞斯社会中生活得也更久。但是，勃兰威尔家本身却并不存在什么暴戾乖僻的性格。他们是卫理公会的教徒，据我了解，一种温和真挚的虔诚把他们的性格陶冶得高尚而纯洁。据后辈的叙述，父亲勃兰威尔先生有音乐天才。他和他妻子在世时看到子女都长大成人，后来在女儿玛丽亚二十五六岁时，两人先后去世，相距不到一年。父亲死于一八〇八年；母亲死于一八〇九年。我获准看了连续的九封信，那是一八一二年玛丽亚和勃朗特先生订婚的那个短时期里她写给他的。信里充满了柔美的文句和女人的谦逊，通篇流露出我刚才提及的作为家庭特点的深深的虔诚。我将从中摘引一两段，让你们看看夏洛蒂·勃朗特的母亲是怎样一个人。不过，我得先讲一下，这位康沃尔小姐是在什么情况下遇到这位从拉夫勃里克兰附近阿哈德尔格来的学者。在一八一二年初夏，她快二十九岁的时候，去看望她的舅舅约翰·芬奈尔牧师。约翰当时住在利兹，是圣公会的教士，不过，先前却当过卫理公会的牧师。勃朗特先生是哈茨海德的牧师，附近一带的人都知道他长得十分英俊，富有爱尔兰人的热情，而且有点像爱尔兰人那样容易堕入情网。勃兰威尔小姐个儿非常矮小，并不漂亮，但很文雅，总是穿得素净大方，这和她总的性格很相配，这里面有些细节使人想起她的女儿为她书中心爱的几个女主角选择的衣服式样。勃朗特先生不久就迷上了这位矮小温柔的姑娘，并且这一次宣布他永不变心。她在八月二十六日给他写的第一封信里说，她发现自己订了婚，似乎可以说是吃了一惊，她还提到了她认识他还只是很短一个时期。另外写了一些使人想起朱丽叶①的话：

> 但是相信我，先生，我比有些人真诚，
> 他们更加狡猾，装得态度冷淡。②

信中还计划在阳光灿烂的九月去柯克斯托修道院举行欢乐的野餐会，同去的有"舅舅、舅妈和简表姐"。简已经和另一个教士摩根先生订了婚。在那次野餐会以后，除了勃朗特先生以外，其余的人都已经去世。对于玛丽亚的订婚，她的朋友这一方面没有人反对。芬奈尔先生和芬奈尔太太同意了，她远在彭赞斯的哥哥姐姐们也完全赞成。在九月十八日的一封信里，她写道：

"几年来，我一切都完全自己作主，不受任何控制；决不，我的几个比我大好多岁的姐姐，甚至我亲爱的母亲，在每个重大场合，总是征求我的意见，从来没有怀疑过我的意见和行动是否正确。也许你

---

① 朱丽叶：英国剧作家莎士比亚（William Shakespeare, 1564—1616）所著悲剧《罗密欧与朱丽叶》中的女主人公。
② 引自《罗密欧与朱丽叶》第二幕第二景。

马上要说我这样写是自负吧,可是你得想一想,我并非以此夸口。有好多次,我觉得这样不利,虽然,谢天谢地,这从没让我做出错事,但是,在没有把握和迟疑不决时,我却深深感到需要有人引导和指点。"在同一封信里,她告诉勃朗特先生,她已经把订婚的事告诉了她的几个姐姐,还说她不会像她原来打算的那么早再见到她们。她的舅舅芬奈尔先生在同一班邮件里给她们写了信,把勃朗特先生夸奖了一番。

在那个时代,从彭赞斯到利兹,旅程很长,旅费也很贵。这一对情人没有多少钱可以用在不必要的旅行上,而且勃兰威尔小姐的父母都已去世,所以就在舅舅家举行婚礼,这样的安排是考虑周到和合乎情理的。也没有什么理由要延长他们的订婚阶段。他们都已经不太年轻,他们的财产已够满足他们并无奢望的需要,哈茨海德的薪俸,在教士清单上是每年二百零二英镑,而她呢,根据她父亲的遗嘱,也得到了一小笔年金(我听说是五十英镑)。所以在九月底,这对情人开始谈论买一所房子,因为我猜想,在那以前勃朗特先生一直租屋居住。一切进行得顺当而成功,眼看在即将来临的冬天就可以结婚了。可是到了十一月,却发生了一件不幸的事,这件事她是这样耐心地娓娓道来:

> 我猜想,你从没料到你比我富得多,可是我很遗憾地告诉你,我比自己想到的还要穷。我说起过,我已经叫人把我的书籍、衣服等等送来。星期六晚上,大约就在你描写你想象中的船只失事的时候,我却获悉和身受了一次真正的船只遇难的后果。当时我收到了姐姐写来的一封信,告诉我,她替我托运箱笼的那条船在德文郡的海岸上搁浅了,这一搁浅叫我的箱笼让猛烈的海浪撞得粉碎。除了很少几件东西以外,我那一点财产全部让浩渺

的大海吞没了。如果这不会成为更大不幸的先兆，那我是不会把它放在心上的，因为这是我离家以后遇到的第一次灾难。

这些信中的最后一封是十二月五日写的。勃兰威尔小姐和她的表姐打算着手做下个星期用的结婚蛋糕，所以婚期已经不远了。她已经背熟一首勃朗特先生写的"美丽的小诗"，还看了李特尔顿勋爵写的《闺训》，她对此作了些中肯恰当的评论，这表示出她不但阅读而且思考。就这样，玛丽亚·勃兰威尔渐渐隐去，我们不再直接同她打交道；后来，我们听到她被叫作勃朗特太太，但那时已是个不久人世的病人；她仍然耐心、愉快、虔诚。这些信件文笔优美、简洁；一方面提到家务事——诸如做结婚蛋糕之类——一方面也提到她看过的和正在看的书，表示出受过良好教养的心灵。勃朗特太太丝毫没有她女儿的那种罕有的天才，但是我想，她准是个不平凡的人，是个沉着坚毅的女人。信的风格流利酣畅；出自同一手笔、题为《从宗教考虑贫穷的益处》的那篇文章，风格也是如此。那是后来写了准备在某个刊物上发表的。

她于一八一二年十二月二十九日在约克郡从她舅舅家出嫁；这一天也正是她妹妹夏洛特·勃兰威尔在遥远的彭赞斯举行婚礼的日子。我想，勃朗特太太后来没有重访康沃尔，可是她在还活着的亲戚们的心中却留下了令人愉快的印象。他们称她为"他们心爱的姨妈，是他们和她全家尊敬的人，也是个既有天才，又十分和蔼可亲的人"；还说她"温顺谦逊，又有从她父亲那儿继承来的出众的才华，而且她的虔诚也是真挚而谦逊的"。

勃朗特先生在杜斯伯里教区的哈茨海德待了五年。他在那里结婚，他的两个孩子，玛丽亚和伊丽莎白，生在那里。住满五年的时候，他得到了布莱德福教区桑顿的薪俸。西区有几个大教区就其居民和教堂的数字来看，差不多像主教管区。桑顿是一座小小的圣公会方便教堂，有许多新教教徒的纪念碑，其中包括受欢迎的李斯特和他的朋友霍尔博士的。周围一带凄凉荒芜，大片大片的瘠土由石堰围着，一直绵延到克莱顿高地。教堂本身看上去古老而且孤零零，仿佛原来是一个生意兴隆的独立经营的商号的石头大厂房，那坚实的四方形教堂是由那个机构的成员建造似的。总的看来，这地方不像哈茨海德那么惹人喜爱。在哈茨海德，视野辽阔，可以看到浮云覆盖、阳光斑斓的平原和远处山峦叠起的天际。

一八一六年四月二十一日，夏洛蒂·勃朗特就在桑顿这里诞生。紧跟在她后面的是帕特里克·勃兰威尔、艾米莉·简和安妮。勃朗特太太在生了这个最小的女儿以后，健康状况越来越差。在财富有限的地方，要为许多幼小的孩子提供少而精的必需品是艰难的，还要满足同样必需的照料、关怀、安慰、娱乐和同情方面的需要。相比之下，满足食物和衣服方面的需要就要容易得多。一八二〇年二月二十五日，勃朗特先生搬到哈沃斯来住的时候，六个孩子中最大的一个，玛丽亚·勃朗特，才六岁零几个月。当时认识她的人描绘说，她神情严肃，喜欢思考，温文尔雅，显得比她的年龄大得多。她的童年不是童年；具有伟大天赋的人在那无忧无虑的欢乐时期很少体味到幸福；**他们的杰出才能在他们体内跃跃欲试，他们一开始过的不是感性的自然生活——德国人所说的客观生活，而是更深入的思考的生活——主观生活**。

小玛丽亚·勃朗特个子长得娇小，这似乎使她那奇妙的早熟的智力更显得突出。在做家务、带孩子等许多事情上，她准是她母亲的伙伴和助手，因为勃朗特先生当然是经常待在他的书房里的；再说，他天性并不喜欢孩子，而且觉得他们经常出现，对他妻子的体力来说是一种拖累，对家庭的舒适来说也是一种妨碍。

正如我在第一章里所说的,哈沃斯牧师住宅是一所长方形的石头房子,俯视着村庄所在的那座小山,前门正好对着教堂西首的那扇门,相距大约一百码光景。在这块空地上,有二十码左右进深的地方是个芳草萋萋的花园,它几乎并不比房子宽。房子和花园的两边都是坟地。房子每层有四间屋子,有两层高。勃朗特家搬来的时候,门口左边那间较大的客厅作为全家的起居室,而右边的那间给勃朗特先生做书房。这一间的后面是厨房;前面那间的后面是铺了石板的贮藏室。楼上是四间大小相似的卧室,在过道上面,或者像我们在北方所说的"走廊"上面,多一间小房间。这是朝着前面的,从下面通上来的楼梯正好对着门口。整所房子都有惹人喜爱的老式窗下座位;看得出来,这所牧师住宅是在木料很多的年代建造的,这可以由粗大的楼梯栏杆、护壁板和厚实的窗框来证实。

楼上那间外加的小屋子是指定给孩子们用的。房间虽小,但它并不叫作婴儿室;的确,里面没有使人感到舒适的火炉,用人们——深情而热心的姐妹俩,一谈起这家人就忍不住掉泪——把这间屋子叫作"孩子们的书房"。年龄最大的一个学生当时大约七岁。

哈沃斯的居民没有一个是十分穷的。他们中间有许多人在附近的毛纺厂做工;有少数几个是毛纺厂老板和小制造商;还有一些出售比较便宜的日常必需品的店老板;可是要看医生、买文具、买书、打官司、买衣服和精美的食物,居民们就得上基思利去。有几所主日学校;首先是浸礼会教徒开办的,随后是卫斯理宗教徒开办的,最后是圣公会办的。卫斯理的朋友,善良的格里姆肖先生造了一所简陋的卫理公会教堂,就在通往荒原的那条大路近旁。接着,浸礼会教徒造了一个礼拜堂,所不同的是离开公路有几码路。从那以后,卫理公会的教徒认为应该再造一所更大一点的教堂,离大路更远一点。每个教派作为整体来说,勃朗特先生都和它和睦相处,但是同村子里每一个个人，他全家都保持一定距离，除非一开始就有事需要直接找他们。有些人还记得勃朗特先生和勃朗特太太来到他们中间时的情景，说："他们简直像与世隔绝。"我相信许多约克郡人会反对教区访问制度；想到任何人居然有权出于职责去询问他们的生活状况，向他们提出劝告或告诫，他们具有乖戾的独立精神，准会作出反抗。他们身上还存在的古老的山民精神创造出了两行诗，就刻在离哈沃斯不多几英里路的华莱修道院祭司席的一个座位下面。

  谁要是多管别人闲事，
  谁最好回家，给鹅儿穿上鞋子。

  我问哈沃斯附近某个区里的一个居民，他去的那个教堂的教士怎么样。

  "一个难得的好教士，"他说，"他管他自己的事，从来不为我们的事操心。"

  勃朗特先生忠实可靠，凡是病人或者一般人请他，他都去访问，而且勤于到学校去执教。他女儿夏洛蒂也是如此。但是他们由于自己很爱清静，所以也许就过于小心，不去打扰别人。

  从他们一到哈沃斯的时候起，他们出外散步，就朝牧师住宅后面往山上铺展开去的石楠丛生的荒原那个方向走，而不是朝往下伸展的村里的大街走。勃朗特太太来到哈沃斯后不多几个月，体内就生了肿瘤，而且癌肿不断发展。在病中，侍候她的是一个善良的老妇人。这个老妇人告诉我，当时这六个小家伙常常手携着手朝气势宏伟的人迹罕至的荒原走去，几个大的小心周到地照料着还在学步的几个小的。他们后来都酷爱这片荒原。

  他们严肃沉默，超过了他们的年龄，也许是因为家里有人患重病,都克制着自己。在告诉我的那个人提到的那个时期,勃朗特太太一直待在卧室里,直到去世。"这些小家伙是那么安静,那么乖,你简直不知道房子里有孩子。玛丽亚(玛丽亚这时才七岁!)会一个人关在孩子们的书房里看报,出来的时候能把每件新闻都告诉你:议会的辩论,还有我不知道的一些事情。她待弟妹们很好,就像是他们的母亲似的。从来不曾有过这么好的孩子们。我常常以为他们缺乏生气,他们跟我见到过的任何孩子都完全不同。他们是些很好的小家伙。艾米莉是长得最好看的一个。"

勃朗特太太同我们以前看到她时一样,还是那么有耐心,愉快。她病得很重,忍受着极大的痛苦,即使抱怨,次数也很少。她身体稍好一点,便求助保姆把她在床上扶起来,让她看着保姆擦清炉栅,"因为她在康沃尔就是这样做的"。她忠贞不渝地爱着丈夫,他也热恋着她,她不愿让别人在夜里服侍。但是据告诉我的那个人说,这个母亲并不急于多看看孩子们,也许是因为知道他们不久就要失去母亲,看见他们会过于激动。所以这些小家伙就安安静静地自己待在一起。他们的父亲很忙,在书房里、教区里,或者在母亲那里忙。他们自己在一起吃饭,在"孩子们的书房"里坐着看书,或者低声交谈,要不就手携着手在山坡上漫步。

卢梭[①]和戴[②]先生的教育思想渗透到许多阶层,并且广泛地传播开去。我想,勃朗特先生准是从这两位理论家那里形成了自己的一些管孩子的想法。不过他那教育法的狂暴和特别的程度,还不及我的一个姑妈所接受的那种教育的一半。我那位姑妈是由戴先生的一位信徒管教的。这位绅士和他妻子把她作为养女带去和他们同住,这要比我正

[①] 卢梭(Jean Jacques Rousseau, 1712—1778):法国启蒙思想家、哲学家、教育学家、文学家。
[②] 戴(Thomas Day, 1748—1789):英国慈善家、作家。

在写的这个时期早大约二十五年光景。他们很富裕，心地也善良，可是她的食物和衣服却属于按照斯巴达原则①提供的最简陋的那一种。她是个健康、快活的孩子，对衣服食物不大在乎，可是她感到真正残酷的对待却是这个。他们有一辆车子，每隔一天，她和她的一条心爱的狗乘车去呼吸新鲜空气。那条宁可待在家里的狗被放在一条毯子里抛上抛下，我姑妈最怕这件事。也许正因为她害怕，所以他们才坚持这么做。他们还经常让化装成的鬼出现，她不怕鬼，于是他们就接下来采取了这个用毯子抛狗的运动，使她的神经坚强起来。大家知道戴先生突然改变主意，决定不娶他为了达到这一目的才教育的那个姑娘莎伯里娜。他所以改变主意，是因为在预定举行婚礼的几个星期以前，她出去做客的时候，穿了一件薄纱袖子的衣服，这就犯了轻浮的过失。然而戴先生和我姑妈的亲戚都是仁慈的人。他们不过是沉迷于一个古怪的想法罢了，认为凭借一种训练制度，可以把人变得像理想的野人那样坚忍不拔和朴实无华。他们忘了他们的学生将来势必要在文明生活的腐败和高尚中过日子，那时一定会感到自己的感情和习惯孤立得可怕。

勃朗特先生希望自己的孩子能吃苦耐劳，不去关心饮食和服装带来的欢乐。就后面一点来说，他在女儿身上是获得成功的。

总的说来，他那坚强、热情的爱尔兰性格被坚决的禁欲主义压下去了，不过，尽管他在举止上保持着具有哲学家风度的镇静和尊严，尽管在烦恼和不高兴时并不用言语表达，他那爱尔兰性格却依然存在。勃朗特太太性情和蔼，总是从光明的一面考虑问题，她会说："他从来没对我说过一句生气的话，我还不该感激吗？"

勃朗特先生很爱步行，能在荒原上走好多英里，心里注意着风和

---

① 斯巴达为古希腊城邦。斯巴达人尚武，刻苦耐劳，严于律己。此处斯巴达原则指简朴刻苦的原则。

天气的所有自然迹象,敏锐地观察着出没于最荒凉的山峦间的野生动物。他看到过老鹰低低地俯下身子为雏鹰觅食;现在山坡上已看不到老鹰了。

有关当地和全国的政治问题,只要是他认为对的,他就毫无顾忌地支持。在卢德派①活跃的那些日子里,找不到地方长官来采取行动,西区的全部财产都处于极大危险中,这时,他赞成用法律来给予严厉制裁。那一阵,他在工厂工人中不受欢迎,认为自己不带武器独自一人赶长路,生命不安全;所以他开始养成了一个至今还保持着的习惯,总是随身带着装上子弹的手枪。这支枪就同他的表一起放在梳妆台上;早上同他的表一起带好,晚上同他的表一起取下来。

很多年以后,在他住在哈沃斯期间,发生了一次罢工;附近一带的工人觉得自己受了老板的虐待,拒绝干活。勃朗特先生认为他们是受到了不合理、不公平的对待,因此就千方百计地帮助他们"把狼从他们门外赶走",免除欠债的沉重负担。哈沃斯和附近一带有几个比较有权势的居民是工厂老板,他们向他提出相当尖锐的警告,可是他相信自己的行动是对的,所以就坚持下去。

也许,他的见解往往是荒谬错误的,他的行动准则是稀奇古怪的,他的人生观是片面的,几乎可说是愤世嫉俗的,但是他所持的见解没有一个受到世俗动机的干扰和歪曲;他按自己的行动准则行事。如果说他对人类总的看法里夹杂着一点厌世的成分,那么,他对待跟他接触的个人的态度,却并不跟这种观点一致。不错,他有强烈的偏激的成见,而且顽固地坚持这些成见,他的感觉也不够灵敏,他看不

---

① 指参加卢德运动的人。卢德运动是英国早期自发的工人运动。当时工人尚未认识资本主义剥削的实质,把机器看作贫困的根源,用捣毁机器的手段来反对企业主。约在一七七九年由工人卢德(Ned Ludd)首先发动。一八一一至一八一二年达到高潮。

到他觉得完全满足的那种生活，如果让别人来过，别人可能会觉得多么悲惨。可是我并不打算装得可以协调这些个性特点，为之辩解，使之成为前后一致的、可以理解的整体。我现在介绍的这家人家，他们扎下的根，深得叫我无法摸到。我无法探测，更无法判断。我所以举父亲身上的这些古怪例子，是因为我觉得，知道这些，对于正确理解他女儿的生平是必要的。

勃朗特太太于一八二一年九月溘然长逝。这些安静的孩子的生活肯定变得更加安静，更加寂寞。在后来的岁月里，夏洛蒂拼命回忆她母亲，还回忆得起两三个情景。一个是，在暮色朦胧中，她在哈沃斯牧师住宅的客厅里，跟她的小儿子帕特里克·勃兰威尔玩。可是四五岁的孩子所记得的事只是一鳞半爪而已。

由于消化系统的某种疾病，勃朗特先生在饮食方面不得不非常小心。为了避免诱惑，也许还为了获得消化食物所必需的安静，他在妻子去世以前，就开始单独吃饭。这个习惯他后来始终保持着。他不需要人陪伴，所以散步也好，日常生活中也好，他不找人陪伴。他在家时的那种安静规律只偶尔被打破，有时是因为教堂执事来，或者有人为教区的事来找他，有时是因为邻居的教士走下小山、穿过荒原再爬上山来到哈沃斯牧师住宅，在这里过一夜。由于勃朗特太太是在她丈夫刚搬到这个区来以后不久就去世的，由于路远迢迢，又得穿过乡下的荒凉地带，教士朋友们的妻子并不随她们的丈夫同来，所以勃朗特先生的几个女儿从童年到青少年时期都被奇特地剥夺了社交活动。按她们的年龄、性别和地位来说，有一些社交活动原是很自然的。

可是，孩子们并不需要社交活动。对于无聊的儿童娱乐他们也不习惯。他们相互觉得对方胜过了一切。我想再没有一家人家比他们更相亲相爱的了。玛丽亚看报纸，把消息告诉她的几个妹妹，很奇怪，她们居然都感兴趣。不过我猜想，她们没有"儿童读物"，她们如饥似渴的心灵就像查理·兰姆①说的："在英国文学养料丰富的牧场上自由自在地吃草。"几个小勃朗特都特别聪明，这给他们家的用人们留下了深刻的印象。他们的父亲在给我的一封有关这个问题的信上写道："用人们常常说，她们从来没看见过（像夏洛蒂）这样聪明的小孩，她们在她面前说话做事都得十分小心。然而，她和用人们一直相处得很好。"

这些用人还健在，住在布莱德福，都是上了年纪的老妇人了。她们对夏洛蒂还留着忠实亲切的回忆，说她从"还是个小不点儿的孩子"时起，就一直是心地善良的，她还派人把一个不用的旧摇篮从牧师住宅送到一个用人的父母家，让用人的那个还是婴儿的小妹妹用，她不这样做就安不下心来。她们叙述了夏洛蒂·勃朗特从童年到去世前几星期所做的许许多多好事和体贴别人的举动。在勃朗特先生失去这最后一个孩子时，有一个用人虽然早已离开他家，还是从布莱德福赶到哈沃斯来向他表示衷心的慰问。我还可以加一个小插曲，来证明放在本书最前面的勃朗特小姐的肖像是多么逼真②。一位好心地对出版这本书感兴趣的绅士，在第一卷出版后不久，就把书拿到这个老用人家，让她看看肖像。她一看到卷首插画就说："是她。"接着马上对她丈夫喊道："来，约翰，你瞧！"她女儿看到画得那么逼真，也不由得大为惊异。热爱勃朗特一家的人可能并不多，但是一旦爱上了他们，就会深情地长久爱下去。

我还是回到她父亲的信上来。他写道：

  夏洛蒂和她的弟妹们在还只是孩子的时候，一开始能阅读和

---

① 查理·兰姆（Charles Lamb, 1775—1834）：英国散文家。曾与其姐玛丽·兰姆（Mary Lamb, 1764—1847）合著《莎士比亚故事集》。
② 这一译本根据的版本前面并没有肖像。

书写就自编自演一些他们的戏。在这些戏里，我女儿夏洛蒂心目中的英雄威灵顿公爵始终是胜利者。当时，在有关怎样拿他与波拿巴①、汉尼拔②和恺撒③作比较的问题上，常常会发生一些争论。每逢争得热烈、达到高潮时，由于他们的母亲已经去世，只好由我出来仲裁，按照我自己认为最好的办法把争论平息下来。一般在做这些事情的时候，我经常认为我看到了渐渐发展的天才的迹象，这是我以前在他们那个年龄的孩子身上从来没看到过的。……现在我想起一件事，不妨提一提。就我记忆所及，在我的孩子们都还很小的时候，最大的十岁，最小的大概四岁，我想他们懂得的事情比我已经发觉的还要多，为了让他们说话不那么腼腆，我觉得用个什么罩子把他们罩起来，也许能达到我的目的；正好家里有个面具，我叫他们一个个戴上面具站在那儿，大胆说话。

  我从岁数最小的安妮开始。安妮后来叫阿克顿·贝尔④。我问她，像她那样的小孩最需要什么。她回答："岁数和经验。"我问下一个——艾米莉。她后来叫埃利斯·贝尔⑤。我问的是，她的哥哥勃兰威尔有时候是个淘气的孩子，我该拿他怎么办？她答道："给他讲道理，他不听，那就用鞭子抽。"我问勃兰威尔，要知道男人和女人在智力上的差别，用什么方法最好？他答道："从他们身体上的不同来考虑。"接着我问夏洛蒂，世界上哪本书最好？她答道："《圣经》。"我问，其次呢？她答道："《博物

---

① 指拿破仑·波拿巴（Napoléon Bonaparte, 1769—1821）：法国政治家和军事家，法兰西第一帝国和百日王朝皇帝（1804—1814, 1815）。滑铁卢战役失败后，被流放于圣赫勒拿岛。
② 汉尼拔（Hannibal, 前247—前183 或前182）：迦太基统帅。
③ 恺撒（Gaius Julius Caesar, 前100—前44）：古罗马统帅，政治家和作家。
④ 阿克顿·贝尔是安妮后来写作时用的笔名。
⑤ 埃利斯·贝尔是艾米莉后来写作时用的笔名。

志》。"我再问下一个,对女人来说,什么教育方式最好;她回答:"能使她管好家务的那一种。"最后,我问老大,用什么方法消磨时间最好;她答道:"把时间用来为幸福的永生作准备。"我讲的可能并不完全都是他们用的字眼,不过也差不了多少,因为他们的话在我记忆中留下了深刻持久的印象。然而,内容却完全跟我讲的一样。

这个父亲为了确定子女的潜在性格,用的方法之别出心裁和古怪简单,以及这些回答的语气和性质,都让我们看到了勃朗特家庭环境所产生的特别的教育。他们不认识别的孩子。他们只在客厅里偶然听到一些教士的谈话片断,在厨房里听到别人议论一些村子里和当地的趣闻轶事,除此以外,他们不知道还有什么别的思想方法。他们各有各的强烈特点。

他们对于知名人士,以及报上议论的国内外和当地的政治问题都很感兴趣。在玛丽亚·勃朗特十一岁去世以前很久,她父亲就常说,他可以同她讨论任何一件重大的时事新闻,就像同任何成年人讨论一样无拘无束,兴致勃勃。

第四章

　　勃朗特太太去世以后，过了一年，就像我在前面提起过的，她的一个姐姐从彭赞斯来给妹夫管家，照料孩子。我认为，勃兰威尔小姐是个心地仁慈、办事认真的女人，很有个性，但是见地有点狭隘，这在一个几乎一辈子都在同一个地方生活的人说来是很自然的。她有强烈的偏见，不久就讨厌约克郡这个地方。对于一个早已年过四十的女人来说，离开彭赞斯住到这里来，是一个很大的改变。在彭赞斯，我们北方叫作"暖房里的花"的那些植物长得繁盛茂密，甚至在冬天都不用什么遮蔽，温暖怡人的气候可以让居民们经常在户外生活，如果他们愿意的话。而这里，花草蔬菜都长得不好，哪怕一棵中等大小的树都得跑很多路才能找到；荒原上则长期积雪，要到很晚才融化，在从此成为她家住所的这个地方，向上一直扩展到远方，满目荒凉，毫无遮拦。在秋夜或冬夜，似乎四面八方的风全都汇集拢来，在一起呼号咆哮，绕着房子打转，仿佛是些野兽，拼命想找个入口闯进屋里来。她怀念乡间小镇上经常不断的愉快的社交性访问；怀念从童年起就认识的朋友，其中有几个在成为她的朋友以前还是她父母的朋友。她不喜欢这里的许多风俗习惯，特别害怕哈沃斯牧师住宅里，从过道和客厅石板地上升腾起来的阴冷潮气。我相信，楼梯也是石头的；这并不奇怪，因为采石场就在附近，而树木却要到很远的地方去找。我听说，勃兰威尔小姐由于怕着凉，总是穿着木套鞋在屋子里走来走去，咯噔咯噔地上楼下楼。也是由于同一个原因，她晚年几乎整天待在卧室里，连饭也大部分在卧室里吃。孩子们尊重她，对她抱着一种出于敬重的爱，我认为他们从来没有无拘无束地爱过她。对于任何一个像她这种年龄的人来说，像她这样完全改变环境和住处，确实是一种严峻的考验，因此她的功绩也就更大。

我不知道，除了缝纫和夏洛蒂后来很内行的家务以外，勃兰威尔小姐是否还教过她的侄女们一些其他东西。他们日常的功课是背给他们父亲听的；他们还养成习惯，自己随时记住大量各种各样的知识。大约就在这时候的一年以前，英格兰北部为教士的女儿开办了一所学校。校址在柯文桥。那是在从利兹通往肯达尔去的大路边上的一个小村落，从哈沃斯去那里很方便，因为每天都有公共马车，其中一个站就在基思利。根据一八四二年的"报告"中的入学规章，而且我相信从一八二三年学校开办以后没有增加过的每个学生每年的费用是：

第十一条。服装费、食宿费、学费，每年十四英镑；学生入学时预付一半；此外，入学费一英镑，用于书籍等等。教学内容包括：历史、地理、地球仪使用、语法、书写和算术，各种女红和精细家务，诸如细麻布上浆、熨烫等等。如需学习技艺，则外加音乐费或绘画费每年各三英镑。

第三条要求朋友们为每个学生的前途考虑，说明希望学生学习的方向。

第四条写明学生要随身带去的衣物。最后是这样写的："学生都要穿同样的衣服，戴普通的乡村草帽。夏季，星期日穿白色裙衣，平时穿本色的。冬季，穿紫色呢裙衣，紫色布斗篷。因此，为统一起见，需带三英镑，作为裙衣、外衣、帽子、披肩、饰边的费用。学生每人应交给学校的费用共计：

预付学费　　7英镑
入学书费　　1英镑
入学服装费　1英镑"

第八条是："所有信件包裹受监督检查。"这是所有女子学校都很通行的规定，我想大家都知道女校长可以行使这个特权，虽然过多地坚持这么做肯定是不聪明的。

其他规定并无特别之处。勃朗特先生在下决心送他女儿进柯文桥学校时，手中无疑是有一份章程的，因此在一八二四年七月把玛丽亚和伊丽莎白送进了那所学校。

现在我写到了这个题目中我觉得很难处理的一部分，因为双方提供的有关证据是如此矛盾，看来简直不可能知道事实的真相。勃朗特小姐不止一次对我说，她写《简·爱》中劳渥德那一段，如果早知道那地方会一下子被认出是柯文桥，那她就不会这样写了，虽然她对那所学校的描叙没有一句不是她当时所知道的真实情况。她还说，她认为小说中没有必要把每个细节都用不偏不倚的态度来写，这种态度在法庭上是需要的；也不必去追究动机和原谅人的过错，就像她在冷静分析那所学校的管理人的行动时可能做到的那样。我相信，她自己也会乐于有机会来纠正她那幅生动图画留在读者心上的过分强烈的印象。虽然即使是她直到最后都可能倾向于为了事实本身而坚信事实——为了绝对真理而坚信她对真理的看法。不过她一生都在身心两方面忍受着那里发生的事情的后果。

有人在评论本书前几个版本时认为，她待在柯文桥时的大部分情况是我直接从夏洛蒂·勃朗特本人那里获得的。其实我只有一次听见她谈到这个地方，那是在我认识她的第二天。当时有一个小孩正在吃饭，不想把一块面包吃完；她就俯下身去，低声跟他说，她在他那个年龄，要是有一块面包就会多么高兴。我们问她指的是什么场合——我不能肯定我自己是否问了——她谨慎而犹豫地回答，显然是回避这个话题，她认为这个话题会使别人过多地谈论她的某部作品。她谈起柯文桥的燕麦糕(在威斯特摩兰①叫做拍面包②)和约克郡的发酵燕麦糕不同,她小时候不喜欢吃。当时有个人说起骚塞③《备忘录》中《可怕的丹特编织工》这个真实故事里讲到有人小时候也像她一样不爱吃这种糕。她听了微微一笑,说不只是食物不同,由于厨子又脏又马虎,把食物弄糟了,所以她们姐妹才格外讨厌她们的伙食。她说,当医生说食物不行时,她感到既轻松又高兴,她还谈起亲眼看见医生把食物吐掉。我从她那里听到的细节就只有这一些。她避免详谈,我想,我们之间从没提到过凯瑞斯·威尔逊④先生的名字。

给我提供情况的人——那些告诉我并郑重地反复叙述下面这些细节的人——一般都讲得准确可靠,这我毫不怀疑;但是,我说上面讲的情况差不多都是我从勃朗特小姐那里听来的,那也仅仅是实事求是地对待她。

一个住在柯文桥比朗斯代尔附近的威廉·凯瑞斯·威尔逊牧师,是这所学校的创办人。他精力充沛,为了达到目的,不辞辛劳。他看出,教士们要用有限的收入为孩子们提供教育,是一项极其困难的工作;他想了一个办法来每年募捐一笔款子,以弥补提供扎实而且充分的英国教育所需要的数目。这种教育光靠家长每年付十四英镑是不够的。的确,家长付的只能用作膳宿费,学费则从捐款中支付。任命了十二名理事;威尔逊先生不仅是理事,而且还是司库兼秘书;事实上,他自己承担了大部分的业务安排,这个责任很合适地落到了他的身上,因为他住得比任何对此感兴趣的人更靠近学校。所以他的谨慎小心和善于判断的特点就在一定程度上影响着柯文桥学校的成败;很

---

① 威斯特摩兰:英国西北部的一个郡。
② 指一种用燕麦做的拍得很薄的糕。
③ 骚塞(Robert Southy,1774—1843):英国消极浪漫主义诗人。一八一三年被封为桂冠诗人。
④ 威廉·凯瑞斯·威尔逊(William Carus Wilson):柯文桥学校的主要负责人。

多年来，办这所学校是他的生活的伟大目标和兴趣。可是他显然不熟悉妥善管理的基本因素，那就是要寻找完全胜任的人担任各部门的职位，然后要他们对后果负责，而且根据后果来对他们作出判断，而不要用小事来干扰他们。

威廉先生坚持不懈地照管学校，做了那么多好事，因此，想到在他年老体衰时，别人用那些归咎于他的过失来指责他，而且由于勃朗特小姐那伟大天才的渲染，指责的方式变得出奇地强烈，我不由得不感到遗憾。毫无疑问，他对办好学校怀着浓厚的兴趣。在我写这本书时，我面前放着他在一八五〇年辞去秘书职务时说的最后几句话："不管怎样，我曾经喜爱怀着真诚关切的兴趣用眼睛看守学校的一切；现在由于体力衰退，只得把眼睛移开。"他还补充说："因此，本人告退时，希望感谢上帝曾经愿意通过他的工具所完成的一切，而对于此一工具之力薄能鲜，本人深有所感，并为之悔恨。"

柯文桥村是由桥两头簇拥在一起的六七所小屋组成的。从利兹通往肯达尔的大路就在这座桥上跨过一条叫做莱克的小河。这条大路现在差不多已经废弃不用了；可是在从前，西区工厂区常常有人要到北区去买威斯特摩兰和坎伯兰农民的羊毛，那时，这条大路上无疑经常有人来来往往，也许柯文桥村也显得比现在繁荣些。这个村子环境优美，正好在莱克山转为平原的地方，小河两岸长着桤木、柳树和榛树丛。溪流受到灰色的碎岩块阻挠，流过布满河床的圆圆的大鹅卵石，把石子冲起来抛到两边，使石子不再挡住它的去路，有些地方石子给冲得几乎像堵墙似的垒了起来。在这条既小又浅、闪亮湍急的莱克河边上，是长长的一块块牧草地，牧草又细又短，高原上的牧草一般都是如此。柯文桥虽然坐落在平原上，但在你和莱克河到达月谷之前，却有许多地方地势突然下降或者缓缓下降。去年夏天我去那里时，周围空气芳香扑鼻，充满着百里香的香味。我简直不明白，这所学校怎么会这样对健康有害。但是今天，人人都知道，为许多人居住的建筑选择地点，比起为私人住宅选择地点来，更要慎重得多，这是因为人们密集在一起容易生传染病和其他疾病。

那所房子还保留着当初作为校舍的那一部分。那是一长溜有着凸肚窗的房子，现在分成了两个住所。它朝着莱克河，房子和河之间有一块空地，大约七十码进深，那里一度是学校的花园。原来的房子是匹卡德家的老宅子，他们家已经有两代人在那里住过。他们把房子出卖，用作校舍；另外又盖了一所房子，和旧的那一部分形成直角。新的一部分显然是用作教室、宿舍等等；学校搬到卡斯特顿去以后，这里成了一家水力卷筒厂的厂房。这家厂用桤木制造木卷筒。柯文桥周围一带长了许多桤木。现在这个厂已经毁掉了。在我写到这所房子的时期，它正用作教师的房间、餐厅和厨房，还有一些小一点的卧室。我到这所房子里去，发现离大路最近的那一部分，已改成一家简陋的酒店，那时正在招租，人去屋空，一副破败景象，叫人很难判断，如果收拾整洁，破玻璃窗换好，粗灰泥（现在变了颜色，又有裂缝）补好刷白以后会是什么样子。另一头成为一所小屋，天花板很低，石头地还是一百年前的；窗子很难开启，也开不大；楼上那条通到几间卧室去的狭窄的过道弯弯曲曲。总之，房子里总是弥漫着一种气味，潮气也不肯散去。但是，卫生方面的事，三十年前是很少有人懂得的；而且，要在大路附近，在离这个教育计划的发起人威尔逊先生的住处不远的地方找一所宽敞的房子，那可是一件很不简单的事。人们迫切需要这样一所学校，许多收入菲薄的教士为这个前景欢呼，急于去给自己孩子报名，等学校一开学就把她们送去读书。威尔逊先生见到大家迫不及待地等待这个计划实现，无疑感到高兴，于是，在手头现款还不到一百英镑的情况之下，就开了学，学生的人数由于来源不同说法不一：创办人的儿子威·威·凯瑞斯·威尔逊说是七十名，而他的女婿谢泼德说只有十六名。

威尔逊先生很可能感到整个计划的责任全落在他一人身上。家长付的钱只勉强够膳宿费；对一项未经尝试的计划，捐款也不很多；所有日常开支都必须十分节约。他决定经常亲自检查，强迫做到这一点，也许做到了不必要的程度，偶尔还干预了一些小事情，有时就引起了恼怒。然而，日常开支虽然节约，但似乎还没有什么吝啬的地方。肉、面粉、牛奶等等虽然都是订购的，可是质量很好；我看到伙食的原始记录，伙食既不差也不缺乏营养；总的说来，花色品种也不少。早餐是麦片粥，需要午点的人可以有一块燕麦糕；正餐是烤的或煮的牛肉、羊肉、土豆饼和不同种类的家常布丁。五点钟，年纪小的有面包和牛奶；年纪大一点的有一片面包（只有这一顿食物是限制的），她们睡觉晚，临睡前还要再吃这样一餐。

威尔逊先生亲自规定食物，而且坚持质量一定要好。可是他很信任的那个厨子却既粗心又肮脏，还要浪费。对厨子谁也不敢抱怨一句。有些孩子觉得，麦片粥甚至做得很好的时候也不好吃，因此也就认为没有营养。在柯文桥学校，端上来的麦片粥，往往不仅烧焦了，而且里面还可以看到一些令人厌恶的其他碎片。应该先用盐好好腌过再做成菜的牛肉，往往由于疏忽而腐坏变质。在我说到的这个厨子掌勺期间，与勃朗特姐妹是同学的几个姑娘告诉我，为她们烧许多饭菜的那只炉子蒸发出臭肥肉的气味，早、中、晚弄得似乎整幢房子里都是。布丁也同样是粗制滥造的，有一种布丁是用米煮成的，吃时加糖蜜和蔗糖，但往往叫人无法下咽，因为水是从积雨水的桶里取出来的，里面有很多从屋顶上冲下来的灰尘。雨水从屋顶上冲到旧木桶里，原来的雨水中又加上了旧木桶的气味。牛奶也常常"馊坏"。乡下这个词的意思是，比变酸还要糟得多的一种变质，它叫你想起，那不是由于天气热，而是由于牛奶锅太脏而引起的。星期六，吃一种饼，或者叫土豆和肉的混合物，是用一星期里剩下的乱七八糟的东西做成的。肮脏邋遢的食品，贮藏室里的碎肉，绝不可能引起多大的食欲；我相信，这一餐比柯文桥学校早些日子的任何一餐更叫人厌恶。有些孩子胃口小，惯常吃的食物也许要清淡得多，但是由于做得精致干净，那就既诱人又卫生。你可以想象得出，在这些孩子看来，这种食物会是多么讨厌。有好多次，吃饭的时候，年幼的勃朗特姐妹们虽然饿得发慌，却只好不吃。她们来的时候，身体就不壮实，因为出了痧子，又并发百日咳，刚恢复不久，其实我还疑心并没有完全恢复，因为一八二四年七月，学校讨论过是否接受玛丽亚和伊丽莎白入学。那年九月，勃朗特先生带着夏洛蒂和艾米莉又来了，送她们入学。

看来似乎奇怪，教师们居然不把食物的情况告诉威尔逊先生；但是我们必须记住，厨子认识威尔逊家已经有一个时期了，而教师们却是为了另一种完全不同的工作——为了教书才到一起来的。已经明白地告诉她们，她们的工作是教书，至于食物采购和管理却得由威尔逊先生和厨子负责。教师们当然不愿就这个问题在他面前抱怨了。

所有的姑娘都得经受另一项健康上的考验。每星期日，她们都得到滕斯托教堂去听威尔逊先生讲道。从柯文桥到滕斯托教堂有两英里多的路程。这条路在毫无遮蔽的野外，顺着地势蜿蜒起伏，夏天走来倒还凉爽，令人高兴；可是冬天却冷得够呛，尤其几个像娇弱的小勃朗特这样的孩子感受更深了。由于胃口很差，吃不下给她们准备的食物，她们处于半饥饿状态，稀薄的血液也流得缓慢了。教堂里没生火，那里没有生火的设备。教堂就在田野中央，湿漉漉的雾气一定会凝聚在墙壁周围，从窗口钻进来。姑娘们随身带着冰凉的午餐，在两次礼拜之间，她们到入口上面那间由以前的走廊改成的房间里去吃。这一天的安排，对体弱的孩子来说，特别难受，尤其是没精打采的想家的孩子，可怜的玛丽亚一定也是这样；因为她的健康状况越来越差,以前的咳嗽——百日咳的后遗症一直没好。

她在智力上远远超越她的任何一个游伴和伴侣,正因为如此,她在她们中间是孤独的;然而,她却也有恼人的缺点,使她经常受不到教师的宠爱。其中一个教师讨厌她,到了残酷无情的地步。这位教师,在《简·爱》中被描绘成"史凯契尔德小姐",为了不使她难堪起见,我不把她的真名实姓写出来。我几乎不必说,夏洛蒂凭着她那刻划性格的奇妙力量,用海伦·彭斯这个人物惟妙惟肖地把玛丽亚·勃朗特重现了出来。这个女人折磨和虐待了她那温柔、耐心、垂死的姐姐。为了这件事,夏洛蒂的心,直到我们最近一次见面的时候,还怀着徒然的愤慨在跳动。《简·爱》中的这一部分,每个字都是那个学生和教师之间几个场面的真实的再现。当时也在那里当学生的几个人根据描写海伦·彭斯受苦场面的那种笔力,就知道这本书一定是出自谁的手笔。在那以前,她们就已经看出,把谭波尔小姐可爱的性格描写得那么庄严和仁慈,只不过是对于一个人的美德所作的公正赞美,这个人受到所有熟悉她的人的尊敬。可是,史凯契尔德小姐被举出来出丑时,她们也看出,《简·爱》的作者是那个受苦者的一个妹妹,她在不知不觉中进行报复。

她们的一个同学向我叙述了一些更糟的情况,其中包括下面这一些:玛丽亚的那间宿舍是一间狭长的房间,两边各有一排狭小的床,是让学生睡的;这间宿舍的尽头有一扇门通到史凯契尔德小姐住的那间小卧室。玛丽亚的床离这间卧室的门最近。有一天早上,她由于病得很重,胁部涂上了发疱药(那疼痛还没有完全治好)。可怜的玛丽亚一听到起身钟,就呻吟着说,她不舒服,很不舒服,希望继续躺在床上。有些姑娘劝她继续躺着,说会把一切向学监谭波尔小姐讲清楚。可是,史凯契尔德小姐就在旁边,在谭波尔小姐能够好心周到地照料以前,先得面对史凯契尔德小姐的怒火。所以这个生病的孩子就开始穿衣服,这时她冻得直发抖。她在床上把黑色羊毛长袜慢慢拉上细瘦雪白的腿(告诉我的那个人在讲的时候,好像那情景还历历在目,没有消失的愤怒使她满脸通红)。就在这时,史凯契尔德小姐从她屋里出来,她不要这个生病的害怕的姑娘解释一句,就抓住她涂发疱药那一边的胳臂,使劲一推,把她推到房间中央,嘴里一直骂她,说她养成肮脏邋遢的习惯。她让玛丽亚站在那里,自己走开了,告诉我的那个人说,玛丽亚除了求那些比较气愤的姑娘平静下来以外,几乎没说别的话。她只是用哆嗦、缓慢的脚步走,中间停了很多次,终于走到了楼下——却因为迟到而受罚。

任何人都可以想象得到,这样一件事会在夏洛蒂心里激起怎样的愤恨。我只是觉得奇怪,在玛丽亚和伊丽莎白去世以后,父亲还是决定把她和艾米莉送回柯文桥,她怎么没有反对。可是,孩子们往往并不知道,她们坦率地揭露一些事实真相有时能起到作用,使她们周围的人们的朋友改变所抱的看法。再说,夏洛蒂那真诚坚强的心灵在特别小的年龄就已经看到教育的重要性,认为教育能够把她有力量和意志去使用的工具提供给她,而且她还会注意到,从许多方面来看,柯文桥的教育是她父亲能给予她的最好的教育。

玛丽亚·勃朗特去世以前,在一八二五年春天,发生了《简·爱》中写到的那场低热病。病状一出现,威尔逊先生就大为惊慌。他去找一个慈母心肠的女人。她跟学校有点儿联系,我相信,是给学校洗衣服的。他叫她来,告诉她孩子们出了什么事。她准备好了以后,跟他一起乘着他的轻便双轮马车来了。她一进教室,就看见大约有十二个到十五个姑娘在各处躺着;有的头疼,把头靠在桌子上;有的躺在地上;个个都眼皮沉重,脸色通红,没精打采,疲惫困顿,四肢酸痛。她说,有一种特别的气味让她辨别出她们害的是"热病";便这样告诉了威尔逊先生,并且说,她不能留在那里,只怕把病传染给自己的孩子。可是他半下命令，半带恳求，叫她留下来护理孩子。最后，他爬上马车走了，而她却还在拼命要求，说必须回到自己家里去，没人给她管家，得自己去管。然而，一旦被这样毫无礼貌地硬留下来，她也就决定尽力而为了。结果证明，她是个能干的护士，虽然她说，那一段时期真是令人丧气。

医生规定的东西，威尔逊先生全都供应，质量是最好的，而且以毫不吝啬的方式供应。病人由巴蒂医师治疗。他是柯尔比的一个很高明的外科医师，从这所学校一开办的时候起，就负责学校的医务，后来他成了威尔逊先生的妹夫。除了夏洛蒂·勃朗特以外，我还听到两个证人说过，巴蒂医师把食物吐掉，用这个明显的动作谴责食物做得不好。也该说一句，他自己并不记得这件事，他也不把热病本身说成是令人惊慌的或者危险的。大约有四十个姑娘生了这种病，但是没有一个人死在柯文桥，虽然有一个病后健康太差，支持不住，回家以后死掉了。勃朗特家几个孩子都没生热病。可是，斑疹伤寒损害其他学生健康的那些因素，也在比较缓慢、比较隐蔽地影响着她们的体质。其中主要的因素是食物。

这主要应该怪厨子把伙食搞得太糟。她被解雇了。由勉强当了护士长的那个女人来当管家；从此以后，伙食做得很好，没有人再能有理由对伙食有怨言。当然也不能指望，一个为将近一百人兼管生活和教育的新机构一开始就工作得十分顺当。

所有这些事都是在办学头两年里发生的。在估计这些事对夏洛蒂·勃朗特的性格所发生的影响时，我们必须记住，她是个敏感多思的孩子，即使不能作出正确的分析，却能作出深刻的反映；而且像所有体弱多病的孩子那样，特别容易留下痛苦的印象。健康的人只是暂时感到痛苦、随后就忘掉的事情，病人却不由自主地耿耿于怀，牢记不忘——也许并不怨恨，而只是像烙进他们生命的一种痛苦那样。一个八岁的孩子心里所接受的图景、看法和对于性格的概念，在四分之一世纪以后被表达出来，用的语言肯定是激烈的。她只看到威尔逊先生性格的一面；当时认识他的许多人向我保证说，这一面是被真实地表现了出来；但同时他们却感到遗憾，几乎所有崇高认真的一面却可以说完全忘了描写。威尔逊先生有一些高贵优秀的品质，这方面我已经得到了大量的证据。的确，在过去几个星期里，我几乎每天都收到一些信，都是关于这一章的内容——有的写得含糊，有的具体，有许多充满了对威尔逊先生的热爱和崇敬，有一些充满了嫌恶和愤慨；几乎没有哪封信是写了肯定的事实的。对这一大堆互相矛盾的证据作了仔细考虑以后，我已经在这一章里作了我认为必要的修改和删节。应该说，老学生给我提出的证明大部分高度赞扬威尔逊先生。在我读过的信件中，有一封提供的证明应该受到高度重视。那是"谭波尔小姐"的丈夫寄来的。她是一八五六年去世的，但是她的丈夫，一个教士，在收到威尔逊先生的朋友的一封有关这个问题的信以后，在回信中这样写道："我常常听见我的已故的亲爱的妻子谈起她待在柯文桥时的情况；总是用崇敬的话谈论凯瑞斯·威尔逊先生，他对学生们的父亲般的爱和学生们对他的爱；用赞同的话谈论食物和一般的对待。我曾听她提起一个常常把粥煮坏的不称职的厨子，不过，她说那厨子不久就被解雇了。"

和勃朗特四姊妹来往的人，已经无法清楚地回忆起她们在一生中这一时期的情况，她们的言谈举止都必须彬彬有礼，循规蹈矩，在这后面却隐藏着狂放、坚强的心灵和强有力的头脑，正如她们的父亲用僵硬不变的面具把她们的脸遮掩起来一样。玛丽亚身体娇弱，以她的年龄来说，可就是特别聪明和多思，温和，却不整洁。她经常为最后面的这个缺点丢丑，她耐心忍受痛苦，这些我都已经说过。在伊丽莎白短短一生的那几年里，我们只能从"谭波尔小姐"给我的信中看到有关她的一瞥:"老二伊丽莎白,是这家人家中我还有鲜明印象的唯一成员,这是由于她的一件有点惊人的意外事故。出了事故以后,我让她在我卧室里睡了几天几夜,这不只是为了让她可以安静些,而且还为了我可以亲自照料她。她的头划破了,伤得很厉害,可是她以值得学习的毅力忍受了受伤后的疼痛,因而赢得了我很大的敬重。两个小的(如果有两个的话)我只有很少一点印象,只记得那个不到五岁的可爱的孩子,是全校都喜爱的小娃娃。"最后那个是艾米莉。夏洛蒂被认为是姊妹中最健谈的一个,是个"快乐、聪明的小孩"。她的好朋友是"梅兰尼·海恩"(勃朗特先生是这样写这个名字的)。那个姑娘由她哥哥负担学费,除了对音乐以外,没什么特出的天才,而她哥哥的境况又不允许她学音乐。她是个"饥饿的、性情和善的、普普通通的姑娘";比夏洛蒂年纪大一点,随时准备保护她,不让她受到别的大姑娘的任何卑劣的虐待或欺凌。夏洛蒂总是怀着深情和感激回忆她。

我在讲夏洛蒂的时候,引用了"快乐的"这个字眼。我猜想,一八二五年是能把这个字眼用在她身上的最后一段时间。那年春天,玛丽亚的病情迅速恶化,学校派人去把勃朗特先生找来。他以前没注意到她的病,看到她那样子,大为惊骇。他带着她乘利兹的公共马车回家,姑娘们都挤到大路上,目送她过桥,经过村舍,直到永远看不见为止。她回家以后没过几天就去世了。只不过一星期以前,这个耐心忍受痛苦的人还是柯文桥生活的一个组成部分,现在她去世的消息突然来到,也许使留在那里的人更加焦急不安地注视着伊丽莎白的症状。结果,伊丽莎白患的也是肺病。学校里派了一个可靠的用人照料她,把她送回家。在那年夏初,她也去世了。这样,夏洛蒂就不得不突然担负起一个失去母亲的家庭里大姐姐的责任。她回忆起她亲爱的玛丽亚姐姐曾经怎样以她那严肃认真的方式竭力担任她们大家的温柔体贴的助手和参谋。现在落在她身上的责任,似乎像是从这个刚去世的小受苦者那里继承来的一份遗产。

在这不幸的一年,施洗约翰节①假期一过,夏洛蒂和艾米莉就又都回到了学校。可是在冬天来临以前,学校认为应该劝她们离校,因为柯文桥校舍的潮湿环境对她们的健康并不相宜。②

---

① 原文为 the Midsummer holidays,这段假期中的六月二十四日(英国四结账日之一)是施洗约翰节(the Midsummer Day)。施洗约翰是《圣经》中的人物。他在约旦河畔劝人悔罪,为人施洗。耶稣曾经来到约旦河畔接受他的洗礼。后来因事进谏,被犹太王希律·安提帕斩首。事见《圣经·新约全书·马可福音》及《圣经·新约全书·路加福音》。
② 至于我自己对目前这所学校的看法,那也只是我在走马看花以后形成的,因为我相信,我在房子里只待了半个小时。但是,我过去和现在的看法是:卡斯特顿的房子似乎完全卫生和整洁,坐落在一个可爱的地点;学生们看上去快乐、高兴和健康。那位女学监给人很好的印象。我问起学生学些什么课程,她说自从学校开办以来,教育计划已作了很大变动。如果我相信我的只有这一点儿浅薄根据的意见也会受到重视的话,那我就会把这个证明写在第一版之中了。——作者注

第五章

　　由于上述原因,两个小姑娘在一八二五年秋天给送回家来。当时夏洛蒂刚满九岁。

　　大约就在这时,村里一个上了年纪的女人住到牧师住宅里来当用人。她作为家庭成员之一在这里待了三十年;由于她长期忠心耿耿地侍候他们,由于她赢得了他们的感情和尊敬,所以我应该在这里提一提。泰比在口音上、外表上和性格上,都是她那一阶层的约克郡女人的一个标准典型。她富于强烈的求实观念,而且精明能干。她决不会奉承人;但是,她好心关怀的那些人的事情,她会不遗余力地去做好。对孩子管得很严,不过在能力许可的范围之内,她会不怕麻烦,给他们一些小小的款待。她只要求他们把她看作一个地位低下的朋友,作为报答。很多年以后,勃朗特小姐告诉我说,有件事她感到难办,因为泰比希望他们能把家里的事情全都告诉她,但是她耳朵却聋得厉害,所以一再重复讲给她听的事,结果屋里屋外的人都听到了。为了避免让最好要保密的事情闹得大家都知道,勃朗特小姐常常带她出去,到渺无人迹的荒原上去散步。她们拣个孤零零的高地,坐在一丛石楠上,她就可以在这里从从容容地把这个老妇人要听的话都告诉她。

　　很早以前泰比就住在哈沃斯,那时驮马带着丁当作响的铃儿和色彩鲜艳的羊毛装饰一星期经过一次,从基思利翻过山冈把乡下的产品送到科恩和伯恩利去。不仅如此,她还知道原始时代的"底部"或者山谷是什么情况,那时仙女们常常在月色溶溶的夜晚来到"山溪"旁边,她还认识一些看到过仙女的人。但那时候,山谷里还没有工厂,羊毛都是在农舍周围用手工纺成。"是那些工厂把她们赶走的。"她说。毫无疑问,她有许多故事可讲,讲讲乡下从前的日子,从前的生活方式,从前的居民,败落的乡绅,他们已经消逝了,他们住的地方也不再认识他们了；还讲一些家庭悲剧和阴森森的带迷信色彩的厄运；在讲这些事情时，丝毫没有意识到有几件事也许应该讲得婉转些，她只是把简单明了的细节详详细细地讲出来。

勃兰威尔小姐按时给孩子们上课，凡是她能教的都教，她把自己的卧室变成了他们的教室。他们的父亲有个习惯：凡是他感兴趣的外界消息都讲给他们听，他们便从他那独立思考的坚强头脑所形成的见解中得到丰富的思想食粮；但是，我不知道他是否直接教他们。看来，夏洛蒂那深深体贴人的心灵已经近乎痛苦地感觉到，她必须亲切关怀剩下的两个妹妹，这个责任已经落到她的肩上了。她比艾米莉只大十八个月，可是艾米莉和安妮仅仅是伴侣和游伴，而夏洛蒂对她们两人来说却是慈母般的朋友和保护人；她这样深情地负起超出她年龄的责任，使她感到自己比实际年龄大得多。

她们唯一的兄弟帕特里克·勃兰威尔是个很有前途的孩子，在某些方面，显示出了特别早熟的才能。勃朗特先生的朋友们劝他早点把儿子送进学校；但是，他回想起自己年轻时的顽强意志和运用意志的方式，相信帕特里克还是待在家里比较好，这样便可以很好地教他，就像以前教别人那样。所以，帕特里克，或者像家里人叫他的——勃兰威尔，就留在哈沃斯，每天勤奋地跟父亲学几个小时；但是当他父亲去执行教区事务时，这男孩就跟村里的男孩做伴，碰到谁就跟谁做伴——因为年轻人爱跟年轻人在一起，男孩爱跟男孩在一起。

不过他还是参加了他姐姐的许多游戏和娱乐，大多数是坐着玩的和智力游戏。有人信任地把一包奇妙的东西交给我，其中有大量小得难以想象的手稿；故事、剧本、诗歌、传奇，主要是夏洛蒂写的，字小得几乎不用放大镜就认不出来。只有附上一页复制品才能让你真正知道写得小到什么程度。

在这些原稿中，有一份她的作品的清单，我抄下来作为一个奇妙的证明，证明文学创作的热情多么早就袭击着她：

到一八三〇年八月三日为止我的作品目录，附完成日期。

两个传奇故事，合成一卷；即《十二个冒险者和在爱尔兰的奇遇》，1829 年 4 月 2 日。

《追求幸福，一个故事》，1829 年 8 月 1 日。

《闲暇，一个故事和两个片段》，1829 年 7 月 6 日。

《爱德华·德·克雷克奇遇记，一个故事》，1830 年 2 月 2 日。

《欧内斯特·阿兰伯特奇遇记，一个故事》，1830 年 5 月 26 日。

《当代最杰出的人物生平中的一件趣事，一个故事》，1830 年 6 月 10 日

《岛民故事集》，四卷。第一卷目录：1.有关他们起源的叙述；2.幻象岛素描；3.拉顿的尝试；4.查尔斯·韦尔斯利勋爵和杜罗侯爵的奇遇，1829 年 6 月 31 日①完成。第二卷：1.学校造反；2.威灵顿公爵一生中的奇事；3.给他儿子讲的故事；4.杜罗侯爵和查尔斯·韦尔斯利勋爵给小国王和王后讲的故事，1829 年 12 月 2 日完成。第三卷：1.威灵顿公爵在卡文的奇遇；2.威灵顿公爵和小国王与王后访问骑兵卫队，1830 年 5 月 8 日完成。第四卷：1.斯特拉斯菲尔德赛的三个洗衣婆；2.C.韦尔斯利勋爵给他兄弟讲的故事，1830 年 7 月 30 日完成。

《当代伟人志》，1829 年 12 月 17 日。

《年轻人杂志》，六期，从八月到十二月，后面两个月有两期，1829 年 12 月 12 日。目录总索引：1.一个真实的故事；2.战争

---

① 原文如此。

的起因；3.一首诗歌；4.对话；5.一个真实的故事的续篇；6.考德尔的灵魂，7.小酒馆内，一首诗，8.玻璃城，一首诗歌，9.银杯，一个故事，10.沙漠里的桌子和花瓶，一首诗歌；11.对话；12.大桥上的一幕，13.古老不列颠人之歌；14.我的大桶里的一幕，一个故事，15.一个美国故事；16.见守护神花园有感，17.玻璃城地形；18.瑞士画家，一个故事，19.转让这本杂志的感想，20.题同上，另一作者所写；21.主要神怪会议，22.西班牙的收获季节，23.瑞士画家，续篇；24.对话。

《劣等诗人》，一个剧本，两卷，1830年7月12日。

《诗集》，1829年12月17日完成。目录：1.大自然之美；2.一首短诗；3.在加拿大森林中漫游时的沉思；4.流亡者之歌；5.见巴别塔废墟有感；6.一首十四行的诗；7.夏日黄昏河畔抒怀；8.春，一首诗歌；9.秋，一首诗歌。

《诗歌集锦》，1830年5月30日完成。目录：1.墓地；2.卢西瓦岸边威灵顿公爵邸宅的描述——这是个小的故事或事件；3.欢乐；4.在英格兰北部高山顶上写的诗；5.冬；6.两个片段，即一、幻象；二、一首无题短诗；黄昏漫步，一首诗，1830年6月23日。

共二十二卷。

夏·勃朗特，一八三〇年八月三日

每一卷有六十至一百页，像用平版印刷出来的那一页比一般的稍小一点，如果我们记住那全是在十五个月里写成的，那么，整个数量看来是很大的。数量是这样；质量也使我吃惊，对一个十三四岁的女孩子来说，是难能可贵的。为了用作她这一时期散文风格的一个样品，而且为了让读者稍微了解一下这些孩子在家里所过的幽静生活，我从《岛民故事集》（他们一本"小杂志"的名称）的前言中摘录一段：

一八二九年六月三十一日

《岛民》这一剧本是一八二七年十二月以如下方式形成的。有一天晚上，紧接着十一月的冰冷的冻雨和暴风雨的浓雾，又来了暴风雪和隆冬夜里的刺骨寒风，我们都坐在厨房里暖和的熊熊炉火周围，刚跟泰比吵完一架，那是为了是否要点蜡烛争执起来的，结果是她胜利，她没拿出蜡烛来。接下来沉默了好一会儿，最后勃兰威尔打破沉默，懒洋洋地说："我不知道该做什么。"艾米莉和安妮也跟着附和。

泰比："你们可以去睡觉了。"

勃兰威尔："我宁可做别的什么事情。"

夏洛蒂："你今晚干吗这样闷闷不乐，泰比？哦！让我们每个人有个我们自己的岛屿吧。"

勃兰威尔："如果我们有的话，我要选择人之岛。"

夏洛蒂："我可要选怀特岛。"

艾米莉："我要阿伦岛。"

安妮："我的岛是格尔恩西岛。"

然后我们选定谁是我们岛上的主要人物。勃兰威尔选了约翰·布尔①、阿斯特利·库珀②和利·亨特③；艾米莉选了华尔特·司各特④、洛克哈特先生，即约翰尼·洛克哈特⑤；安妮选了

---

① 约翰·布尔（John Bull）原是英国安妮女王的侍臣兼作家约翰·阿布什诺特（John Arbuthnot, 1667—1735）所写的《约翰·布尔的历史》中的一个矮胖愚笨的绅士，用来讽刺当时辉格的战争政策。英文"布尔"是"牛"的意思。后来"约翰牛"成为英国或英国人的绰号。
② 阿斯特利·库珀（Astley Cooper, 1768—1841）：英国外科医生。
③ 利·亨特（Leigh Hunt, 1784—1859）：英国诗人、评论家、散文家。
④ 华尔特·司各特（Walter Scott, 1771—1832）：英国小说家、诗人。
⑤ 约翰·洛克哈特（John Lockhart, 1794—1854）：苏格兰作家。约翰尼是约翰的昵称。

迈克尔·萨德勒①、本廷克勋爵②和亨利·哈尔福德爵士。我选了威灵顿公爵和两个儿子,克里斯托弗·诺思③一伙人和艾伯内西④先生。说到这里,我们的谈话被那在我们听来很扫兴的七下钟声所打断,我们给叫去睡觉了。第二天,我们在自己的人物名单上又加了许多人,直到我们把王国里所有主要人物都加上为止。在这以后有很长一个时期,没有发生什么值得注意的事。一八二八年六月,我们在一个虚构的岛上盖了一所学校,那里要招收一千个孩子。建造的方式如下所述。这个岛方圆五十英里,看上去当然更像一个魔地而不像现实世界,等等。

在这个片段里有两三点使我很感吃惊:一是鲜明生动地描绘了一年中的这个季节,黄昏中的时刻,外面又冷又黑的感觉,夜里的风声,风刮过渺无人迹的、白雪覆盖的荒原,越来越近,最后摇撼着他们坐着的这间屋子的门,因为这扇门直接通向那凄凉辽阔的旷野。这一切都跟这几个杰出的孩子聚集在里面的那间令人愉快的厨房里的忙碌的、生气勃勃的欢乐景象形成鲜明对比。泰比穿着她那古怪的乡下衣服走来走去,她节约、专断,动不动就相当严厉地挑错,但是却又不让别人去责怪她的孩子们,这一点我们可以肯定。另一个值得注意的事实是,他们用民主的党派观念选择了他们的伟人,这些人几乎全都是当时坚定的托利党⑤人。而且,他们不把自己局限于当地的英雄。由于听了很多一般孩子们并不感兴趣的事,他们选择的范围就变得广

---

① 迈克尔·萨德勒(Michael Sadler,1780—1835):英国政治家,托利党议员。
② 本廷克勋爵(Lord Bentinck,1802—1848):英国政治家。
③ 克里斯托弗·诺思(Christopher North,1785—1854):苏格兰作家约翰·威尔逊的笔名。
④ 艾伯内西(John Abernethy,1764—1831):英国外科医生。
⑤ 托利党(Tory):英国政党。十七世纪七十年代末形成,代表土地贵族和高级教士利益。十九世纪中期,成为保守党建党的基础。

泛了。小安妮几乎还不到八岁，就选择了当时的政治家作为她的主要人物。

这里还有一张纸片，上面的字迹几乎认不出来，大约是这个时期写的，从这里可以看出一点他们的看法的来源。

一八二九年的历史

有一次，爸爸借了一本书给我姐姐玛丽亚，那是一本老的地理书。她在空白页上写着："爸爸借给我这本书。"这本书有一百二十年了，现在正放在我的面前。我现在是在哈沃斯牧师住宅的厨房里写这篇文章，用人泰比正在洗早餐用的东西。我最小的妹妹安妮（玛丽亚是我最大的姐姐）正跪在一张椅子上，看着泰比给我们烘焙蛋糕。艾米莉在客厅里掸地毯。爸爸和勃兰威尔上基思利去了。姨妈在楼上她的房间里，我坐在厨房里的桌旁写东西。基思利是个小镇，离这里有四英里路。爸爸和勃兰威尔是去取报纸的。取的是《利兹通讯员》，那是伍德先生编的一张出色的托利党报，老板是赫尼曼先生。我们每周订两份报，看三份。我们订了托利党的《利兹通讯员》和辉格党①的《利兹信使》，后面这张是由贝恩先生同他的兄弟、女婿和他的两个儿子爱德华与塔尔伯特合编的。我们看《约翰·布尔》，那是一张偏激的托利党报，言论很激烈。这是德赖弗先生借给我们的，跟《布莱克伍德杂志》一样，是最有影响的刊物。主编是一个七十四岁的老人克里斯托弗·诺思先生，四月一日是他的生日；他的同伴有蒂莫西·蒂克勒、摩根·奥多尔蒂②、麦克拉宾·莫迪凯、马林、沃内尔，还有

---

① 辉格党(Whig)：英国政党。一六七九至一六八二年在国会中形成，代表工商业资产阶级利益。十九世纪中叶与其他资产阶级政党合并称为自由党。
② 摩根·奥多尔蒂(Morgan O'Doherty, 1793—1842)：爱尔兰作家。原名威廉·梅金(William Maginn)。

詹姆斯·霍格①，他具有杰出的天才，是个苏格兰牧人。我们的戏完成了：一八二六年七月，《年轻人》；一八二七年七月，《我们的伙伴》；一八二七年十二月，《岛民》。这是我们的三个伟大的戏，这不是秘密。艾米莉和我的最好的戏是在一八二七年十二月一日完成的；其余的是在一八二八年三月完成的。最好的戏指的是秘密的戏，都很不错。我们所有的戏都很奇怪。我不必把它们的种类写在纸上，因为我想我会永远记住它们的。《年轻人》这个戏是启发于勃兰威尔的木头兵；《我们的伙伴》是启发于《伊索寓言》②，《岛民》则是启发于曾经发生的几件事。如果可能的话，我会把我们的戏的起源讲得更清楚一些。首先讲《年轻人》。爸爸在利兹给勃兰威尔买了一些木头兵；爸爸回来时，已经是夜里，我们都睡了，所以第二天一早，勃兰威尔拿了一盒兵来到我们房门口。艾米莉和我跳下床来，我抓起一个兵就嚷道："这是威灵顿公爵！就拿这个做公爵！"我说了这句话以后，艾米莉也拿起一个，说那个是她的；安妮下来时，她说她也应该有一个。我的这个，在所有士兵当中最漂亮，又最高，在各方面都最完美。艾米莉的那个是神情严肃的家伙，我们把它叫作"严严"。安妮的是一个奇怪的小家伙，很像她自己，我们把它叫作"小厮"。勃兰威尔给自己挑选了一个，把它叫作"波拿巴"。

上面这段摘录让我们稍微看到一些小勃朗特们感兴趣的读物；但是他们的求知欲一定是在许多方面都被激发了出来，因为我发现一份《我希望看到他们的作品的画家名单》，那是夏洛蒂几乎还没满十三岁时写的：

---

① 詹姆斯·霍格（James Hogg，1770—1835）：苏格兰诗人。
② 古希腊寓言作家伊索（Æsop，约公元前六世纪）所著寓言的集子。

基多·瑞尼①，裘利奥·罗曼诺②，提香③，拉斐尔④，米开朗琪罗⑤，柯勒乔⑥，阿尼帕·卡拉齐，⑦利奥那多·达·芬奇，⑧弗拉·巴多洛米奥，⑨卡洛·切纳尼，⑩凡·戴克，⑪鲁本斯，⑫巴多洛米奥·拉门尼⑬。

这个小姑娘也许有生以来从未见过一幅称得上油画的作品，她在这遥远的约克郡的一所牧师住宅里，研究着伟大的古代意大利和佛兰德斯的大师的名字和特点，渴望在渺茫的未来，有那么一天看到他们的作品！现在还留下一张纸，上面写着对《一八二九年的友谊的礼物》中一些版画的细致的研究和批评；从中可以看出，她早就养成了仔细观察、耐心分析原因和结果的习惯，后来这些习惯对于她的天才像婢仆一样起了很好的辅助作用。

勃朗特先生使他的孩子们同他一样对政治感兴趣，这种做法一定对

---

① 基多·瑞尼(Guido Reni, 1575—1642)：意大利画家。
② 裘利奥·罗曼诺(Giulio Romano, 1492—1546)：意大利画家、建筑师。原文中作者把 Giulio 误写成 Julio。
③ 提香(Titian, 1490—1570)：意大利文艺复兴盛期威尼斯派画家。
④ 拉斐尔(Rafaello Santi Raphael, 1483—1520)：意大利文艺复兴时期画家、建筑师。
⑤ 米开朗琪罗(Michelangelo Buonarroti, 1475—1564)：意大利文艺复兴时期的雕刻家、画家、建筑师兼诗人。
⑥ 柯勒乔(Antonio Allegri Correggio, 约 1489/1494—1534)：意大利文艺复兴时期画家。
⑦ 阿尼帕·卡拉齐(Annibal Caracci, 1560—1609)：意大利博洛尼亚派画家，西欧绘画中学院派的创始人。
⑧ 利奥那多·达·芬奇(Leonardo da Vinci, 1452—1519)：意大利文艺复兴时期美术家、自然科学家兼工程师。
⑨ 弗拉·巴多洛米奥(Fra Bartolomeo, 1475—1517)：意大利画家。
⑩ 卡洛·切纳尼(Carlo Cignani, 1628—1719)：意大利画家。
⑪ 凡·戴克(Antoon Van Dyck, 1599—1641)：佛兰德斯画家。
⑫ 鲁本斯(Peter Paul Rubens, 1577—1640)：佛兰德斯画家。
⑬ 巴多洛米奥·拉门尼(Bartolomeo Ramenghi, 1484—1542)：意大利博洛尼亚派画家。

于提高他们的思想境界起了很大的作用,使他们的思想不至于被当地的无聊闲谈所局限和污染。我把《岛民故事集》里仅存的另一个有关个人的片段摘录下来;这是第二卷的前言里的一段,为他们没有早些写出续篇而表示歉意,说作者们长时期以来很忙,最近又过多地专心于政治。

议会召开了,重大的天主教问题被提了出来,公爵的措施已经宣布,一切都是谣传、暴力、派性和混乱。哦,这六个月,从国王的演讲到结束!除了天主教问题、威灵顿公爵和皮尔①先生以外,谁也不能写或者想其他任何问题。我记得那天《特别消息》送来,上面登了皮尔先生的演说,其中谈到要给天主教徒定的条件!爸爸是多么急切地撕掉封皮,我们大家是怎样围住他,怎样屏息凝神,焦急地听那一点又一点被列举出来、解释清楚,而且论证得那么有力,那么精辟!等到全部读完,姨妈又是怎样说她认为这篇演说很出色,有了这么好的安全措施,天主教徒就不能做有害的事了!我还记得大家对上议院是否会通过抱怀疑态度,还预言说不会通过;等到报纸送来,可以知道这个问题的结果时,我们怀着几乎可怕的焦急心情倾听这整个事件的经过:开门,寂静;穿着长袍的高贵公爵们,系着绿腰带、穿着绿背心的大公爵;他起立时,全体贵族都站起来;他发表演说——爸爸说他字字句句都像金子;最后,以一比四(原文如此)的多数通过法案。不过这是离题话,等等,等等。

这准是她十三四岁时写的。

她在这一时期写过一些纯属想象的作品,我的有些读者会对了解

---

① 皮尔(Robert Peel,1788—1850):英国十九世纪上半期重要政治人物之一。从事保守党政治活动,两度出任首相。

这类作品的性质感兴趣。在写任何真实事情时，正如我们已经看到的，她的描写是朴实、生动、鲜明和有力的，而在她听凭自己的创造力自由发挥时，她的想象和语言却都奔放不羁，有时到了显然是狂乱的程度。对于这种狂放的离奇的作品，只要举一个例子就足够了。那是写给一本"小杂志"的编者的一封信。

> 先生：大家知道，神怪们已经宣布过，除非他们每年做一些神秘而艰巨的工作，否则宇宙万物就会统统烧毁，聚成一个大球，它将孤独而庄严地滚过只有神怪中四个高级王子居住的广漠太空，直到永恒接替了时间，这话的厚颜无耻只有他们的另一番话可以与之相比，那就是说他们可以用魔力把世界变成沙漠，把最纯净的水变成黑色的毒河，把最清澈的湖变成死水，它那传播瘟疫的雾气将毒死一切生灵，除了树林中那个嗜血的野兽和山岩上那只贪食的鸟。在这片荒凉之中，神怪头儿的官殿将升起在旷野上，闪闪发光，他们作战时的呐喊将以可怕的嚎叫在早上、中午、夜晚传遍大地；他们将举行一年一度的骷髅宴，怀着胜利者的欢乐年年庆祝。我想，先生，这种行径的可怕和恶毒毋需评议，所以我赶紧自己捐献出来，等等。
>
> 一八二九年七月十四日。

上面这封信可能有些寓言性的或政治性的影射，我们看不出来，但是对于收信人的聪明的小脑袋来说，却很清楚。他们显然对政治很感兴趣；威灵顿公爵是他们当作神一般崇拜的人物。与他有关的一切都属于英雄时代。夏洛蒂一旦需要一个游侠骑士或者忠诚的情人，杜罗侯爵或查尔斯·韦尔斯利勋爵就来到她身边。她这个时期的散文作品，几乎没有一篇不由他们当主要人物，他们的"可敬的父亲"并不是作为 Jupiter Tonans① 或 Deus ex Machinâ② 之类的人物出现的。

我把各期杂志上她几篇文章的篇名抄出来，以证明韦尔斯利是怎样经常在她的想象中出现。

《利菲堡》，查·韦尔斯利勋爵讲的一个故事。

《给里弗·阿拉瓜》，杜罗侯爵著。

《一个特别的梦》，查·韦尔斯利勋爵著。

《绿矮人，一个用完成时的故事》，查尔斯·艾伯特·弗洛里恩·韦尔斯利著。

《奇怪的事件》，查·艾·弗·韦尔斯利著。

生活在一个与世隔绝的村庄或者一所孤零零的村舍里，只有许多小事情进入童年的脑子，被细细地思考。在其中某件事仿佛形成模糊而神秘的重要事情以前，许多天之内，不会发生或者不可能发生什么别的事情把它挤掉。因此，过着僻静生活的孩子往往爱好沉思和幻想。外界留给他们的印象——地上的和天上的一些异常景象——偶然遇到陌生面孔和陌生人的情景（在这些偏僻的地方很少有这种情况）——有时候会被他们夸大，变得意义深远，几乎带有神奇色彩。在夏洛蒂这一时期写的作品中，我很明显地看出了这种奇怪的特点。的确，在这种环境下，也不能说是奇怪的特点。从迦勒底③牧羊人——"伸开四肢躺在柔软的草地上度过半个夏日的孤独的牧羊人"——到寂寞的修士——一直到所有那些有时间使外界的印象在想象中发展、变得生动的人，他们把这些印象当成真实的化身，或者当成超自然的

---

① 拉丁语：雷神朱庇特。
② 拉丁语：（古希腊戏剧中用舞台机关送出的）解围之神。
③ 迦勒底人是塞姆（闪）族的一支。迦勒底王国即新巴比伦王国（前626—前538）。

显圣。如果怀疑这些化身和显圣，就是亵渎。所有这样的人都会有上述那种奇怪的特点。

一方面，夏洛蒂有这个倾向；另一方面，她生就一副很有常识的头脑，而且实际生活每天需要她运用它。她的责任并非只是上上课，读一定数量的书，形成某些观点；除此以外，她还必须把房间刷干净，上楼下楼跑腿，帮着干些比较简单的烹调活，交替地做她弟妹的游伴和班长，缝缝补补，还要跟她那小心的姨妈学勤俭持家。这样，我们就看到，在她的想象力接受鲜明印象的同时，她那杰出的判断力完全有力量在她的幻想变为现实以前就把印象纠正过来。她在一张纸上写下了下面这段叙述：

一八三〇年六月二十二日下午六时
于布莱福德附近的哈沃斯

下面这件奇怪的事发生在一八三〇年六月二十二日：现在爸爸病得厉害，卧床不起，身体很虚弱，没人扶着就爬不起来。在上午九点半光景，厨房里只有泰比和我两人。突然，我们听到一阵敲门声，泰比起身去开门。一个老头儿出现了，站在门外，这样跟泰比讲话：

老头儿："牧师住在这儿吗？"

泰比："是的。"

老头儿："我想见他。"

泰比："他身体不好，躺在床上。"

老头儿："我有信要送给他。"

泰比："谁的信？"

老头儿："上帝。"

泰比："**谁**？"

老头儿:"上帝。他要我说,新郎已经来了,我们得准备迎接他;绳子快松开了,金碗打破了;水罐在泉边打破了。"

说到这儿他结束了谈话,突然走了。泰比关门的时候,我问她是否认识他。她回答说,从来没看见过他,也从来没看见过任何像他那样的人。我完全相信他是个狂热的宗教迷,用意很好,但是根本不懂真正的虔诚。然而,在这个时候出乎意料地听到他的话,我却忍不住哭了起来。

下面这首诗的写作日期虽然不大能肯定,但还是不妨在这里引用一下。那一定是一八三三年以前写的,不过没法确定以前多少时候。在这个时期各个用小字写的作品里,至少我能读到的全部作品里,都显示出了杰出的诗才,我拿这首诗作为这种才能的一个样品。

受伤的牡鹿

昨夜,在阴暗的树林深处,
　　我经过绿荫最浓的地方,
看见一头受伤的牡鹿
　　孤独寂寞地躺在地上。

密密的树枝间洒下月光,
　　(稀疏、零散、朦胧)
它穿过蕨丛铺成的软床
　　在牡鹿身上聚拢。

疼痛在它疲乏的四肢里颤抖,
　　疼痛充满了它忍耐的双眼,

戴着枝形皇冠的鹿头，
　　在隐蔽的蕨丛中痛苦不堪。

它的同伙在哪里？伴侣在哪里？
　　全都离开了它临终的眠床！
而它，被打伤，被遗弃，
　　独自忍受痛苦，鲜血流淌。

失去了朋友，痛苦万分，
　　它的感觉是否和人的一样？
"悲哀"的尖刺，"痛苦"的利刃
　　是否戳进了它那毛茸茸的胸膛？

对失去的爱情的渴望
　　是否给每支致命的飞镖添上倒钩？
忠诚遭到背叛，爱情没有报偿，
　　这些是否折磨着它，盘踞在它的心头？

不！把人自己的命运留给人吧！
　　只有在亚当后裔死去之处，
围绕他那肃穆而阴森的尸架
　　才会涌现这样的痛苦！

第六章

现在对勃朗特小姐的外貌作些描述,也许是合适的。她在一八三一年,快满十五岁的时候,是个文文静静、喜欢沉思的姑娘,个子很矮小——她自己说"没有长足"——但是因为她的四肢和头同那苗条纤瘦的身体十分相称,所以稍带畸形意思的词都不能适用于她。有一头又软又多的棕色头发,还有一双奇特的眼睛,后来我看见她那双眼睛觉得很难描绘。大大的,形状很好;颜色是略微偏红的棕色;仔细看看,虹膜似乎是由许多颜色合成的。通常的表情是静静地听,显得很聪明;但偶尔在应该感到极大兴趣或者义愤填膺的时候,也会闪出光芒,仿佛精神之灯点亮了,在那对富于表情的眼球后面发亮。我从没在别人那里看到过类似的情况。她五官的其余部分,却是普通的、大大的、不很相配;不过,除非你分开来细看,不然,你不大会发现这个事实,因为那双眼睛和神情的力量压倒了所有生理上的缺陷。那弯曲的嘴巴,大大的鼻子都给忘掉了,整个脸抓住了注意力,而且马上就吸引住她自己想吸引的人。她的手和脚是我见过的最小的;她的一只手放在我手中,那软软的感觉就好像我手里握的是一只鸟。细细长长的手指感觉特别灵敏,这就是为什么她做的不管哪一种手工——写作、缝纫、编织——都是又精细又干净。她本人的整个衣着都特别整洁。但是她也有讲究的地方,那就是要把鞋子和手套做得正好合适。

我刚认识她的时候,她有一种严肃认真的沉静的表情,这使她的脸像一张古老的威尼斯画像那样庄严。我完全可以想象,这种表情不是她后来才有的,而是很早就开始有了,那时候她就觉得自己处于做一群失去母亲的孩子的大姐姐的地位。但是在一个只有十三四岁的姑娘身上,这种表情可以称作(用一个乡下人的说法)"老派";在一八三一年，我现在正在写到的这个时期，我们必须想到，她是个矮小、稳重、古派的姑娘，举止很文静，衣着很古怪。因为受了她父亲的影响，他认为衣着朴素适合于乡村牧师的妻子和女儿。除此以外，主要负责外甥女衣着的姨妈自从八九年以前离开彭赞斯以后，一次也没有参加过社交活动，所以八九年前的彭赞斯式样还是她心爱的式样。

一八三一年一月，夏洛蒂又给送进了学校。这一次，她到伍某某小姐的学校里去当学生。伍某某小姐住在罗海德，那是一所令人愉快的、房间宽敞的乡下房子，和田地稍微隔开一些，就在从利兹通往赫德尔斯菲尔德的大路右边。三层老式的半圆形凸肚窗从底层一直排到屋顶；窗子俯视着斜坡上长长的一片牧草地，牧草地的尽头是柯克里斯的悦目的树林，乔治·阿米塔奇爵士的公园。罗海德离哈沃斯不到二十英里，但乡村景色却截然不同，仿佛两处的气候不一样似的。罗海德周围那缓缓地蜿蜒起伏的景色给陌生人的印象是，高处空气清新，令人心旷神怡，下面草木葱茏的大山谷里满地阳光，很是暖和。这正是修道士们喜爱的环境，从前金雀花王朝[①]时代的痕迹到处可见，和今天西区制造业并存着。这里有柯克里斯公园，里面许多洒满阳光的林间空地，上面点缀着古老紫杉的黑影。还有那幢灰色的建筑，以前是"女信徒之家"。树林深处有一块风化了的石头，据说罗宾汉[②]在它下面躺过。公园外边不远的地方有一所有石头山墙的古老房子，现在是路边的客店，上面有"三修女"这个店名，还有一块画着相应图画的招牌。常来光顾这家古怪的老客店的是附近毛纺厂里的一些穿粗斜纹布衣服的工人。从利兹到赫德尔斯菲尔德的大路上，有许多毛纺

[①] 金雀花王朝：英国的封建王朝。一一五四年由亨利二世创立。因其父高弗黎帽上常插金雀花而得名。一三九九年为兰开斯特王朝取代。
[②] 罗宾汉：英国民间传说中的人物，武艺出众，机智勇敢。相信他生活在十二世纪，因不堪诺曼封建主压迫，与一群自耕农结伙反抗，出没森林，劫富济贫，仇视官吏和教士，爱护受压迫的农民。

厂，形成一个个中心，未来的村落将围绕着这些中心发展。在穿过西区的大路上赶路的人，看到的就是这样一种生活方式的对比和时间、季节的对比。我想，英国再也没有一个地方像罗海德所在的区域这样，把几个世纪奇怪而紧密地拉在一起了。从利兹过来，伍某某小姐的房子是在大路左边。离这所房子不到六英里，是豪利府的遗址，现在是卡迪根勋爵的产业，但以前是属于萨维尔家族的一支的。附近是安妮女士之井；传说"安妮女士"坐在井边时受到狼群的骚扰，被狼群吃掉了。以前，在复活节前的那个星期日，伯斯托尔和巴特利各家羊毛厂里的一些给靛青染脏的工人都到这里来。在那一天，这井里的水有奇特的疗效。现在还有人相信，那天早上六点钟时，井水是色彩斑斓的。

现在有一个农民住在豪利府遗址上，他的土地周围都是现代的石屋，里面住着靠羊毛厂生活和发财的人。这些毛纺厂正在侵犯和排挤那些古老邸宅的业主。四面八方都可以看到美丽如画、山墙很多的邸宅，上面都有沉沉的纹章石雕作为装饰，这些邸宅都是败落的家族的。由于富裕的制造商急需土地，逼得他们把祖传的土地一块一块地割让出去。

蒙蒙烟雾包围着从前约克郡乡绅的这些古老住宅，损害和染黑了给住宅遮阳的古树；煤渣路一直通到邸宅跟前。周围的庭园卖出去让人建造房屋了。邻居们虽然靠另一种方式生活，却还记得他们的祖先是靠了给这些邸宅的主人种地来谋生的；而且珍爱地牢记着与几世纪前那些豪门有关的传说。就拿奥克韦尔府为例吧。它坐落在一块牧草地上，离公路四分之一英里。它离开伯尔斯托几家毛纺厂里用的蒸汽机发出的忙碌的呼呼声就只有那么一点儿距离。如果你在吃饭时从伯尔斯托车站步行到那里去，你就会碰见一行行的工人，他们浑身上下让羊毛的染料染蓝了，正在公路边的煤渣路上狼吞虎咽、嘎吱嘎吱地咬嚼着。从这里往右转弯，你就穿过一块老牧草地往上走，走上一条短短的支路"血巷"——一条有某位巴特上尉的鬼魂经常出现的小道。巴特上尉是斯图亚特王朝时代附近一所老邸宅的罪恶累累的业主。从树荫遍地的"血巷"，你来到奥克韦尔府所在的那块田地。附近一带都知道，那就是给描写成谢利的住所"菲尔德海德"的那个地方。前面围起来的那块场地，一半是院子，一半是花园。有嵌板的大厅，四周围着通向卧室的游廊。俗气的桃红色的休憩室。穿过花园门看到绿草茵茵的草坪和后面的平台的那片灿烂景色，羽毛柔美的鸽子现在还喜欢在那里的阳光下咕咕鸣叫，大摇大摆地走来走去——这一切在《谢利》里都有描写。那部小说的场景就在这附近；作为素材的那些真实事件就发生在这一带。

人们指出奥克韦尔府卧室里的一个血脚印，讲了一个跟这个脚印和通向这所房子的那条小巷有关的故事。据说巴特上尉远在外地；他的家属住在奥克韦尔；一个冬日傍晚，在暮色苍茫中，他迈着大步沿小巷走来，穿过大厅，走上楼梯，到他自己房里，在那里消失了。就在一六八四年十二月九日那天下午，他在伦敦跟别人决斗时给人杀死了。

这个邸宅的石块形成了比较古老的牧师住宅的一部分，那所牧师住宅是巴特上尉的一个祖先在宗教改革①后的动乱年代中据为己有的。亨利·巴特毫无顾虑地霸占了房子和钱财；最后，偷了伯尔斯托教堂的大钟，由于偷盗圣器，这块土地就必须罚款，直到今天，这所邸宅的业主还不得不付。

但是奥克韦尔产业在上世纪初从巴特家的手中落到别人手中；旁系后裔继承了它，留下了这美丽如画的痕迹。大厅里挂着一对很大的

---

① 指十六世纪欧洲的基督教改革运动。

鹿角,下面挂着一张印好的卡片,记载着这个事实:一七六三年九月一日,举行了一次盛大的打猎比赛,这头鹿就是在那时候给打死的。一共有十四位绅士参加了这次逐猎,而且就在这个大厅里,同房主人菲尔费克斯·费恩利老爷一起吃这个猎获物。卡片上面写了十四个名字,无疑都是"从前的大人物";但是在所有这些人当中,在一八五五年和我有联系的却只有检察总长弗莱彻·诺顿爵士和陆军少将伯奇。从奥克韦尔再过去,左右两边都有一些房子。勃朗特小姐和她的同学把罗海德当作舒适的家住在那里时,对这些房子很熟悉。一条条小巷从路上岔出去,延伸三四英里,直到高地上的石楠地和公有地那里。那是假日散步的好地方。然后就是那白色的大门,里面是田间小道,一直通到罗海德。

底层有一间有凸肚窗的房间对着我刚才描述的景色,那是会客室;另外一间是教室。餐厅在门的一边,朝着大路。

勃朗特小姐在那里读书的一年半之中,学生人数有七到十个。由于她们用不了这么多房间,三层楼就空着,除了认为有一位女士的鬼魂住在那里。站在第二段楼梯的脚下有时可以听到她的绸衣服的窸窣声。

伍某某小姐天性善良,而且待学生像母亲一般,再加上招收的女孩子人数很少,这就使得这里不像学校,而更像一个私人的家庭。而且,她跟她的大部分学生一样,是罗海德周围一带的本地人。夏洛蒂·勃朗特从哈沃斯来,很可能是所有人当中路程最远的一个。"埃"的家离这里五英里;另外两个好朋友(《谢利》中的罗丝·约克和杰西·约克)住得还要近。有两三个是从赫德尔菲尔德来的;一两个来自利兹。

现在我引用从"玛丽"那里收到的一封珍贵的信。她是夏洛蒂早年一些朋友中的一个。信写得明确而生动,和夏洛蒂·勃朗特的好朋友这个身份相称。信中谈到的时间是一八三一年一月十九日，她第一次在罗海德出现。

> 我第一次看见她时，她从一辆有篷马车上下来，穿着老式的衣服，显得又冷又可怜。她是到伍某某小姐的学校里来读书的。当她出现在教室里的时候，衣服已经换过了，但还是同样的老式。她看上去像个矮小的老妇人，眼睛近视得厉害，总好像在找什么东西，头左右摇摆要找到它似的。她十分害羞和神经质，说话带着浓重的爱尔兰口音。给她一本书，她就低下头凑近它，直到鼻子都快碰上书了，叫她抬起头来，那么书也就跟着头一起起来，还紧靠着鼻子，所以看了没法不笑。

这就是她留给她的朋友的第一个印象。她后来成为她们的一个亲爱的、可贵的朋友。另一个姑娘回忆第一次看见夏洛蒂时的情景，说她来的那天，别人都在玩，她却站在教室窗口，一边看着窗外的雪景，一边哭。"埃"年纪比她小，看到这个衣着和模样都古怪的小姑娘在这个冬日早上，显然很凄凉的处境里，在一个陌生地方的陌生人中间，"流着泪站在那儿想家"，她心肠软，不由得被感动了。任何一种表示得过了分的好意准会把这个从哈沃斯来的容易受惊的矮小姑娘吓坏的，但是"埃"（她在《谢利》中被写成卡罗琳·赫尔斯通）却设法赢得了她的信任，被允许向她表示同情。

再从"玛丽"的信中引一句：

> 我们以为她很无知，因为她从来没学过语法，地理也学得很少。

这个有关她在某一方面无知的叙述被其他同学证实了。但是伍某某小姐是个才智出众又富于温柔体贴的同情心的人。她在第一次同夏洛蒂打交道时就证实了这一点。这小姑娘书读得很多,但基础不扎实。伍某某小姐把她拉到一边对她说,恐怕只好把她放在第二班里,让她读一些时候,直到她能在语法知识等等方面超过她同年龄的姑娘的时候为止。但是可怜的夏洛蒂听到这个通知,伤心得哭了一阵,伍某某小姐心肠软了下来,她很明智地预见到,这样一个姑娘,最好还是放在第一班,让她在欠缺的方面通过自学赶上来。

她知道一些完全超出我们接触范围的事情,叫我们都惊呆了。我们必须背的短诗,她大多很熟悉;给我们讲这些诗的作者、出处,有时候会背上一两页,把情节告诉我们。她习惯写斜体字(印刷体),说是在写杂志时学的。他们一个月出一期杂志,要尽可能把它写得像个印刷品。她还给我们讲了其中一个故事。除了她自己、她弟弟和两个妹妹以外,没有人给这杂志写文章,也没有人看。她答应给我看一本这种杂志,但事后又收回了自己的话,再怎么说也不肯拿给我。在我们的游戏时间,她总是坐着,或者一动不动地站着,只要可能就看书。有一次,我们中间有个人要她参加我们一边比球。她说她从来没打过球,不会打。我们叫她试试,但立即发现她看不见球,所以我们只好让她退出。她对我们的一切活动都采取柔顺的漠不关心的态度,总好像要先下个决心才能对任何事情说一个"不"字。她常常站在操场上的树荫下,说那儿比较舒服。她竭力说明这一点,指着树荫和枝叶间露出的天空,等等。我们对此不太理解。她说在柯文桥,她常常站在小河中的一块岩石上,看着河水流逝。我对她说,她应该去钓鱼;她说她从来不想钓。在每件事情上,她总是显得身体羸弱。她在学校不吃肉食。大约就在这个时期我告诉她说,她很难看。几年以后,我对她说,我觉得自己太不礼貌。她回答说:"你给过我很多好处,波丽①,所以别后悔。"她常常画画,画得比我们以前看到过的好得多、快得多,她还知道许多有关名画和画家的事。不管什么时候,有机会看任何种类的画或者版画,她总是一张一张看过去,眼睛凑着纸看很久,我们常常问她看到些什么。她总能看到很多,而且作出很好的解释。她写诗作画,这些诗画至少我觉得很有趣。后来我养成一个习惯,而且至今还保持着这个习惯,那就是在所有这一类事情上以及许多其他事情上都要听听她的意见,决心把这样那样的事情描述给她听,直到想起再也听不到她的意见了才蓦地惊跳起来。

为了体会这最后一句话的分量——为了说明勃朗特小姐给那些适于欣赏她的人留下了多么深刻、多么鲜明的印象——我得说一说,一八五六年一月十八日写这封信的人,她在这封信里说经常要听听夏洛蒂的意见,但她却已经有十一年没看见她了,这十一年她几乎全都是在新西兰和澳大利亚新大陆的陌生环境中度过的。

我们以前都狂热地关心政治,在一八三二年,人们不可能不关心政治。她知道两个内阁里的成员的名字;一个在野的,一个上了台而且通过了改革法案。她崇拜威灵顿公爵,但是说罗伯特·皮尔爵士不可信任;说他不像别人那样按原则办事,而是怎么方便怎么办。我是个狂热的激进派,对她说:"他们怎么可能互相信任呢;他们都是无赖!"于是她就开始夸赞威灵顿公爵,还列

---

① 波丽(Polly)是玛丽(Mary)的昵称。

举了他的种种活动。对此我没法反对，因为我对他一无所知。她说她从五岁起就对政治感兴趣了。她不是从她父亲那儿形成她的观点的——那就是说，不是直接从他那儿——而是从他喜欢的报刊等等那儿形成的。

为了证实这一点，我可以引一段她在一八三二年五月十七日从罗海德写给她弟弟的信："最近我开始想，我已经失去了以前对政治的兴趣，但是一听到改革法案被上议院推翻，格雷伯爵被驱逐或者辞职，我高兴极了，这种高兴使我相信我还没完全失去对政治的爱好。我很高兴姨妈同意订阅《弗莱泽杂志》，虽然从你描写的它总的内容看，它不像《布莱克伍德》那么有趣，但这总比一年到头看不到任何刊物要好。我们肯定会是这种情况，因为在我们住的这个人烟稀少的荒原上的小村子里，不可能从流通图书馆里借到这样的书。我跟你一起希望目前这令人愉快的天气会使我们亲爱的爸爸完全恢复健康；这会使姨妈愉快地回想起她的家乡那宜人的气候。"等等。

下面回到"玛丽"的信上来：

她常常谈起她的两个死在柯文桥的姐姐：玛丽亚和伊丽莎白。我一直相信她们是天才和善良的奇迹。有一天清晨，她告诉我，她刚做了个梦，梦中别人告诉她客厅里有人找她，那是玛丽亚和伊丽莎白。我急着要她讲下去，她说没有了。我说："再讲下去！**编下去！**我知道你能编。"她说她不想编，她希望没做这个梦，因为这个梦不好。她们变了，忘掉了过去喜爱的东西；穿得很时髦，开始批评那间房间，等等，等等。

大多数在现实生活中没有什么东西的孩子都喜欢为自己"编造"一些有趣的事物，这种习惯在她身上表现得十分强烈。她全家人都常常"编造"历史,想象出人物和事件。有时候我对她说,他们像是在地窖里种土豆。她悲哀地说:"是啊!我知道我们是这样!"

学校里有个人说她"老是谈论聪明的人:约翰逊①,谢立丹②,等等,等等"。她说:"你这就不懂**聪明**的意思了;谢立丹可能是聪明的;对,谢立丹是聪明的——流氓都是聪明的;可是约翰逊一点聪明劲儿③也没有。"谁也不赞成这个意见,大家对"聪明劲儿"说了几句浅薄的评语,她就不再说下去了。

这是她生活的缩影。在我们家,她也没有得到别人耐心听她的机会,因为我们虽然并不像女学生,但是却比女学生更不能容忍别人的不同意见。我们崇尚实用性,嘲笑一切诗歌。她和我们都只认为各自的看法是世界上所有**明智的**人的看法,我们每说一句话都使对方感到吃惊。……夏洛蒂在学校里,除了环境给她安排的以外,没有别的生活的计划。她知道她得自己谋生,她选择了自己的行当,至少有一次选择了一个开头。甚至在学校读书的时候,她那要自我改进的想法就主宰着她。那就是要培养自己的兴趣。她总是说,贫困强加给我们的严峻的现实和**有用的**知识已经够多了,最需要的是使我们的心灵变得柔和美好。她把有关绘画、雕塑、诗歌、音乐等等的知识一点一滴全都捡起来,仿佛那是金子似的。

我从其他来源听到的有关她学校生活的情况证明了这封出色的信里的细节是确实的。她是个不知疲倦的学生;经常阅读、学习;深信

---

① 约翰逊(Samuel Johnson, 1709—1784):英国作家、文学批评家。
② 谢立丹(Richard Brinsley Sheridan, 1751—1816):爱尔兰剧作家、政治家。
③ 原文为 cleverality,是苏格兰和英格兰北部常用的一个词。

教育的必要和价值，一个十五岁的姑娘有这样的信念，是很不寻常的。她从来不浪费一点时间，好像连必要的休息和游戏的时间都几乎舍不得；眼睛近视使她做所有游戏都不灵活，这可能也是原因之一。但是，尽管有这些孤僻的习惯，她在同学中却很受欢迎。她们说她不灵活，让她不来参加她们的体育活动，她并不感到遗憾，但是，她们希望的事情，她总是乐于去做，竭力去做。还有，在夜里，她是个难能可贵的讲故事的人，她们躺在床上的时候，她几乎把她们吓傻了。有一次，她看到这效果禁不住大声叫了起来，伍某某小姐跑上楼来，发现有一个人听夏洛蒂的故事讲到激动处，发了严重的心悸病。

她不知疲倦地渴求知识，这使得伍某某小姐给她布置越来越长的阅读作业，让她考试；她在罗海德当学生的一年半时间快结束时，第一次因为功课完成得不够好而得了她第一个低分。布置她阅读大量的布莱尔[①]的《纯文学讲稿》，有些题目她答不上来；夏洛蒂·勃朗特得了个低分。伍某某小姐觉得抱歉，后悔不该给她布置这么长的作业。夏洛蒂哭得很伤心。可是她的同学们不只是为她难过——而是更感到气愤。她们说，这种惩罚虽然轻，但加在夏洛蒂·勃朗特身上却不公平——因为有谁像她那样努力完成作业呢？她们用各种不同的方式来表达她们的心情。伍某某小姐只得把她批的低分收回，其实她很愿意把她的好学生的第一个失误放过去。姑娘们全部恢复了她们的忠诚，只有"玛丽"用自己的方式来度过这半年剩下的一两个星期，认为伍某某小姐既然给夏洛蒂·勃朗特这样长的作业，她就丧失了要学生遵守校规的权利。

学生人数很少，那就不必严格要求学生像规模大的学校里那样在规定时间上规定课程。姑娘们把书读熟了，就可以到伍某某小姐那里

[①] 布莱尔（Robert Blair, 1699—1746）：苏格兰诗人。

去背。她有一个特别的办法，使她们不管学什么都感到兴趣。她们认真读书，不是像完成任务或者尽义务，而是怀着一种健康的求知的欲望和渴望，她想办法使她们尝到甜头。在学校里的强迫性的压力解除以后，她们并不停止阅读和学习。她们学到了如何思考、分析、摒弃和欣赏。给她选择并送她来这第二所学校，夏洛蒂·勃朗特很高兴。她的同伴们进行户外活动时，都自由自在。她们在校舍周围的田野里做快活的游戏。星期六放半天假，她们沿着神秘的荫凉小巷长距离散步，然后爬上高地，这样就可以俯瞰辽阔的乡村。关于乡村有那么多事要谈，要谈它过去和现在的历史。

根据学生们回忆的伍某某小姐在这些长距离散步中讲的故事来看，她准是极其完美地掌握了法国的"conter[①]"艺术。这些故事有的是讲这所老房子或者那家新工厂，有的是讲这两所房子不同的建造年代所包含的变迁造成的社会状况。她记得从前在夜间放哨和唤醒别人的人们听到远处的号令声和几千个悲哀绝望的人在偷偷接受军训时的有节奏的脚步声，他们是在为他们在想象中看到的某个伟大的日子作准备，那时，权利将和力量搏斗，而且最后获得胜利。她还记得，从前，以约克郡、兰开夏郡和诺丁汉郡的工人为代表的英国**人民**，因为议会不听他们的真实而可怜的诉说，只得用一个可怕的口号叫别人听见他们的声音。现在情况已迅速好转，我们忘记了在伟大的半岛战争[②]结束时许多劳动者的生活状况是多么悲惨。他们的有些困苦近乎可笑，这还在口头上流传下来；而他们受苦的真正的剧烈程度却已被遗忘。他们给压迫得发疯了，不顾一切了。在许多人看来，农村已濒于绝境，只是因为当局少数人作出迅速果断的决定才保存下来。伍某

[①] 法语：叙述。
[②] 一八〇八至一八一四年法兰西第一帝国为征服伊比利亚半岛与英、西、葡所进行的战争。一八一二年威灵顿率英、西、葡联军，从西班牙攻入法境。一八一四年四月，拿破仑退位，战争结束。

某小姐谈起那个时期；谈起那神秘的夜间训练；几千人待在人迹稀少的荒原上；一些人迫于生计，顾不得谨慎小心，喃喃地说些威胁的话；以及公然采取的行动，其中火烧卡特赖特的厂房是一个突出的例子。这些事情，至少在一个听的人心中，留下了深刻的印象。

卡特赖特先生是利弗西奇一家叫罗福兹的工厂的老板。那家厂离罗海德只有一次散步的距离。他竟敢使用机器来整理呢绒，这在一八一二年还是个不受欢迎的措施。当时还有许多其他情况凑在一起，使工人生活在饥饿和困苦的压力下，感到无法忍受。卡特赖特先生是个很引人注目的人，据说，有一点外国血统。这很明显，他身材高高的，眼睛和脸都是深色的。虽有绅士气派，却有独特的风度。无论如何，他常去国外，而且法语讲得好，当时人们对国籍抱有偏见，所以这件事本身就是一个可疑的情况。他使用刮呢机代替人工来整理他的呢绒，甚至在采取这一最后步骤以前，他就已经是个完全不受欢迎的人。他很明白自己不受欢迎，也很明白可能引起的后果。他为他的厂房作好准备，防止袭击。他住到厂里；夜里门前都设了牢固的路障。每一个梯级上都放了周围装有尖刺的滚柱，万一暴动者破门而入，这就可以阻止他们上楼。

一八一二年四月十一日，星期六夜里，袭击发生了。几百个饥饿的整呢工聚集在柯克里斯附近的一块地里。那块地从伍某某小姐后来居住的房子一直往低处延伸下来。工人们拿着他们的首领发给的手枪、斧子和大头短棒。这些武器有不少是这一群群夜间在乡下四处徘徊的人从孤零零的房子里的居民那里强要来的。居民们为了自卫才备有这些武器。这一大群沉默、愤怒的人在那个死寂的春夜朝罗福兹走去，发出一声很响的叫喊把卡特赖特先生惊醒。他顿时明白，等待已久的袭击终于来了。确实，他是在房子里；但是，他只有四个自己的工人和五个士兵来帮他对付几百个人的怒火。然而，这十个人设法用步枪猛烈而准确地射击，挫败了这群人要从外面破门进厂的粗暴尝试。在二十分钟的冲突中，有两个袭击者被打死，有几个受伤，他们在混乱中撤退了，留下卡特赖特先生独占着那块地，但是他头昏眼花、精疲力竭。现在危险已经过去，他倒忘了他自己那些防御物的性能，在上自己的楼梯时被装有尖刺的滚柱刺伤了腿，伤势不轻。他的住所就在工厂附近。暴动者当中有几个发誓说，他要是不让步，他们就离开这里，到他家去杀他的妻子儿女。这是个可怕的恐吓，因为他离家时不得不只留下一两个士兵来保护他们。卡特赖特太太知道他们的威胁；在那个可怕的夜里，不出所料，听到了越来越近的脚步声，便一把抱起两个还是婴儿的孩子，把他们放在约克郡老式房子常有的大烟囱上的一个篮子里。被这样藏起来的两个孩子中的一个女孩，在成年以后常常骄傲地指出她父亲的厂房墙上步枪和火药的痕迹。他是第一个抵抗"卢德分子"进攻的人。当时"卢德分子"人数已经很多，几乎像是一支造反的军队。附近一带的厂主很赞赏卡特赖特先生的行动，开始为他募捐，结果募捐到三千英镑。

这次袭击罗福兹以后只过了两个多星期，另一个使用这种引起反感的机器的制造商在走过克罗斯兰德荒原时，于光天化日之下被击毙了。这块荒原周围是小块种植地，谋杀者们就躲在那里面。《谢利》的读者们会看出书中写的正是这些事情。有些人记得很清楚，在那可怕的年代，一方是生命财产没有保障，另一方却是忍受严酷的饥饿和盲目无知的失望。正是他们在事情发生以后几年，在事情发生的地点，把这些事情讲给勃朗特小姐听的。

一八一二年，勃朗特先生自己就在这些人中间生活过，因为他当时在离罗福兹不到三英里的哈茨海德当牧师。我已经说过，他正是在这些危险的年代开始养成习惯，经常随身带一把装上子弹的手枪。他不仅抱有托利党的政见，而且还热爱和尊重司法当局，这两者都使他瞧不起附近这一带地方长官的胆小怕事。他们怕"卢德分子",拒绝为了阻止破坏财产而加以干涉。这个区的牧师就比他们勇敢得多。

有一位住在希尔德府的罗伯逊先生,是勃朗特先生的朋友。他在大家的心中留下了深深的印象。他住在赫克蒙德威克。那是个肮脏零乱的大村子,离罗海德不到两英里。村子里住的主要是织毛毯的工人,他们在自己家里织毛毯。希尔德府是村里最大的一所房子,罗伯逊先生是这个村子的教区牧师。他自己出钱在利弗西奇盖了一所漂亮的教堂,就在他家所在的那座小山对面的小山上。这是西区为了适应人口增长过快而作的第一个尝试。他为了自己宗教和政治方面的见解作了许多个人的牺牲。在政治方面,他的见解带着真正老派的托利党的印记。凡是他认为有无政府主义倾向的事物,他都憎恨。他完完全全忠于教会和国王;任何一天都可以为他认为是正义和真理的事物而自豪地献出生命。他是个意志刚强的人,凭着这种意志忍受了别人的反对,直到人们传说他有点像可怕的恶魔。他跟卡特赖特是亲密的朋友,他注意到他的工厂很可能遭到袭击,据说,他因此就把自己和家都武装起来,并且作好准备,一得到朋友的求救信号,马上就去救援。这一切都是很可能的。罗伯逊先生虽然是个爱好和平的人,但他身上也有不少好斗的精神。

但是,由于他站在不受欢迎的那一方,对他性格的一些夸大的传说,至今还作为事实留在人们心中。还流传着一个寓言般的故事,说他第二天早上骑马去祝贺他的朋友卡特赖特自卫成功,禁止任何人给还留在工厂院子里的受伤的卢德分子喝水。除此以外,这个严厉无畏的牧师还招待派来守卫附近一带的士兵们住在他家里;这一点使工人们大为不满,他们受到这些红衣士兵的威胁。他虽然不是地方长官,但是却不遗余力地搜索与上述暗杀有关的卢德分子。他坚持不懈的极大努力获得了成功,人们相信他一定是得到了神的帮助。乡下的人们好几年以后还在苍茫的冬日黄昏偷偷溜到希尔德府周围的田地里,说他们从窗口看到罗伯逊牧师在奇怪的红光下和黑魆魆的魔鬼跳舞,魔鬼们围着他团团打转。他办了个规模很大的专收男生的学校,使他的学生们对他又尊敬又害怕。他除了意志坚强以外,还有一种残忍的幽默;这种幽默使他想出异想天开的办法来惩罚倔强的学生。比如说,他叫他们一手拿一本很重的书,用一只脚站在教室角落里。有一次,一个男孩逃回家去了,他骑马去追,把那个学生从家长那里追回来,用绳子把他绑住,绳子一头系在他的马鞍的脚镫上。他们从那里到希尔德府得走好几英里,他就这样叫那个学生在他的坐骑旁一路奔跑。

还可以举一件事来说明他的性格。他发现有一个人在"追求"他的女仆贝蒂,于是一直守候着,直到发现理查在厨房里,就命令他到餐厅去,所有的学生都已经聚集在那里。他问理查是否来追求贝蒂;理查承认了。罗伯逊先生就下令:"小伙子们,把他带到抽水机那儿去!"这可怜的情人给拉进院子。学生们用抽水机抽水浇他,每次停歇都问他:"你肯不肯答应不再来追她?"理查勇敢地坚持了很久,不肯让步;这时,他又下令道:"小伙子们,再抽水!"这个浑身淋得透湿的可怜的"追求者"终于不得不屈服,放弃了他的贝蒂。

如果我不提一提罗伯逊先生爱马这个癖好,那么他的约克郡人性格就不能算完全。他寿命很长,在离一八三〇年远、离一八四〇年近的某一年去世;他甚至在八十岁以后还觉得驯服烈马是一大乐事。如果必要的话,他会一动不动地在马背上骑半个或半个多小时,来制服它们。流传着这样一个故事,有一次,他一时激动,把妻子的爱马用枪打死了,埋在一个石坑里,几年以后,石坑的地面奇迹似的裂开了,露出马的骨架;其实那是个人道的行动,把一匹可怜的老马打死,免得它受痛苦;为了不让它感到疼痛,他亲手开的枪,把它埋在那里,后来由于煤矿采煤,地下沉了,骨架就露了出来。这传说的倾向性让我们看到有一些人回忆他时所带有的恶感。另外有一个人，附近的一个牧师，还记得他在年纪已经很老的时候，骑着强壮的白马从他房子所在的小山上下来——他的姿态骄傲而威严，他那宽边帽向前倾，遮住他那双老鹰似的锐利的眼睛——他是去执行他的星期日的任务，就像一个在执勤时死去的忠实士兵——那人很赞赏他忠于良心，为职责牺牲，并且维护自己的宗教的做法——那人是怀着尊敬的心情回忆他的。在他年纪很老的时候，有一次按照规定仪式举行集会，会上，教友们欢欢喜喜地捐款送了他一件礼物，表示对他的深深的敬意。

这是约克郡英国国教牧师身上并不少见的坚强个性的一个例子。罗伯逊先生是夏洛蒂·勃朗特的父亲的一个朋友。她在罗海德学校读书时，罗伯逊先生就住在离学校不到两英里的地方，正忙于事务。她听人说起这些事务和他在这些事务中起的作用，说的人当时对这些都记忆犹新。

现在我可以稍微谈谈和罗海德贴邻的一些不信奉国教的居民们的性格；因为这个"托利党人和牧师的女儿从五岁起就对政治感兴趣"，由于经常同不信奉国教的和激进派的姑娘们讨论，她肯定是尽力使自己熟悉那些持反对意见的人的状况。

居民们大部分都不信奉国教，主要是独立派①教徒。罗海德学校坐落在赫克蒙德威克村的一头。村里有两座独立派的大教堂，一所卫理公会的教堂，平时有各种祈祷会，教堂里坐满了人，除此以外，每个星期日也都有两三次坐满了人。居民们都爱上教堂，他们听讲道对所讲的教义要求十分严格，对他们的牧师很粗暴，在政治上是激烈的激进派。一个朋友熟悉夏洛蒂·勃朗特读书时的这个地方，描述了他们中间发生的一些事情：

---

① 独立派：英国清教徒中的一派。主张各个教堂独立自主，反对设立国教。

在赫克蒙德威克下教堂里发生的一幕，可以使你对当时的人们有一些了解。每当有一对新婚夫妇出现在小教堂里，按照惯例，就要在最后一次祈祷以后，会众们离开教堂时，唱婚礼曲。举行这个仪式的那一队唱歌的人都希望拿到钱，而且往往在当天夜里喝酒；至少，当地的牧师是这么说的；他决定结束这个惯例。在这件事情上，小教堂的成员和会众们中间有许多人支持他，但民主的成分是如此强烈，他遭到了最猛烈的反对，他上街时常常会受到侮辱。有一个新娘要初次露面了，牧师叫唱歌的人们不要演唱这个曲子。他们说要唱，他就把他们平时坐的长椅锁上。他们强行打开。他在布道坛上告诉会众们，他将念一章代替他们唱歌；他第一句话几乎还没讲完，唱歌的人们就站起身来，带头的是一个身材高高、相貌凶狠的织工，他唱一首赞美诗，大家就用最高的嗓音和起来，他们的一些也在教堂里的朋友跟着一起唱，表示支持。有些人不赞成唱歌的人们的这种行动，站在牧师这一方，坐在那里一直到赞美诗唱完为止。然后，他又拿出那一章，念了，讲了道。他刚要用祷告来结束，唱歌的人又跳了起来，尖声唱了另一首赞美诗。这些可耻的场景继续了好几个星期，双方情绪都很激烈，在穿过教堂院子的时候，几乎忍不住动手打起来。最后，牧师离开了这地方，公众中许多最能克制的、最可敬的人和他一起走了，唱歌的人得意洋洋地留了下来。

我相信，在这个时期，赫克蒙德威克上教堂里在选牧师的问题上发生了激烈的争执；以致在一次教会的会议上不得不宣读"骚动取缔法令"①。

当然，十年或者十二年以前，在哈沃斯强行驱逐雷德海德先生的

---

① 英国在一七一五年通过的一项法令，禁止十二人以上的非法集会。

那些 soi-disant① 基督徒和赫克蒙德威克的那些 soi-disant 基督徒之间，保持了一种异教的兄弟关系；虽然一方可以称作英国国教的教徒，而另一方可以称作不信国教的教徒。

我摘引上面这些片段的那封信，通篇都是叙述夏洛蒂·勃朗特度过她求学时代的那个地方的周围环境，描写了当时的真实情况。那位写信的人说：由于我看惯了农村地区下层人们的恭敬态度，所以，看到赫克蒙德威克和高默沙尔劳动阶层对地位比他们高的人非常放肆，一开始感到十分嫌恶，而且有点惊诧。"小妞"这个词给毫无顾忌地用来指任何一位年轻小姐，正如兰开夏郡里用"小妮子"那样。村民们的极端邋遢的外貌使我大吃一惊，尽管我得为主妇们说句公道话，村舍本身并不脏，而且有一种粗陋然而丰足的景象（生意不好的时候例外），这是我在农业区不常看见的。房子大门一边堆着一堆煤，另一边有酿酒的桶，你往前走时，经常可以闻到麦芽和蛇麻子②的香味，这证明了几乎在每家人家都可以看到生的火和"家酿的酒"。还可以受到好客的款待，好客是约克郡人主要美德之一。燕麦饼、干酪和啤酒都大量地拿出来硬要客人吃。

在赫克蒙德威克，有一个一年一度的节日，是半宗教、半社交性的，叫作"讲演"。我想这是从不信奉国教的那个时代传下来的。在一个平日的黄昏，一个陌生人在下教堂讲一次道，第二天又在上教堂接连讲两次道。礼拜当然是很长的，因为那时是六月，天气常常很热，我和我的同伴们往往认为这样度过上午并不愉快。这一整天的其余时间都在社交娱乐中度过；许多陌生人成群结队地来到这里；设摊出售玩具和姜饼（一种"宗教性的集市"），村舍额外上了油漆，而且刷白了，添了不少节日气氛。

---

① 法语：自称的。
② 用来使啤酒带有苦味的一种植物。

高默沙尔村（夏洛蒂·勃朗特的朋友"玛丽"和她一家就住在这里），比赫克蒙德威克要美得多，村里有一所用未经凿平的粗糙石块建造的古怪村舍，许多石块很突出，上面雕刻着粗笨的头和龇牙咧嘴的脸，门上面有一块石头，上面刻着"仇恨府"几个大字。是村里的一个人造的。他的仇人刚给自己造好一所讲究的房子，正好对着山谷里的美丽景色。难看的"仇恨府"就造在这所房子的对面，挡住了那片美景。

和蔼的伍某某小姐的八九个学生在这些居民中生活和散步，毫不惧怕——因为她们对这里的居民已经很熟悉。她自己本身就是在这种粗鲁、坚强和凶狠的人们中间出生和长大的，知道他们尽管表面上看来举止狂暴，作风执拗，其实心地却是善良和忠诚的。姑娘们谈论她们周围的这个小天地，仿佛这是唯一的天地似的。她们有各自的见解和派别，争论得很激烈，就像那些比她们年长、也许更高明的人们那样。这个叫夏洛蒂·勃朗特的相貌平常、眼睛近视、衣着老式、勤奋刻苦的小姑娘，就在她们中间生活了一年半，受着所有人的爱戴和尊敬，偶尔也有少数人笑她，但总是当着她的面笑的。

第七章

  勃朗特小姐在赢得了她的教师和同学们的敬爱以后，在和两个同学结下了后来终生保持的亲密友谊以后，于一八三二年离开了罗海德。这两个同学，一个是"玛丽"，她没把她的信保存下来；另一个是"埃"，她好心地把勃朗特小姐写给她的信的一大部分都交给了我。她这样做是因为知道勃朗特先生急于让他女儿的传记给写出来；还因为她丈夫劝她让我用这些信。没有这些信，这本传记只能写得很不完全。然而，为了保护我这位朋友，免得她受到任何责怪和误解，应该说明一下：她在给我这个特权以前，已经非常小心而彻底地把其中出现的人名和地名全部抹去了；还有，我从她那里得到的情况也只是关于勃朗特小姐和她的妹妹的，并没有任何我可能认为有必要提一下的同她们有关的人。

  在看这些信件中早年的那一部分时，我又对那种不抱任何希望的情绪感到吃惊，那种情绪是夏洛蒂的一个强烈的特点。在这个年龄，姑娘们一般都认为她们或她们的朋友们的感情会永远保持下去，因此看不到有什么障碍会使她们不履行取决于未来感情状况的约言。而她却因为"埃"履行约言给她写了信而感到惊异。后来有件事给我留下了痛苦的印象，那就是勃朗特小姐从来不敢抱着希望去展望未来；她对未来没有信心；当我得知她所度过的那些饱经忧患的岁月，我想，是悲伤的重压从她身上撵走了所有怀抱希望时的轻快心情。但是从这些信上看来，可以说一定是体质关系；或者说，也许是失去两个姐姐这种深深的悲痛加上身体一直很弱，使她这样不抱希望。如果她不是那么相信上帝，她在一生的许多时期就会无限忧虑。事实上，我们以后可以看到，她作了很大努力，成功地把"她的时间交到上帝手中"。

  她回家以后，开始教她的两个妹妹，和她们相比，她有一些优越

的有利条件。一八三二年七月二十一日她是这样写她在牧师住宅的生活的:

> 叙述一天的情况等于叙述了每天的情况。早上,从九点到十二点半,我教两个妹妹,并且画画;然后我们一起散步,直到吃午饭的时间。吃过午饭,我做针线做到吃茶点的时候,然后随兴之所至,或者写作,或者阅读,或者做一点编结活儿,或者画画。我的生活就是这样虽然单调但还愉快地度过的。我回家以后,只出去吃过两次茶点。今天下午我们有客,下个星期四主日学校的全体女教师将来吃茶点。

这一本传记的上一版出版以后,我收到"玛丽"的一封信,这里就引一段。

> 离开学校不久,她承认看了些科贝特[1]的著作。"我不喜欢他,"她说,"但是我拿到什么就看什么。"在这个时期,她写信告诉我,阅读和画画是她唯一的消遣,和她的需要相比,她的书是很少的。她从来不谈起她的姨妈。在我看见勃兰威尔小姐时,她是个刻板的人,看上去很古怪,因为她的衣服等等都早已过时了。有一次我们中间有一个人用了"吐",或者"吐痰"这个词,她还纠正那个人。她非常宠爱勃兰威尔。她有意无意地叫外甥女们做针线活儿,而且尽可能排斥其他文化。她常常叫这几个姑娘缝制救济用的衣服,对我说那不是为了让接受救济的人得益,而是让缝的人得益。"做救济衣服,对她们是合适的。"她说。我从

---

[1] 科贝特(William Cobbet, 1762—1835):英国政论家。

没听说过夏洛蒂有什么时候"十分激动"过。她身体好时，往往谈得多一些；情绪低沉时，确实是根本不说话。她需要有好的心境才能把心里的话说出来，因为在其他的时候，她没有这个勇气。在这种时候，她从来不发表什么肯定的意见……

夏洛蒂说，凡是头顶上有一个隆起部分（这意味着做事认真）的人，她都能与之和睦相处。我发现自己同她几乎没有什么分歧，只除了一点，那就是对于笨人，只要那人有一点善心，她都过分地采取容忍态度。

大约就在这个时期，勃朗特先生给他的孩子们请了一位绘画教师。后来发现这位教师是个很有才能的人，但是不大有原则。虽然他们一直没有达到近乎精通的程度，但是他们对掌握这门艺术很感兴趣；显然形成一种本能的欲望，要用看得见的形式来表现他们丰富的想象力。夏洛蒂告诉我，在她一生中的这个时期，画画和同两个妹妹出去散步是她一天中的两大乐趣，也是一种休息。

三个姑娘常常往上面的"紫黑色"荒原走去，这些荒原到处都有石坑打破它那连绵不断的表面；如果她们的体力和时间允许多走一些路的话，她们就走到一个瀑布跟前，小溪在那里越过岩石进入"底部"。她们不大穿过村子往下走。哪怕是最熟悉的人，她们也怕跟他们见面，即使最穷的人家，不经邀请，她们也是顾虑重重，不大敢进去的。她们是主日学校的固定教师，这个习惯夏洛蒂一直非常忠实地保持着，甚至在只剩下她一个人以后，也还是这样。但是她们从来不自愿地去和别人见面，总是宁可选择荒原的孤独和自由。

这一年九月，夏洛蒂第一次去她的朋友"埃"的家里做客。这使她来到罗海德附近的地方，并且愉快地和许多老同学重又接触。在这次访问以后，她同她的朋友似乎约定了用法语通信，以便提高法语水平。但是提高并不多，因为只能多熟悉一些词典上的词，也没有人能告诉她们按照字面翻译英语成语并不能成为法语作文；但是这种努力却是值得称赞的，而且这件事本身就表明她们俩都很愿意把在伍某某小姐那里开始的教育继续下去。我在这里引一段，不管文字本身会引起什么想法，但是却很说明问题，而且给我们提供了一幅幸福的小小的家庭图画；大姐姐在离开两周以后回来了，回到了两个妹妹身边。

> 我十分平安地抵达哈沃斯，丝毫没有发生意外和不幸。我的两个妹妹一看见车子就奔到门外来迎接我。她们紧紧地、高兴地拥抱我，仿佛我已离开一年多似的。我父亲、姨妈还有弟弟谈起的那位先生，都聚集在客厅里，过了一会儿，我也到了客厅里。上帝往往这样安排：在失去一个欢乐以后，立即会有另一个欢乐来替代。就这样，我刚同非常亲爱的朋友告别，就立即回到了同样亲爱和善良的亲属中间来。虽然你失去了我（我相信，我走了以后你一定会感到伤心，是吗？），但是你在等待你的哥哥和姐姐。我已把你惠赠给我妹妹的苹果交给她们，她们说她们相信埃小姐是非常亲切和善良的，两人都迫不及待地想见到你，希望不多几个月她们就会高兴地和你见面。①

但是还要过一段时期这两个朋友才能再见面，在这期间她们约定一个月写一次信。哈沃斯的信中没有什么事件可以记载。在教书和妇女的家务事中度过的平静的日子是没有多少事可写的；夏洛蒂自然只好评论书了。

---

① 这封信原文是法文。

有许多不同情况的书,按照不同的情况,放在不同的地方。精装的排列在勃朗特先生的圣殿似的书房里;买书对他来说是一种必不可少的奢侈,但是由于往往要决定一下是把旧的装订一下呢还是买一本新的,所以,家里所有成员都如饥似渴地阅读的熟悉的书有时就处于破旧状况,只适于放在卧室的书架上了。房子里到处都可以看到许多成套的优秀作品。在比较轻松的文学中有瓦尔特·司各特爵士的作品,华兹华斯[①]的和骚塞的诗;有些书是从家里勃兰威尔这一方——从圣徒似的约翰·卫斯理的康沃尔信徒那里来的。这些书有它们自己的特点——真诚、狂野,有时是狂热的。《谢利》中在叙述卡罗琳·赫尔斯通看到的作品时,谈到这些书:"一些历史悠久的妇女杂志,以前跟主人乘船航行过一次,经历过暴风雨——(也许勃朗特太太财产中的一部分遗物还保存在康沃尔海岸边失事下沉的船里)——书页在海水中浸过;一些疯狂的卫理公会的杂志,其中充满奇迹和幽灵,超自然的警告,不祥的梦和狂乱的盲信;还有伊丽莎白·罗太太的死人给活人的同样疯狂的信。"

勃朗特先生鼓励他的三个女儿读书的兴趣。勃兰威尔小姐用各种家务把这种兴趣局限于适当的范围之内。她不是只指望她们帮着做一些家务,而是要她们精通家务,所以这经常要占掉她们一天中的许多时间。虽然如此,她允许她们到基思利的流通图书馆去借书。她们一定是好多次快快活活地捧着一些新书走上漫长的四英里路,在回家的路上翻开书先看上一眼。这倒不是说这些书是一般所谓的新书;在一八三三年初,这两个朋友几乎同时在看《肯纳尔沃思堡》,夏洛蒂是这样评论这本书的:

[①] 华兹华斯(William Wordsworth,1770—1850):英国浪漫主义诗人。1843年被封为桂冠诗人。

我很高兴,你喜欢《肯纳尔沃思堡》;这本书肯定是更像传奇,而不大像小说,在我看来,那是出自伟大的瓦尔特·司各特爵士手笔的最有趣的一本书。瓦尔尼肯定是彻头彻尾的邪恶的化身;在描述他那阴暗、深沉的狡猾心灵时,司各特表现出了他对人性有着奇特的了解,正如在体现他的洞察力方面有着惊人的技巧一样,这使别人也能对人性有他那样的了解。

这段摘录看来虽然普通,但是有两三点却是值得注意的:首先,她不是讨论情节或者故事,而是分析瓦尔尼的性格;其次,由于年纪轻,而且处于与世隔绝的地位,她对人情世故毫不了解,但是习惯于听到"人性"不可靠,所以能够接受关于深沉狡猾的邪恶的看法而并不感到惊奇。

她们俩越来越熟悉,而且相互了解了对方家里的情况,这时,她给"埃"写信时的那种正式和固定的方式随之减少。有关人和地方的一些微小细节变得有趣而重要。在一八三三年夏天,她写信邀请她的朋友到家里来做客。"姨妈认为最好是"(她说)"推迟到仲夏,因为冬天,甚至春季,在我们山里都是非常寒冷和凄凉的"。

这位客人看到她同学的两个妹妹,第一个印象是:艾米莉是个身材高高、手臂长长的姑娘,发育得比她姐姐好;态度十分矜持。我把矜持同害羞区别开来,因为我们认为害羞还能使人喜爱,如果懂得怎样使人喜爱的话;而矜持不管能不能使人喜爱都是冷淡的。安妮像她的大姐姐一样,很害羞;艾米莉却很矜持。

勃兰威尔可说是个漂亮的孩子,按照勃朗特小姐用来指一种不大好的颜色的说法,头发是"黄褐色"的。各方面都很聪明,很独特,和"埃"以前看到过的任何人或任何人家都完全不同。但是,总的说来,对于各个方面这都是一次愉快的访问。"埃"回家以后,夏洛蒂常给她写信说：如果我把你给这儿每个人留下的印象都告诉你，你一定会说我在奉承你。爸爸和姨妈不断地把你树为榜样，要我在行动举止上向你学。艾米莉和安妮说："我们从没见过谁像她这样使我们喜欢。"还有泰比，你完全把她迷住了，她对你这位小姐谈了许多无聊的话，我都不想重复了。现在天已经很黑，尽管罗海德的姑娘们说我在夜间有独特的视力，我还是没法写下去了。

来牧师住宅访问的客人，如果得到泰比的一句好评，那是很了不起的事情。对于人的性格，她有约克郡人的那种敏锐的观察力，并不是任何一个人她都喜欢。

哈沃斯在建造时完全没有考虑卫生条件：那个大坟场地势比所有的房子都高，想一想下面水泵里打出来的水一定受到污染，真是可怕。但是从一八三三年到一八三四年的这个冬季特别阴湿多雨，村里死的人特别多。对牧师住宅里的这家人家来说，这是个阴郁的季节。荒原泥泞难走，她们平时的散步只得停止，宣告有人去世和举行葬礼的丧钟频频响起，使沉闷的空气中充满了哀伤的钟声——在钟声停止时，又传来石匠在附近棚子里凿墓碑的丁丁声。许多住在墓园里的人，看着和听着经常为死者举行葬礼的景象和声音，由于习惯了也就无所谓了。但是夏洛蒂·勃朗特却不是这样。她的一个朋友说："在哈茨海德教堂里，有人偶尔说了一声我们是在坟墓上走路，我看见她这时候脸色发白，觉得像要晕过去似的。夏洛蒂肯定是害怕死亡的。不仅是怕死尸或者临终的人。她害怕死亡就像害怕什么恐怖的东西一样。她认为我们不知道'死亡的时刻'实在有多么长，或者有多么可怕。这是只有疑病症①患者才能替自己想象出来的那种恐怖。她早就告诉过我，在一件不幸的事情发生以前，常常会一再梦见抱着一个号啕

---

① 指病态的自疑患病。

大哭的小孩,而且没法叫他停止啼哭。这种梦她在《简·爱》里描写过①。她说自己一边对那个像病孩一样呆呆地躺着的小家伙怀着痛苦不堪的同情心,一边抱着孩子在一个像哈沃斯教堂的过道那样阴暗的地方走来走去。她所说的不幸不一定都是她自己的不幸。她认为这种对征兆的敏感像霍乱一样,敏感的人才有——有人感觉得多一些,有人感觉得少一点。"

大约在一八三四年初,"埃"第一次去伦敦。夏洛蒂想到她朋友的这次旅行,奇怪地感到不安起来。她对这次旅行可能引起的后果有一些看法,那些看法似乎是从《英国散文家》《漫游者》《镜报》或者《闲荡者》等刊物上的一些文章中得来的,这些刊物也许同古典作品一起放在牧师住宅书架上。她显然认为,到"大城市"去游览一次,往往会使性格整个变坏,所以当她发现"埃"还是"埃"的时候,很是高兴。等到她重又相信她朋友是坚定不移的时候,她自己的想象又深深被这样一个想法所打动:在那个著名的大城市里可以看到多么伟大的奇迹啊。

一八三四年二月二十日于哈沃斯

你的信给了我真正的和由衷的快乐,其中还夹杂着不少惊异的成分。玛丽已经先告诉了我,说你动身去伦敦了。在那被称作欧洲商业大都会的大城市里,你被包围在华丽和新奇事物中的时候,我并不期望收到你的信。按人之常情,我想,一个乡下小姑娘第一次处于很可能引起好奇心、分散注意力的情况下,会把遥远而熟悉的事物忘得一干二净,至少是暂时忘掉,而整个儿沉湎

---

① 《简·爱》第二十五章中描写了简·爱和罗切斯特举行那次未成功的婚礼前做的一个噩梦,梦到"我抱着一个小孩,一个很小的家伙,……在我耳边可怜地号啕大哭"。

在眼前的迷人景色之中。然而,你那充满好意、生动有趣、很受欢迎的来信,使我感到我作这些猜测既是错误的又不是宽厚的。你在谈到伦敦和它的奇妙之处时用的那种冷漠的语气使我很感兴趣。在你凝望着圣保罗大教堂和威斯敏斯特教堂时,难道你没怀着敬畏的心情吗?你在圣詹姆斯看到许多英国国王召开宫廷会议用的宫殿,望着墙上他们的画像时,难道不是怀着极大的兴趣吗?你不该过分担心自己显得**土里土气**;即使到过世界各地、见过各地的奇迹和美景的旅行者都曾经惊叹伦敦的宏伟。那些大人物——威灵顿公爵,罗伯特·皮尔爵士,格雷①伯爵,斯坦利②先生,奥康纳③先生,他们现在正在伦敦出席议会,你是否已经看到关于他们的什么了?我如果是你的话,就不会在伦敦过分急于把时间用来看书。现在,用你自己的眼睛来观察,至少暂时把作者们提供给我们的眼镜放在一旁吧。

她在信末加上这么一句:

可否请你把国王军乐队中演奏者的人数告诉我?

后来她又用同样的语气写道:

六月十九日

我**自己的**亲爱的埃,

我现在可以恰当而且如实地这样称呼你。你**已经**或者**正在**从

---

① 格雷(Charles Grey, 1764—1845):英国首相(1830—1834)。
② 斯坦利(Arthur Penthyn Stanley, 1815—1881):威斯敏斯特教长、作家。
③ 奥康纳(Daniel O'Connell, 1775—1847):爱尔兰演说家、政治鼓动家。

伦敦回来,从那个对我来说和巴比伦①、尼尼微②或者古罗马一样虚无飘渺的大城市回来,你(像人们所说的)退隐归来,随身带着的那颗心——如果你的信能使我形成一个正确判断的话——和你带去时的一样朴实、自然、真诚。我不容易,**很**不容易相信别人的宣言;我知道我自己的感情,我能了解自己的心灵,但别人的心灵对我来说,却是密封的书籍和难懂的画卷,我很难打开也很难看懂。然而,时间,仔细研究,长期熟悉,却能把大部分困难都克服;而就你的情况来说,我想这些都已经成功地把那隐藏的语言揭示出来并且解释清楚,而这种语言的转折、弯曲、自相矛盾和晦涩难懂往往会使一个老老实实观察人性的人在研究中受到挫折。……你关心一个像我这样微不足道的人,我由衷地感谢,我希望我这样感到高兴根本不是出于自私;我相信这样高兴,一部分是由于意识到我朋友的性格比我以前完全注意到的还要高尚,还要坚定。姑娘们很少会像你这样——很少会在看见过伦敦那灿烂夺目、令人眼花缭乱的花花世界以后,性情仍然不变,心灵仍然未被玷污。在你那些信里,我看不到虚伪,看不到对平凡人士和平凡事物有丝毫的蔑视,对显赫人士和显赫事物有细微的赞赏。

在现在这种可以便宜地乘火车旅行的日子里,听了这种到伦敦去作一次短期旅行,不管对理智影响如何,都能对性格起重大影响的说法,我们会觉得好笑。但是她的那个伦敦——她的那个离经叛道的大城市——是一个世纪以前的"城市",轻佻的女儿们硬拖着颇不愿意的

---

① 巴比伦(Babylon):古代"两河流域"最大城市。曾为古巴比伦王国与新巴比伦王国首都,建于公元前三千年代。公元二世纪化为废墟。
② 尼尼微(Nineveh):"两河流域"北部古城。亚述帝国首都。位于底格里斯河东岸。公元前六一二年被米堤亚和迦勒底联军所毁。

爸爸，或者同冒失的朋友一起到那个城里，使她们的优秀品质丧失殆尽，有时把她们的财产全部花光；对她来说，那是《天路历程》①中的虚荣市。

可是瞧一瞧她那正确而杰出的理智，她能以这样的理智阐述一个主题而忽视与它有关的一切方面。

一八三四年七月四日于哈沃斯

你在上次来信中要我向你指出你的缺点。啊呀，说真的，你怎么能这么傻呢！我**不会**向你指出你的缺点的，因为我不知道你有什么缺点。在收到一个亲爱的朋友写来的热情洋溢、充满好意的信以后，竟然坐下来开列一张有一大串缺点的清单来作回信，那会是一个怎样的人呢！想象一下我这么做，然后想想你将赐给我怎样的称呼。我想，至少是自负的、武断的、虚伪的骗子吧。啊，孩子！你离我那么远，况且充满好意的信和礼物等等又不断地把你的优点用最显著的光亮突出出来，我可没时间和意愿来考虑你的**缺点**。再说，你周围也总是有一些明智的亲属，他们能更好地完成这个不愉快的职责。我相信你完全可以听取他们的劝告，那么又何必还要我来乱提意见呢？如果你不愿听**他们的劝告**，那么，即使一个死而复生的人开导你，那也是没有用的。如果你爱我的话，我们就别再说废话吧。某某先生快要结婚了，是吗？根据我看到的那一点儿情况以及根据你的叙述，我觉得他选的妻子似乎是位聪明而和蔼的女士。现在，在那句夸奖的话后面，我是否还得加上一连串她的缺点呢？你说你正在考虑离开某处。我为此感到遗憾。某处是个令人愉快的地方，是英国的一个

---

① 《天路历程》：英国散文作家班扬（John Bunyan，1628—1688）所写的一部寓言形式的小说。

古老宅邸,周围有草坪和树林,能告诉人们过去的时代,也能激发(至少对我是这样)快活的心情。玛认为你长得不像以前那么快了,是吗?我一点也没有长,还跟以前一样又矮又胖。你要我推荐一些书给你看。我将用尽可能少的字句来这么做。如果你喜爱诗,那就看第一流的吧:弥尔顿①、莎士比亚,汤姆逊②、哥尔斯密③、蒲柏④(如果愿意读的话,虽然我并不喜欢蒲柏),司各特,拜伦⑤、坎贝尔⑥、华兹华斯和骚塞。看到莎士比亚和拜伦的名字,请别吓一跳。这两个人都很伟大,他们的作品也跟他们本人一样。你会知道如何选择好的,避开差的,最好的段落总是最纯净的,差的总是使人感到讨厌的;你决不会想看第二遍。别去看莎士比亚的喜剧和拜伦的《唐·璜》,也许还有《该隐》,虽然后者是一首极为动人的诗,其余的可以毫无顾虑地去看。凡是从《亨利八世》《理查三世》《马克白》《汉姆莱特》和《朱利乌斯·恺撒》⑦中吸取邪恶的,那准是堕落的心灵。司各特的可爱的、狂放的浪漫主义诗歌对你不会有害处。华兹华斯、坎贝尔和骚塞的也一样——至少骚塞诗作中的最伟大的那一部分是这样,而有一些当然是不可取的。至于历史,那就读休谟⑧、罗林⑨,如果你**办得到**的话,就再看《世界史》,我就一直办不到。至于小说,那只

---

① 弥尔顿(John Milton, 1608—1674):英国诗人、政治家。
② 汤姆逊(James Thomson, 1700—1748):苏格兰诗人。
③ 哥尔斯密(Oliver Goldsmith, 1730—1774):英国作家。
④ 蒲柏(Alexander Pope, 1688—1744):英国启蒙运动时期古典主义诗人。
⑤ 拜伦(George Gordon Byron, 1788—1824):英国浪漫主义诗人。《唐·璜》是他的长诗,其中对英国和欧洲政治及社会颇多讽刺,也讽刺了威灵顿公爵。《该隐》取材于《圣经》,其中嘲笑了上帝,曾引起教会人士激烈反对。
⑥ 坎贝尔(Thomas Campbell, 1777—1844):英国诗人。
⑦ 《亨利八世》《理查三世》《马克白》《汉姆莱特》《朱利乌斯·恺撒》是莎士比亚的剧作。
⑧ 休谟(David Hume, 1711—1776):苏格兰历史学家、哲学家。
⑨ 罗林(Charles Rollin, 1661—1741):法国历史学家。

要读司各特，在他以后的小说都不值得看。至于传记，那就看约翰生的《诗人传》，博斯威尔①的《约翰生传》，骚塞的《纳尔逊传》，洛克哈特②的《彭斯传》，莫尔③的《谢立丹传》，莫尔的《拜伦传》，沃尔夫④的《遗迹》。至于自然史，那就看比威克⑤和奥杜本⑥，哥尔斯密，还有怀特⑦的《塞尔本史》。至于神学著作，你的哥哥会给你出主意的。我只能说，坚持看优秀作者的书，不要看新奇的。

从这一张清单上，我们看到她一定有范围很广的书籍供她自己选择阅读。显然，这两个通信的女人的心一定是十分关注那些比较严肃的宗教狂热者所讨论的许多问题。对于敏感的"埃"来说，莎士比亚作品的道德寓意还需要夏洛蒂的意见来加以肯定。不久，她在一些小伙子们和姑娘们参加的舞会上痛痛快快地跳了一两小时舞以后，问夏洛蒂，跳舞是否应该反对。夏洛蒂回答说："要发表一个同某某先生或者同你那位杰出的姐姐不同的意见，我是会犹豫的，但事实上意见就是不同。各方面都承认，跳舞的坏处不只是在于'活动活动双腿'（像苏格兰人说的那样），而在于随之而来的后果，即举止轻浮和浪费时间。跳舞在你说的这种情况下，只是用来作为年轻人之间一小时的运动和娱乐，那就不会有这种后果（年轻人当然可以借此轻松一下而并不违反上帝的戒律）。因此（按照我的辩论方式），这种娱乐在这种时候完全是无害的。"

---

① 博斯威尔(James Boswell, 1740—1795)：苏格兰传记作家。
② 洛克哈特(John Gibson Lockhart, 1794—1854)：英格兰作家。
③ 莫尔(Thomas Moore, 1779—1852)：爱尔兰诗人。
④ 沃尔夫(Charles Wolfe, 1791—1823)：爱尔兰诗人。
⑤ 比威克(Thomas Bewick, 1753—1828)：英国画家、木刻家、博物学家。
⑥ 奥杜本(John James Audubon, 1785—1851)：美国禽鸟学家。
⑦ 怀特(Gilbert White, 1720—1793)：英国神学学者、博物学家。

从哈沃斯到B××地方虽然只有十七英里，但是从一地到另一地如果不雇一辆双轮马车或别的什么车子是很难直接去的。所以，夏洛蒂去做客就得事先做好大量准备工作。哈沃斯的双轮马车并不是随时都雇得到的；勃朗特先生往往不愿意人家为他作出安排，到布拉德福或者别的地方去接他，因为这样做会给别人添麻烦。他们一家人全都强烈地具有这种敏感的自尊心，这使他们怕欠人家的情，在出去做客时担心"待得过久人家不欢迎"。我不知道勃朗特先生是否认为这种对别人的不信任是他引以自豪的对人性的了解的一部分。他的这个教诲加上夏洛蒂心中缺少希望，使她总是怕爱得过分——怕使她爱的对象感到厌倦；因此，她常常竭力控制自己的热情，而且不大到别人跟前去，其实她的一些忠诚的朋友见到她去总是欢迎的。由于这种行动方式，所以"埃"邀请她去住一个月，她却只在"埃"的家里住了两个星期。她每次去，他们都更加喜爱她，他们是用欢迎同胞姐妹那样的默默的欢快的心情接待她的。

　　她还对政治保持着孩子气的兴趣。一八三五年三月，她写道："你认为政治的发展趋向如何？我问这个问题，是因为我现在觉得你对此事已经有了一种有益的兴趣。从前你似乎不大关心。你瞧，B胜利了。可怜的家伙！我打心底里恨他，要是有什么人是我恨透了的，那人就是他。但是反对派分裂了，分成激烈的和温和的；公爵（par excellence[①] **那位**公爵）和罗伯特·皮尔爵士虽然两次被击败，却没有露出任何不安全的迹象；所以'Gourage, mon amie'[②]，像过去的骑士在出发打仗以前所说的那样。"

　　一八三五年仲夏，牧师住宅里在讨论一个重大的计划。问题是，勃兰威尔应该接受什么行当或者什么职业的教育？他现在快满十八岁

[①] 法语：尤其是。
[②] 法语：勇敢些，我的朋友。

了；是决定的时候了。毫无疑问，他是很聪明的；首先，他也许是这个少有的家庭里的最伟大的天才。三姊妹几乎看不到她们自己的或者其他两人的才能，但是她们却知道**他的**才能。那个当父亲的，没有注意他的儿子在德行上的许多缺点，而是骄傲地称颂他的伟大天赋；因为勃兰威尔的天才随时都乐意拿出来供别人欣赏。大家的赞扬他听来很悦耳。这就使得"阿维尔"或者村里的大集会都要请他去，因为约克郡人特别喜爱才智横溢的人。黑公牛酒店里偶尔路过的顾客喝酒感到孤独和沉闷时老板就要他去作陪，这同样也使他有了那种令人不快的名声。"你要个人侍候你喝酒吗，先生？如果你需要的话，我就叫人去把帕特里克找来。"（虽然他自己家里的人都一直叫他勃兰威尔，但是村里人都叫他帕特里克。）派人去找他时，老板就对顾客讲这小伙子的奇特天才，他那早熟的聪明和健谈的本领是这个村子里的骄傲。最近几年，勃朗特先生因为身体不好，不得不独自一人吃饭（为了避免受到不利于他的健康的食物的诱惑），而且还必须在吃完饭以后安安静静地休息。由于必须这样做，再加上他恪守教区中的职责，他就不大清楚自己的儿子是怎样度过课余时间的。他自己的青年时代就是在勃兰威尔现在所处的那个传统的阶层中度过的；但是他意志顽强，胸怀大志，坚韧不拔，而且目标坚定。这是他那软弱的儿子所缺少的。

很奇怪的是，他们一家人全都酷爱绘画艺术。勃朗特先生一心要在这方面给子女以良好的教育；姑娘们自己也喜爱一切与绘画有关的东西——所有名画的说明或复制品。找不到好画，她们就把能拿到的任何画片或者图画拿来分析，看看构思上花了多少心血，打算表现什么，以及**事实上**表现了什么。她们同样兴致勃勃地给自己的画设计想象中的事物；她们缺少的是绘画技巧，而不是思想。有一个时期，夏洛蒂想当画家谋生，一直画画，画得眼睛感到疲劳了。她用的是拉斐尔前派①的那种精细工整的笔法,而不是拉斐尔前派的那种准确无疑的技巧,因为她是凭想象而不是根据事物来画的。

但是他们大家都认为,勃兰威尔有绘画天才是肯定无疑的。我看到过他的一幅油画,我不知道那是什么时候画的,但很可能是这个时候。画的是他的几个姐妹,和真人一样大小,有四分之三码长。从技巧来说,并不比广告画高明多少;但是我认为,画得像极了。夏洛蒂这时手托着大画框,因而正好站在那幅画的后面,虽然这是十年或十多年以前画的,但是她同画上的她像得令人吃惊,我只能根据这一点来判断另外两人的画像的逼真程度。在画上差不多是中央的地方,有一根柱子把画分开。阳光照着柱子的那一边,站着夏洛蒂,穿着当时那种有羊腿形的袖子和大领子的大人式样的裙衫。在色彩深暗的那一边是艾米莉;安妮的温和的面庞则靠在她肩膀上。我觉得艾米莉的脸充满力量;夏洛蒂的充满焦虑;而安妮的却充满温柔。这两个妹妹看上去好像还没长足,虽然艾米莉比夏洛蒂还高一点。她们都是短头发,穿着比较像小姑娘穿的那种式样的裙衫,我记得看着这两个忧郁而真诚的、加上阴影的脸,心想是不是能找出预示夭折的神秘表情。我还抱着一个迷信的希望,希望那根柱子把她们的命运同她的分开,她在画布上单独站在一边,正如她在生活中还活着一样。我喜欢看到那根柱子的光亮的一边是朝着**她**的——画中的亮光照在**她**的身上。我很可能更加真切地在她的画像上——不,在她那活着的脸上——寻找壮年早逝的迹象。她们都给画得很像,但画得很差。根据这一点,我猜想他的家里人的预言是对的,如果勃兰威尔只要有机会,唉!只要有良好的品德,那他准会成为一位大画家。

把他培养成大画家的最好办法,似乎是送他到皇家艺术学院去学

---

① 拉斐尔前派:十九世纪中叶出现于英国的一个画派。画风审慎而细致,用色较清新。

习。也许他自己也希望和渴望走这一条路,主要是因为这样他就可以到神秘的伦敦去——那个大巴比伦。对于这个与世隔绝的人家的几个年轻成员来说,这地方总是萦绕在他们的想象中,并且经常在他们的心中出现。对勃兰威尔来说,这不只是生动的想象,而且是印象深刻的现实。由于仔细研究了地图,他对伦敦很熟悉,甚至连一些小路都熟悉,就跟他在那里住过似的。可怜的、误入歧路的家伙!这种想看看、想了解伦敦的渴望,和那种更加强烈的一心要出名的渴望,都始终没有得到满足。他注定了要在度过短暂而不幸的一生以后死去。但是在一八三五年这一年,他们全家都在想,怎样才能最好地实现他的希望,帮助他攀上他希望攀登的顶峰。他们作了怎样的计划,那就让夏洛蒂来说明吧。把自己的一生作为牺牲奉献在兄弟的理想面前,她们并不是第一批这样做的姐妹,但愿她们是遭到如此悲惨报答的最后一批!

一八三五年七月六日于哈沃斯

我曾经希望今年夏天能怀着极大的喜悦在哈沃斯看到你,但是人事变化无常,人的决定只得屈服于事态的发展。我们大家都快分离星散了。艾米莉将去上学,勃兰威尔去伦敦,我去当家庭教师。这最后一点是我自己下的决心,因为我知道自己早晚要走这一步,用苏格兰的谚语来说,"better sune as syne"[①];而且,如果勃兰威尔要进皇家艺术学院,艾米莉要进罗海德,爸爸的那点有限的收入是很难对付的。你会问,我住到哪儿去呢?回答是离你四英里路,在一个我们俩都熟悉的地方,就是上面所说的罗海德。对!我要到我自己读书的学校里去教书。是伍某某小姐向我提出的,在这以前,有人提供了一两个当私人家庭教师的职位,

---

① 苏格兰谚语:迟不如早。

而我还是喜欢这一个。一想到要离开家,我感到悲伤——非常悲伤;但是责任——穷困——这些都是严厉的女主人,是不能不服从的。我以前不是对你说过,你能独立生活真该感到欣慰吗?当时我确实是这么想的,现在我用双倍的真诚来重复这句话;如果说会有什么事使我高兴的话,那就是想到离你很近。你和波丽一定会来看我;我要是怀疑这一点,那是不对的,你们还从来没有对人冷淡过。艾米莉和我在本月二十七日离开家;想到能待在一起,我们俩都得到一点安慰,说真的,因为我不能不工作,"用绳量给我的地界,坐落在佳美之处"①。我爱伍某某小姐,而且尊敬她。

---

① 这句引自《圣经·旧约全书·诗篇》第十六篇第六节。但是原文"My lines have fallen in pleasant places"与英文本《圣经》中的原文稍有出入。后者为:"The lines are fallen unto me in pleasant places"。

第八章

一八三五年七月二十九日,夏洛蒂到伍某某小姐的学校里去当教师。当时她十九岁刚出头。艾米莉作为学生陪她前往;可是艾米莉想家简直想得像生了病似的,干什么事都定不下心来,只在罗海德待了三个月,就回牧师住宅和亲爱的荒原了。

艾米莉在学校里待不下去,于是换她妹妹到伍某某小姐的学校里去读书,勃朗特小姐对此举出以下的理由:

> 我妹妹艾米莉喜欢荒原。对她来说,在石楠丛生的荒地里最黑的部分,花儿开得比玫瑰都鲜艳;她的心能把灰白山坡上最阴沉的洼地想象成伊甸园①。她在那片荒凉的孤寂中找到许多心爱的乐趣;而最最喜爱的是——自由。自由是艾米莉鼻子里的气息;离开了它,她就不能生活。从她自己的家转到学校,从她自己那非常僻静而又无拘无束、朴实自然的生活转到纪律很严、按部就班的生活方式(虽然受到无比亲切的照料),是她无法忍受的。对于她那坚忍不拔的精神来说,她的天性在这方面是过于强烈了。每天早上她一醒来,家和荒原的幻景就在她心头涌现,使她一整天都闷闷不乐。除了我以外,谁也不知道她患了什么病。我知道得太清楚了。在这场斗争中,她的身体很快垮了下来:她那苍白的脸、消瘦的形体、衰退的体力,预示着会迅速地完全垮掉。我心里感觉到,如果她不回家,她会死去。认定了这一点,我就给她办了退学手续。她在学校里只待了三个月,可是过了许多年我们才敢再试试让她离开家。

艾米莉不住在哈沃斯时肉体上感到的痛苦,在类似情况下出现过好多次,最后终于成了公认的事实。如果她们中间非得有个人离开家不可,那姐妹们总是决定让艾米莉留下,她只有在家里才会身体健康。她一生中后来又离家两次,一次是去哈利法克斯当了六个月教师,还有一次是后来和夏洛蒂一起去布鲁塞尔待了十个月。在家里的时候,她主动承担了大部分烹调工作,全家的衣服由她熨烫;泰比年老体衰以后,全家吃的面包由艾米莉做;任何人从厨房门前经过,都会看见她一边揉面一边看那本摊开着撑在面前的书,学习德语;可是,不管她学得多么带劲,都不会影响面包的质量,面包总是做得又松软又好。在那间厨房里,的确时常可以看到书;姑娘们的父亲从理论出发教育她们,她们的姨妈从实际出发教育她们,使她们认识到按照她们的地位,积极去做所有的家务活儿是女人应尽的责任。可是她们注意充分利用时间,她们能一面照料蛋糕,一边利用零碎的五分钟来看书;同时做两件事的本领比阿尔弗雷德大帝[2]要大。

夏洛蒂在伍某某小姐学校里的生活原来是很愉快的,后来身体不好才有了变化,她衷心喜爱和尊敬她的老校长,现在她已经成了伍某某小姐的伙伴和朋友了。对她来说,姑娘们并不是陌生人,其中有一些是她自己的游伴的妹妹。虽然白天的工作既沉闷又单调,但总可以盼望晚上能高高兴兴地度过两三个小时。晚上,她和伍某某小姐坐在一块儿——有时一直坐到深夜——安安静静、快快活活地交谈,或者同样愉快地沉默片刻,因为两人都感到,一旦有一个念头或一句话要表达,就有一个聪明的伴侣能产生共鸣,然而,她们又并不是非"说话"不可。

---

① 《圣经》故事中人类始祖居住的乐园。
② 韦塞克斯王阿尔弗雷德大帝(848?—900)被称为英国海军之父。曾率领军队抵抗入侵的丹麦军队。八七八年一月在奇普纳姆遭到袭击,被打败。率部撤至阿塞尔尼继续抵抗。传说他这时住在农家,主妇要他在炉边照料正在焙制的蛋糕。他专心思考问题,以致把蛋糕焙焦了,主妇骂他是偷懒的无用的可怜虫。

伍某某小姐总是急于在自己力所能及的范围内为勃朗特小姐提供娱乐的机会，可是困难往往在于很难说服她接受邀请，去同"埃"和玛丽一起，在各人的家里共同消磨星期六和星期日。她们的家都是步行就能到的。她总是认为让自己度假是玩忽职务，总是不让自己那种过分的苦行的生活有一点必要的改变，认为改变意味着身心两方面都失去健康的平衡。的确，从我以前摘引过的玛丽的信中提到这个时期的那一段来看，显然是这样的情况。

三年以后（这是指她们同学那段时期的三年以后），我听说她去伍某某小姐的学校当教师。我去看她，问她说，在不拿工资都能生活的情况下，她怎么肯拿这么一点儿报酬，做那么多工作呢？她承认，虽然她希望能积攒一点儿钱，但是在给自己和安妮做了衣服以后，就所剩无几了。她坦白地说，这并不使她快活，但又能怎么办呢？我也无话可答。除了感到她的责任以外，她似乎没有什么爱好和乐趣。在有空的时候，她总是一个人坐着"思考"。后来她告诉我，有一天傍晚，她坐在梳妆室里，一直到天完全黑了，这才突然发觉天黑，顿时害怕起来。毫无疑问，她在描写简·爱一次类似的恐惧时，肯定清清楚楚记得这一幕。在小说中，她是这样写的："我坐在这儿，瞧着白色的床单和昏暗的墙壁——偶尔还迷恋地望一望微微发亮的镜子——我开始想起了我听到过的关于死人的传说，死人……在坟墓里也不会安宁……我……竭力要镇定下来。我把下垂在眼睛上的头发甩开去，抬起头，试着大胆向四周看一看这间黑暗的屋子，这时候墙上闪耀起一丝亮光。我暗自纳闷，是月光从窗帘上的哪个隙缝里透进来了吧？不像，月光不会动，而这个亮光却会动，……我脑子里只想到恐惧的事，又害怕得神经极其脆弱，还以为这一道迅速滑动的亮光是从另一个世界来的鬼魂的先驱。我的心怦怦地乱跳,我的头发烫,耳朵里充满了一种声音,我以为是翅膀扑动的声音;似乎有样什么东西在我身边。"①

从那时候起,(玛丽补充写道)她的想象变得阴郁或可怕;她没法阻止它,也没法不沉思。她忘不了那昏暗,夜里睡不着觉,白天注意力也不能集中。

她告诉我,大约也是在这段时期的一天夜里,她独自枯坐,听到一个声音在重复下面这几行诗:

> 来吧,崇高神圣的心情,
> 照耀着山冈,飞掠过波浪,
> 像光明笼罩着茅屋和圆顶。

后面还有八行或者十行,我已经忘了。她坚持说,这些诗句不是她写的,而是她听见一个声音重复念着。很可能,她以前读到过,不自觉地回忆起来了。这些诗句没有收在她们三姐妹出版的那本诗集里。她背诵了一句以赛亚②的诗,她说是这句诗激发出了那几句,这一句我已经忘了。不管那几行诗是回忆起来的还是想出来的,这个故事都证明了,她这种单调乏味地独坐沉思的习惯,会叫心灵不很坚强的人心绪不宁。

当然,这种健康状况是逐渐发展而成的,在一八三六年还不能作

---

① 摘引自《简·爱》第二章。
② 以赛亚:《圣经》中的人物。相传他是《圣经·旧约全书·以赛亚书》的作者,在犹太国王乌西雅、约坦、亚哈斯、希西家四朝作先知;奉耶和华命,对当时犹太国的政治措施和宗教生活提出种种告诫,预言犹太国的灭亡和复国救主弥赛亚的来临。

为她的状况的写照。然而，即使在当时，她有些词句还是流露出了一种沮丧，使人十分悲哀地想起考柏的一些信。很奇怪，他的诗给她留下了多么深刻的印象。我想，他的话、他的诗比任何别的诗人更加经常地在她的记忆中出现。

"玛丽"说：考柏的诗《被遗弃的人》是他们都熟知的，他们都时常欣赏这首诗，或者几乎是把它占为己有。有一次，夏洛蒂告诉我，勃兰威尔就是这么做的，虽然他的忧郁应该归咎于他自己的过错，但是在其他方面却同她的并没有什么不同。两者都不是精神上的而是身体上的病。她完全意识到这一点，她会问，这又于事何补呢？因为这种感情还在那里，知道了原因还是不能把它去掉。她比一个从没问过这个问题的人更有带宗教色彩的耐心，她劝人相信宗教总是用提供安慰的方式，而不是把它作为一种责任蛮横地强加给别人。有一次，我谈起有人问我信什么教（那是想争取我信他们的教），我回答说那是上帝和我之间的事。当时躺在炉边地毯上的艾米莉大声嚷道："说得对。"这是我听到艾米莉谈论宗教的全部内容。夏洛蒂在健康状况还好时，没有这种宗教性的忧郁，但是身体一不好，她就又忧郁起来。你也许看到过这样的例子。他们并不能克服他们的困难，在他们的胃（或者任何使经常坐着的人感到痛苦的器官）允许的时候，他们把困难忘掉。我听到过她谴责索齐尼主义①、加尔文教②和许多与英国国教不同的其他教派。我常常感到奇怪，她居然对这类题目很熟悉。

---

① 索齐尼主义：十六世纪意大利神学家莱利奥·索齐尼（Lelio Sozzini，1525—1562）倡导的教义，否定三位一体论、基督的神性、魔鬼的人格、人类的原罪等。
② 加尔文教：十六世纪法国宗教改革家加尔文（John Calvin，1509—1564）所倡导的基督教新教教义。

一八三六年五月十日

看了你那封和伞一起给我送来的信,我很感动;这封信表达了对我的一定程度的关心,这却是我没有权利指望从任何凡人那里获得的。我不愿扮演伪君子的角色,我不愿像你希望的那样回答你那善良、温柔、友好的问题。别想象我有什么真正的优点,以此来欺骗你自己。我亲爱的,如果我像你那样,那我就会把脸转向天国,虽然偏见和谬误偶尔会给我面前的光辉幻象蒙上一层迷雾——可是我**不像你**。你要是知道了我的思想,那些吸引住我的梦想和火一般的想象,那你就会同情我,也许会蔑视我。这种火一般的想象有时把我吞没,事实上,还使我感到和人交往无聊得讨厌。但是我知道《圣经》的财富,我热爱和崇拜这些财富。我能**看到**清澈明净的生命之泉,可是当我俯下身来啜饮那纯净的水时,水却从我唇下退去,仿佛我是坦塔罗斯①似的。

· · · · · · · ·

你过于好心,经常邀我做客。你使我困惑。我简直不知道怎么来拒绝,要是接受嘛,那可就更加为难了。无论如何,这星期我不能来,因为我们正处在"背诵"的最紧张的melée②之中。你的信送来的时候,我正在听最可怕的第五节。可是伍某某小姐说,我必须在星期五去玛丽家,她已经在圣灵降临节③代我答应了;星期天早上,我将在教堂里找你,如果方便的话,就住到星期一。这是一个轻率随便的建议啊!是伍某某小姐逼着我作出

---

① 坦塔罗斯:希腊神话中主神宙斯之子,因泄露天机被罚永世站在上有果树的水中,水深及下巴。口渴想喝水时,水即减退,腹饥想吃果子时,树枝即升高。
② 法语:混战。
③ 圣灵降临节(Whitsunday):又称"五旬节"。复活节后第七个星期日。据《圣经》记载,耶稣复活后第五十日差遣圣灵降临,门徒领受圣灵后开始传教。据此,教会规定了这一节日。

的。她说她的性格在这里面起了作用。

善良、好心的伍某某小姐！不管夏洛蒂在她学校里不得不履行多么单调艰难的职责，总是有一个亲切周到的朋友在照看着她，催促她分享一点儿在她面前的纯真无邪的娱乐。在一八三六年的施洗约翰节假日里，她的朋友"埃"来到哈沃斯跟她住在一起，这就肯定有了一段欢乐的时间。

接下来有一系列信件，没写日期，但是属于这一年的下半年；我们又想起了温柔忧郁的考柏。

我亲爱的、亲爱的埃：

　　读了你的来信，我现在正激动得直打哆嗦；这可是我以前从没收到过的——它是一颗热情、温柔、慷慨的心的无拘无束的倾注……我为你这番好意向你表示由衷的感谢。我不再回避你的问题。我**的确**希望自己能比现在的我好一些。有时我虔诚地祷告，希望自己能做到这一点。我受到了良心的谴责，感到悔恨，看到了一些神圣的、无法表达的东西，对这一切我以前都是陌生的；一切都可能消逝，我可能处在漆黑的午夜，可是我恳求一位仁慈的救世主：如果这是福音的黎明，那它还会更加明亮起来，变成完美的白天。别误会我的意思——别以为我是善良的；我只是希望能变得善良而已。我只是恨我过去的轻率鲁莽。哦！我并不比过去的我好。我处在那种可怕而又阴郁的不肯定之中，目前我宁可是个白发老人，已经度过了欢乐的青年时代，行将就木，只要这样能使我跟上帝和好，并且通过圣子[①]的功德让我赎罪。对于这

---

① 指耶稣基督。

些事，我并非毫不关心，可是我总是抱着模糊和排斥的看法；而现在，如果可能的话，却变得更加模糊了，我精神上感到一种更加难以忍受的沮丧。你使我愉快了起来，我亲爱的；有那么一会儿，一刹那，我想我可以在心里称你为我的姐姐；可是那阵子激动过去以后，我又跟以前一样，可悲和毫无希望了。今天晚上，我将按照你的愿望来做祷告，愿万能的上帝能怜悯地倾听！我谦恭地希望他会这样，因为你将用你自己的纯洁的恳求来支持我的被玷污的祈祷。我周围是一片忙乱，小姐们正忙于做她们的算术和功课。如果你爱我，那就**请、请、请**在星期五来我这里。我将等候你，盼望你，如果你让我失望，那我就要哭了。我希望你能知道，当我站在餐厅窗前，看着某某匆匆路过，把你的小包裹扔过墙来时我感到的那种喜悦。

赫德尔斯菲尔德举行集市的日子在罗海德仍然是个重大的时期。姑娘们跑过房子的拐角，从树干间张望，顺着浓荫遍地的小径，能瞥见父亲或哥哥乘着轻便双轮马车去赶集；也许还能互相挥一挥手；或者，像夏洛蒂·勃朗特从窗子里看到的那样，看见一个白色包裹被一条胳臂用力地一下子扔过墙来，却看不见过路人的身体。

辛勤地工作了一天，累了。……我坐下来给我亲爱的"埃"写几行。如果我说的只是些废话，那就原谅我吧，因为我心力已经耗尽，再也振奋不起来。这是个暴风雨之夜，狂风不断呜咽呻吟，我感到无限忧伤。在这种时刻——在这样的心情中——我喜欢在沉静的思绪中寻求安宁，我现在唤起了你的形象，让你来使我安心。你挺直地坐在那儿，还是你那身打扮，黑色衣服，白色围脖，大理石般苍白的脸——完全和真的一模一样。我希望你能跟我说话。如果我们一定得分离——如果我们命中注定要住得相隔很远，永远不能再见面——那么，到了晚年，我将怎样地勾起我年轻时的回忆，细细回想我早年的朋友，我将会感到怎样一种带有哀愁的快乐！……我有一些特点使我非常痛苦，有一些感情你无法分担——世界上只有少数人，很少人，才能够理解。我并不以这些癖性自豪。我努力尽可能把它们掩盖起来，或抑制下去；但有时候，它们还是会爆发出来，那时，看到爆发的人就会蔑视我，接下来我会一连好几天恨我自己。……我刚收到你的信以及随信送来的东西。我说不出是什么使你和你的姐妹们把好意浪费在像我这样一个人身上。我感谢她们，我希望你能代我向她们致谢。我也感谢你，这倒不是为了你的礼物，更多的是为了你的来信。后者给了我喜悦，前者却给了我类似痛苦的感觉。

据说她在伍某某小姐的学校里时就被神经方面的毛病困扰过，大约到了这时候，似乎已经开始使她感到痛苦；至少她自己说到了易怒的情况，当然，这只是暂时的毛病。

最近你待我很好，完全不跟我说嘲笑的俏皮话。由于我的性格过去敏感到了痛苦和可怜的地步，这些话以前常常使我畏缩，仿佛碰到了火烫的铁似的；别人不在乎的事，却像毒液进入我的心里，在那儿发作。我知道这种情绪是荒谬可笑的，所以我就把它们隐藏起来，可是正因为隐藏，它们就刺得更深。

只不过三年以前，她被人当作无用的人撇在一边，或者听到的同学们对她说她长得丑，她都温和地采取无所谓的态度。请把上述这种心理状态同当时的态度作个比较吧。

自从我上次看见你以来，我的生活还跟以前一样单调，毫无变化；从早到晚只是教书、教书、教书，除此以外，没有别的。我所有过的最大的变化就是收到你的信，或者看到一本令人高兴的新书。《奥勃林①传》和《李·里奇蒙②的家庭肖像》是这类书中最新的。后一本书把我的注意力强烈地吸引住，并且奇怪地迷惑住了。请毫不耽搁地用求、借、偷的方式把它拿来吧，读读《威尔勃福斯③回忆录》——短暂而平凡的一生的短短的记录，我永远也忘不了它，写得很美，不是由于它使用的语言，也不是由于它叙述的细节，而是由于它朴素地描述了一个年轻的、有才能的虔诚的基督徒。

大约就在这个时候，伍某某小姐把学校从美好、空旷、微风习习的罗海德搬到杜斯伯里荒原，两处相距仅两三英里。她的新居地势较低，对于一个在哈沃斯荒野山村里长大的人来说，空气不那么清新。艾米莉已经到哈利法克斯的一所学校里去当教师，那里总共有将近四十个学生。

"她离家以来，我收到过她一封信，"夏洛蒂在一八三六年十月二日写道，"信中所说的她的工作情况很可怕；从早上六时辛辛苦苦工作到晚上十一时，中间只有半小时活动时间。这是奴役。我怕她永远也受不了。"

圣诞节期间，姐妹们在家团聚，谈起了各自的生活，她们对于职业和薪俸的展望。她们觉得有责任减轻父亲维持她们生活的负担，即使不是全部不要他负担，或者她们三人不要他负担，至少要减掉一两

---

① 奥勃林（Jean Frédéric Oberlin, 1740—1826）：法籍德国教士、慈善家。
② 李·里奇蒙（Leigh Richmand, 1772—1827）：英国神学家、作家。
③ 威尔勃福斯（William Wilberforce, 1759—1833）：英国慈善家、政治家。

个人的负担。这份担子当然要由两个姐姐来挑，要找个职业使她们能达到这个目的。她们知道自己绝不可能继承许多钱。勃朗特先生只有一小笔薪俸，而且他既乐善好施又慷慨大度。她们的姨妈有五十英镑年金，可是她一旦去世，这笔年金就要转给别人，她的外甥女没有权利，是世界上最不可能指望获得她的积蓄的人。她们能怎么办呢？夏洛蒂和艾米莉在试着教书，看来并不怎么成功。不错，前者还算幸福，雇主是个朋友，周围还有熟悉她、热爱她的人；可是她的薪俸太少，积攒不了钱；而她受的教育又不能让她有资格拿更多的薪俸。这种生活的特点是需要经常坐着，而且单调乏味，对她身心两方面都有损害，虽然对于这一点，由于有贫困"做她的女主人"，她甚至对自己都不愿意承认。可是艾米莉——那个自由自在、狂放不羁的人，只有在她家周围那一大片荒原上才感到高兴和舒适——那个最恨陌生人的人却注定了要在陌生人中间生活，不只是生活，还得像奴隶般地为他们效劳——夏洛蒂自己能耐心忍受的事，却不能代她的妹妹忍受。然而，又能怎么办呢？她一度希望自己成为一个画家，靠画画维持生活；可是，为达到这个目的而强加给自己的细致无效的劳动，她的视力却不能胜任。

这几个姑娘做针线活儿要做到晚上九点，这已经成了家里的习惯。勃兰威尔小姐一般在九点钟去睡觉，她的外甥女们一天的工作就算结束了。她们收起活计，开始在屋子里前前后后、来来回回地踱步——为了节约起见，往往蜡烛已经熄灭——她们的身影有一会儿映衬在烛光之中，然后就永远没在阴暗中了。在这段时间里，她们讨论过去的操劳和烦恼，计划未来，就她们的计划互相磋商。在后来的好多年，她们在这段时间里一起讨论她们小说的情节。再后来，也是在这个时候，最后剩下的那个姐姐出于早就养成的习惯，独自一人在凄凉的屋子里绕着圈儿踱步，悲哀地回忆"一去不复返的日子"。可是一八三六年这个圣诞节并不是没有它的希望和远大抱负的。很久以前，她们已经在她们那微型杂志上尝试过写作故事，她们都不停地"写"。她们同样也尝试过写诗；还谦逊地相信自己已经获得了还算不错的成就。但她们也知道这可能是自己骗自己，姐妹们相互之间对作品所作的评价可能有过多的偏爱，不可靠。所以大姐姐夏洛蒂决定给骚塞写封信。我相信（根据有一封信中后来引起注意的一句句子）她还向柯尔律治①征求过意见；但是我没看到他们之间来往信件的任何一段文字。

十二月二十九日，她给骚塞的信发出了。一个姑娘鼓起勇气给桂冠诗人写信，请他对自己的诗歌提提意见，自然会感到激动。正是出于这种激动，她用了一些夸张的词句，这也许使他感到她是个还不了解生活现实的浪漫主义的小姐。

很可能这就是那些通过哈沃斯小邮局的碰运气的信件中的第一封。这个假期一个早上又一个早上过去了，却没有收到回信；姐妹们不得不离开家，艾米莉又去从事她那讨厌的工作，她们甚至不知道夏洛蒂的信有没有送到目的地。

然而，勃兰威尔并没有为这种耽搁感到泄气，他作了类似的冒险，把第二封信寄给了华兹华斯。在勃朗特这个名字为大家知道而且传扬开去以后，诗人在一八五〇年把这封信交给了奎利南②先生。我没有办法确定华兹华斯是怎么回信的；但是，他把这封信保存了下来，而且在大家知道了柯勒·贝尔③的真名时想起了这封信，从这两点推测，他肯定认为这封信是值得注意的。

---

① 柯尔律治（Samuel Taylor Coleridge，1772—1834）：英国浪漫主义诗人、文艺批评家，湖畔派的代表。
② 即华兹华斯的妹夫爱德华·奎利南（Edward Quillinan）。
③ 柯勒·贝尔（Currer Bell）：夏洛蒂·勃朗特的笔名。

一八三七年一月十九日
于约克郡布莱福德附近的哈沃斯

先生，我极其诚恳地请求你阅读和评判我寄给你的诗作，因为从出生至今，十九年来，我一直住在偏僻的山区里，在这里，我既不知道我是什么，又不知道我能干什么。我之所以阅读，犹如我之所以吃喝——因为那是天性的一种真正的渴望。我写作，用的是我说话时用的原则——出于内心的冲动和感受；我也没法阻拦，因为来什么灵感，便写什么，这就完了。至于自负，那却不能从奉承中获得养料，因为直到现在，世界上知道我写过一行诗的人还不到半打。

可是，先生，现在发生了变化，我已到了我必须为自己做些事情的年龄：我所具有的能力必须用来达到一个明确的目的，由于我自己不知道这些能力，我必须请别人作出评价。然而，这里却没有人能告诉我；况且，如果我的能力一无价值，那么，时间也太宝贵，不能浪费在这上面。

请原谅我，先生，我冒昧地来到一位在我国文学中我最喜爱其作品的人跟前，一位我认为心灵最圣洁的人跟前，把我的一篇习作放在他面前，请求他审阅内容。我必须来到这样一个人跟前，他的话语中没有奉迎，而且不仅写作诗歌，还发展了诗歌的理论，在这两方面都有权在未来一千年中留在人们的记忆里。

我的目的，先生，是要进入广大的世界，为达到这一目的，不能只依靠诗歌——诗歌也许能把船推下海，但是却不能让船前进。精辟而有条理的散文，生活道路上果敢大胆的尝试，使人更有资格引起世界的注意。到那时候，应该再由诗歌来给那个名字加上荣冠，使之更为辉煌。但是，不通过什么途径，这一切绝不可能开始,由于我没有什么途径,我必须以各种方式努力获得它。目前**正在写作的**诗人都一文不值,如果能让一个更好的人脱颖而出,那么,这个园地当然必须开放。

寄上的是一个序幕,全诗要长得多。在这首诗里我竭力抒发强烈的激情,软弱无力的原则同高度的想象力和敏锐的感情搏斗,直到从青年转为老年,邪恶行径和短暂享乐以精神上的苦恼和肉体上的毁灭告终为止。现在,如果把全诗寄给您,那对你的耐心将是一种嘲弄,你看到的诗甚至不想超过一个富于想象力的孩子所作的描绘。但是,先生,请读一读它;然后,像你在一片漆黑中为一个人举起一盏明灯——因为你珍视你的仁慈——务请**给**我一封**回信**,哪怕只是一个字也好,告诉我是否应该继续写作。原谅我的不适当的激动,因为在这件事上,我的情绪冷静不下来;相信我,先生,怀着深切的敬意,

你的真正的恭顺的仆人,
帕·勃·勃朗特。

在我看来,信中所附的诗,和信中有些部分显露的才华不相称;由于各人都喜欢自己作判断,我抄录开头的六节——大约是其中的三分之一,肯定不是最坏的一部分。

> 在黑夜的星空之上,
> 在上帝的辉煌天堂,
> 上帝在光明的荣耀中统治的地方,
> 啊,为什么我不在那儿?

往往，在圣诞节早上，我一觉醒来，
躺在不眠的晨曦中孤独地发呆，
奇怪的思潮涌进我的脑海，
　　想起了上帝，他如何为我而死。

往往，我躺在我的房里，
从梦中醒来，哀号哭泣，
在梦中我看见上帝，
　　钉在那可恶的十字架上。

当我的头枕着母亲的裙兜，
我母亲常常说出她的忧愁，
担心我不能在世上停留，
　　永生却是我的命运。

所以我能清楚地看到我的权利，
应住进天上的宅邸，
让我辞别恐惧，
　　把我的泪擦干。

我将在这块大理石上，
把尘世抛在一旁，
去看看乌木宝座上的月亮，
　　看她在荣耀中遨游太空。

夏洛蒂回到杜斯伯里荒原以后不久，听说她的朋友"埃"很可能有很长一段时期离开这一带，她感到很悲伤。

一八三七年二月二十日

没有你我该怎么办呢？我们可能要分离多久呢？我们为什么要分开呢？这是个不可思议的不幸。我希望跟你在一起，跟你在一起待两三天，待几个星期，这给我的力量似乎是无可估量的，可以让我享受到我最近已开始珍爱的那种感情。你首先向我指出了我怎样才可以作我有点想望的旅行，现在我不能把你留在我身边——我只得悲哀地独自前进。为什么要把我们分开呢？毫无疑问，一定是因为我们有过于相爱——在崇拜**创造物**中忘掉**造物主**的危险。起初我不能说："按你的意志办事！"我想反抗，但我知道，这一想法是错的。今天早上我独自一人待了一会儿，我热诚地祈祷，要让我能顺从上帝的意志的**每一个**命令，虽然它必须有一个比目前的失望更加严厉的手来执行。从那时候起，我感到平静和恭顺一点儿，因此也就愉快一点儿了。上星期日我在忧伤的心情中拿起我的《圣经》；我开始阅读——我不知不觉地产生了一种多年未有的感觉——一种甜蜜的、平静的感觉。我记得，我小时候，在夏季星期日的傍晚，站在打开的窗户跟前，阅读一本有关某个法国贵族的传记的时候，我常常有这种感觉。这个法国贵族达到的神圣境界，比从最早的殉道者那个时代以来人们所知道的更为纯洁，更为崇高。

"埃"的家距离杜斯伯里荒原和距离罗海德一样近，步行就可以走到；星期六下午，"玛丽"和她常常来拜访夏洛蒂，常常竭力说服她跟她们一起回家，在她们两人之中随便哪一个的家里做客，住到星期一早上；可是这种情况比较少。"玛丽"说：她在伍某某小姐的学校里的时候，来访问过我们两三次。我们常常争论政治和宗教问题。她拥护托利党，又是牧师的女儿，在我们这个不信奉国教①的和激进派的家里总是得不到任何人的支持。她常常听到我们家的人用**权威**的口气给她讲一些有关专制的贵族统治，雇用性的牧师职位，等等。这些都是我在学校里经常给她讲的。她没有精力为自己辩护，有时候她承认这些话里边有**一点儿**真理，可是她一般都不说什么。她身体虚弱，只好采取让步态度，因为，不全力以赴地斗争，她就没法反对任何人。这样她就听任我非常专横地劝说她和保护她，有时候她在我说的话里找出一点道理，但从不让任何人在实质上干扰她的独立思考和独立行动。虽然她的沉默有时给人一种印象：她表面上同意但心里却并不同意，她从来不发表奉承的意见，这样她的话不管是赞扬还是责难，都是金玉良言。

"玛丽"的父亲才智出众，但有着虽然不能说是激烈，却可以说是强烈的偏见，他完全拥护共和主义和不信奉国教。除了约克郡以外，别的郡出不了这样的人。他的兄弟在法国曾经做过 détenu②，后来就自愿住在那儿。泰先生为了事务关系，为了看看了不起的大陆上的油画展览馆，到国外去过多次。我听说他在必要的时候法语可以讲得很地道；但是他一般还是喜欢讲最土的约克郡话。他买一些他特别喜爱的图画的出色的复印品，家里摆满了艺术珍品和书籍。可是他比较喜欢让任何陌生人和新来的人看到他粗犷的一面。他会讲最土的话，用最惊人的语言发表他对教会和政府的意见，然后，如果他发现听的人经受得起这种震惊，就会不自觉地显示出他那温和仁慈的心，他的真正的趣味爱好以及真实的高尚情操。他一家四子二女是用共和派的原则

---

① 英国国教会也叫"英格兰教会"，即英国圣公会。在英格兰地区是法定的国家教会。
② 法语：犯人。

培养的；鼓励思想和行动上的独立；不能容忍"虚伪"。现在他们一家分散在各地，相隔很远：最小的女儿玛莎长眠在布鲁塞尔新教墓地里；玛丽在新西兰；泰先生已经故世。所以，生与死把这一伙"激烈的激进派和不信国教者"分散开了。二十年前，这位矮小、文静、坚决的牧师的女儿曾经到这伙人中间做客，还受到了他们真诚的喜爱和尊敬。

一八三七年一月和二月过去了，还是没有收到骚塞的信。也许她已经不再等待，甚至失去了希望，但是在三月初，她终于收到了一封信，这封信后来印在 C.C.骚塞所著《家父生平》第四卷，第 327 页上。

他说明迟迟没给她复信是由于长期离家，信件积压；它一直放在厚厚的案卷末尾，留到最后才复，并不是由于不尊敬或者不关心其内容，而是因为事实上不容易复，而且给一个青年的浓厚兴致和远大抱负泼冷水也不是一件愉快的事。（他接着说）至于你是怎样一个人，我只能从你的来信中揣测。信似乎写得真诚恳切，虽然我疑心你也许用了化名。不管如何，信和诗有着同一特点，我很理解它们表示的心情。

你要求的不是我对你的才能发展的方向提出劝告，而是我对它们的评价，然而，评价也许微不足道，而劝告却很有价值。你显然在很大程度上具有华兹华斯所说的"诗才"。在目前，这种诗才并不稀奇，我这样说并非贬低它。现在每年都有许多卷诗集出版而引不起公众的注意，其中任何一卷，如果在半个世纪以前出版，却一定会为作者赢得很高声誉。因此，不管谁有志在这方面出名，都应该有失望的准备。

但是，如果你考虑一下你自己的幸福，那就不应该怀着出名的希望而培养这方面的才能。我，以文学为职业，而且献身于文学，一刻也没有为这审慎作出的选择感到过后悔,然而,对于每一个向我寻求鼓励和劝告的有志于文学的青年,我认为自己有责任告诫他不要走这一条危险的道路。你会说一个女人不需要这样的告诫;对她来说其中没有危险可言。就某一种意义来说,这是对的;不过,我要完全怀着善意和真诚向你指出,的确有一种危险。你习惯于沉溺其中的白日梦很可能引起心理失常;你越是感到世间一般习俗都平庸无益,你就越不能适应这种习俗,同时你也不会适应任何其他事物。文学不可能也不应该是妇女的终生事业。她越是恪尽妇女的责任,就越没有时间从事于文学,哪怕只是把它作为一种才艺或者一种消遣也没有时间。你还没有被召去履行这种责任,一旦你被召去,你就不会这样急于成名。你就不会到想象中去寻求刺激;人生的浮沉和不管你处在什么地位你都不能指望摆脱的忧虑,只会给你带来太多的刺激。

但是,别以为我贬低你所具有的天赋;我也并不想阻止你发挥这个天赋。我只是劝你这样想到它,这样运用它,使它对你永远有益。要为写诗而写诗,不要抱竞争的心理,为出名而写诗;你越是不以出名为目标,你越是可能终于受之无愧地出名。这样写作,对心灵有益,这可以成为仅次于宗教的一种安慰和激励心灵的最可靠的途径。你可以把你最卓越的思想、最明智的感情在诗中具体化,并且陶冶和增强你的思想和感情。

再见,小姐。我用这个口吻给你写信,并非因为我忘记了自己一度也有过年轻的时候,而正是因为我记得。你不会怀疑我的真诚和善意吧;我在这里说的话,不管和你目前的观点和心情多么不合,你年岁越大你越会觉得这些话不无道理。虽然我也许只是个不合人意的劝告者,但还是请你允许我为你目前和今后的幸福致以最良好的祝愿,你的忠实的朋友

罗伯特·骚塞

勃朗特小姐后来收到卡斯伯特·骚塞写的一封短笺，请她允许他把上面这封信收入他父亲的传记中的时候，我正好同她在一起。她对我说："骚塞先生的信恳切而令人钦佩；有点儿严厉，但对我有好处。"

一部分是因为我认为信写得令人钦佩，一部分是因为可以突出她的性格，这从下面这封回信中可以看出，所以我才大胆地把信中上述片段放在这本传记里。

一八三七年三月十六日

先生，——要是不给你写回信，我就无法安心，虽然我再次写信给你不免显得有点冒昧。可是你屈尊给了我恳切和明智的劝告，我必须向你致谢。我原先不敢指望收到这样一封信，其中语气是那样周到，精神是那样崇高。我必须抑制我的感情，否则你一定会以为我热情到了愚蠢的地步。

第一遍看你的信，我只感到害臊，后悔不该贸然用我的粗浅的狂想去打扰你。一想起那一沓沓信纸，我就感到脸上热辣辣的很难受，信里的内容一度给了我莫大欣喜，而现在却只使我感到狼狈。然而，稍微思考了一下，并且一遍又一遍读了你的信以后，前途似乎再清楚不过了。你并没有禁止我写作，你并没有说我写的东西毫无可取之处。你只是警告我，不要为了想象的快乐而忽略真正的责任，不要为了追求名声，为了竞争的自私的刺激而写作，不要干这一类蠢事。你亲切地允许我为了写诗而写诗，去寻求那唯一的、吸引人的、微妙的喜悦，只要我不撇下我应尽的本分。先生，恐怕你认为我非常愚蠢吧？我知道，我寄给你的第一封信从头至尾都是毫无意义的废话，它给人的印象是，我是个无所事事、只爱幻想的人，可是我根本不是这样一个人。我父亲是个牧师，收入虽还可以，但毕竟有限，我是他子女当中最大的一个。他在不亏待其他子女的前提下，根据自己的财力最大限度地给我提供了教育费用。所以，在我离开学校以后，我认为自己有责任去当家庭教师。担任这个职务以后，我的思想，我的头脑和双手，整天都给占据了，没有一刻空闲可以用在幻想的梦境上。我承认，晚上我确实在思考，但是我从不用自己的想法去打扰任何人。我小心地避免显得出神或者怪僻，否则会使我周围的人怀疑我做的事情的性质。自从我小时候起，我父亲就用你信中那种明智友好的语气给我劝告。我根据我父亲的劝导，对妇女应尽的一切责任不仅仔细履行，而且深感兴趣。我并不总是成功的，因为有时候我在教书或者缝纫，但我却宁可阅读或写作。我竭力克制自己，我父亲的赞同给了我很大的报偿。请再一次允许我怀着真诚的感激之情向你致谢。我相信，我永远也不会雄心勃勃地想看到自己的名字给印出来。如果出现这种愿望，我将看看骚塞的信，把它压下去。我写了一封信给他，而且收到了一封回信，在我已是很够荣幸的了。那封信被看作是神圣不可侵犯的；除了爸爸和我的弟妹以外，不让任何人看。我再一次感谢你。我想，这件事不会再发生；如果我能活到很老，三十年以后我都会记住它，就像记住一个光明的梦一样。关于签名，你怀疑用的是假名，其实是我的真名。因此，我必须再一次亲笔签名为

夏·勃朗特

先生，请原谅我再次写信给你。我忍不住要写，一是为了告诉你，对你的好意我是多么感激；二是让你知道，你的劝告不是徒然的，尽管最初实行起来是令人多么悲哀和感到勉强。

夏·勃又及

把骚塞先生的复信附在这里是件愉快的事，我禁不住要这样做。

一八三七年三月二十二日于凯齐克

亲爱的小姐，

收到来信，十分高兴，不这样告诉你，我就不能原谅自己。你接受劝告和我提出劝告一样，既考虑周到又诚恳亲切。现在让我向你提出邀请；如果你以后来到湖区①而我还住在这里，请让我和你见面。那你以后再想到我的时候，就会怀着更多的善意，因为你会看到，在年岁和阅历使我达到的心灵境界中既没有严厉也没有乖僻。

靠上帝赐福，我们有了一定程度的自制力，这对我们自身的幸福是十分重要的，对我们周围的人的幸福也能作出很大的贡献。要防止过于激动，要保持平静的心境（甚至对你的健康来说，这也是能给予你的最好的劝告）；这样，你在道德和精神方面就会随着你智力的修养一起改进。

小姐，愿上帝保佑你！

再见，相信我是你忠实的朋友

罗伯特·骚塞

她也跟我谈起过这第二封信，还告诉我说信中邀请她去湖区的时候去看看这位诗人。"可是没有旅费啊，"她说，"也没有希望挣那么多钱可以让我有机会作这样一次愉快的访问，所以我就断了这个念头。"我们一起谈起这个问题时，正好在湖区。可是骚塞已经去世了。

这封"很有说服力的"信使她暂时放开了从事文学工作的一切想

---

① 指英格兰北部湖区。骚塞、华兹华斯和柯尔律治都曾长期居住在这一带。他们在诗歌创作上形成消极浪漫主义流派，一般称作湖畔派。

136　夏洛蒂·勃朗特传　THE LIFE OF CHARLOTTE BRONTË

法。她全力以赴地完成手头的任务,可是她的工作还不够满足她强大的智力的需要,她的智力永远在呼喊着:"给呀,给呀。"这时候,由于杜斯伯里荒原不太通风,她的健康和精神越来越受到了影响。在一八三七年八月二十七日,她写道:

> 我又来到杜斯伯里,干着以前的工作,——教呀,教呀,教呀……**你什么时候才回家来呀**?赶快!不管你为了达到什么目的,你在巴思都已经待得够久了;我肯定,你现在已经够光亮的了;要是清漆涂得太厚,我怕下面的好木料就会完全给掩盖了,这样做,你的约克郡的朋友是不能容忍的。来吧,来吧。你一直不在我身边,我已经真的等得不耐烦了。一个周末又一个周末过去,我毫无听到你的敲门声的希望,也不会随后听到别人告诉我:"埃小姐来了。"天哪!在我这种单调的生活中,这可是件愉快的事情啊。我希望这样的事会再出现;可是在这种拘谨——这种久别引起的疏远——消失以前,又得先会面两三次。

大约就在这个时期,她忘了通过送信人归还一个她借来的针线袋,为了弥补这个过错,她说:"这种记忆力的差错十分清楚地给了我警告:我的青春时代已经过去了。"才二十一岁哩!下面这封信也通篇流露出同这一样的沮丧的口吻:

> 我十分希望我能在圣诞节以前到你那儿去,但是却办不到;还得过三个星期,我才能再待在自己的可爱的安静的家里,我的安慰者又在我的身边。如果我能永远和你生活在一起,每天和你一起念《圣经》——如果你的嘴唇和我的能从同一个慈悲的清泉中同时饮那同一种饮料——那么,我就能希望并且相信自己有一

天能变好，远远好过现在我的罪恶的、迷茫的思绪，以及我那对精神冷淡、对肉体热情的腐朽心灵所允许的程度。我常常计划着我们能在一起度过的愉快生活，在克己的力量方面——在上帝最早的一批圣徒所达到的那种神圣辉煌的虔诚方面，相互勉励。我把这种由未来的希望照亮的幸福境界同我现在所处的境界相比，不由得热泪盈眶。我现在还不能肯定我是否真正感到过忏悔，思想和行动都还彷徨不定，渴望圣洁，而这却是我**永远、永远**也得不到的。有时候心里感到不安，相信可怕的加尔文教的教义是正确的——总之，是被精神上的死的阴影笼罩着，变得忧郁了。如果必须达到基督徒的完美才能获救，那么，我将永远也得不到拯救；我的心是罪恶思想的一张温床，在我决定一个行动的时候，我很少记得去寻求救世主的指引。我不知道该如何祈祷；我不能把我的生命用于行善的伟大目标；我经常寻求自己的乐趣，竭力满足自己的欲望。我把上帝忘掉，难道上帝就不会也把我忘掉吗？在这同时，我却知道耶和华的伟大；我承认《圣经》的完美；我崇拜基督教信仰的纯洁；我的理论是对的，可是我的实践却错得可怕。

圣诞节来临了。她和安妮回到了牧师住宅，回到了幸福的家庭小圈子里。只有在这里她们的性格才能发展；在别人中间她们或多或少地畏缩起来。的确，只有一两个外人能到这几个姐妹中来而不引起这样的后果。艾米莉和安妮在生活和兴趣方面，像孪生姐妹一样，都紧密联系在一起。前者出于矜持，后者出于胆小，除了和家里人以外，两人都避免和任何别人作友好和亲热的往来。艾米莉专横，爱影响别人；她从来没有接触过公众舆论，自己决定什么是对的，什么是合适的，把这作为行动和外表的准则，而且不允许别人干涉。她把爱倾注在安妮身上，正如夏洛蒂把爱倾注在她身上一样。她们三人之间的感情比生或死都更强烈。

"埃"不管在什么时候来拜访她们，都能受到夏洛蒂热切的欢迎、艾米莉真诚的接纳和安妮亲切的招待。她答应在这一个圣诞节来拜访她们，可是由于下面这封信中详细谈到的家里的一件小小的意外，她的拜访只好推迟了。

一八三七年十二月二十九日

我肯定，你一定以为我很懒，没有把答应写的信早点寄给你，可是我却有个充分而且十分悲伤的理由：我回家后不多几天，我们的忠心耿耿的老泰比遭到了意外。她去村里办件事，在走下一条很陡的街道的时候，脚在冰上一滑，摔倒了。当时天很黑，没有人看到她出事，过了一些时候，她的呻吟才引起过路人的注意。她被扶起来，送到附近的药房里。检查以后，发现一条腿完全碎裂，关节脱位。不幸的是，骨折要到第二天早上六点钟才能接上，因为在那以前请不到外科医生，她现在躺在我们家里，还处在吉凶未卜的、万分危险的状况中。对于这件事，我们当然都感到非常难过，因为她就像是我们自己的家庭成员一样。由于在这件事上我们几乎可说是无人帮忙，所以请了一个人不时地来干点活儿，可是我们还没能找到正式的用人；因此，全部家务活儿，和护理泰比这个外加工作一样，都落在我们自己身上。在这种情况下，我不敢硬要你来看我们，至少在她脱离危险以前不敢；否则我就太自私了。姨妈早就叫我通知你，可是爸爸和别人全都急于要我等一等，看看事情是否会稍微安定下来，而我自己也老是一天又一天地推迟，很不情愿完全放弃盼望了如此长久的欢乐。然而，想起了你告诉我的话，那就是：你已经把这件事交给了比我们的决定更高的一个决定,不管那是什么决定,你都决心听天由命地服从,所以我就认为我也应该让步,保持沉默;也许这会有好的结果的。我担心,如果你在这种严寒的天气里来这儿,你的访问会对你不利,因为荒原让大雪封锁了,你将不可能出去。在这次失望以后,我决不敢肯定地指望以后再享受欢聚的乐趣;看来有一种灾难把你我隔开。我自己不配和你来往,你必须避免和我太接近,免得沾上坏习气。不过,我想到万一你在我们家的时候泰比去世,那我就不会原谅自己,要不是有这样的想法,我还是会催你来,我还是会恳求和硬要你来。我决不会原谅自己!决不能让这样的不幸发生,我们感到有发生不幸的可能,这种感觉正在许多方面使我感到极其痛苦和失望,而我也不是唯一感到失望的人。家里人全都巴望你来。爸爸说他非常赞成我和你交朋友,希望我终身保持这种友谊。

勃朗特家有一个善良的邻居——一个在哈沃斯开药房的聪明机敏的约克郡女人。由于她的职业、她的经验和杰出的辨别力,她成了村里的女医生和护士,在附近一带的人家有人遭难、生病或死亡时,她曾经作为医生和护士多次帮过忙。她告诉我一个有关泰比的腿部骨折的很能说明问题的小故事。勃朗特先生确实是慷慨大度的,而且尊重各种应有的权利。泰比和他们一起生活了一二十年,正如夏洛蒂所说,是"他们的家庭成员"。可是另一方面,在发生意外的时候,她已是六十好几快七十岁的人,已经不能做什么很繁重的事了。她有个妹妹住在村里。她本人帮佣多年,积了些钱,对于像她那样地位的人,可以过得很宽裕了。或者,如果她在这次养伤期间,缺少她的状况所需要的任何高档日用品的话,那么,牧师家中可以提供。那位虽不能说焦急,但可以说谨慎的姨妈勃兰威尔小姐正是这样想的。她看到勃朗特先生钱袋里的钱不多，她几个外甥女将来没有什么生活来源，再说，她们专心照料泰比，甚至连假日也不得休息。

这个老用人一脱离生命危险，勃兰威尔小姐就用她的观点说服勃朗特先生。一开始，他拒绝听从这种小心的劝告；这个劝告引起了他宽宏大量的性格的反感。可是勃兰威尔小姐坚持这样做；提出经济方面的原因；强迫他从疼爱女儿这个角度来考虑。他让步了。要把泰比送到她妹妹家去，在那里受到护理和照料，在她手头拮据的时候，则由勃朗特先生给予帮助。这个决定通知了姑娘们。在那个冬日的下午，哈沃斯牧师住宅的小天地里出现了沉默而顽强的反抗。她们一致坚决抗议。泰比在她们小时候照料过她们，那么在她年老摔伤的时候，就不应该由别人来照料她。吃午茶了，她们悲伤而沉默，茶点给端走了，三人谁也没吃过一口。吃早餐了，她们也是这样；在这个问题上，她们不多费口舌，但是说的每一句话却都是有分量的。她们"罢"吃，直到取消这个决定为止。泰比就留了下来，成为一个完全依靠她们的、生活无法自理的病人。这里面包含着责任高于娱乐的强烈感情，夏洛蒂性格中的这个根本原则表现得十分明显，因为我们已经看到她多么渴望有个朋友来跟她做伴。可是只有丢开她认为正确的事不做，才能有朋友做伴，这却是不管牺牲有多大，她都决不肯干的。

在这一年的圣诞节，她还有一件心事。我曾经说过，杜斯伯里荒原的空气对她很不适宜，虽然她自己几乎没有注意到那里的生活对她的健康有多么大的影响。可是安妮在节前不久病了，夏洛蒂怀着某种野生动物特有的高度警惕关注着她的妹妹，野生动物在看到有危险威胁着自己的后代时，这种警惕性会使它改变自己的性格。安妮有点咳嗽，身子一侧疼痛，呼吸困难。伍某某小姐认为这不过是普通的感冒；可是夏洛蒂却想起了玛丽亚和伊丽莎白，所以看到每一个早期肺结核的症状，心里都感到好像挨了一刀似的。玛丽亚和伊丽莎白以前都在这一带生活过，现在这一带却再也看不到她们了。

她为这个小妹妹担心，以为伍某某小姐不关心安妮的健康状况，便责备了她。伍某某小姐听到责备感到很难受，便写信告诉了勃朗特先生。他立即写了措辞十分温和的回信，说他担心夏洛蒂过分激烈地表示惊讶的言语是由于为她妹妹担忧和焦虑所致。伍某某小姐出于好心，让安妮在学校里比她的朋友们希望的多待一年。在半年结束的时候，伍某某小姐找到一个机会，相互把话解释清楚，结果证明："忠实朋友争吵之后，会因为相爱而和好如初。"夏洛蒂和好心的伍某某小姐之间第一次、最后一次，也是唯一的一次争论就这样结束了。

不过，她看到安妮的虚弱体质，心里还是大为震惊；整个假期她都怀着渴望、疼爱的焦虑心情密切注意着她。这种渴望、疼爱的心情中，还充满了突然袭来的一阵阵害怕。

艾米莉由于健康关系，在经历了六个月苦难的考验以后，放弃了她在哈利法克斯学校的职位。只有令人神清气爽的荒原空气和家里自由自在的生活才能让她恢复健康。泰比的病花掉了家里很多钱。我不知道勃兰威尔当时是否自己谋生。为了某一种未作解释的理由，他已经放弃了在皇家艺术学院学画的打算，他一生的前途未定，还需要打定主意。所以夏洛蒂不得不默默地又担负起繁重的教学任务，回去过她原来那种单调的生活。

勇敢的心啊，随时准备在工作时死去！她回学校工作，没有怨言，希望自己能克服渐渐侵蚀她的那种衰弱。大约就在这个时候，她生病了，突然听到一点声音就会觉得厌烦而且发抖，一旦受惊就几乎忍不住要叫喊。在一个通常很有自制力的人身上，这表示体力衰弱到了可怕的地步。经过伍某某小姐的再三恳求，她终于让人带去看了病，医生坚持要她回到牧师住宅去，说她日常坐的时候太多了，对于挽救她的理智或生命来说，吹拂在家宅周围的夏日微风，愉快地感到有心爱的人做伴，从教学工作中解脱出来，自己家里自由自在的生活：这些都是必要的。因为一个高于她的"主宰"统治了一个时期，她可以松懈一下了，所以她就回哈沃斯去；在非常安静地过了一个季节以后，她的父亲把她的两个朋友玛丽和玛莎·泰某某找来陪她，让她过得愉快一些。我认为，下面这封写给"埃"的信的末尾，让我们高兴地瞥见了一群欢乐的年轻人；而且正像一般信件中对于人们所做的事情作的种种描写一样（这和人们所想的和感觉到的事情不同），现在都使人感到悲哀。过去的景象已经一去不复返了，那景象愈是描写得生动，使人感到的悲哀也就愈是强烈。

一八三八年六月九日于哈沃斯

星期三我收到了你捎来的包裹，那是由玛丽和玛莎带来给我的，她们来哈沃斯住了几天，今天离开了我们。你看到这封信的日期也许会惊奇吧。你知道，我应该住在杜斯伯里荒原；可是我尽可能在那儿多待了一阵，最后却既不能也不敢再待下去了。我的健康状况和精神状态都垮了下来。因为我看重自己的生命，给我看病的医生嘱咐我回家，我便回家了。环境的变化一下子就使我精神振奋起来，而且让我得到了安慰；我相信自己现在肯定已经在逐渐恢复正常了。

一个像你那样平静沉着的脑子绝对想象不出正在写信给你的这个垮了的可怜虫会有什么思想感情，在经受了几个星期无法形容的身心两方面的痛苦以后，有一种像平静的东西又开始出现了。玛丽身体很差。她呼吸短促，胸口痛，因发烧而经常脸红。我没法告诉你，这些症状使我多么痛苦；它们过于强烈地使我想起我的两个姐姐，没有一种药物能够挽救她们。玛莎现在身体很好;她待在这儿的时候一直心情很好,因此也就十分迷人……

她们在我周围闹得如此厉害,使我再也无法写东西。玛丽弹钢琴;玛莎用她那小小的舌头,用最快的速度讲话;勃兰威尔就站在她面前,笑她那活泼劲儿。

在家里的这一段安静幸福的时期,夏洛蒂体力大大增强了。她偶尔也去看望两个好朋友;她们也到哈沃斯来回访。我猜想,她在她们两人中一个人的家里遇到了下面这封信里提到的那个人——他有点像《简·爱》最后一卷中的圣约翰,而且像圣约翰一样,担任圣职①。

一八三九年三月十二日

……我对他有好感,因为他和蔼可亲、性情很好。然而我却没有也不可能有那种能够使我为他而死的强烈感情;如果我有朝一日结婚的话,我对丈夫必须有那样的敬慕之情。十之八九,我决不会再有这个机会了;但是 n'importe②。再说,我看出来,他对我太不了解,他几乎还没意识到是在给谁写信。嗐!要是看见我在家里的天生性格,他准会大吃一惊,他确实会认为我是个粗野的、浪漫主义的狂热者。我可不能在我丈夫面前整天摆出一副庄重的神情坐着。我要大笑,讽刺,一想到什么就说什么。如果他是个聪明人,而且爱我的话,整个世界,同他最渺小的希望衡量起来,只会像空气一样轻。

她遇到的第一次求婚就这样被默默地拒绝了,推开了。在她对生活的打算中,并没有婚姻,而只有良好、健康、认真的劳动;然而,

---

① 圣约翰是《简·爱》中的一个牧师,曾向简·爱求婚。
② 法语:没有关系。

她应该在哪方面使用她的力量，这个问题却还没有决定。她在文学方面已经受到了劝阻，在她用来表达思想的精细的绘画方面，她的视力也不能胜任；这时候，正如大多数女人任何时候都认为的那样，她认为教学是唯一可以独立谋生的方法。可是，不管她也好，她的妹妹也好，都不是天生喜爱儿童的。童年时写的难以辨认的字，对她们说来，是陌生的语言，因为她们不大和比她们年纪小的人在一起。我还有点儿倾向于认为：她们并不具有传授知识的幸运的诀窍。这种诀窍，和获得知识的能力不同，似乎是另一种天赋，是一种有共鸣的感觉，能够凭直觉就看出哪些困难在阻碍孩子们用脑子去理解，而且这些困难对孩子们的脑子来说还太模糊，没有成形；孩子们的脑子还只有发展了一半的表达能力，没法用言语说清楚。因此，教很小的孩子读书，对勃朗特姐妹来说，绝不是件"愉快的工作"。至于教稍大一点的即将成年的姑娘，她们也许可以教得好一些，尤其是教那些想学习的。可是，这位乡村牧师的几个女儿所受的教育还不足以让她们有资格教高年级学生，她们只懂很少一点儿法语，音乐方面也不精通，夏洛蒂究竟会不会弹琴，我对此还有怀疑。不过，她们都恢复了健康，无论如何，夏洛蒂和安妮总得努力工作。家里需要一个女儿留下来陪伴勃朗特先生和勃兰威尔小姐，作为家里四个人当中年轻、活跃的一员，四个人中的三个——父亲、姨妈和忠心耿耿的泰比——都已经过了中年。而艾米莉呢，一旦离开哈沃斯准会比她的姐妹更加痛苦、更加忧伤，所以只好叫她留在家里。安妮是第一个出去工作的。

一八三九年四月十五日

我不能在你指定的那个星期里给你写信，因为当时我们正忙于为安妮整理行装。可怜的孩子！她在星期一离开了我们；没有人送她去；是她自己要求让她一个人去的。她认为，如果完全由她一个人想办法,她可以处理得更好一些,而且鼓起更大的勇气。自从她走了以后,我们收到过她一封信。她自己表示十分满意,她说某某太太非常和善,只有两个大孩子要她照管,其余几个都待在婴儿室里,婴儿室和婴儿室里的孩子用不着她管……我希望她会管。她写了一封多么聪明合理的信啊,你会感到吃惊;我怕的只是说话这方面。但是我确实担心某某太太总有一天会得出结论,认为她天生不善于说话。至于我自己,我还在"待业",就像失业的女用人一样。顺便说一句,我最近发现,对于清扫壁炉、收拾房间、铺床之类的活儿,我还颇有天才呢;所以,如果找不到其他工作,如果有谁愿意叫我干不多的活儿而给我好的报酬,我倒可以在这方面试试。我不愿当厨娘;我不喜欢烹饪。我不愿当婴儿室的保姆,也不愿当专管梳妆的使女,更不愿给太太小姐们做针线活儿,做外套,编草帽,或者打杂。我只愿当个收拾房间的女仆……至于去访问 G 某某的事,我还没有接到邀请;可是如果邀请我去的话,尽管我感到拒绝是一种很大的克己行为,我几乎还是下了决心要拒绝,虽然和泰某某家的人在一起是最使我高兴的一种乐趣。再见了,我亲爱的埃……

再者,把"亲爱的"划去吧,这说法太像骗人的话。抗议有什么用呢?我们相识相爱已有很久了;这就够了。

写了这封信以后过了不多几个星期,夏洛蒂也找到了一个家庭教师的职位。我打算小心避免写出任何还健在的人的姓名,关于他们,我不得不叙述一些令人不愉快的事实真相,或者引用勃朗特小姐信中一些严厉的评语;但是,必须先把她在生活各个阶段不得不面临的困难充分而且直率地写出来,人们才能理解"被拒绝的事物"的力量。

我有一次跟她谈起《艾格妮丝·格雷》①——她的妹妹安妮在这部小说里十分忠实地描绘了当家庭教师的亲身经历——特别提到当着老鸟的面扔石子，打窝里的小鸟的那一段叙述。她说，除了当过家庭教师的人以外，没有人能看清"可敬的"人性中黑暗的一面；人们虽然没受到多大的犯罪的诱惑，然而却每天都沉溺于自私和暴躁之中，直到有时候对待下属的行为达到了暴戾的程度。这种暴戾，人们宁可做它的受害者也不愿做它的施行者。我们只能相信，在这种情况下，雇主犯错误主要是由于感觉迟钝，缺乏同情心，而不是由于什么天性残酷。在我记得清清楚楚的一些这类事情中，她告诉我她有一次遇到的事。有一天那家人家的父母出去远足，把一个三四岁的男孩交给她照管，特别劝她不要让他到马房的院子里去。孩子的哥哥是个八九岁的男孩，并不是勃朗特小姐的学生，他引诱小家伙到那个禁区去。她跟着去了，想把他引开；可是小家伙受到哥哥的煽动，向她扔石子，有一块石子重重地打在她的鬓角上，孩子吓得只好听她的话。第二天，全家聚会的时候，妈妈问勃朗特小姐额角上的那个伤痕是怎么引起的。她只回答说："一件意外，太太。"对方没有追问下去；可是孩子们（兄弟姐妹）都在场，见她不"讲人坏话"，都尊敬她。从那时起，她在他们所有人中间开始有了权威，只是根据各人性格，权威的大小有所不同而已。由于她不知不觉地受到了他们的爱戴，她自己也越来越关心他们。但是有一天，孩子们吃饭的时候，马房院子里那个小逃学者一时冲动，把手放在她的手里说道："我爱你，勃朗特小姐。"这时候，妈妈当着孩子们的面惊呼起来："竟然爱**家庭教师**，天哪！"

我相信，她第一次去的是约克郡一个富有的制造商的家。下面这几段从她当时写的信中摘录的片段可以让我们看到，她那新的生活方

---

① 《艾格妮丝·格雷》：安妮·勃朗特写的一部小说。

式带来的束缚使她多么痛苦。第一个片段摘自她给艾米莉的一封信，这封信一开头就用了她爱用的亲热称呼，尽管那是"骗人的话"。她就是用"我亲爱的可爱的人儿""我美丽的可爱的人儿"来称呼她心爱的妹妹的。

一八三九年六月八日

我竭力要使自己喜爱这个新工作。我已经说过，田野、房屋、庭园都非常好；可是，咳！居然有这样的事，眼看周围有着一切美丽的景物——可爱的树林、白色的小径、绿油油的草坪、阳光灿烂的蓝天——却没有一点自由的时刻、自由的思绪来把它们好好欣赏一下。孩子们老是缠着我。至于要纠正他们的行动，我很快就发现那是完全不可能的；他们要干什么就干什么。向做妈妈的诉说呢，那只会招来恶狠狠的白眼，只会听到为孩子们掩饰的不公正的、偏袒的借口。这种做法我一度尝试过，既然效果如此显著，我也就不再尝试了。我上次信中说，某某太太①并不了解我。我现在才发觉她不想了解我；她对我毫不关心，只是千方百计一味要我尽可能多干些活儿。为了达到这个目的，她把我淹没在针线活儿的海洋里，给我好几码细麻布要我镶边，叫我做睡帽，尤其是给玩具娃娃做衣服。我觉得她根本不喜欢我，因为处在这完全陌生的环境里，周围一直都是从未见过的、经常变换的脸，我不由得感到十分害羞。……我以前常常希望能到大人物的交际场合的热闹环境中去；但是我已经感到够了——在一旁看看、听听，那可是枯燥乏味的。我比以前更清楚地看到，一个私人家庭教师除了同她不得不完成的繁重工作有联系以外，她是不存在的，是不被当作一个有理性的活人看待的。……我在这儿度

---

① 指西奇威克太太。

过的一个最愉快的下午——确实是唯一的一个可说是愉快的下午——就是某某先生带孩子们出去散步的那个下午,他要我在后面跟着,和他们保持一点儿距离。他穿过他自己的田地往前溜达,一条出色的纽芬兰狗在他身边走着,这时候,他看上去就像一个真诚的、富有的保守派绅士。他同遇到的人无拘无束地、毫不做作地谈话;虽然他纵容孩子们,允许他们过分地戏弄他自己,但是不让他们粗鲁地侮辱别人。

(用铅笔写给一个朋友的信)

一八三九年七月

我不到休憩室去就拿不到墨水,而我却不愿上那儿去。……我每天都在等你的信,而且感到纳闷,哀叹你怎么不写信来,因为你会记得这次轮到你写了。要不是这样的话,我早就该写信给你了。我一定不能过多地拿我的悲哀来打扰你,我担心在这方面你已经听到了夸大的叙述。如果你在我身边,我也许会忍不住要把一切都告诉你,变得自私,把一个私人家庭教师第一次工作时受到的折磨和苦难像一部很长的历史一样滔滔不绝地倾倒出来。既然像现在这样,我也就只要你想象一下我的痛苦。一个像我这样沉默寡言的可怜虫,一下子被推到一个大家庭中间,而这时候他们都特别兴高采烈——房子里到处是客人——全是陌生人——他们的脸我以前从来没看见过。在这种情况下,要我负责照料一群娇生惯养、无法无天的孩子,要经常地不仅教他们书,还要陪他们玩儿。不久我就发现,这样经常要我拿出轻松活泼的精神来,已经使这种精神处于衰竭状态了;有时候,我感到沮丧——而且我想我看上去也是这样。使我吃惊的是,某某太太竟然在这个问题上责备了我一通,她态度生硬,说话粗暴,到了令人难以

149

置信的地步；我像个傻瓜似的，十分伤心地哭了。我实在忍不住；一开始我精神上受不了。我想我已经尽力而为了——我竭尽全力使她满意；仅仅因为我害羞，有时神情忧郁，就受到那样的对待，真是太糟了。起初，我想辞职不干，回家去。可是略加考虑以后，我决定尽可能振作起来，顶住暴风雨，继续干下去。我暗自思忖："我还从来没有没交上一个朋友便离开一个地方，逆境是一所好学校；穷人是生来要干活儿的，下属总是要受苦的。"我决心忍耐，控制自己的感情，逆来顺受，我想，考验不会持续许多星期，我相信这对我有好处。我想起了柳树和橡树的寓言①，我默默地低下头来，我相信暴风雨正在我头上刮过去。某某太太还是个一般被认为性情随和的人；我并不怀疑，她在社交场合确实是个随和的人。她现在对我比开始时稍微客气一些，孩子们也比较听话一些；但是她不了解我的性格，她也不希望了解。自从来这里以后，我从没跟她谈满五分钟的话，除非是她骂我的时候。除了你的同情，我不想取得同情。如果是在跟你面谈，我可以告诉你更多的情况。

（写给艾米莉的信，大约也在这个时期）

我美丽的可爱的人儿，收到你的信我高兴得几乎无法用言语表达了。听到家里的消息真是件乐事，这件事要留到临睡的时刻，到那时候才可以有片刻安静来彻底享受一下其中的乐趣。你能在什么时候写信就在什么时候写吧。我喜欢待在家里。我喜欢在工厂里工作。我喜欢感到精神上的自由。我喜欢把这种束缚甩掉。可是假期会来的。Coraggio②。

---

① 《伊索寓言》中有一篇《橡树和芦苇》，说的是橡树和芦苇争论谁强大。在大风中，芦苇随风摆，免于被连根拔掉，而橡树竭力对抗，却被连根拔掉了。此处橡树和柳树的寓言，同此意。
② 意大利语：勇气。

她和这个人家志趣不相投,她暂时的家庭教师工作便在这一年的七月结束了。但这不是发生在经常性的精神消耗和体力消耗还没有又一次影响她的健康的时候,而是发生在这种衰弱以心跳气急的形式变得明显的时候,这些症状都被看作假装出来的,或者想象出来的小病,可以用一顿痛骂来消除。她是在一个主张斯巴达式忍耐的学校里而不是在主张感情脆弱的纵欲的学校里长大的,她能够默默地忍受许多痛苦,放弃许多希望。

她回家大约一个星期以后,她的朋友提出建议,要她陪她去作一次纯粹以娱乐为目的的短途旅行。一开始她十分热切地赞成这个主意,可是,在这个主意经过多次耽搁,终于要实现的时候,她的希望却静止了,衰退了,几乎消失了。在最后实现的时候,竟然成了她眼前飞舞的泡影,在她那短暂的一生中类似的泡影是很多的,这是其中一个可喜的样品。组成她那短暂的一生中的主要事件是严酷的事实而不是欢乐。

一八三九年七月二十六日

你的建议简直叫我"如痴如狂"了——如果你不了解这个贵妇人用的字眼,你就得在我看见你的时候问问我那是什么意思。事实是,跟你在一起旅行,到任何地方——不管是到克利索普①还是到加拿大——只有我们两个人,那将是最愉快的。我的确想去;可是我至多只能请一个星期假,只怕这对你不合适——那我就得完全放弃吗?我觉得好像**不能**;我从来没有得到过这样欢乐的机会。我真想看看你,跟你谈谈,跟你在一起。你想什么时候去?我能在利兹和你会面吗?对我说来,从哈沃斯雇一辆轻便双

---

① 克利索普:英国林肯郡的一个海滨胜地。

轮马车去布某某地，花费增加得太多了，而我手头又正好只有很少一点儿现钱。哦！富人们可以随心所欲地常常取乐，我们却不能！然而也不必发牢骚。

告诉我你几时动身，我就可以在我的回信中肯定地说我能不能陪你去。我必须——我愿意——我决定去——我一定坚持，不顾一切反对。

再者，写好上面这封信以后，我发现姨妈和爸爸已经决定去利物浦，还要把我们全家带去。不过，还决定了我必须放弃去克利索普的计划。我很不情愿地让步了。

我想，大约就在这个时期，勃朗特先生或者因为体力衰退，或者因为教区人口增加，觉得必须有个副牧师当助手。至少在这年夏天写的一封信里，我发现提到了后来在哈沃斯牧师住宅周围反复出现的一系列副牧师中的第一个，她非常清楚地谈到他给住在牧师住宅里的一个人留下的印象。哈沃斯副牧师把他的一些当教士的朋友和邻居带到这里来。有一个时期，这些人的光临是在牧师住宅里正要用茶点的时间，这使那里的平静生活有了一点儿变化，有时令人愉快，有时则不愉快。下面这封信里记叙的这件小事在大多数女人的命运中是不多见的。在这个例子中，证明夏洛蒂虽然长得其貌不扬，但是在家里的自由幸福中放任自己时，还是具有不平凡的吸引力的。

一八三九年八月四日

利物浦之行还只是纸上谈兵而已，是一种空中楼阁；但是你我之间说说，我认为是否真能实现，很可怀疑。姨妈和许多别的老人一样，喜欢谈论这样的事；可是真要执行了，她就退缩了。

情况就是这样，依我看，你和我最好还是按我们原定的计划做，一起到一个什么地方去，不去管别人。我已经请了一个星期假陪你去——至多两个星期——不能再多了。你想去哪儿呢？我想是伯林顿吧，因为玛某某说这是最合适的地方。你什么时候动身？看你怎么方便就怎么安排吧，我不会有异议。我想望望海，而且喜欢望望海——待在海边——看看日出、日落、月夜和中午时海的变化——看看海在平静时或暴风雨中的景色。我不会对什么感到不满。那时候我不要同一群和我毫无共同之处的人在一起——这种人将会叫我感到讨厌和厌烦，但是要跟你在一起，我喜欢你，了解你，你也了解我。

我有一件奇特的事告诉你：你准备着痛痛快快地大笑吧！有一天牧师某某先生[1]来我们家待一天，带来了他自己的副牧师。后面这位绅士，名字叫做勃某某的先生[2]，是个年轻的爱尔兰教士，刚从都柏林大学毕业。我们中间谁都是第一次看见他，然而，他以他们爱尔兰人的方式，不一会儿就像在自己家里一样无拘无束了。他的性格很快就在他的谈吐中显示了出来：机智，活泼，热情，而且聪明，但是缺少一个英国人应有的庄严和谨慎。你知道，我在家里说话很随便，从来不感到害羞——从来不让那痛苦的 mauvaise honte[3] 所压倒和烦扰。在别的地方，mauvaise honte 却折磨和束缚着我。所以我跟这个爱尔兰人谈话时，他的笑话惹得我大笑起来。尽管我看到了他性格中的不足之处，但是因为他的独特性格很有趣，我就原谅了他的缺点。黄昏将尽时，我确实稍微冷静了一些，也收敛了一些，因为他开始在谈话中放进一些爱

---

[1] 指勃朗特先生以前的副牧师，当时的教区牧师霍奇森先生。
[2] 指勃鲁斯先生。
[3] 法语：不适当的羞怯。

尔兰式的奉承,这却是我不喜欢的。不管怎样,他们走了,我也就不再想到他们了。几天以后,我收到一封信,写信人的姓名地址使我感到困惑,因为字迹陌生。这信显然不是我仅有的两个通信人——你和玛丽——寄来的。拆开一看,原来是一封表示爱慕和求婚的信,是那位精力充沛的年轻爱尔兰人用他那热情的语言写出来的!我想你在痛痛快快地大笑了吧。这不像是我的一个奇遇,是不是?倒更加像是玛莎的奇遇。我当然是命里注定了要当老姑娘的。没关系。我从十二岁起,就打定主意接受这个命运了。

我想,好吧,我已经收到了表示一见钟情的信,但这胜过了一切!我让你猜猜我会怎么回信,我相信你不至于猜错,使我受到冤枉吧。

在八月十四日,她还是从哈沃斯写了一封信:

我整理行装,为我们预定的旅行作一切准备,结果白忙了一阵。事情是这样的:这个星期和下个星期,我都没法雇到车子。哈沃斯能雇到的唯一的一辆马车在哈罗盖特,据我能打听到的,很可能还要留在那儿。爸爸坚决反对,不让我乘驿车和步行到B地,虽然我肯定我能这样做。姨妈大惊小怪地说天气不好,路难走,又有风,所以我就陷入了困境,更糟的是,**你**也是这样。你上次的来信(顺便说一句,字写得不容易辨认,匆匆看来,几乎没有连续两个字能认清),我看了两三遍,看出你的意思是说,如果我到星期四再作这次旅行,那就太晚了。这样妨碍了你,我感到悲伤;可是我现在也不必谈星期五或者星期六了,因为我有点认为我根本没有多少机会去旅行。家里几个长辈一直没有真心赞同这件事；而现在，似乎每一步都会碰到障碍，他们越来越公开地提出反对。爸爸倒确实是会心甘情愿地对我放任的，但正是他的这番好意使我拿不定主意，到底是否该利用这种放任；所以，虽然我和姨妈的不满一直进行斗争，但是看到爸爸采取的放任态度，我倒反而屈服了。他没明说，但是我知道，他情愿我留在家里。也许姨妈也是出于好意，但使我不高兴的是，她把她的坚决反对直拖到你我之间一切都已安排好的时候才表示出来。别再指望我吧；不要把我放在你的计划之内，说不定我应该一开始就谨慎行事，闭上眼睛不去看这样一个欢乐的前景，这样做的话，我就不会对之满怀希望了。我害得你失望，随你怎么生我的气吧。我不是故意的，我还有一件事要说——如果你不马上去海边，你愿意到哈沃斯来看望我们吗？这个邀请不是我一个人的，而是爸爸和姨妈一起向你提出来的。

然而，稍微再忍耐了一阵，又经过了一些耽搁，她终于享受了她如此渴望的欢乐。在九月下半个月，她和她的朋友到伊斯顿去住了两个星期。正是在那里，她对大海有了第一个印象。

十月二十四日

现在你们有没有把海忘了，埃？它在你脑子里变得模糊了？还是，你仍然看见它，发黑，深蓝，碧绿，泛着白沫，仍然听得见它，大刮风时汹涌澎湃，风静下来时水波荡漾？……我身体很好，而且很胖。我常常想起伊斯顿，想起可敬的赫某某先生，他的好心的助手，想起我们去赫某某树林和去博因顿的散步、我们愉快的夜晚、我们和小汉钦的嬉戏等等。如果我们都活下去，这一段生活将会久久地成为愉快回忆的主题。你在给赫某某先生的信中，有没有提起我的眼镜？我少了眼镜，感到很不方便。我不戴眼镜，既不能舒适地看书、写字，又不能画画。我希望太太不至于拒绝把眼镜还给我。……这封信写得很短，请原谅，因为我整天画画，眼睛疲劳了，写字很吃力。

可是欢乐的生动回忆消失了，发生了一件意外，使日常生活中现实的家务劳动有一段时间有点沉重地压在她身上。

我们现在很忙，上一个月里也是这样，因为在那段时间里，我们没有用人，只有个小姑娘跑跑腿。可怜的泰比腿跛得厉害，她终于不得不离开我们。她跟她妹妹一起住在她一两年以前用自己的积蓄买的一所小房子里。她自己日子过得挺舒适，什么也不短缺。由于她住得近，我们常常看到她。在这期间，艾米莉和我真是够忙的了，这你也想象得到。我熨衣服，收拾房间；艾米莉烘面包，管厨房里的事。我们真是些怪物，宁肯这样凑合也不愿在我们中间有个陌生面孔。此外，我们还希望泰比能回来，不愿在她不在时请一个陌生人来代替她。我第一次试着熨衣服时，把衣服熨焦了，惹得姨妈十分生气，可是现在我熨得好多了。人的感情是些奇怪的东西，我在家里用铅粉擦炉子、铺床、扫地，竟然比我在别处像个大家闺秀般生活要快活得多。我真的得把《犹太人》停掉，因为我没钱续订。我早该把这个打算告诉你，可是我完全忘了自己是个订户。虽然一想起当家庭教师就**憎恨、嫌恶**，我还是想强迫自己去干，只要再能找到这样一个职位。我非这样做不可，因此，我由衷地希望能够听到有哪一个家庭需要像家庭教师这样的商品。

第九章

　　一八四〇年，勃朗特一家除了安妮以外，都住在家里。正如我已经说过的，由于某种我不了解的原因，原来打算送勃兰威尔进皇家艺术学院学习的计划给放弃了。这也许是因为打听了一下以后，发现这种生活需要的花费不是他父亲菲薄的收入负担得起的，哪怕加上夏洛蒂在伍某某小姐学校里的劳动所得也不行。她还提供了安妮的膳宿费和学费。根据我听到的情况看，计划成为泡影，勃兰威尔一定大失所望。他的才华肯定非常突出，他自己完全意识到这一点，而且渴望运用这种才华在写作方面或者绘画方面成名。与此同时，他也许已经发现自己对寻欢作乐的强烈喜爱和不正当的习惯是他成名道路上的一个重大障碍；可是这些缺点只是他所以渴望伦敦生活的一些附加的理由。他想象，伦敦的生活可以使他那已经显得充沛的智力获得各种刺激，同时也可以获得只有在人口稠密的大城市才有的行动自由。因此，他整个心思都被大都市吸引去了，根据我听说的一件事，我想，他准是花了好几个小时对着伦敦地图沉思。伦敦一家商业公司有一个人到哈沃斯来住一宿；按照当地不幸的习惯，聪明的"帕特里克"被请到旅馆里去，以他那才华横溢的谈话和闪烁生光的机智陪人消磨黄昏。他们谈起伦敦；谈到那里的习俗和生活方式；谈起游乐场所；勃兰威尔告诉这个伦敦人如何穿过小巷小街从某处到某处的一两条近路。到黄昏快结束时，这位旅客听了这个同伴主动坦白的陈述，才发现他根本没有到过伦敦。

　　在这一时期，这个年轻人似乎把命运掌握在自己手中。他既有杰出的天赋，又充满崇高的冲动；对于任何比骨肉深情更强烈的引诱，的确不习惯于拒绝。但是他对周围所有的人都显得那样地感情深厚，这使他们都乐于相信，过一个时期他会"改正自己"的，那时候，他将发挥自己出色的才能,他们会以此感到骄傲和高兴。他的姨妈特别疼爱他。在一个女孩子占多数的家庭里,独生子的生活总会遇到特别的考验。人们总是指望他在生活中扮演一个积极的角色,要他**有所作为**,而女孩子们则是**生活**下去而已。她们有些事必须顺从他,这往往会发展到事事都顺从他,因此就使他变得极端自私。在我写的这个家庭里,别人都养成了可说是禁欲主义的习惯,勃兰威尔却被允许在自我放纵中成长。可是在少年时期,他那吸引人和对人有感情的力量就已经很强,和他接触的人,很少不被他迷惑,他说要什么,就给他什么。当然,他谨慎小心,不让他沉溺其中的欢乐在他父亲和姐妹跟前泄露出来;但是思想和谈吐的调子却渐渐变得粗鲁了。有一个时期,他的姐妹们还竭力使自己相信,这种粗鲁是男子汉大丈夫气概的一个组成部分,她们让爱遮住了眼睛,看不到勃兰威尔比别的年轻人糟。目前,虽然她们发现他已经犯了一些错误,却又避免了解错误的确实性质,他还是她们的希望和宝贝,还是她们的骄傲,总有一天会给勃朗特这个姓氏带来巨大的光荣。

他和姐姐夏洛蒂都身材瘦小,另外两个就比较高大。我看到过勃兰威尔的侧面像;基本上可说是相当漂亮;天庭饱满,眼睛长得很好,眼神文雅聪颖;鼻子也不错;但嘴边却有粗犷的轮廓,嘴唇虽然形状很美,但太松太厚,显示出自我放纵,而略微往后缩进的下巴则表示出意志薄弱。他的头发和面色都呈黄中带红的颜色。他身上有很多爱尔兰血液,使他举止坦率和蔼,还带点天然的豪爽。我读到过他的一个手稿的片段,其中用词之正确巧妙,是很惊人的。那是一篇故事的开头,里面的演员是用肖像画特有的优美笔触描绘的,语言简洁到了完美的程度,艾狄生[①]刊在《旁观者》上的许多文章就是以这样的语言显出特色的。这个片段太短,还无从判断他是否有戏剧天才,因

---

① 艾狄生(Joseph Addison, 1672—1719):英国诗人和散文家。

为故事中的人物还没有开始说话。但是风格之优雅和冷静却是人们想不到会出自这个热情而不幸的青年之手的。他心中燃烧着渴望想在文学上成名,甚至比他的姐妹们偶尔闪现的这种渴望更加强烈。他试图为自己的才华寻找几个不同的出路。他写作,把作品寄给华兹华斯和柯尔律治,两位诗人都向他表示了亲切和赞美的意见;还常常写诗寄给《里兹信使报》。一八四〇年,他住在家里,偶尔写一些不同形式的作品,等待找到职业,这种职业不需要先花多少钱接受训练就能胜任;但他并不是不耐烦地等待着,因为他在黑公牛酒店也看到了一种社交(也许是他称作"生活"的那一种吧);而且在家里他还是个心爱的宠儿。

勃兰威尔小姐没有注意到周围有这种蓬蓬勃勃的没有得到发挥的才华。她不是她外甥女们的知心人——也许年龄大那么多的人不可能成为知心人;可是她们的父亲,却默默地看到了她没有注意到的东西。她们从他身上继承了不少冒险精神。温顺而喜欢沉思的安妮是她的仅次于外甥的宠儿。安妮从孩提时代就由她照料,一直耐心和听话,能够安静地忍受偶尔的压迫,甚至在痛苦地感到压迫时也能忍受。她的两个姐姐就不是这样;遇到什么不公平的事,心里有看法,就明白表示出来。在这种时候,艾米莉同夏洛蒂一样强烈地表达自己的意见,虽然不像夏洛蒂那样经常。可是,总的说来,尽管勃兰威尔小姐偶尔会不讲道理,她和她的外甥们相处得还很融洽;虽然她们会不时被她的小小的专横惹恼,她还是引发了她们真诚的尊敬和深厚的感情。此外,为了她强加给她们的许多习惯,她们也感激她。这些习惯后来成了她们的第二天性:一切都井井有条,按一定的方法进行,干净利落;各种家务事都非常熟悉;严格守时,服从时间和地点的规律。我曾听夏洛蒂说起,这一切在她们后来生活中所起的宝贵作用,除了她们自己以外,谁也讲不清楚。她们生来容易感情冲动,能够学得绝对服从外部规律，倒也是一种真正的平静。哈沃斯的人们向我保证说，根据一天的钟点——不，根据每一分钟——他们能说出住在牧师住宅里的人们在干什么。在某些时间，姑娘们在她们姨妈的卧室里做什么针线活儿。在她们的学问超过她以前，这间房间是给她们做教室用的。在某一些（很早的）时间，他们用餐；晚上六点到八点，勃兰威尔小姐给勃朗特先生朗读；八点整，全家聚集在书房里做晚祷；九点，他、姨妈和泰比都上床睡觉——姑娘们则自由自在地在客厅里来回踱步（像不安的野兽），谈论计划、打算，憧憬未来生活。

在我写到的这一段时期里，她们最爱想的是办一所学校。她们认为，只要稍微设计一下，稍微加一点儿建筑物，就可以在牧师住宅里安顿少量学生，比如四个到六个。看来，她们只有教书这条路可走，至少艾米莉看来是不能离家生活的，其余几个也为同样的原因感到痛苦，这个办学校的计划是最可取的。可是办这件事要花一笔钱；她们的姨妈反对花钱。然而，这笔非有不可的钱除了向勃兰威尔小姐借以外，就无处可借。勃兰威尔小姐手头有一点积蓄，这点积蓄是打算最终留给她的外甥、外甥女们的，但是不打算拿去冒险。不过，这个管理家务的计划还是占着上风；在一八三九到一八四〇年那个冬天，房子必须做些改动，以及采用最有效的办法说服她们的姨妈相信她们的计划是明智的，这两者形成了她们谈话的主要内容。

在天气阴郁的这几个月里，这种焦虑相当沉重地压在她们的心头。发生在她们朋友们的那个圈子里的外界事件也并不是令人愉快的。在一八四〇年一月，夏洛蒂听说她们姐妹俩在罗海德学校时她的一个学生去世了，这个学生还是安妮的同学；她很喜欢这个学生，这个学生也默默地喜爱她。这个年轻人去世的噩耗传来的那天是个悲哀的日子。夏洛蒂在一八四〇年一月十二日这样写道：

今晨收到的你的来信，是一封令人痛苦的有趣的信。看来，安妮·C**死了**；我上次看见她，她还是个年轻美貌而又快活的姑娘；如今，"人生的突发的热病"对她来说已经过去，她已经在"安眠"了。我永远也不能再见到她了。这是个可悲的想法；因为她是个热心的、深情的人，我喜欢她。现在，在人世间，不管我走到哪儿，都再也找不到她了，正如找不到二十年前就枯萎的花或叶子一样。有些人眼看着周围的朋友一个又一个全都离去，只剩下自己孑然一身，走完人生历程。失去这个学生，使我瞥见了他们必然会有的心情。可是眼泪无济于事，我竭力阻止自己悲叹。

这年冬天，夏洛蒂用空闲时间写了一个故事。这篇手稿还留下一些片段，但字写得太小，看起来眼睛非常吃力。更使人不想读它的是，她自己在《教师》①的序言里谴责它，说她在这部小说里已经摆脱了她一度可能有过的追求"写作中的辞藻华丽和冗长累赘"的那种趣味。她承认，故事的开头就是以相当于理查逊②的七八卷本的小说那么大的规模写的。约莫在一八四〇年夏天，她把这个故事的开头寄给华兹华斯，在显然是她给华兹华斯写的复信的抄件中，我看到了一些这方面的详细情况。

作者对自己的作品一般都是固执的，可是我对这部作品却不很偏爱，我可以毫不痛苦地把它放弃。毫无疑问，如果我继续写下去，很可能把它写成地道的理查逊式的作品。……我脑子里有着够写六卷的材料……当然，任何像我设计的如此迷人的计划，

---

① 《教师》：夏洛蒂·勃朗特写的第一部长篇小说。
② 理查逊（Samual Richardson，1689—1761）：英国小说家，感伤主义早期的代表。

我是抱着深深的后悔之心放弃的。从自己脑子里创造出一个世界，让许多麦基冼德①那样的人住在里面，除了你的想象力以外，他们没有别的父母，这是很有启发、很有益处的。……我觉得遗憾，自己不是生活在五六十年以前，那时《妇女杂志》像一棵苍翠的月桂树那样欣欣向荣。在那种情况下，我毫不怀疑，我向往在文学上出名是会获得适当鼓励的，我会有幸把珀西先生和韦斯特先生介绍到最上层社会中去，在排成双栏、字印得密密麻麻的书页上记载他们所有的言行。……我回想起自己小时候拿到一本古老的书，津津有味地偷偷阅读。你正确地描绘了当时的有耐心的格里塞尔②们。我的姨妈也是其中之一；直到今天，她还认为《妇女杂志》中的故事要比现代文学中任何拙劣的作品高明得多。我也是这样；因为那是我在小时候阅读的，童年时期赞赏的能力很强，而批评的能力却很弱。……我很高兴，你不能断定我究竟是个公证人的文书还是个爱读小说的女装裁缝。我根本不会帮助你发现真相；至于我的字迹，或者我的文风和形象中女人的色彩，你千万不要凭这个来作出结论——我可能雇一个听写员。说真的，先生，为了你那恳切和坦率的信，我非常感激你。我几乎觉得奇怪，你居然不厌其烦地阅读和评论一个无名作者的一篇中篇小说，而这个无名作者甚至不懂礼貌，不告诉你究竟自己是个男人还是女人，用的"C.T."究竟是查理·蒂姆斯还是夏洛蒂·汤姆金斯。

---

① 据《圣经·旧约全书·创世记》第十四章第十八至二十节："又有撒冷王麦基冼德带着饼和酒出来迎接，他是至高上帝的祭司。他为亚伯兰祝福，……亚伯兰就把所得的拿出十分之一来给麦基冼德。"
② 格里塞尔：古老传奇中一个以美德和耐心著名的女人。常被用为文学创作的题材。

从摘出这段引文的那封信里有两三件事值得注意。首先是她所提及的那前一封信上她签得很明显的首字母。大约在这个时期，她在给她的比较熟悉的通信者写的信中，偶尔叫自己为"查理·森德尔"，这是她自己根据她的教名和希腊文的姓①化出来的假名。其次，有一些故意写得巧妙的笔触，这跟三年以前，在几乎相同的情况下，她写给骚塞的那封朴实、庄严、带有女人气息的信迥然不同。我想，之所以不同，原因有两个。骚塞在给她的第一封信中，针对她性格中比较崇高的那些部分，要她考虑一下，文学究竟是不是妇女从事的最好的事业。而这封信的收信人却显然把自己局限于纯粹的文学批评；此外，和她通信的人感到困惑，不知道自己是在给一个男人写信还是给一个女人写，这激起了她的幽默感。她倒宁可鼓励人家把她当作男人；因此，采取了某种很可能存在于她弟弟谈吐风格中的轻率的用词。她要从他那里形成自己对年轻小伙子的看法，就是否文雅这方面来说，她这看法并不会因为她看到了其他年轻小伙子，诸如她后来在《谢利》中刻划的副牧师之类，而有所改进。

这类副牧师充满了强烈的高教会派②的感情。他们生性好斗，作为教士，有充分的天地让他们来发挥自己的好战的特性，这对他们的职业特点来说是很好的。勃朗特先生尽管对教会和国家十分尊重，但是也极其注重精神上的自由；虽然他决不会隐瞒自己的观点，但是和同他有分歧的人的所有可敬的方面却能完全和睦相处。副牧师们则不然。意见分歧就是教会分立，教会分立在《圣经》中是受到谴责的。由于没有缠着头巾的撒拉逊人③，他们对穿着细平布衣服的卫理公会教徒发动了一场十字军进攻；结果是卫理公会和浸礼会的教徒拒绝缴纳

---

① 森德尔是英语 Thunder（雷）的译音。希腊文中的雷和勃朗特谐音。
② 高教会派：基督教圣公会中的一派。十九世纪产生于英国。主张在教义、礼仪和规章上大量保持天主教传统，维持教会的较高权威地位，因而得名。
③ 撒拉逊人：希猎人和罗马人对十字军东侵时的阿拉伯人或伊斯兰教徒的称呼。

教堂维持费。勃朗特小姐对当时的事态作了这样的描述：

> 自从你上次离开这里以后，小哈沃斯在教堂维持费问题上，闹得不可开交。我们在教堂里举行了一次激动人心的会议。爸爸主持会议，C先生和W先生做他的支持者，一人一边。他们遭到激烈的反对，使C先生的爱尔兰血液沸腾起来，要不是爸爸半劝半压地叫他平静下来，他真会狠狠剋那些不信奉国教的人一顿呢，这是个苏格兰谚语，它的含义我改天给你解释。他和W先生当时都忍住一肚子的怒气，不过那也只是让它以后用双倍的力量爆发出来。我们这就有了两种不信奉国教的布道，结果上星期日W先生在下午布道，C先生在晚上布道。所有不信奉国教的人都被请来听他们讲，他们实际上是把他们的小礼拜堂都关闭起来，大家一块儿来了，教堂里当然挤满了人。W先生作了一次高贵的、雄辩的、高教会派和信徒传统①的演讲，他在这篇演讲中毫不惧怕、毫不退缩地抨击了不信奉国教的人们。我想他们有一阵是受够了，可是，同那天晚上硬塞进他们喉咙的药量比起来，那可就算不了什么。我从来没听到过哪次长篇演讲比C先生上星期日晚上在哈沃斯讲台上作的更尖锐、更聪明、更大胆、更激动人心的了。他并不夸张；他并不侈谈；他并不哀诉；他并不引诱；他只是站起身来，用深信自己讲的是真话、不怕敌人、不怕承担后果的那种人的大无畏精神说话。他的布道持续了一个小时，但是他讲完的时候我还感到遗憾。我并不是说我同意他或者同意W先生的全部意见或一半意见。我是认为他们抱有偏见，没有容忍精神，而且，凭常识判断，是完全不合理的。我的良心不会让我成

---

① 指主教等的权力是由使徒开始各代相传而来的。

为一个普西①派或者胡克②派；mais③，如果我是个不信奉国教的人，那我一有机会就会用脚踢或者用马鞭子抽打这两位绅士，就因为他们对我的宗教和传播这种宗教的导师进行了严酷而恶毒的攻击。但是尽管如此，我还是佩服这种崇高的诚实态度，正是这种态度使他们能如此毫无畏惧地反对如此强大的敌手。

再者，W先生在基思利机械学会又作了一次演讲，爸爸也作了一次演讲；报纸上对两次演讲都作了很高的评价，而且说真是个奇迹，这种才智的显示居然来自"处在荒原和群山中间，直到最近才摆脱半野蛮状态的"哈沃斯村。这是报纸上的原文。

在叙述这个表面上看来平安无事的年头时，为了充实内容起见，我可以从交给我的信件中再摘引几段。

一八四〇年五月十五日

不要过于听从别人的劝说，去嫁一个你并不尊敬的人——我不用"**爱**"这个词——因为，我认为，如果你在结婚以前能尊敬一个人，那结婚以后至少会产生适度的爱，至于强烈的**恋爱**，我深信那不是可取的感情。首先，它很少或者绝不会得到回报；其次，即使得到回报，那种感情也只是暂时的：在蜜月中它能持续下去，然后，也许就会由嫌恶或者也许比嫌恶更糟的漠不关心来代替。当然这是男人这方面的情况；在女人这方面呢——如果她热恋着而又孤独的话，那就请上帝保佑她吧。

我在一定程度上深信自己根本不会结婚。这是理智告诉我的，

---

① 普西(Edward Bouverie Pusey, 1800—1882)：英国教士。
② 胡克(Walter Farquhar Hook, 1789—1875)：英国教士。
③ 法语：但是。

我还没有完全成为感情的奴隶，我可以**偶尔听听**理智的声音。

一八四〇年六月二日

玛某某还没有到哈沃斯来；但是她来要有个条件，那就是我必须先去她那儿住几天。如果一切顺利的话，我将在星期三去。我可以在G地住到星期五或者星期六，接下来的那个星期的上半个星期我将同你一起度过，如果你要我去的话——后面这句确实是句废话，因为，正像我看到你感到高兴一样，我知道你看到我也感到高兴。这样的安排，时间不可能充裕，但是根据各种情况来考虑，这却是我所能做到的唯一切实可行的安排了。我只能待两三天，别硬要我多待几天，因为那样的话，我将不得不拒绝你。我打算步行到基思利，在那儿乘马车到B地，然后找个人帮我拿行李，其余的路程就步行，一直步行到G地，如果我能设法这么办，我想我能做得很好。我大约在五点钟到达B地，那时候我将在傍晚的凉爽中步行。我已把整个安排通知了玛某某。我十分希望见到她和你。再见。

夏·勃
夏·勃
夏·勃
夏·勃

如果你可以提出更好的计划，只要是切实可行的，我乐于采纳。

一八四〇年八月二十日

你最近看到H小姐吗？我希望他们，或者别人能给我找个职位。给招聘广告写应征信我已经写了无数次了，可是我的申请都没有获得成功。

我从G那儿又收到了一包法文书，共有四十多册。我读了大约一半。这些书和别的书一样，写得聪明、刻毒、诡辩、猥亵。最好的一点是，这些书使读者对法国和巴黎有了一个彻底的了解，是可以替代法语会话课本的最好的书籍。

由于我现在心绪不佳，我确实没有什么其他的话要同你说。这封信不像你自己的来信那么长，得请你原谅。我很快给你写了信，让你不致白白地找邮递员。把这封信作为书法的珍品保存起来吧——我想这是很精致的——全是出色的黑墨污渍，而且字母都难以辨认。

卡列班①

"风随着意思吹。你听见风的响声，却不晓得从哪里来，往哪里去。"②我相信，这段话是《圣经》里的，但我不可能知道在哪一章、哪一篇，也不知道引得是否对。然而，它却促使我写封信给一位名叫"埃"的年轻女人。我以前认识她，那还是"在人生的早期行军中，当时我的心灵还年轻"。这位年轻女人要我写信给她，已经有一个时期了，不过我无话好说——我就一天又一天地推迟，直到最后，我怕她会"凭着她的神明来诅咒我"，我觉得不得不坐下来胡凑几句，她可以称之为信或者不称之为信，这要随她高兴。如果这位年轻女人指望在这个产物中看到什么道理，那她一定会大失所望。我将给她做一个凉菜拼盆③——我要做一个肉丁烤菜——准备一个炖肉——煎一个 omelette soufflèe à la Française④，和我的敬意一起送给她。风，虽然在 B 教区的非利士

---

① 卡列班：英国剧作家莎士比亚剧本《暴风雨》中的半兽人。他生于一个海岛，后来被一个公爵收伏，但野性难改，一直被囚禁在岩洞中做苦役。一般用来指丑恶而残忍的人。
② 见《圣经·新约全书·约翰福音》第三章第八节。
③ 上盖色拉的肉、鱼、蛋凉菜拼盆。
④ 法语：法式泡蛋。

人的平地上算不了什么,但在我们犹大①山上刮得很大,风对我知识宝库里藏的东西所起的作用,和一小杯威士忌对大多数其他二足动物所起的作用一样。我看到样样东西都是couleur de rose②,如果我会跳快步舞的话,我真想跳一个。我想我必须带有猪或驴的特性——这两种动物对大风都很敏感。风从哪个方向吹来,我不知道,因为我有生以来一向辨别不清,但是我很想知道布里德林顿海湾大酒桶在怎样酿酒,现在波涛上升起哪一种发酵的泡沫。

看来,有一个叫B太太的女人需要一位教师。我希望她能雇用我;我已经写信给伍某某小姐请她转告。的确,住在这儿家里,爱干什么就干什么,那是很愉快的。但是我想起一个名叫伊索的古老的小老头儿写的一个关于蚱蜢和蚂蚁的古老的小寓言;蚱蜢整个夏天唱歌,整个冬天挨饿。③

我的一个在远方的亲属,一个叫帕特里克·勃兰威尔的人,已经出发到利兹与曼彻斯特铁路上去,担任放荡、漫游、冒险、浪漫、游侠式的职员职务。利兹与曼彻斯特——在哪儿呀?像又名巴尔米拉的达莫④一样,是荒野里的城市吧——是不是?

我最近得知的有关W先生的一个小小的特点,使我看到了他性格中好的一面。上星期六晚上他和爸爸在起居室里坐了一个小时。临走的时候,我听见爸爸对他说:"这是怎么回事?你今天晚上好像情绪很低。""哦,我不知道。我去看了一个可怜的小姑

---

① 《圣经·旧约全书·士师记》第十五章第九节:"非利士人上去安营在犹大,布散在利希。"
② 法语:玫瑰色。
③ 《伊索寓言》中有一篇《蚂蚁和蝉》,蚂蚁在夏天就为冬天储足粮食,蝉夏天唱歌,冬天挨饿。
④ 《圣经·旧约全书·列王纪上》第九章第十七至十八节:"所罗门建造基色,下伯和仑,巴拉,并国中旷野里的达莫。"

娘,我怕她快要断气了。""真的?她叫什么名字?""苏珊·勃兰德,是监督人约翰·勃兰德的女儿。"苏珊·勃兰德是主日学校里我最老和最好的学生;一听到这个消息,我想我应该赶快去看她。星期一下午我去了,发现她已经在走向那"旅客只去不回的地方"。我坐着陪了她一会儿,我碰巧问了她母亲,她是否认为喝点儿葡萄酒对她有好处。她回答说,医生也这么建议,还说,W先生上次在这儿的时候,带了一瓶酒、一罐果酱给她们。她还补充说,他对穷人总是很和善的,而且他似乎还很有同情心和仁慈心。他的性格中当然有缺点,可是也有优点……愿上帝保佑他!我不知道谁会只有他那些优点而没有他那些缺点。我知道他的许多错误行为,他的许多弱点;然而,不管我在哪儿,他将总是看到一个辩护者而不是控诉者。当然,我的看法只是稍微对他的性格作了点判断;可那又怎么样呢?人们应当尽其所能地做正当的事。你不能根据这一点就认为W先生和我相处得很好;我们可不是这样。我们疏远、冷淡,而且缄默。我们很少交谈;即使交谈,那也只是交换几句最平常、最普通的话罢了。

这封信里提到的那位需要请一位家庭教师的B太太,开始同勃朗特小姐通信,表示对收到她的几封来信,对"应征信的风格和坦率"满意。夏洛蒂细心地在信里告诉她,如果她要请一位爱炫耀的、优雅的或者时髦的人,那么,她是不适合这样一个职位的。可是B太太要家庭教师教音乐和唱歌,这却是夏洛蒂无法办到的;因此,交涉没有成功。但是勃朗特小姐不是一个在失望以后坐下来灰心丧气的人。尽管她很不喜欢过私人家庭教师的生活,她却有责任减轻父亲养育她的重担,而这正是她唯一可行的办法。所以她又精力充沛地开始登广告和多方打听了。

在这期间，发生了一件小事，她在一封信里作了描写。我把这封信引在下面，因为它让我们看到，她本能地厌恶某一种男人，人们原来以为她是抱着宽容的态度看待这种人的罪恶的。关于信中所叙述的那一对可怜的人，凡是为了达到我希望的目的而需要了解的情况，这段引文已经全部告诉大家了。

你还记得某某先生和他的太太吗？那一天，某某太太来这儿，讲了一个关于她那可鄙的丈夫酗酒、挥霍、放荡的恶习的十分悲惨的故事。她要爸爸出点主意；她说，他们面临的只是破产。他们欠了他们永远也无法偿还的债。她料想某某先生马上会被解除副牧师的职务；根据痛苦的经验，她知道他的罪恶完全是不可救药的。他对待她和她的孩子都十分残暴；对待很多别的人也都是这样。爸爸劝她永远离开他，如果有家可去，就回家去。她说这正是她早就决定要做的事；等 B 先生一把他解雇，她就马上离开他。她言谈中流露出对他的极大厌恶和鄙视，也不装得对他有任何一点尊重。这我并不奇怪，可是我**确实**奇怪的是，对于他，她所抱的感情肯定一向都和现在差不多，而她居然会嫁给他。我心里断定，对于像某某先生这样一个人，正派的女人不可能不感到厌恶。在我对他的性格有所了解或者有所猜疑以前，在我对他的多才多艺的天赋感到惊异的时候，我就无法控制地感到了那一点。我不愿和他交谈——不愿朝他看一眼；虽然当时我还不能肯定的确有一个实实在在的理由可以让我这样厌恶他，还以为光凭直觉是荒谬的，所以我就尽可能掩饰和抑制这种感情，**而**且在所有场合都尽可能客客气气地对待他。玛丽一看见**他就表示**出类似的感情，我感到吃惊。我们离开他时，她说："那人真讨厌，夏洛蒂！"我想："他确实讨厌。"

第十章

一八四一年三月初，勃朗特小姐获得了她第二个也是最后一个家庭教师的职位。这一次，她认为自己总算幸运，成了好心而友善的一家人家的成员。她尤其把这家人家的主人看作是个可贵的朋友。他的忠告有助于指引她迈出她生活中极其重要的一步。由于她具备的实际技能很少，她不得不用在空闲时间做针线活来弥补这个不足；她干的完全是"bonne①"或者婴儿保姆之类的职务，这些活儿需要没完没了地干，一再占掉她的时间。这种一天二十四小时都得听别人指使的、不稳定而又接连不断的工作，对于一个在自己家里生活时有着充裕空闲时间的人来说，是特别难以忍受的。她在任何地方都从不偷闲，但是，组成大多数人一天生活内容的那许多聊天、打算、家务、欢乐等等，在她的家庭生活里却几乎一点也没有。这就让她可以沉浸在长久而深刻的一系列感情和想象之中，听起来也怪，别人却很少有时间这么做。正因为如此，后来，在她那过于短促的经历中，她感情上的紧张状态难免要销蚀她的身体健康。随着她的成长而养成，并且由她的力量所加强的"思索"的习惯，已经成为她性格的一部分。然而，要使用她最强烈、最突出的才能，现在却完全不可能了。正如在伍某某小姐的学校里那样，她在一天繁忙的事务中不可能感觉到，一直到晚上才可以稍微松一口气。毫无疑问，当家庭教师的人都得放弃好多事情；毫无疑问，那准是一种自我牺牲的生活。可是对夏洛蒂·勃朗特来说，那却是永远要竭力把自己全部才能都朝一个方向扭，而她以前的整个生活并没使她的才能适合于这个方向。再说，几个小勃朗特都没有母亲来把她们扶养成人；而且，由于没有童年的欢乐和嬉戏，由于自己从来没有体会过爱抚和慈爱的关怀，她们就不知道幼儿时期的特点，也不知道如何激发出童年那些迷人的特性。对她们来说，孩子只是人类的麻烦的必需品。她们从来没有以其他方式同孩子接触过。几年以后,当勃朗特小姐来我们家小住时,她老是观察我们的几个小姑娘;我没法说服她,叫她相信这些小姑娘只是一般受过良好教育的孩子的标本。她们只要表现出任何一点关心别人、宠爱动物,或者并不自私的迹象,她就觉得吃惊和感动;而且,如果我们在谈论有关她们的不平凡的优点方面发生意见分歧,她总是说她是对的而我是错的。读下面这几封信的时候,必须把这一切都记在心里。在她去世后还活着的、从观察的高度回忆她一生的人也同样必须记住;厌恶也好,受苦也好,从来都不能使她畏缩,不能阻止她走上她认为有责任走的道路。

一八四一年三月三日

以前我告诉过你,我打算找一个职位,我说这话的时候,是下定了决心的。我感到自己尽管常常失望,还是不想放弃努力。在遭受两三次严重挫折以后——在经历了写信、面谈等一大堆麻烦以后——我终于成功了,现在已经在我的新职位上很好地安定下来了。

. . . .

房子不很大,但是极其舒适,而且管理得很好,庭园又精致又宽广。在接受这个职位时,我在薪金方面作了很大牺牲,为的是希望获得舒适——我用这个词,意思并非指美味的饮食、温暖的炉火,或者柔软的床铺,而是要跟和颜悦色、心地善良的人在一起,这些人的脸和心灵不是从铅矿或大理石矿里挖出来的那一种。我的薪金实际上并不超过一年十六英镑,虽然名义上是二十

---

① 法语:女仆。

英镑，但要从中扣去洗衣费。我有两个学生，一个八岁的女孩和一个六岁的男孩。至于我的雇主，当我告诉你我昨天才到这里的时候，你总不会指望我对他们的性格多作评论吧。我没有本事初次见面就讲出那人的性情。在我敢于对一个性格说出看法以前，我得先在各种不同的场合、从各种不同的角度看看。所以，我所能说的只是，某某先生①和太太在我看来都是好人。我还没有什么理由可以抱怨他们不够关心，或者不够礼貌。我的学生很野，从没被驯服过，但显然性情都很好。但愿下次给你写信时我还能这么说。我衷心希望和努力做到的是使他们称心。只要能感到他们对我满意，同时又能保持自己的健康，我想我就可以说是快活的了。可是除我而外，没有人能知道家庭教师的工作对我来说是多么艰难——因为除我而外，没有人注意到我整个心灵和性情与这个工作是多么格格不入。别以为我没有为此责备自己，或者没有千方百计地克服这种心情。我有一些最大的困难是出现在你认为比较微不足道的一些事情上。要拒绝孩子们粗鲁的亲热表示，我感到是那么困难。要向用人或女主人要一样什么东西，不管自己多么需要，我都感到是那么难于开口。对我来说，忍受最大的不方便的事，还不像到厨房里去请求他们来解决那么痛苦。我是个傻瓜。老天知道，我没有办法啊！

现在请你告诉我，家庭教师邀请朋友们来看望自己，是不是被认为不合适的。当然，我不是指过夜，而只是指一两个小时的访问。如果这不是什么绝对的叛逆行为，那我就热诚地请求你想个什么办法让我见你一面。不过，同时我觉得，我提出的是一个十分愚蠢而且几乎无法实行的要求；但是从 B 地来只有四英里路啊！

---

① 指怀特先生。

三月二十一日

请原谅，对你那最受欢迎的信，我只写了很短的回信；因为我的时间全部给占去了。某某太太指望我做大量的针线活儿。由于孩子的关系，我白天做不了多少，孩子需要极其仔细的照料。所以我不得不在晚上干这活儿。常常给我写信吧，写很长的信。这将对我们两人都有好处。这地方比某处要好得多，可是老天知道，我得作很大努力才能够好好地把心放在这件工作上。你说的话使我稍微高兴了一点儿。但愿我能永远按你的忠告办事。想家使我深深地感到痛苦。我非常喜欢某某先生。两个孩子都过于娇生惯养，因此，有时候难以管束。**请，请**，请来看我吧；即使违反成规，也没关系。只要你能待一小时，你就来。别再说我抛弃你；我亲爱的，我不可能这样做啊。我发现，按照我的生性，要不是在某个地方有着同情和依恋，我是不可能在这个令人厌倦的世界上生活下去的；而这的确是我们很少发现的。这是个很大的宝藏，一旦获得了，就不可能随意抛掉。

勃朗特小姐担任这个新工作没有几个星期就获得了证据，证明她的雇主是仁慈而好客的。某某先生写信给她父亲，热切地邀请他来同她一起住一个星期，熟悉熟悉他女儿的新的家。勃朗特小姐的一个朋友乘车来了，停在大门口，留了一封信或者一个包裹，没有进去，某某太太为此表示很大的遗憾。所以她发现，她所有的朋友都可以随意来访问她，而且她的父亲可以受到特别热情的接待。她怀着感激的心情接受了这种好意，又写信催她的朋友来看她，于是她的朋友就来了。

一八四一年六月十日

也许你很难想象，我竟然挤不出一刻钟时间来匆匆写张便条，但事实的确是这样，便条写好了，又得走上一英里路去投寄，这就花掉了将近一个小时，而一小时呢，又是一天的很大一部分。某某先生和太太已经走了一个星期。今天早上收到他们的来信。他们回来的日期还没有定，但是我希望不要耽搁太久，否则的话，我将错过在这个假期里见到安妮的机会了。我听说，她是上星期三回家的，只允许三个星期的假，因为她待的那家人家到斯卡巴勒去了。**我真想看看她**，亲自判断一下她的健康状况。我不敢相信任何别人的报告；看来没有一个人的观察是够仔细的。我很希望你已经看见她。到现在为止，我跟仆人们和孩子们处得很好；但这却是枯燥、寂寞的工作啊。你跟我一样清楚，没有伴侣，会感到多么孤独。

这封信写好以后不久，某某先生和太太回来了，正好赶得及让夏洛蒂去照料安妮的健康。她紧张而焦急地发现，安妮的健康状况很不好。她能做些什么来给这个最小的小妹妹护理和调养呢？她为小妹妹担忧，这就又一次想起了办学校的事。如果用这个方法，她们三个能生活在一起，维持自己的生活，那一切就都好了。她们就可以有一些自己的时间，再反复试试从事文学工作；尽管遭到了种种令人灰心丧气的困难，从事文学工作这个最终目标却从来也没有被撇开过。但是夏洛蒂的最强烈的动机是，她相信，安妮的身体太虚弱，需要细心照料，这除了她的亲姐姐以外，没有别人办得到。在这个仲夏的假期里，她这样写道：

一八四一年七月十八日于哈沃斯
你答应在星期四来，我们在那天焦急地等了很久。我一直站在窗口望着，眼镜拿在手里，有时架在鼻子上，我望得眼睛都很酸了。然而，不能怪你……要说失望吧，唉，每个人在一生中的某个时候总会感到失望的。可是我要对你说的许许多多的话，现在就要忘掉了，再也不会说了。家里正在酝酿一个计划，艾米莉和我都急于跟你讨论讨论。这个计划还在形成阶段，几乎还没有破壳而出。它会长成一只美好的、羽毛丰满的小鸡呢，还是在吱吱喳喳前就生病死去，这是我们考虑的一个问题，未来的启示只模模糊糊地把它表示出来。现在，不要被这些隐喻式的谜弄得迷惑了。我是讲一件普普通通的日常发生的事情，虽然我以暧昧的风格，用蛋啊、鸡啊等等的比喻把真实情况包裹起来。言归正传，爸爸和姨妈时不时地谈论我们——id est①，艾米莉、安妮和我——开办学校的事！你知道，我常常说我多么希望能办成功；可是我想不出，进行这样一项要担点风险的事业，资金从哪儿来。不错，我很清楚，姨妈有钱，可是为了一个没有把握的目的，她是决不肯借钱给人的。然而，她**是**提出过要借钱的，或者不如说，表示过只要我们能招收到学生，有合适的工作可做等等，她也许**会**提出借钱给我们的。这听起来很好，可还是有些事情得加以考虑，这些事给这个计划泼上冷水。我想，这样一件冒险的事，姨妈愿意扔掉的钱最多不会超过一百五十英镑，而靠这么一点儿资金，既要办一所体面的（决不会是豪华的）学校，又要兼管食宿，是不是可能？如果你认为你的姐姐能够回答这个问题，那就告诉她，请她考虑一下；如果你认为她不能回答，那么这个问题就一句也不要跟她提起。至于说借债，我们没有一个人认为是件可以考虑的事。只要是建立在坚实可靠的基础上，不管我们开始时是多么因陋就简，我们都不在乎。在考虑我们可以办

---

① 拉丁语：那就是。

学校的一切可能和不可能的地点时，我想到了伯林顿，或者不如说伯林顿附近。你可记得，那儿除了某某小姐的学校以外，是否还有其他学校？这当然完全是一个不成熟的、随意想到的主意。有许多理由可以说明为什么这是不切实际的。我们在那儿没有亲戚朋友，没有熟人；离家又远等等。不过，我认为东区这地方不像西区这样都给占满了。当然，在决定任何地点以前，还得多方面打听打听，考虑考虑。我怕在实行任何计划以前，还得花掉很多时间。……请尽早给我写信。我要等到我未来的前景有了一个比较肯定、比较明确的眉目才离开我目前的职位。

两个星期以后，我们看到播下的种子已经长成了一个大大影响她未来生活的计划。

一八四一年八月七日

这是星期六晚上，我已经把孩子们安顿上床睡觉了；现在我坐下来给你写回信。我又独自一人了——又当管家又当家庭教师——因为某某先生和太太住在某地。说实话，他们不在家，我虽然寂寞，但却是我最最快活的时间。孩子们还算听管教，仆人们对我非常关心和体贴，男女主人偶尔外出，使我松了一口气，不必时时努力摆出一副愉快和愿意交谈的神情。看来，玛莎·某某[①]正享受到很大的好处；玛丽也是这样。你听了会感到吃惊，她马上要跟她的哥哥回欧洲大陆去了，不过，并不打算在那儿久住，而是旅行和游玩一个月。我收到玛丽的一封长信，还有一个包裹，里面是礼物：一条漂亮的黑绸围巾，还有一副从布鲁塞尔

---

① 指玛丽·泰勒的妹妹玛莎·泰勒。

买来的美丽的小山羊皮手套。当然,我一方面对礼物感到高兴——高兴的是她在那么远的地方还想到我,而且是在欧洲最出色的首都之一玩得兴高采烈的时候想到我,但是对接受礼物又感到不快,我想玛丽和玛莎所有的零用钱只够她们自己花。我倒希望她们用不那么昂贵的东西来表示她们的关心。玛丽在信中谈了她看到的一些画和天主教堂——最精美的画和最古老的天主教堂。我简直不知道,我在读她信时,心头涌起一股什么感情,把我的喉咙都哽住了。那是一种对束缚和单调工作的如此强烈的厌烦情绪;一种要插上翅膀——财富所能提供的翅膀——展翅高飞的如此强烈的愿望;一种要观看、了解、学习的如此迫切的渴望,有一样内在的东西似乎在一瞬间整个地扩展开来。我感到自己有一些没有发挥出来的才能,在跃跃欲试——接着,一切都垮了下来,我绝望了。我亲爱的,除了你以外,我几乎不能向任何人这样吐露自己的心曲;而对你,也宁可在信里而不是在口头上吐露。这些反叛性的、荒谬的情绪也只是昙花一现;五分钟以后我就把它们消灭了。我希望它们别再卷土重来,因为它们叫人感到剧烈的痛苦。我向你提起的那个计划,后来没有采取进一步的措施,目前也不大可能再采取,可是艾米莉、安妮和我还一直想望着它。它是我们的北极星,在所有绝望的情况下,我们都望着它。我开始猜想,我这样写信会使你以为我现在不愉快。事实远远不是这样;而是相反,我知道,对于一个家庭教师来说,我的这个职位是很好的。使我沮丧而又老缠着我的是这样一个信念:我没有干这个职业的天才。如果只需要教书,事情就好办,而且容易做好,可是现在却是住在别人的房子里——又抛开自己真正的性格——还得摆出一副冷淡、严肃、漠然的表情,正是这些使我感到痛苦……目前,你还不能提起我们的办学计划。还没有真正着手进行的计划总是没有把握的。常常给我写信吧,我亲爱的内尔;你**知道**我珍视你的信。你的"亲爱的孩子"(就用你给我的称呼吧)

夏·勃

再者,我身体还好;别以为我身体不好;可是我心里感到痛苦(虽然我已经决定只字不提,可是又非提不可)。那是有关安妮的事;她受的罪真大啊;比我受过的要大得多。我一想到她,就老是看见她像个耐着性子忍受虐待的陌生人。我知道,当她的感情受到伤害的时候,她性格中是有着怎样一种隐藏的敏感。但愿我能跟她在一起,给她一点安慰。她甚至比我更孤僻——更不善于交朋友。"别谈这个问题吧。"

她自己可以忍受很多痛苦,可是看到别人,特别是她两个妹妹悲痛,她却无法耐心地忍受;再说,一想到两个妹妹中那个矮小温柔的小妹妹在孤苦伶仃地耐心受苦,她就痛苦不堪。必须采取一个措施。尽管想望的目标是那么遥远,也没有关系;如果她不朝着它前进,不管前进得多么缓慢,那么一切时间就都白白浪费掉了。办了一所学校就可以每天都有一部分空闲时间只由她自己的责任心来支配了。对这三个如此深情地相爱的姐妹来说,也就可以既住在同一所房子里,又挣到钱来维持生活;尤其重要的是,这样她就能够照料这两个妹妹,夏洛蒂把她们的生命和幸福看得比自己的还要重要得多。然而,她虽然焦急得直打哆嗦,却不会因此就匆匆采取不明智的步骤。她尽可能到处打听,新办一所学校是否有机会获得成功。看来到处都有一些学校,比这几个姐妹所能办成的更好。那怎么办呢?必须拿出更高的有利条件来。但是,怎么做到这一点呢?她们自己有丰富的思想、能力和知识,但这些资格要写进办学计划书总还不大合适。她们懂一点法语，能熟练地阅读，但是要教法语，而且同法国教师或者专业的法语教师竞争，总还不大够。艾米莉和安妮有一些音乐知识，可是这儿又有疑问了，不再学一点，她们是否能上音乐课呢？

大约就在这个时候，伍某某小姐想放弃她那所在杜斯伯里荒原的学校，提出把它让给她从前的学生勃朗特姐妹。从夏洛蒂当教师的那个时候起，伍某某小姐的一个妹妹一直在积极地管理学校；可是学生的数目却越来越少，如果勃朗特姐妹要接手办下去，那她们就得努力工作，把它办得像从前一样欣欣向荣，这就又需要她们这方面有些有利条件，而她们目前却并不具备。但是夏洛蒂却瞥见了这些有利条件。她决心紧紧抓住这个线索，一直到能够成功地加以解决才罢休。她强压住急切的心情，用勉强的平静语气给她姨妈写了下面这封信，急切的心情使字字句句都闪耀出希望的光芒：

一八四一年九月二十九日

亲爱的姨妈：

自从我写信给伍某某小姐，告诉她我愿意接受她的提议以后，我还没有收到她的回信。我猜不出这长久沉默的原因，除非是发生了什么没有预料到的障碍，使这件事不能定下来。在这期间，某某先生和太太（她学生的父母）还有别人提议和赞助了一个计划。现在我想把这个计划告诉你。我的朋友们劝我，如果我想获得永久性的成功，那就把开办学校的事推迟六个月，在这期间，无论如何要想尽办法到大陆上的哪所学校里去读书。他们说，在英国，学校那么多，竞争那么激烈，不采取这样的措施取得优势，我们也许就要作非常艰苦的奋斗，而且最后还可能失败。此外，他们还说，你好心提出借给我们的一百英镑，现在可能不需要那么多，因为伍某某小姐将把设备借给我们；还说，如果要把这件事办得非常成功,那么至少得把一半数目用在我上面说的那个方面,这样本和利可能更快地偿还。

我不想去法国某地或者巴黎。我想去比利时的布鲁塞尔。去那里的旅费最贵是五英镑;那里的生活费用至多只有英国的一半,而教育设施同欧洲其他地方的相同,或者更好。半年以后,我可以精通法语。并且在意大利语方面大大提高,甚至突击学一点德语,这是说,如果我的健康状况继续像现在这样好。玛丽现在住在布鲁塞尔,在那里的一所第一流的学校里读书。我不想到她住读的科克尔堡去,那里费用太贵;不过,如果我写信给她,她在英国牧师的妻子詹金斯太太的帮助下,将能够给我找一所既便宜又体面的寄宿学校,并且处在正派人的保护之下。我将有机会经常见到她;她会让我熟悉那个城市;而且,在她的表姐妹们的帮助下,我也许可以结识一些比我过去认识的更好、更高雅、更有教养的人。

在我们真正开办学校的时候,这些有利条件会真正发挥作用;如果艾米莉和我都有这些有利条件,那我们以后就可以在世界上站住脚了,而目前,我们是绝对办不到的。我说艾米莉而不说安妮,是因为如果我们的学校办成功的话,安妮可以以后再去学。写这封信的时候,我敢肯定你会看出我说的话是有道理的。你一向喜欢把钱花在最值得的地方。你不喜欢买低劣的东西;你帮助别人,也往往是帮得很漂亮;你可以放心,这样借出的五十英镑或者一百英镑将会很好地使用的。当然,除你以外,世界上我没有朋友可以就这个问题向其提出请求。我完全有信心,如果我们有了这些有利条件,我们就永远有了成功的因素。爸爸也许会认为这是个狂妄的、雄心勃勃的计划;可是,没有雄心,谁又能在世界上步步上升呢?他在离开爱尔兰去剑桥大学的时候,就和我现在一样雄心勃勃。我要我们**大家**都继续前进。我知道我们有天才,我要让这些天才都发挥出来。姨妈,我指望你帮助我们。我想你不会拒绝。我知道,如果你同意,即使你以后有一天对自己的好意感到后悔,那也不会是由于我的过错。

她在她当家庭教师的那所房子里写了这封信,稍微过了一段时间才收到回信。在哈沃斯牧师住宅里,爸爸和姨妈得好好讨论一番。终于获得同意了。那时,直到那时,她才把她的计划告诉一个亲密的朋友。像她那样的人不会过多地谈论任何还没确定的计划——在结果还值得怀疑的时候是不会透露她所作的努力的。

一八四一年十一月二日

现在让我们争吵一场吧。首先,我得考虑一下,我是该采取守势呢还是采取攻势来开始行动。我想,应该是守势吧。我看得很清楚,你说,因为我对你显然不信任,你的感情受到了伤害。在我亲自告诉你以前,你已经从别人那儿听到了伍某某小姐的建议。这是事实。我是在仔细考虑一些对我的前途有重大关系的计划。在这个问题上,我没有同你交换过一封信。这也是事实。对于一个亲而又亲、长久相识而从无不忠行为的朋友来说,这显然是奇怪的。这完全是事实。我不能为我的这个行动向你提出我的**借口**。借口这个词包含着承认错误的意思,而我并不觉得我有错。明摆着的事实是,我对我的命运,**以前**不能说有把握,现在也还是不能说有把握。正相反,我完全没有把握,我为一些互相矛盾的计划和建议感到困惑。像我常常对你说的,我的时间完全给占了;而我却有许多信要写,完全是非写不可的。我知道当时给你写信没有用,那时我所能说的只是我在怀疑,没有把握——

希望这点，又怕那点，焦急而迫切地希望做那似乎不可能做到的事。在那繁忙的时候，我想起你，就下决心等到我的道路扫清、我的伟大目标达到以后，再把一切告诉你。如果我办得到的话，我将一直在默默无闻中工作，而让效果来使我的努力为人所知。伍某某小姐确实出于一番好意，建议我到杜斯伯里荒原去，把她妹妹放弃的学校重新办得兴旺起来。她提出让我使用她的设备。起先，我热诚地接受这个建议，准备尽最大努力获得成功；可是我心中燃起了一股无法熄灭的火。我如此渴望深造——提高自己的水平；在以前的一封信里，我让你看到了我的心情的一瞥——只是一瞥，玛丽给我的火加了油——鼓励我，用她自己的强有力的语言激励我。我渴望去布鲁塞尔；可是怎么去呢？我希望至少能有一个妹妹同我一起去学习。我选定了艾米莉。我知道，她应该得到这种报酬。怎么能办到这一点呢？在极度激动中，我写了一封信回家，这封信奏效了。我向姨妈请求帮助，她回信表示同意。事情还没有完全肯定；但已经可以说我们有**机会**去半年。杜斯伯里荒原给放弃了。也许，幸亏放弃。我心里暗暗相信，没有理由为这事感到遗憾。我对未来的计划必须作这样的安排：一旦到了布鲁塞尔，如果健康允许，我将尽最大努力，充分利用每一个我能得到的有利条件。过了这半年，那就能干什么就干什么。

．．．．．．．

相信我，我虽然生在四月份，生在时阴时晴的月份里，我却不是反复无常的。我的心情是不稳定，有时候说话激烈，有时候一声不吭；可是对你，我始终保持敬意，如果你让乌云和阵雨过去，你可以肯定太阳一直在后面，它虽然被遮住了，但还是在那儿。

在圣诞节，她同她的雇主们话别以后，离开了她的职位。这次话别似乎使她大为感动。"他们太看重我了，"她离开这家人家以后这么说，"我受之有愧。"

四个孩子全都希望在这年十二月团聚在父亲的家里。勃兰威尔在利兹—曼彻斯特铁路公司当了五个月职员，他希望能暂时请几天假。安妮在圣诞节前到达。她在她那艰难的职位上干得很出色，所以她的雇主强烈地要她再回去，虽然她已经宣布决定辞职不干。她所以辞职，一部分原因是她受到粗暴的对待，一部分原因是考虑到留在牧师住宅里的三个人都上了年纪，自己最好在姐姐住在布鲁塞尔期间待在家里。

经过一番信件来往和在家讨论计划，大家觉得，由于从布鲁塞尔收到的信对那里的学校作了令人泄气的描述，夏洛蒂和艾米莉最好还是进法国北部里尔的一所学校。这所学校是浸礼会教士诺埃尔和其他教士竭力推荐的。事实上，她们在一月底已经作了安排，将在三个星期以后由一位当时在伦敦访问的法国女士陪同，出发到这个地方去。费用是每个学生五十英镑，只管伙食，只学法语，可是出了这笔钱，可以有个单独的房间；不住单独房间就更便宜些。夏洛蒂写道：

一八四二年一月二十日

我觉得姨妈真好，同意出一笔额外的钱，让我们有个单独的房间。我们将发现，这在很多方面来说是个很大的特权。由于种种原因，从去布鲁塞尔改为去里尔，我对这一改变感到遗憾，主要是因为看不到玛莎了。玛丽一直不知疲倦地好心为我提供各种信息。为了达到那个目的，她不遗余力，也不惜任何代价。她比红宝石还宝贵。事实上，我有两个坚定忠实的朋友——你和她——我深信你们的忠实真挚，正如我深信《圣经》一样。我麻烦了你们两位，特别是你；不过，你老是拿火钳把火红的煤块堆在我头上。最近我写信到布鲁塞尔、里尔和伦敦去。我有许多衬衫、睡衣、手绢儿和口袋要做；还有衣服要补。自从我回家以后，每个星期都盼望见到勃兰威尔，而他却还没能回来。不过，我们完全指望他这个星期六能回来。在这种情况下，我怎么能出门访问呢？你说起要在炉边聊天，在你的引诱下，我想望这样的聊天想得要命。你可以相信，在漫长的好几个月之中，我们将不可能这样聊天了。我脸上有了有趣的老年痕迹；你下次看见我的时候，我肯定是头上戴着帽子，架上一副眼镜。

第十一章

是哪些情况使他们放弃去里尔的计划,这我一无所知。对夏洛蒂来说,布鲁塞尔从一开始就是个很有吸引力的地方;原来首先考虑上那里去,而不是上其他地方;后来只是因为听说那里的学校是第二流的,才放弃这个想法。她在有一封信中提到英国大使馆牧师的妻子詹金斯太太。詹金斯的兄弟是个教士,住处离哈沃斯不过几英里,他认识勃朗特先生;她应他这兄弟的要求,到处打听,在寻找中遭到一个挫折以后,终于打听到一所各方面都很理想的学校。有一位英国女士长期和奥尔良王室成员住在一起,和他们一起忍受着命运的播弄;当路易丝公主嫁给莱奥波德国王①时,她以朗读者身份陪她去布鲁塞尔。这位女士的孙女在埃热夫人寄宿学校读书;祖母对那里的教学十分满意,向詹金斯太太谈起这所学校,并且给予高度的赞扬。因此,事情就这样决定了,如果费用合适,勃朗特小姐和艾米莉就上那里去。埃热先生告诉我说,夏洛蒂写了一封信,非常详细地询问通常称为"额外"的费用可能要多少。他和他的妻子收到这封信时,对信中朴实而急切的语气深为感动,他们对彼此说:"她们是一位英国牧师的女儿,钱不多,为了以后能教别人,急于学习,如果冒险付一点额外开支,就可能引起严重后果。我们另外开一个包括一切开支的数目吧。"

于是,他们就这么办了;双方一致同意。勃朗特姐妹便着手准备第一次离开家乡,这是说,如果我们不把她们住在柯文桥的那段悲哀而又难忘的时间计算在内。勃朗特先生决定陪他的女儿去。玛丽和她的哥哥都有出国旅行的经验,也和他们同去。夏洛蒂第一次看到了伦敦,他们在那里逗留了一两天。根据她接下来写的那封信里谈的情况,我相信,他们都住在派特诺斯特街查普特咖啡馆——一家古怪而又老式的旅馆,我以后还要谈起它。

玛丽是这样叙述他们的旅行的。

在路过伦敦的时候,她似乎认为我们要做的事情是,凡是我们能看到的绘画和雕塑我们全都要去看,而且应该去看。她知道那些美术家,还知道上哪儿去看他们的其他作品。除了圣保罗大教堂以外,我不记得我们还看了什么。艾米莉在这些思想方法上和她相像,但是无疑地从不采纳她的意见,而总是有个意见要提出来……我不知道夏洛蒂对布鲁塞尔有什么样的看法。我们在黑夜中到达,第二天早上到我们各自的学校去看看。我们当然都心神不定,而且前途暗淡。夏洛蒂很喜欢布鲁塞尔周围的乡村。"在每座小山顶上,你都能看到一些东西。"在难得的假日里,她长时间地独自散步。

勃朗特先生把他的女儿送到布鲁塞尔伊莎贝尔街;在詹金斯先生家住了一夜,就直接回荒凉的约克郡山村去了。

这两个姑娘给留了下来,在她们看来,约克郡的荒村同比利时的首都是多么鲜明的对比啊!她们接触到的一切都是陌生的、不习惯的,这使她们感到剧烈的痛苦——她们远离自己可爱的家和家后面可爱的荒原——她们坚强不屈的意志成了她们的伟大支柱。关于艾米莉,请看看夏洛蒂自己写的吧:

她在二十年中一直是勤奋而又坚毅地一个人学习,在二十岁以后,和我一起进了大陆上的一所学校。这样的痛苦和冲突产生了:在属于外国制度和罗马制度的耶稣会温和教义面前,她那异教徒的和英国人的正直精神畏缩了,这就更加剧了这种痛苦和冲

---

① 指莱奥波德一世(Leopold I, 1790—1865),比利时国王(1831—1865)。娶法国奥尔良王室的路易丝公主为妻。

突。她似乎再一次消沉下去，可是这一次，她仅仅依靠决心，又振作了起来。她心里怀着悔恨和羞耻回顾了前一次的失败，而决心克服，可是胜利却花了她很大代价。在她带着来之不易的知识回到遥远的英国乡村，回到古老的牧师住宅和约克郡的荒山之前，她从不感到快活。

她们需要学习。她们来这里就是为了学习。她们愿意学习。在和朋友交往的时候，只要哪儿有个明确的目的可以达到，她们就忘掉自己；除此以外的任何时候，她们都很害羞，甚至害羞到可怜的地步。詹金斯太太告诉我说，她常常邀请她们同她一起度过星期日和假日，直到后来发现，她们这样做客与其说感到快活还不如说感到痛苦，这才不再邀请。艾米莉说的话几乎从来不超过一个音节。夏洛蒂有时候会受到激发，滔滔不绝地谈得很好——这是说就某一些话题；可是她有个习惯，在开口畅谈以前，在椅子上慢慢转过身去，几乎不让听她说话的人看到她的脸。

然而，布鲁塞尔有许多东西叩动了她那强有力的想象中的反应之弦。她终于看到了一点她曾经梦想过的伟大的旧世界。欢乐的人群穿着形形色色的衣服从她身边经过，几个世纪以来，欢乐的人群就在这些街道上来来去去。每个地点都有一段历史故事，一直追溯到传说中的时代，在那个时代，原住民男女巨人扬和扬尼卡从现在是美丽别墅街的那个地方的一堵四十英尺高的墙上，低头凝视着新来的移民，这些移民把他们从洪水时代以来一直住着的地方赶走。宏伟庄严的圣古都尔教堂，宗教画，罗马教会的惊人的礼拜仪式——一切都给这两个刚离开哈沃斯教堂的毫无装饰的四壁和简单仪式的姑娘留下深刻的印象。接着，她们因为自己接受了这种印象而跟自己生气，她们坚定的新教徒的心起来反抗这样强加给她们的假神。

在埃热夫人寄宿学校里，她们作为学生所住的建筑物本身就能引起人们奇妙的联想，好像看到一连串幽灵似的，这些幽灵永远排着阴森森的队伍，穿过古老的房间和花园里浓荫下的小径。从皇家街今日的华美中，如果你在贝利亚将军雕像附近拐弯，就可以看到四段宽阔的石级下的伊莎贝尔街。在那条街上，房子的烟囱在你的脚下。就在最下面一道石级对面，有一所正面朝着你的古老的大房子，屋后靠右边有一个有围墙的大花园。花园前面靠房子的那一边，是一排小巧别致的老式小屋，在等级和统一格式方面，同英国乡村小镇中常见的济贫所相似。低低的屋顶上有粗大的树枝摇动着。伊莎贝尔街看上去似乎有三个世纪没经过建筑师的革新了。皇家街上有一些按照巴黎最新式样建造和装饰的现代化大旅馆，任何人都可以把石子从旅馆的后窗里扔到这条街上。

在十三世纪，伊莎贝尔街叫作狗窝；现在是埃热夫人寄宿学校的那个地方原来是公爵的养狗场。在养狗场以后，那里是一家医院（这要从这个词的古老的广泛含义来理解）。无家可归的人、穷人，也许还有麻风病人被教会人士接纳在这个隐蔽地点的一个建筑物里。原来是防卫壕的那个地方，一百多年以来一直是菜园和果园。接着是贵族组成的弓弩会——那个会的会员必须证明他们的贵族血统几个世代以来一直没被玷污，然后才能入会；而且一旦入会就必须庄严宣誓，他们整个业余时间必须用于以石弓射击的高贵技艺，而不让任何其他消遣和运动占用。每年一次，在某个圣徒的保护下举行盛大的比赛，在有关圣徒的教堂的尖顶上放一只鸟，或者类似鸟的东西，由得胜者射击[①]。

[①] 司各特描写了这种叫"射鹦鹉"的运动："那是一种古老的游戏，以前用弓箭射击，现在(1679年)用火器。靶子呈鸟形，用杂色羽毛装饰，看上去像个鹦鹉或八哥。它被系在一根竿子上作为靶子，竞争者轮流用火器和卡宾枪从七十步以外射击。凡是用子弹打下靶子的，终身保持'鹦鹉名将'这一光荣称号，一般都得意洋洋地被簇拥着送到附近最体面的更衣房。那一晚就在那里以欢宴结束。欢宴是由他主持的，如果他负担得起，还由他出钱。"引自《清教徒》。——作者注

在比赛中获胜的人是来年的弓弩王,因而获得一枚镶有珠宝的勋章,他有权佩戴十二个月;在那以后交还给弓弩会,让大家再来争夺。如果获胜者在当弓弩王的那一年里去世,那他的家属就得把勋章献给这个会的保护圣徒的教堂,并且提供一个类似的奖品让大家重新争夺。中世纪的这些高贵的弓弩手组成政府当局的一种武装卫队。在佛兰芒城镇出现的许多纷争中,他们几乎总是站在贵族一边,而不是站在民主派一边。因此,他们受到当局的保护,很容易获得隐蔽的良好场所作为练习场地。他们就是这样来到了这个古老的壕坑,占据了医院里的这个大果园,它就处在防御墙脚下凹地的宁静和阳光之中。

可是到了十六世纪,需要造一条街,穿过"大塞尔芒弓弩手"的练习场地。拖延了很多时候,这个组织才被伊莎贝尔公主说服,放弃了这块征地。伊莎贝尔本人也是这个会的会员,她甚至还射下过一只鸟,当了该会一六一五年度的弓弩女王。

她送了弓弩手们许多礼物作为补偿。这座城市早就想要有一条通往圣古都尔的近路,只是因为那些高贵的弩手才没能如愿以偿,现在这座感激的城市就用她的名字命名这条街,以此作为回报。她就派人在新的伊莎贝尔街造了一所"大厦",供弩手们使用,来报答他们。大厦就在他们的练习场地前面,是个正方形的建筑。在墙上很远的一个地方还可以看到:

PHILLIPPO IIII. HISPAN. REGE. ISABELLA-CLARA-EUGENIA HISPAN. INFANS. MAGNÆ GULDÆ REGINA GULDÆ FRATRIBUS POSUIT.[①]

[①] 拉丁文:西班牙国王腓力四世、西班牙公主伊莎贝尔-克拉拉-欧亨妮亚为弟兄们立此碑。

弓弩手的大塞尔芒会的所有盛大宴会都在这里举行。弓弩王为了便于为这个会效劳，常住这儿。大客厅还用来供宫廷举行舞会和庆典，在这种时候，弓弩手们就不能进去。公主派人在她的新街上造一些较小的房子作为她的"高贵卫队"的寓所；给她的"中产阶级卫队"一人造一个小住所，其中还留下一些，使我们想起英国的济贫所。这所四方形的"大厦"；这个宽敞的客厅——大公爵一度曾在那里举行几次舞会，皮肤黝黑、神情严肃的西班牙人同布拉邦特①和佛兰德②的金发贵族一起参加——如今是比利时姑娘们的教室；还有弓弩手们的射箭场地——全都保留着——是埃热夫人的寄宿学校。

这位女士由她的丈夫协助教学。她丈夫是个仁慈、聪明、善良和虔诚的人。我有幸结识他。他根据他妻子和他本人的回忆，为我提供了一些有关两位勃朗特小姐在比利时住在他们家的有趣细节。由于他在学校里教她们法语和法国文学，他有更好的机会观察她们。有一位很有判断力的、住在比利时的法国女士给我写了一封信，从中引一小段将有助于我们看到他所受到的尊敬。

> 我并不认识埃热先生本人，但我知道很少有人像他那样高贵、可敬。他是我提起过的S.维森特·德·保罗会③中最热心的成员之一，他不仅乐于为穷人和病人效劳，而且还把晚上的时间用在他们身上。白天全部时间他都用来工作，这以后，他把穷人、工人召集拢来，免费给他们上课，还想方设法在教学中使他们感兴趣。这种献身精神已足以向你说明埃热先生是个深沉的、坦率的虔诚教徒。他的态度直率可爱；他能使所有接近他的人喜欢

---

① 布拉邦特：比利时的省名。
② 佛兰德：欧洲中世纪伯爵领地，包括现比利时的东佛兰德省和西佛兰德省以及法国北部部分地区。
③ S.维森特·德·保罗会：一八三三年成立的一个济贫慈善机构。

他,尤其是孩子。他说话朴素易懂,又很有口才,能说得合理而且诚恳。他并非作家。他是个有热情、有良心的人,他刚辞去中学里的位高薪丰的学监职位,因为他无法在那里实现他预期的把宗教课列入学习课程的计划。我看到过埃热太太一次,她举止中有一种冷淡、刻板的样子,使人不大喜欢她。不过我相信,她的学生是喜欢她和欣赏她的。①

一八四二年二月,夏洛蒂·勃朗特和艾米莉·勃朗特进这所寄宿学校时,学校里一共有八十到一百个学生。

埃热先生说她们法语一点也不懂。我猜想在会话方面,她们只像英国姑娘们懂的那么多(或者说懂的那么少),她们从来没有出过国,只从一个英国女人那里学过一点成语和语音。这两个姑娘守在一起,不去接近那一群快快活活、吵吵闹闹、相亲相爱的比利时姑娘,而她们呢,也认为这两个新来的英国姑娘有一副战战兢兢、难以接近的样子,在衣着方面又有一些稀奇古怪、偏狭保守的想法;因为艾米莉喜欢羊腿形袖子②的那种式样。这种式样甚至在流行的时候都是难看和荒谬的,而她却在这种式样"过时"以后很久还穿着。她的裙子也没有一点曲线和波浪,而是又窄又长地垂下来,紧紧地裹着她那瘦削的身子。除了万不得已,这两个姐妹不跟任何人讲话。她们满脑子正经的想法和游子的乡愁,不会随意和人交谈,也不会去做欢乐的游戏。她们住在伊莎贝尔街的最初几个星期里,埃热先生除了观察以外,不干什么,他看出,对于她们那不平凡的性格和杰出的天赋,他不能用一般教英国姑娘学法语的那种方法,而要改用一种不同的方法。他似乎认为艾米莉的天分比夏洛蒂的还要高;他对她们各自的能力也是这样

---

① 这封信原文是法文。
② 羊腿形袖子(gigot):一种上端大下端小的袖子。

估计的。据埃热先生说，艾米莉有逻辑头脑和辩论的能力，这在男人身上已经是不平常的了，而在女人身上的确更为罕有。损害这种天赋的力量是一种执拗的意志。这种意志使她在有关她自己的愿望和她自己的是非感方面，不可能倾听任何人的说理。"她真该是个男人——是个伟大的航海家，"埃热先生谈起她的时候这么说，"她那强有力的理智会从原有的知识里推演出新发现的天地；她那顽强的意志决不会被别人的反对或遇到的困难吓倒；即使让步也还是充满活力。"然而，她有着这样的想象力，如果她写一段历史，出现在她眼前的场景和人物是如此生动，表达得如此有力，而且有如此多的论据作为支持，使它能控制住读者，不管他以前抱什么看法，或者对事实真相持什么比较冷静的观点。但是，和夏洛蒂相比，她是以自我为中心的，而且是苛刻的。夏洛蒂始终是无私的（这是埃热先生作的证明）；出于姐姐要让妹妹心满意足的焦急心情，她允许妹妹不自觉地对她抱一种专横态度。

埃热先生跟他的妻子商量了以后，告诉她们说，他打算放弃在语法、词汇等等方面打基础的那种旧的教学方法，而采用一种新的计划——有点像他有时候教高年级的法国学生和比利时学生用的那种方法。他建议给她们念一些法国最著名的作家的杰作（像卡西米尔·德·拉·维涅①关于"贞德②之死"的诗，波舒哀③的片段，*Bibliothèque Cnoisie des Pères de l'Eglisé* ④中圣伊格纳修斯致罗马基督徒那封崇高的信的译文，等等），让她们有个总的印象，然后再和她们一起分析片段，指出某某作家有什么长处，有什么缺点。他相信，以她们能够对才智横溢、优雅精美或者高尚的东西迅速产生共鸣看来，他必须使两

---

① 卡西米尔·德·拉·维涅（Casimir de la Vigne, 1793—1843）：法国诗人、剧作家。
② 贞德（Jeanne d'Arc, 约1412—1431）：法国女民族英雄。
③ 波舒哀（Jacques-Bénigne Bossuet, 1627—1704）：法国作家。
④ 法语：《教会神父文选》。

位学生能够抓住一种风格的回音,并且因而用有点类似的方式表达自己的思想。

他把自己的计划解释给她们听以后,等她们回答。艾米莉先说话;她说,她看不出这有什么好处;还说,采用这个计划,她们会失去所有的思考和表达的独创性。要不是埃热先生没时间,她真会在这个问题上辩论一番。接着夏洛蒂说话了;她也怀疑用这个计划是否会成功;不过,她愿意按埃热先生的劝告去做,因为她是他的学生,她非服从不可。在讲到效果以前,不妨从她的一封信里引一段,这可以让我们看到她对她的新生活的最初的印象。

一八四二年五月五(?)日于布鲁塞尔

一两个星期以前,我满了二十六岁;在人生这个成熟阶段,我是一个学生,总的说来,处于这地位是很愉快的。听人指挥,而不是指挥别人——服从命令,而不是发布命令,一开始觉得很奇怪,可是我喜欢这种状况。我回到这种生活中来时带着的急切心情,犹如一头长久以来一直用干草喂养的母牛又回去吃鲜嫩的青草时的一样。别笑我这个比喻。对我来说,顺从别人是很自然的,而指挥别人却很不自然。

这是一所很大的学校,有大约四十个 externes[①],就是说走读生,还有十二个 penssionnaires[②],就是说住读生。校长埃热夫人是一位思想类型、教养程度和智力性质都完全和某某小姐[③]相同的女士。我想,在一些严厉的地方,程度上要稍稍缓和一点,因为她并不感到失望,也不因此就变得乖戾。一句话,她是个已婚型的

---

① 法语:走读生。
② 法语:住读生。
③ 指凯瑟琳·伍勒小姐。

女士，而不是未婚型的。学校里有三位教师——布朗希小姐、索菲小姐和玛丽小姐。前面两位性格上并没有什么特别的地方。一位是个老处女，另一位也将是这样。玛丽小姐有才能，也有独创性，可是举止讨厌而专横，这就使得整个学校，除了我和艾米莉以外，都成了她的死敌。参加教学的男教师不下七位，他们教不同的课程——法语、美术、音乐、唱歌、写作、算术和德语。除了我们、另一个姑娘和夫人几个孩子的家庭教师以外，整幢房子里所有的人都是天主教徒。那位家庭教师是个英国人，她的地位介于使女和婴儿室保姆之间。国籍和宗教的不同，使我们和所有其余的人之间有了一条鸿沟。我们在这许多人中间完全是孤独的。然而，我想我从没感到不愉快过；同我当家庭教师的那段生活相比，我现在的生活可说是十分愉快，与我的性格是十分相宜的了。我经常很忙，我的时间过得太快了。到现在为止，艾米莉和我身体都很健康，所以能学得很好。有一个人我还没有谈到，那就是夫人的丈夫埃热先生。他是修辞学教师，很有才智，但是脾气暴躁易怒。现在他正对我生着很大的气，因为我翻译了一篇东西，他批上"peu correct"①。他没有这么对我说，而是写在书页边上空白的地方，还用简单而严厉的词句问：我的作文怎么总是比我的译文好？还补了一句，他觉得这是无法解释的。事情是这样的，几个星期以前，我在把最难的英文作品译成法文时，他在偏激的心情中禁止我使用词典或语法书。这就使得这个作业变得十分艰巨，迫使我时不时地用一个英文词。他看见的时候，这些词差点儿把他的眼睛都拉出来了。艾米莉同他处得一点也不好。艾米莉像牛马一样拼命学习，她的困难很大——比我要大得

---

① 法语：错误百出。

多。确实,进法语学校上学的人,应该事先掌握大量法语知识,否则的话,他们会浪费许多时间,因为教的课程是适合当地人而不是适合外国人的;而在这些大学校里,人们不会因为一两个异国人就改变他们的正常课程。埃热先生给我们个别上的课,我想是被看作很大的恩惠的。我看得出,这在学校里已经激起了不少怨恨和嫉妒。

你会怪我这封信写得又短又枯燥,我是有许多事要告诉你,可是我没有时间。布鲁塞尔是个美丽的城市。比利时人恨英国人。他们表面上的道德观念比我们的更严格。穿紧身胸衣而脖子上不系一块方巾的话,被认为是一种令人嫌恶的不雅观的做法。

信中叙述埃热先生禁止使用词典和语法书的那一段,我想是指我所说的那个时期,当时他想在教法语方面采取一种新的教学方法。他要她们凭着耳朵和心灵、根据听到的最好的音调来抓住法语的精神和节律,而不是靠过分地拼命死记语法规则。在我看来,这是她们的老师做的一个大胆实验,但是他无疑是熟悉他的本行的。从夏洛蒂在这个时期的 devoirs① 中的作文来看,这个办法显然是生效了。为了说明这一智力培育时期的情况,我禁不住又要讲述一段我跟埃热先生之间的谈话,那是关于他用什么方式培养这两个学生的文风的。我还要抄录一篇他写了批语的夏洛蒂的 devoir 来证明他的成功。

他告诉我说,这年夏季,有一天(这时候,勃朗特姐妹已经跟他学了大约四个月了),他给她们念了维克多·雨果②有关米拉波这个人物的著名描写,"可是在我上的课里,我只讲到**演说家**米拉波③。这一段

---

① 法语:作业。
② 维克多·雨果(Victor Hugo, 1802—1885):法国作家。
③ 米拉波(Honoré-Gabriel Mirabeau, 1749—1781):十八世纪法国资产阶级革命时期立宪派领袖之一,善于演说。

特别要从内容的观点,从布局,从所谓的结构来考虑,经过对这段课文的分析以后,才形成了两幅肖像,就是现在我向你们描绘的。"①他接着说,他给她们指出维克多·雨果的缺点是概念的夸张,同时,他也使她们注意他在表达方式的"nuances"②上的美。然后他就打发她们去选一个题目写一篇类似的人物描写。埃热先生总是让她们自己作这种选择;因为,"在坐下来就一个题目写作以前,"他说,"必须对这个题目有一些想法和感受。我不知道什么题目使你们的心灵激动。我只好由你们来选择。"我几乎不必说明,书页边上空白处的评语是埃热先生的;圆括号里的字是夏洛蒂的。他改用一些更好的表达方式,这些都放在方括号里。

仿 作

一八四二年七月三十一日

隐修教士皮埃尔的肖像

夏洛蒂·勃朗特

世界上时常出现一些命中注定要成为道德方面或政治方面巨大变革的〔预定的〕工具的人。 为何删去?
有时,这是一个征服者,一个亚历山大③或阿提拉④,他像一阵飓风吹过,净化了精神的气氛,像狂风暴雨,净化了自然环境;有时,这是一个革命

---

① 这一段话原文是法文。
② 法语:细微差别。
③ 亚历山大(Alexandre,前356—前323);马其顿国王。
④ 阿提拉(Attila,约406—453);匈奴帝国国王。

家，一个克伦威尔，一个罗伯斯比尔[1]，他使一个国王为整整一个王朝的罪恶抵罪，有时，这是一个宗教狂热者，像穆罕默德[2]或隐修教士皮埃尔，他仅仅用一根思想的杠杆就撬起整个国家，把它连根拔出，移植到新的环境里（使欧洲的居民住到亚洲去）。隐修教士皮埃尔是法国庇卡第的贵族，那么，他为什么不像其他贵族，他的同时代的人那样度过他的一生呢？那些人在饭桌旁，在狩猎中，在自己的床上度过一生，并不关心什么萨拉丁[3]或者他的撒拉逊人。不是吗？因为在有些人的天性中有一种难以抑制的热情〔活动的源泉〕，这种热情不让他们无所作为（而强迫他们努力发挥强大的能力，甚至在睡着时也像参孙[4]一样要挣断缚住他的绳结）。

皮埃尔从事军人的行业；（如果他的热情是属于这一类，）〔如果他只有这种庸俗的热情，〕它来自健壮的身体，那他（就会）〔将会〕成为一个勇敢的军人，只此而已；可是他的热情都是心灵方面的，他的激情的火焰是纯净的，它升向天空。

（毫无疑问）〔确实〕皮埃尔的青年时代受到（了）〔过〕暴风雨般的热情的骚扰，那些强有力的天性在一切方面都表现得十分激烈，在好的方面

过错和

这个细节不适用于皮埃尔

当你用法文写作时这是多余的

你已经开始谈到皮埃尔，你已经进入主题，那就朝这个目标前进

---

[1] 罗伯斯比尔（Maximilian de Robspierre, 1758—1794）：十八世纪法国资产阶级革命时期雅各宾派领袖。
[2] 穆罕默德（Mahomet, 约570—632）：伊斯兰教创始人。
[3] 萨拉丁（Saladin, 1138—1193）：埃及阿尤布王朝创建者。
[4] 参孙：《圣经》中古代犹太人的领袖之一，具超人之力。

和坏的方面都不知道冷静；于是皮埃尔一开始就贪婪地寻求失去光芒的荣耀和骗人的欢乐，但是（他不久就发现）〔不久就看出〕他们寻求的只是他永远无法实现的幻想；于是他就折回来，重新开始生活的旅程，不过这一次他避开了那通往沉沦的大道，而走上通向生活的小路；既然〔因为〕道路漫长而崎岖，他就扔掉士兵的头盔和武器，穿上修士的朴素的服装。寺院生活接替了戎马生活，因为，这两个极端紧紧相接，（在这个真诚的人身上，）真诚的后悔〔必然紧接着〕（随之）引起严格的忏悔。〔皮埃尔就是这样成了修士！〕

既已说"幻想"，那这就多余了

但是（皮埃尔）〔他〕自己有一个原则，使他不可能长期无所作为，他的思想，（不管可能是）〔不管是〕哪一方面的，都不会受到限制；他自己虔诚，他自己信奉基督教（原文如此①），这是不够的，应该让整个欧洲，让整个亚洲和他有同一个信仰，都相信基督教。〔真挚的〕虔诚由于神而升高了，由于孤独而增强了，（使他心灵中产生出一种灵感，）〔使他的心灵升华，达到灵感的高度，〕这时他走出他的斗室，重新出现在人间，他像摩西②一样额上带着上帝的印记，（一切人）〔所有人〕把他看作基督教的真正的使徒。

皮埃尔感动了西方的严肃的人们，而穆罕默

---

① 原文"基督教"一词最后一个字母写错，所以加了这个说明，译文中无法表达。
② 摩西：《圣经》中率领希伯来人摆脱埃及人奴役的领袖，犹太教的教义、法典多出自其手。

德却从来也没有感动过东方的意志薄弱的民族。这种口才需要一种几乎是神奇的力量,(它可能)〔它几乎〕说服国王们出卖他们的王国,以便得到〔有〕武器和士兵(来帮助)〔提供给〕圣战中的皮埃尔,他要和非基督教徒进行这场战争。〔隐修教士〕皮埃尔的力量绝不是肉体的力量,因为大自然,或者更确切地说上帝在分配他的赏赐时是公平的;他给<u>他的孩子中的</u>一个以优雅、美丽、完美的肉体,给另一个以才能和高尚的道德。皮埃尔是一个男人,其貌不扬,显得猥琐,但是他有那种勇气,那种恒心,那种热情,那种战胜所有对立面的毅力,这样的毅力会使一个单独的人的意志成为一个国家的法律。为了形成一个有影响的正确的想法,而这种影响是这个人对他的时代的(特点)〔事物〕和思想施加的,应该以他既是先知又是军人的双重身份再出现在十字军当中,穿着(寒碜的)〔简朴的〕灰色衣服的可怜的隐修教士<u>比一个国王还强大</u>有力,他四周围着(一大群)〔许多〕〔贪婪的〕人,他们只朝着他看,而他呢,<u>只望着天空;他的抬起的双眼仿佛在说:</u>"我看到了上帝和天使,我再也见不到尘世。"

（在这个时刻,）〔可是这件〕寒碜的灰色(衣服)〔法衣〕对他来说像是以利亚①的披风;他突然包在他的身上;(他)〔皮埃尔〕看出前途如

---

① 以利亚:《圣经》中的希伯来预言大家。

何,他看到了被解放的耶路撒冷①;〔他看到〕自由的耶稣墓;他看到了银色的新月从圣殿之上升起,方形王旗和红十字旗插在他的位置上;皮埃尔不仅看到这些奇迹,而且他还使在他周围的每个人都看到这些奇迹。他重新带来了希望,勇气在〔所有这些因为劳累和缺吃少穿而精疲力竭的身体里〕。战争明天才开始,可是胜利在今天晚上就确定了。皮埃尔大有前途;十字军相信他的诺言,就如同犹太人相信摩西和约书亚②的诺言一样。③

作为这一篇仿作的姐妹篇,艾米莉选择了哈斯丁斯战役④前夕的哈罗尔德来加以描写。在我看来她的 devoir,在气魄和想象方面胜过夏洛蒂,而在语言方面则不相上下;考虑到她们在二月份来布鲁塞尔以前只有很少的法语实际知识,而且她们又是在没有词典和语法书的情况下写的,这两篇东西都可以说是独特而杰出的。我们将看到一年以后,夏洛蒂在畅达优美的文风方面取得的进步。

在自选题目的时候,她经常采用《旧约全书》里的人物和场景,她所有的作品都显示出她对这些特别熟悉。《圣经》故事的生动描写和丰富多彩(如果我能这么说的话),它的宏伟壮丽和广度,给她留下深刻的印象。用埃热先生的话说:"Elle était nourrie de la Bible."⑤ 在他

---

① 耶路撒冷:巴勒斯坦的著名古城,伊斯兰教、犹太教和基督教的圣地。
② 约书亚:摩西的继承人。
③ 这篇作文原文是法文。
④ 一〇六六年一月,英王爱德华去世,哈罗尔德被推选为国王。诺曼底公爵威廉借口爱德华曾许以继承王位,在这年九月率军渡海侵入英国。十月哈斯丁斯一役,英军败绩,哈罗尔德战死。威廉不久进入伦敦加冕为王,称威廉一世。
⑤ 法语:"她是用《圣经》养大的。"

读了德·拉·维涅关于贞德之死的诗以后,她选了"纳波山[①]上摩西之幻象和死亡"来写作;看了这份 devoir,我被埃热先生写的一两句评语深深感动了。她先是用平静朴实的方式描写摩西向以色列人告别时的环境,然后她的想象力活跃起来,她进入了崇高的境界,描绘了上帝选民未来的辉煌美景,他俯视着希望之乡[②],在预示未来的幻景中看到他们的繁荣昌盛。可是在这光辉灿烂的描述写到不到一半的时候,她却插进来作了短暂的议论,议论人们对《旧约全书》神奇故事的怀疑。埃热先生写了这样的评语:"你写作的时候,一开始要用冷静、平淡的语言摆出你的论据;但是当你把缰绳套上你那奔马似的想象力的脖子上时,就不要把它再拉到理智的范围中来。"在摩西的幻象中,他却又看到少女们在黄昏时刻把她们的羊群牵到泉边,她们被描写成戴着花环。就在这里,作者被提醒必须保持逼真:摩西可能在他那高高的位置上看得见山恋、平原、一群群的少女和牲口,但是不大可能看见衣服的细节和头上的花环。

当她们又有了一些进步的时候,埃热先生就采取一个更高级的计划,用综合教学法。他给她们念有关同一个人物、同一个事件的不同描述,叫她们注意相同之处和不同之处。在不同的地方,他叫她们探索不同的缘由,引导她们仔细检查每个不同作家的性格和地位,以及它们可能怎样地影响他们的真实观。譬如拿克伦威尔来说,他会念波舒哀在"Oraison Funèbre de la Reine d'Angleterre"[③]中有关他的描写,指出在这里完全是从宗教观点出发,他被写成天主手里的一件工具,是早已注定了要为主的工作服务的。然后,他叫她们阅读吉佐[④],看看

[①] 纳波山:摩西死去的地方。
[②] 希望之乡:《圣经》中上帝赐给亚伯拉罕的迦南地方。
[③] 法语:对于英国女王的诔词。
[④] 吉佐(François Guizot,1787—1874):法国政治家、历史学家。写有《英国革命史》。

在作者眼里，克伦威尔具有最强的自由意志，但是只受着从权术考虑的管辖；而卡莱尔[①]却把他看作这样一个人物，他一心一意要自觉地执行上帝的意志。接着，他要她们记住保皇党员同拥护共和政体的人们对这个伟大的护国主各有自己的不同看法。他要求她们从这些互相矛盾的性格中精选和收集真实的成分，把它们组合成一个完美的整体。

夏洛蒂很喜欢这种练习。这需要她发挥她那杰出的分析能力，她不久就在这方面干得很出色。

不管什么地方，只要能保持她们本国的做法，勃朗特姐妹总是竭力保持，正是这种强烈的依恋心情，使她们每次离开哈沃斯都感到痛苦。除了她们的宗教以外，在其他事情上她们也表现出是彻头彻尾的新教徒，不过在宗教方面表现得更突出而已。尽管夏洛蒂被前面提到的那封圣伊格纳修斯的信所感动，她还是认为，英国教会派到对身体有毒害的非洲海岸去辛勤劳动直至死亡的教士们，也有同样的献身精神和同样崇高的目的。她还写了一篇"仿作"，*Lettre d'un Missionaire, Sierra Léone, Afrique*[②]。

她这种感情在下面这封信里也透露了一点儿：

一八四二年于布鲁塞尔

我拿不定主意，九月份是否要回家。埃热夫人已经提出建议，要我和艾米莉再待半年，说要辞退她的英语教师，让我担任英语教师；还要艾米莉每天用一部分时间给一些学生上音乐课。我们教了这些课，就可免费继续学习法语和德语，免费用膳等等；不过，没有提出给薪俸。这个建议是出于一番好意，在一个像布鲁塞尔这样的自私的大城市里，又是在一所有近九十个学生

[①] 卡莱尔（Thomas Carlyle，1795—1881）：英国作家、历史学家、哲学家。
[②] 法语：《非洲塞拉利昂一位传教士的来信》。

（包括住读生和走读生）的自私的大学校里，这意味着一定程度的关怀，这是需要表示感激来作为报答的。我倾向于接受它。你认为怎样？我不否认，我有时候想回英国，或者说短短地患一阵思乡病；但是，总的说来，我到现在为止心里还很坚强；我在布鲁塞尔过得还快活，因为我一直忙于做我乐于做的事情。艾米莉在法语、德语、音乐和美术方面进步都很快。埃热先生和埃热太太开始透过她的怪僻的表象看到了她性格的可贵部分。

　　如果比利时的民族性格要以这所学校的大多数姑娘的性格来衡量，那么，这种性格就是冷淡、自私、纵欲和卑下到了出奇的程度。她们非常执拗，教师难以管束；他们的处世原则陈腐到了极点。我们避开这些原则，这倒不难做到，因为我们带有新教和英国风格的烙印。人们说，新教徒住在天主教国家里会面临危险，会有因此改变信仰的可能。对于所有抵不住诱惑，做出像改宗天主教这样的糊涂事来的新教徒，我的劝告是，渡海去大陆；勤勉地望一个时期弥撒；仔细观察滑稽可笑的仪式和所有神父的愚蠢和贪财的面目；然后，如果他们仍然认为罗马天主教不是一种最微弱而幼稚的欺骗，那么，就让他们马上改宗罗马天主教吧——就是这样。我认为卫理公会、贵格会派①、高教会派和低教会派②都愚蠢，可是罗马天主教却比这些教派更加愚蠢。在这同时，请允许我告诉你，有些天主教徒比得上任何一个基督徒，对他们来说，《圣经》是一本天书，这些天主教徒比许多新教徒要好得多。

---

① 贵格会派：公谊会派的别称。原文 Quaker，是"颤抖者"的意思。据说创始人劝人在神的话语前要"震惊颤抖"，故有此别称。
② 低教会派：与高教会派对立的一派，反对过高强调教会的权威。

勃朗特姐妹初去布鲁塞尔时，原来只打算在那里待六个月，或者待到九月份 grandes vacances① 开始的时候。那时，学校里的事务暂停六个星期或者两个月，这似乎是她们回家的理想时间。可是上一封信中提及的建议却改变了计划。而且，她们感到自己在所有渴望已久的知识方面都有了进步，觉得很高兴。还使她们高兴的是，她们有一些朋友，多年来，她们一直觉得同这些朋友在一起是愉快的事；偶尔同她们在一起，听她们谈论从各自家里得到的消息——谈论过去，规划未来，可以获得侨居外国的人的一种无法言喻的安慰——对勃朗特姐妹说来更是如此。"玛丽"和她的妹妹，那个既聪明又爱跳舞又爱大笑的玛莎就寄宿在布鲁塞尔城外不远的一所学校的校长家里。还有，这些朋友的表亲就住在城里。在她们家里，夏洛蒂和艾米莉总是受欢迎的，尽管她们那压倒一切的害羞使人家看不到她们的一些更加可贵的品质，而且往往使她们保持沉默。好几个月以来，她们每个星期日都和这一家人一起度过；可是过了这几个月，人家和艾米莉亲近，她还是跟开始时一样无动于衷。而夏洛蒂身体又太弱（"玛丽"是这么说的），"提不起劲来"表示任何不同的或反对的意见，因此就采取同意的或恭敬的态度，这跟她们所熟悉的她那杰出的才能和坚定的性格格格不入，显得奇怪。在这家人家，泰家的人和夏洛蒂可以指望经常见面。还有一家英国人家，在那里夏洛蒂不久就成了一个受欢迎的客人，我猜想，她在那里比在詹金斯家或者我开头提起的那些朋友的家里更加自在。

有一位英国医生，为了教育一大群女儿，带了她们住在布鲁塞尔。他在一八四二年七月把她们送进埃热夫人的学校，就在八月十五日 grandes vacances 开始前不到一个月。为了充分利用时间，并且习惯

―――――――――――――
① 法语：暑假。

当地语言，这几个英国姐妹在假日也都每天去伊莎贝尔街的寄宿学校。除了两位勃朗特小姐以外，还有六个或八个寄宿者留在那里。她们自始至终待在学校里，甚至不和哪个朋友偶尔度过一天，来打破单调的生活。她们专心致志、孜孜不倦地致力于学业。在这些新来的人看来，她们在学校里的地位，同通常所谓的住在校长家里的学生的地位相似。她们准备各位老师布置的法语、美术、德语和文学等功课；艾米莉除了这些功课以外，还加了音乐课，她这门功课比较好，好得足以去教那个给我提供材料的人的三个妹妹。

学校分三个班级。在第一班里，有十五至二十个学生；第二班里，一般约有六十个学生——除了两位勃朗特和另外一个学生以外，全都是外国学生；第三班里，有二三十个学生。第一班和第二班合用一个长房间，中间用一层木板隔开；每一间有四长排书桌；教室一头是estrade①，或者叫讲台，是给级任老师用的。夏洛蒂和艾米莉并肩坐在最后一排，也就是最安静的地方，非常专心地学习，周围的声音和动静她们都感觉不到。上课时间从九点到十二点（午饭时间）。到十二点钟，寄宿和搭伙的学生——约莫三十二个姑娘——到餐厅去吃面包和水果。餐厅里有两张长桌，上面各挂着一盏油灯。externes，或者上午上学的学生，她们带着自己的食物，这时也休息了，到花园里去吃东西。一点到两点是欣赏课——每间教室里有一个学生大声朗读一些轻松的文学作品，两点到四点再上课。四点钟，externes 走了；余下的姑娘们在餐厅里吃饭，埃热先生和埃热太太在一旁看着。五点到六点是娱乐；六点到七点是准备功课；那以后就是 lecture pieuse②——这是夏洛蒂的梦魇。埃热先生偶尔会走进来，改读另外一本内容比较有趣

---

① 法语：台。
② 法语：经文朗读。

的书。八点钟吃点心，吃的是水和 pistolets①（布鲁塞尔的一种好吃的小面包卷），紧接着是祷告，然后就寝。

主要的寝室在长教室或课堂上面。房间两边各有六张或八张窄床，每张床都挂着白帐子；床下面有个长抽屉，当衣柜用，两张床中间有一个架子，放水壶、脸盆和镜子。两位朗勃特小姐的床在房间的紧边上，那里就跟另外住一间房间一样僻静。

娱乐时间总是在花园里度过的，她们在这段时间里一直是一起散步，一般说都沉默不语；艾米莉虽然个子高得多，但是却靠在姐姐身上。别人同夏洛蒂说话，夏洛蒂总是会回答的，别人同她们两人说话，总是由夏洛蒂带头回答；艾米莉几乎不同任何人说话。夏洛蒂的沉默文静的态度始终不变。从来没见她发过一刻脾气。在她当了英语教师以后，当她的学生们不礼貌或者不听课到了令人生气的时候，她也只是偶尔稍稍红一下脸，眼睛里闪出一点光芒，态度稍微坚决一些，这就是她觉得烦恼的唯一表示。但是从长远看来，同别的老师的滔滔不绝的长篇指责相比，她这种高贵的克制态度却能把学生们管教得好得多。给我提供材料的人说："这种态度的效果好得出奇。我可以从我亲身经历来谈。当时我性情暴躁，不尊重法国老师；可是，使我自己都感到吃惊的是，她说一句话，我就完全听从了；最后，埃热先生和埃热太太总是通过她来向我提出他们的希望；其他学生也许不像我这样喜欢她，她太沉默寡言；可是大家都尊敬她。"

她是几个月以后才担任英语教师的。除了描写夏洛蒂当英语教师时的态度以外，所有关于两位勃朗特的学校生活的描写，时间都是在一八四二年十月起新学年开始的这个阶段；我所摘引的片段，只不过表示出外国学校里的生活和两位勃朗特小姐在学校里的地位给一个十

---

① 法语：奶油小面包。

六岁的聪明的英国小姑娘留下的初步印象。我将从"玛丽"的信里引一段有关这一时期的话。

她初到布鲁塞尔时,并不感到枯燥乏味。她谈起新的人物和新的性格,还谈起学生和老师们的外国作风。她知道老师们的希望和前途,谈起过有一个老师,说"她年岁不小了",急于要结婚。她常常托她父亲或者兄弟(我忘了是哪一个)代她转信给几个单身汉,她认为可以说服这些单身汉帮她的忙,她在信中说,如果目前的工作失败的话,那她就只好去当慈善团体中的女教士,而她却讨厌这种想法。夏洛蒂自然会怀着好奇心留意这些和她处境相同的人。这个女人几乎把她吓坏了。"她说她无处可以求援,并且嘲笑文雅的想法——而她只比我大十岁!"她还说:"唉,波丽,我讨厌当慈善团体里的女教士;我想,这会叫有些人听了吃惊,但我确实讨厌。"直到听她说出这番话,我才把她同那个女教师联系起来。我想,她如果当护士的话,一定会像大多数人一样富于同情心,也许比某些人更富于同情心。她说,她不能理解人们怎么经受得住经常不断的不幸,而且除了忍受新的形式的不幸以外,这种状况不会改变。这样是不可能保持自己原来的感情的。我跟她说,除了求个什么人来娶她,或者当个慈善团体里的女教士失去自己原来的感情以外,还会有更好的命运。她说:"我的青春已经一去不复返了,我再也不能干得比以前更好,而我到现在还一事无成。"在这些时候,她似乎认为,大多数人是注定了要被自己关心的世俗事务压得一再失去才能和感情,"直到他们完全死去。我巴望一死就葬入坟墓;我不想这样到处奔走"。在这点上,我们总是有分歧。我认为,她所害怕的机能上的退化是贫困带来的后果,她应该把注意力放在挣钱上。有时,她承认这一点,但又找不到挣钱的办法。有时,她似乎害怕多想这个问题,说这使她最无能为力了。确实,在她那种处境下,只有时时刻刻对于金钱的事精打细算,才能凑合着勉强糊口。

在夏洛蒂的心目中,画家和作家的地位当然是很高的,除了他们的作品以外,她最喜爱的是跟他们在一起。她常常前后矛盾,先是嘲笑金钱和挣钱,后来却又希望到欧洲所有的大城市去观光,看看所有的景色,认识所有的名人。她认为,在文学界的名声就是进入聪明人的社交界的一张通行证。……她一旦熟悉了布鲁塞尔人和他们的生活方式,她的生活就变得单调了,她又陷入了在伍某某小姐学校里的那种无可奈何的境地,虽然程度没有那么深。我写信给她,劝她回家或者去别的地方。她已经获得了她所需要的东西(法语),在一个新的地方,即使得不到提高,至少有新鲜的感觉。还说,如果她陷入更深的抑郁,那么马上就会没有精力走了,而她又离家太远,她的朋友们没法像在伍某某小姐学校里那样听到她的情况,叫她回家。她写信说我为她做了件大好事,她一定照我的话办,并且对我非常感激。对这封信我常常感到奇怪。她虽然耐心听取劝告,却总是悄悄地把它撇在一边,并且按照自己认为对的去做。在那以后,她还不止一次提起我为她做的这件"好事"。一听到别人夸大了我的境况,她就寄了十英镑到新西兰给我,说希望钱到得及时,还说这是"我给她做了好事",还她欠下的情。我想,十英镑是她收入的四分之一。"好事"被用来作为表示歉意的借口,而她真正的动机却是好意。

她按部就班地工作和活动,第一件打破这种生活的事,来得沉痛而悲伤。玛莎,那个可爱的、调皮捣蛋的、美丽的玛莎——突然在科克尔堡别墅病倒了。她姐姐怀着真诚的爱侍候着她;可这全都是白费精力；没有几天，她就去世了。夏洛蒂自己对这件事作了如下的简短叙述：

> 玛莎·泰的病我是在她去世前一天才知道的。第二天一早，我赶到科克尔堡——当时没想到她病情已十分危险——她家的人告诉我，已经完了。她是夜里去世的。玛丽给送到布鲁塞尔去了。打那以后，我时常见到玛丽。她丝毫没有为这件事垮下来；可是在玛莎生病时，她对待玛莎比一般做母亲的和做姐姐的都好：仔细观察，悉心护理，深情而不倦地疼爱玛莎。现在她看上去镇静而严肃，没有剧烈的感情的爆发，没有过分的悲伤。我已经去看过玛莎的坟墓——在这异国他乡埋葬她尸骨的那个地方。

读过《谢利》的人，谁不记得那几行——也许占了半页——悲伤的回忆？

> 他没想到小杰西会年纪轻轻就死去，她是那么欢乐、健谈、调皮——甚至在现在都可以说是富于独创性；你一逗她，她就激动，可是你一疼爱她，她就对你充满爱意；时而温文；时而活跃；严格，可又慷慨；无所畏惧……但是谁帮了她的忙，她就信赖谁。杰西，连同她那张淘气的脸，迷人的絮叨和可爱的举止，生来就是受人宠爱的姑娘。
>
> · · · · · · · ·
>
> 你认识这个地方吗？不，你从来没看见过它；但是你看得出这些树，这些簇叶——柏树、柳树、杉树有什么特性。像这样的石头十字架对你并不是陌生的，这些永不凋零的花朵组成的灰暗的花圈也不陌生。就是这个地方：青青的草地和一块灰色大理石

墓碑——杰西就在下面安眠。她度过的一生像是四月的天气；别人十分疼爱她，她也十分爱别人。在她那短暂的一生中，她时常流泪——她经常感到悲哀；在不悲哀时，她笑逐颜开，叫别人见了也高兴。她在罗丝那保护人的怀中宁静而幸福地死去，在许多考验中，罗丝支持和保护过她；临终的英国姑娘和在一旁观看的英国姑娘在这一刻是寂寞地待在异国他乡，杰西的坟墓就在这个国家的国土上。

．　　．　　．　　．　　．　　．　　．

但是，杰西，我不再写你了。这是秋天的一个风雨交加的傍晚。天上只有一片云；但是它把天空从南极到北极全部遮盖起来。风无法止息；它抽泣着匆匆刮过轮廓阴暗的山峦，山峦被苍茫的暮色和浓浓的雾霭笼罩得看不出颜色。雨一整天抽打着那教堂的钟楼，（哈沃斯）……钟楼从坟场石围墙中黑糊糊地耸立着。坟场里长满荨麻、茅草，坟墓都是湿漉漉的。这一晚过于强烈地迫使我想起几年前的另一个夜晚：也是个狂风呼啸、大雨滂沱的秋日夜晚——那时，有一个人在白天刚去看了异教墓地里的一个新坟，这时正坐在异国住所里燃烧木柴的炉火边。他们都很快活，很合群，但是他们每人都知道，他们这个小圈子里出现了一个空隙，而且永远也没法填补。他们知道，他们失去了一个人，他们会终身感到这个损失无法完全弥补。他们还知道，这时暴雨正渗进那掩埋已故亲人的湿土；知道沉痛叹息的大风正在坟中的她的头上方哀悼。炉火使他们暖和；生命和友谊还在给他们祝福；可是杰西却冰冷地、孤独地关在坟墓里——只有草地为她挡住狂风暴雨。

这是夏洛蒂很早以前失去两个姐姐以后，她身边几个亲近的朋友中第一次出现的死亡。她还在深深同情"玛丽"的时候,却收到了家里的来信,信中说她姨妈勃兰威尔小姐生病了——病得很重。艾米莉和夏洛蒂马上决定立即回家,于是匆匆打点行李回英国,不知道以后是否还会回布鲁塞尔。她们把自己同埃热先生夫妇俩以及同寄宿学校的一切关系都连根拔掉了,对未来的生活一无把握。她们收到报告病情的第一封信以后,就在早上动身以前——她们刚要出发——收到了第二封信,信中说她们的姨妈已经去世。这封信并没能加快她们的行动,因为能采取的加快速度的措施都已经采取了。她们从安特卫普乘船出发,日夜兼程,在星期二早晨赶到了家。葬礼和一切都已结束,勃朗特先生和安妮正坐在一起,深深哀悼失去了一位近二十年来在他们家一直很好地尽了责任的人,她赢得了许多人的关心和敬重,这些人在她去世后才知道自己是多么怀念她。她个人节省和克己积攒下来的那一小笔财产遗赠给了她的三个外甥女。她疼爱的勃兰威尔本来也可以得到一份,可是他那不顾一切的挥霍伤了这位善良的老妇人的心,他的名字因此就没有出现在她的遗嘱里。

在最初的震惊过去之后,三姐妹开始尽情享受久别重逢的乐趣,这次离别是她们有生以来最长久的一次。她们有许多过去的事可谈论,有许多未来的事要安排。安妮不久前开始担任一个工作,圣诞节假期结束她就要回去。她们三人还要分离一年左右;然后,重新团聚和开办学校的幸福前景就可以实现了。现在她们当然并不指望到伯林顿或者任何其他地方去,因为如果去的话,就得离开父亲。她们各自掌握了一小笔钱,这使她们可以把哈沃斯牧师住宅稍稍改动一下,在这里招收学生。安妮在这期间的计划已经决定。艾米莉很快作出了决定,要留在家里尽女儿的责任。至于夏洛蒂怎么办,她们考虑和讨论了很久。

尽管她们离开布鲁塞尔时十分匆忙,埃热先生还是来得及写封信,对勃朗特先生新近失去亲人表示慰问;信中对两个女儿的性格大加赞赏,那是以对她们的父亲表示敬意的形式写的。信中还有一个有关夏洛蒂的建议,这在记叙她的一生时应该提一提,即使没有这个建议,我也忍不住要把这封信抄出来。

致勃朗特牧师先生

一八四二年十二月五日,星期六

先生,一件十分悲伤的事故决定令嫒突然回英国去,这样的离开虽然使我们非常难受,但我完全同意。上天刚刚夺走了你的亲人,她们要前来安慰你,紧挨在你的身边,使你更好地珍视上天曾经赐予你的和依旧为你留下的一切,这是理所当然的事。先生,希望你能原谅我乘此机会先向你表达我的尊敬。我没有和你当面结识的荣幸,然而我对你怀有一种真挚的敬意,因为从子女来估价父亲,是不会错的。我们在令嫒身上看到的教养和感情只能使我们对你的品德给予非常高的评价。你一定会高兴地知道你的孩子们在各门学科上都有十分显著的进步,这些进步完全要归功于她们对学习的热爱和她们持之以恒的精神。我们对这样的学生并没有尽多少力,她们的进步是你的成绩,而远不是我们的成绩。我们不用教导她们懂得时间和知识的价值,她们在自己家里时就全知道了。在我们方面,我们只以自己微薄的能力指导她们如何努力,对她们的令人赞扬的积极性提供适当的精神粮食。她们的这些积极性都来自你的榜样和教导。我们把你的孩子应得的称赞给了她们,但愿这些称赞能使你在深感悲痛的不幸当中得到一些安慰。这是我们在执笔写此信时的希望,对夏洛蒂和艾米莉两位小姐来说,这将是她们辛勤努力的最适当的、最好的报酬。

失去我们两位亲爱的学生，我们不应该向你隐瞒我们是既感到伤心又感到不安。我们感到苦恼，是因为这次突然的分离中断了我们对她们的几乎像父亲般的感情。我们看见那么多功课给打断，那么多的事情已经很好地开始，只要再过一些时候便能得到很好的结果，我们的痛苦有增无已。一年以后，两位令嫒都完全能应付未来可能发生的任何情况，她们都会具有从事教育工作的学识和技能：艾米莉小姐可以教授钢琴，她跟我们在比利时的最优秀的教师上课，现在自己已经收了些小学生了。她不懂的东西越来越少，同时因为胆怯还感到的拘束心理也越来越少，夏洛蒂小姐开始上法语课，并且充满自信，镇定沉着，这是教学不可少的；最多一年，任务就能完成，圆满地完成。如果你认为合适，我们可以向两位令嫒，至少是一位，提供一个适合她兴趣的职位，这将给她获得独立的地位，对一个年轻人来说，这是很难得到的。先生，请你相信，对我们来说，这里不是一个个人利益问题，而是感情上的问题。如果我们向你谈到你的孩子，如果我们关心她们的前途，就像她们是我们家里的人一样，那要请你原谅我。她们个人的品质，她们诚恳的愿望，她们高度的热情，是促使我们冒昧提出这样的建议的原因。先生，我们知道你会比我们更为全面、更为谨慎地斟酌两位令嫒学业完全中断给前途带来的后果。你将决定应该怎样做，如果你能够考虑到使我们这样做的动机是一种毫无私心的感情，它由于不得不对你亲爱的孩子不再有用处而万分悲伤，那么，你就会原谅我们的直率。

先生，请接受我崇高的敬意。

C.埃热[1]

---

[1] 这封信原文是法文。

信中充满一片好意，说的也都是事实——第二年的学习显然要比第一年的学习更加宝贵得多——所以没有怎么犹豫就作出了决定，夏洛蒂应该再去布鲁塞尔。

在这期间，他们大家在一起欢度圣诞节，那欢乐的情景是言语无法描述的。勃兰威尔同她们在一起，在这个时候，能做到这一点总是一大乐事。不管他有什么缺点，甚至有什么罪过，他的姐妹们还是把他看作她们家的希望，因为她们相信，他总有一天会成为她们家的骄傲。她们虽然时常听人说起他的过错，但是却对它的严重性视而不见，只是说服自己，所有的男人，不管性格如何，都是有这种过错的。在经历了可悲的事情终于明白过来以前，她们犯了通常易犯的过错，把强烈的情欲同强烈的性格混为一谈了。

夏洛蒂的朋友来看了她，她也去回访了。她在那么短的时间里就完全恢复了以前在家里时的生活方式，在布鲁塞尔的那段生活看来准会像是一场梦。现在她在家里比她姨妈在世时有了更多的独立自主权。尽管这时是冬天，三姐妹还是到白雪皑皑的荒原上去散步，或者时常沿着那漫长的大路到基思利的图书馆去，借她们远离英国时那里添加的新书。

第十二章

　　快到一月底,是夏洛蒂该回布鲁塞尔的时候了。她去那里,一路上很不顺利。她不得不独自一个人旅行。从利兹到伦敦的火车本该在午后不久就到达欧斯顿广场,可是却耽搁了很久,到夜里十点钟才到站。她曾经想去找那家查普特咖啡馆,因为以前在那里住过,那里离轮船停靠的地方又近。可是照约克郡人的看法,在这样一个时刻到达未免太晚了,也太不合适。这样一想,她就没敢去,所以在车站雇了一辆马车直接到伦敦桥码头,要一个船夫划船送她到奥斯坦德邮船跟前。这条船第二天早上开航。她向我描述过她当时的感受,正好同后来她在《维莱特》[1]中描写的一样。她在那个冬夜的死一般的寂静中,在暗沉沉的河水上迅速靠近黑黑的船壳边。一开始,船上的人不让她上船,她心里既感到孤独又对这种令人激动的处境奇怪地感到有趣。"旅客不许在船上睡觉。"他们带着轻蔑的神情说。她回过头看看伦敦的灯光和变得很轻的嘈杂声——那个没有她容身之地的"宏伟的心"[2]——她在那摇摇晃晃的小船里站起身来,请求同邮船上的主管人说话。他来了,她文静而简单地说了自己的希望和提出这希望的理由,使最初听到她的要求的那些人不再嘲笑和怀疑。主管人觉得她说得有理,便让她上船,还给了她一个铺位。第二天早上,她乘着这条船出发了。她是星期五一清早离开哈沃斯的,星期日晚上七点钟就再次到了伊莎贝尔街。

　　她的薪金是十六英镑一年。她得从这笔钱里拿出一部分来付她学德文的学费。上课也许是按时间计算的,她现在的学费同她和艾米莉一起学习时两人分担的学费相等,也就是说,每月十个法郎。按照勃朗特小姐自己的意愿,她在classe[3]或者课堂里教英语而不要埃热先生或埃热太太帮着照管。他们提出要到场帮着在那些难以管教的比利时姑娘中维持秩序；可是她谢绝了，说宁愿靠自己的方式和性格来维持纪律，而不是靠 gendarme④在场迫使学生驯服的方式来维持。她在一间新的教室里上课，那是在操场上紧靠校舍的一块地方盖起来的。给第一班的学生上课，她自始至终都是她们的 surveillante⑤；从那以后，由于埃热先生下了命令，她就一直被叫作夏洛蒂 Mademoiselle⑥。她自己继续学习，主要是学德语和文学；每星期日，她独自一人上德国人和英国人的教堂。她散步时也是孤零零的一个人，主要在那条 allée défendue⑦上散步。在这里，不会有人来打扰她。这种孤独，对她这类性格的人来说，是一种危险的享受。她太容易产生病态的和剧烈的精神痛苦了。

在一八四三年三月六日，她这样写道：

> 现在，我当然已经安定了下来。我的工作不太忙，除了教英语以外，还有时间提高自己的德语水平。我应该认为自己很富裕，应该为自己的幸运而高兴。我希望能高兴；如果我能一直保持精神振奋，永远不感到孤独，或者不渴望伙伴，或者友谊，或者不管别人叫它什么，那我就很好了。我以前对你说过，埃热先生和太太是这所房子里我唯一真正尊敬的两个人，当然，我不能老是同他们在一起，甚至不能时常同他们在一起。我刚回来时，他们对我说，我可以把他们的起坐间看作我自己的起坐间，我不上课时可以上那里去。然而，我却不能这么办。白天那是间公共

---

① 《维莱特》：夏洛蒂·勃朗特于一八五三年出版的一部长篇小说。
② 英国诗人华兹华斯在著名诗篇《在威斯敏斯特桥上》中把伦敦比作宏伟的心。
③ 法语：教室。
④ 法语：宪兵，警察。
⑤ 法语：学监。
⑥ 法语：小姐。
⑦ 法语：禁止通行的小径。

的房间,音乐教师和女教师们经常在那里进进出出;晚上我又不愿意也不应该去打扰埃热先生和太太以及他们的孩子们。因此,不上课时,有很多时间我都是一个人待着,可这也没多大关系。我现在经常给埃热先生和他的妻舅上英语课。他们的进步快得出奇,尤其是前者。他已经能开始讲很体面的英语了。你要是看到和听到我努力教他们像英国人一样发音,他们徒然地一次次努力,那你准会笑上一辈子的。

嘉年华会①刚过去,我们已经进入四旬斋的忧郁和斋戒。四旬斋第一天,我们早餐喝不兑牛奶的咖啡,午饭吃醋和蔬菜,还有很小一块咸鱼;晚餐吃面包。嘉年华会除了假面舞会和哑剧以外,没什么别的活动。埃热先生带我和一个学生进城去看假面舞会,看到那么多人和一片欢腾景象使人高兴,但是假面舞会却算不了什么。我两次去了D家。(我以前提起过,那是"玛丽"的表亲)……她离开布鲁塞尔,我就将无处可去了。我收到两封玛丽的来信。她没有告诉我她生病,没有诉苦,但是她的信却都不是享受极大幸福的人写的信。她没有什么人待她像埃热先生待我这么好,没有人时时借书给她,跟她聊聊,等等。

再见了。我说这句话时,好像觉得你不大听得见我的声音,英吉利海峡所有的波涛在我们俩之间汹涌吼叫,一定会把这声音淹没的。

从这封信的语气,很容易看出,一八四三年的布鲁塞尔同一八四二年相比,已是一个不同的地方了。先前,她有艾米莉作为每日每夜的安慰和伴侣。她每星期日的活动也多种多样,可以去访问D一家;

---

① 嘉年华会:基督教复活节前的四十天的四旬斋前持续半周或一周的节日,或译狂欢节。

她还经常能快活地看到"玛丽"和玛莎。如今，艾米莉远在哈沃斯——在那里，她或者别的心爱的人，很可能在夏洛蒂尽快赶回家以前就去世了，姨妈去世这件事已经告诉她这一点。D家要离开布鲁塞尔了；所以，从那以后，她每周的假日就只好在伊莎贝尔街度过了，或者说她认为是这样。"玛丽"沿着她自己的独立的路线走了；只有玛莎留了下来——永远默默地、一动不动地留在卢万门那边的墓地里了。夏洛蒂回来以后最初几个星期里，天气寒冷彻骨，而她身体羸弱，总是对严寒季节很敏感，这很痛苦。单单身体上的痛苦，不管多么剧烈，她总是能够置之不顾的；但是经常生病，那却要可怕得多。她生病时情绪低沉，这是很可怜的。她知道，这是体质造成的，她可以用理智来对待；但是，身体上的原因很强烈时引起的精神上的痛苦，却不是任何理智所阻止得了的。

《维莱特》出版以后，埃热夫妇才发现，她在他们学校里开始担任英语教师时，她的学生们就常常很不礼貌，很难管教。可是在当时，他们并没有察觉，因为她拒绝让他们在场，也从来没有抱怨过一句。不过，一想到在那个时期里，她不管用什么方法来影响那些快活、健康而又愚钝的学生，她们都很少有反应，却是令人沮丧的。尽管她们自己也证明了，她的耐心、坚定和决心最后还是得到了应有的报偿，然而，对于一个在身体和精神两方面都很弱的人来说，她管教学生所作的不断努力，只能引起这样的反应，是令人十分悲哀和痛苦的。

她在给她的朋友埃的信中这样写道：

一八四三年四月

有没有你来布鲁塞尔的消息？在整个二月和三月的大部分日子里，我们这里天气严寒，我并不因为你没有陪我而感到遗憾。我要是看到你像我自己这样冷得发抖，看到你的手脚同我的一样又红又肿,那我会加倍地不舒服。这种事情我能很好地对付;这并不能使我烦恼,而只能使我麻木而沉默;可要是你在比利时过一个冬天,你准会生病。不管怎样,比较暖和的天气正在来临,因此我也就希望你能来这里了。不过,我从来没有,也永远不会过于热烈地逼迫你来。住在这里,是要忍受一些困苦和屈辱的;生活单调,毫无变化;尤其是,在人群中时时会有一种孤独的感觉。新教徒、外国人,不管当老师还是当学生,都是孤独的。我说这些话,倒不是为了抱怨我的命运,因为,尽管我承认我目前的境况中有某些不利之处,但是世上哪一种境况没有不利之处呢?而且,不管什么时候我回顾一下,把现在的我同过去的我相比——比如,把我在这里的地位同我在某太太①家的地位相比——我就会感到欣慰了。你上次信中有一句话暂时激怒了我。一开始,我认为予以驳斥是愚蠢的,还是置之不理为好。后来我决定一劳永逸地作个回答。看来好像"有三四个人认为勃朗特小姐未来的 époux ②是在大陆上"。这些人比我聪明。他们不相信我渡海只是回到埃热太太的学校里来当老师,以为除了对我老师和师母表示尊敬和对他们一番好意表示感激以外,一定还有其他更强烈的动机,才使我拒绝领取在英国的五十英镑的薪金而来接受比利时的十六英镑的薪金。他们想当然地以为我一定是抱着渺茫的希望,要用某种方式在某个地方用陷阱捕捉一个丈夫。如果这些慈善心肠的人知道我所过的是完全与世隔绝的生活——知道除了埃热先生以外,我不同任何别的男人说话,即使同埃热先生,也确实很少说话——那他们也许就会不再以为有这种纯属空想、毫无根据的意图在左右我的行动。我说的话是否已经足以消除这硬加

---

① 指西奇威克太太或怀特太太。
② 法语:丈夫。

在我头上的愚蠢想法了呢？这倒不是说结婚是个罪过，或者想结婚是个罪过，而是因为，既无财产又无姿色的女人们，要把结婚作为自己的愿望和希望的主要目标，作为自己的行动的目的，而不能使自己相信自己毫无吸引力，最好还是安安静静想些别的事情，而不要想结婚，那是愚蠢的。我就不屑于采取这种愚蠢的做法。

她给她妹妹艾米莉的信保留下来的很少，以下是从中摘录的一段：

一八四三年五月二十九日

我在这里一天天地用鲁滨孙①的那种生活方式过日子，十分孤独，但这没关系。在其他方面，我没有实质性的事情要抱怨，而且这件事本身也不成其为抱怨的原因。我希望你身体好，常到荒原去散散步。把我的爱转达给泰比。我希望她身体一直健壮。

大约也在这个时期，她写信给她父亲：

一八四三年六月二日

收到家里的来信，我很高兴。前一阵没有收到任何信，我已经开始情绪低沉了，非常担心，生怕出了什么事。你信中没有谈起你自己的健康，但是我希望你身体好，也希望艾米莉身体好。现在汉娜（一个帮泰比做事的姑娘）走了，我怕她有许多艰苦的活儿要干。听到你还留着泰比（七十多岁了）我万分高兴。这对她来

---

① 鲁滨孙：英国作家笛福（Daniel Defoe，约1660—1731）所著长篇小说《鲁滨孙飘流记》中的主人公。他因所乘船只失事，在荒岛上独自创造生活条件，过了二十八年。

说，是个很大的恩惠，我想这不会没有报答，因为她忠心耿耿，只要有机会，她总是尽最大努力来侍候你。除此以外，她还可以陪伴艾米莉；没有她，艾米莉会感到非常孤独。

我以前抄录过一篇devoir，那是她在埃热先生那里学习了四个月以后写的。现在我再抄出另外一篇，这是过了将近一年以后写的，我觉得在这一段时期里，她进步很大。

一八四三年三月三十一日

论拿破仑之死

拿破仑生在科西嘉岛，死在赫勒拿岛。在这两座岛中间只有一片广阔灼热的荒漠和无边无际的海洋。他出世时是一个普通贵族的儿子，去世时成了皇帝，不过没有王冠，身陷囹圄。从他的摇篮到他的坟墓，这中间发生过什么事呢？一个突然成名的军人的生涯，战场，血海，宝座，然后又是流血，镣铐。他的一生，是彩虹，两端连接着地面，光辉灿烂的顶点测量着穹苍。俯身看着摇篮里的拿破仑，一位母亲全身闪光；在他父亲的家里，他有兄弟姊妹，后来，在他的王官里，他有一个爱他的妻子。可是他临终时却孑然一身，没有母亲，没有兄弟姊妹，也没有妻子儿女！别人谈论过他的功绩，以后还会谈论，而我，我只想到他在生命的最后时刻无人照管的情景！

他被放逐，被囚禁，被链条锁在一块暗礁上。他是又一个普罗米修斯①，因为骄傲而受到了惩罚！普罗米修斯曾经想成为上帝和造物主；他从天上盗取了火，想使他造出的人体获得生命的活

---

① 普罗米修斯：希腊神话中的神。从天上盗取火种带给人间，触怒主神宙斯，被锁在高加索山崖，每日遭神鹰啄食肝脏，夜间伤口愈合，天明神鹰复来。

力。而他,波拿巴,他想创造的不是一个人,而是一个帝国,为了将一个生命、一个灵魂,赋予他的宏伟的事业,他毫不犹豫地夺去了许多民族的所有人的生命。朱庇特①对普罗米修斯的大逆不道十分愤怒,把他活活地锁在高加索山顶。同样,为了惩罚波拿巴的贪得无厌的野心,上帝把他用链条锁在大西洋中一块孤立的岩石上,直到死亡来临。也许在那里,他也感觉到那只神话中提到的贪婪的秃鹫啄食他的胁部,也许他也遭受心的干渴、灵魂的饥饿,它们折磨着远离家庭和祖国的流放者。可是这样说,岂不是毫无根据地认为拿破仑也有一种人类的弱点?而他是从来没有体会过这种弱点的。他什么时候被一根感情的链条锁住过?其他的征服者无疑在他们光荣的事业中,因为受到爱情或友谊的阻挠,被一个女人的手抓住,被一个朋友的声音召唤——而他,从来没有这样的事!他不需要像尤利西斯②那样,把自己缚在船桅上,也不需要用蜡塞住耳朵;他不害怕塞壬的歌声——他根本不理睬那些歌声;他为了实行伟大的计划,使自己成为大理石和钢铁。拿破仑不把自己看成一个人,而是把自己看成人民的化身。他谁也不爱。他的至亲好友只要对他有用,他便视为手中操纵的工具,一旦不能利用,就都抛在一边。但愿人们不敢怀着怜悯的感情走近科西嘉岛上的坟墓,或者用眼泪玷污盖着他的遗体的石块,因为他的灵魂不愿意这一切做法。我知道,人们说过,把他和他的妻儿分开的手是冷酷无情的。不,这只手像他的手一样,不会因为激情也不会因为畏惧而颤抖,这是一个冷静而自信的人的手,他曾经懂得预言波拿巴的未来。这个人,失败不能使他感

---

① 朱庇特:希腊神话中的主神宙斯在罗马神话中称为朱庇特。
② 尤利西斯:即希腊神话中的英雄奥德修斯。他参加特洛伊战争后乘船回国,一路历尽艰险。途经海妖塞壬们居住的岛屿时,为了免于被塞壬的歌声迷住,他用蜂蜡把同伴的耳朵封住,又让他们把自己绑在船桅上,终于闯过这一关。

到可耻，胜利也不会叫他骄傲，他这样说过："玛丽-路易丝不是拿破仑的妻子，拿破仑娶的是法国，他爱的是法国，他们的结合造成了欧洲的毁灭；那是我所希望的离婚；那是应该粉碎的结合。"

胆小鬼和叛徒反对这个判决。"这是滥用胜利的权利！这是对战败者的踩躏！但愿英国能表现宽大，张开双臂迎接他的解除了武装的敌人，如同迎接客人一样。"英国也许会听从这个建议，因为时时处处都有胆小软弱的人，他们很快就会被阿谀迷惑，被指责吓倒。可是上帝允许有这样一个人，他从来不知道害怕为何物。他热爱他的祖国胜过他的名望；面对威胁他意志坚定，面对颂扬他无动于衷，他出现在国务会议里，平静地高高抬起前额，竟然大胆地说："让背叛的声音停下来吧！因为建议和波拿巴拖延时机就是背叛。我知道欧洲依旧要为之流血的那些战争是怎么回事，欧洲就像屠刀下的牺牲。应该解决掉拿破仑·波拿巴。你们害怕用错这样一个生硬的字眼！我没有宽容的气度，是吧？算啦！不管别人怎么说，我都不在乎。在这里我用不着替自己寻求一个宽宏大量的英雄的好名声，可是鲜血流完、山穷水尽的欧洲快断气了，如果还可以治疗的话，那就把它治好吧。你们一直不重视欧洲的真正的利益，关心的只是虚假的宽容的声誉。你们软弱无能！好！我来帮助你们。把波拿巴送到圣赫勒拿岛上去！不要犹豫，不要找另外一个地方，那里是唯一合适的场所。我对你们说，我是在为你们考虑；他应该在那里，而不是在别处。至于拿破仑，他作为男子汉、军人，我对他没有一点意见；这是一头巨狮，你们同他相比只是豺狗。可是作为皇帝的拿破仑，那就是另一回事了，我要把他从欧洲的土地上连根铲除掉。"说这些话的人始终知道遵守自己的诺言，这种诺言和其他所有的诺言一样。我曾经说过，现在我再重复一次，这个人从才能方面看和拿破仑不相上下；论及性格的刚强、正直，思想和目标的崇高，他就完全是另外一种人了。拿破仑·波拿巴渴望得到名望和光荣；亚瑟·韦尔斯利[①]对名望和光荣却不重视，舆论、民心，在拿破仑的眼中是非常宝贵的事物；对威灵顿来说，舆论是一阵哄闹声，微不足道，他的坚强的意志轻轻一吹，就会把它吹得无影无踪，就像吹肥皂泡一样。拿破仑讨好百姓，威灵顿却对他们粗暴；一个人寻求拥护他的掌声，另一个人只关心他的良心的表示，他的良心同意了，这就够了；其他的赞扬使他感到不安。因此，崇拜拿破仑的百姓发怒了，群起反对威灵顿的傲慢无礼；他们有时候用低沉的埋怨，用猛兽般的吼叫来向他表达他们的愤怒和憎恨，当代的戈里俄拉努斯[②]，带着罗马元老院议员的镇定的神情，用眼光压住疯狂的骚乱。他在宽阔的胸膛上交叉起有力的双臂，一个人站在家门口等待着，他迎战这场民众的风暴，风浪在离他几步远的地方消失了。当那为自己的叛乱感到羞愧的人群来舐主人的脚的时候，高傲的贵族鄙视今天的敬意，就像鄙视昨天的憎恨一样，在伦敦的街道上，在他的阿普斯莱的公爵府门前，他用冷静的轻蔑的态度拒绝了兴奋的百姓的讨厌的热情。然而，这种自负在他身上并没有排斥一种少有的谦虚；他到处逃避别人的颂扬，躲开别人的吹捧；他从来不提自己的功绩，他从来不容许别人当他的面讲这些。他的品格高尚，确实超过古往今来所有的英雄人物。拿破仑的光荣在一夜之间成长，就像约拿[③]的葡萄一样，只消一天工夫就会枯萎；威灵顿的光荣如同老橡树，它们遮蔽着香农

---

① 即威灵顿公爵。
② 戈里俄拉努斯（Gains Marcius Coriolanus）：公元前五世纪罗马将军。
③ 约拿：《圣经》中的一个先知。

河畔他的祖先的城堡；橡树长得慢，它需要时间把它的多节的树枝向天空伸展，把那些在结实的地面上盘结交错的深根长进泥土里去。可是现在，这棵百年老树，就像它长在上面的岩石那样不可动摇，它不怕时间的镰刀①和狂风暴雨。对英国来说，也许要一个世纪它才能认识他的英雄的价值。一个世纪以后，全欧洲会知道威灵顿有权接受它的感激。②

勃朗特小姐身处"异乡"写这篇文章，一定会时时想起从前在哈沃斯牧师住宅的厨房里的那些有关威灵顿公爵和波拿巴两人的功绩的幼稚争论！虽然她的 devoir 的题目是《论拿破仑之死》，但她似乎还是认为，尽管她处于毫不关心英国也不关心威灵顿的人们中间，歌颂一位英国英雄而不去探讨一个外国人的性格，是一个自尊心问题。她来比利时的主要目的就是要熟练地掌握法语，现在她觉得自己在这一方面已经有了很大进步。但是对求学心切的学生来说，"阿尔卑斯山一峰高似一峰"。一个难点刚克服，另一个想达到的目标就出现了，必须刻苦努力去达到它。现在她想学德语；她下决心强迫自己留在布鲁塞尔，直到学会为止。回家的强烈渴望向她袭来；更强烈的克己的意志不让她回家。内心斗争很剧烈；为了竭力控制自己的意志，每一根心弦都在颤抖；等到她战胜了自己，她却并不像一个平静而威严地坐在王座上的胜利者，而像一个气喘吁吁、精疲力竭、痛苦万分的受难者。她的神经和情绪都垮了下来。她的健康也受了很大影响。

---

① 镰刀是时间和死亡的象征。
② 这篇作文原文是法文。

一八四三年八月一日于布鲁塞尔

如果我在这封信里怨天尤人，那就请宽容一下，别责备我，因为，我预先告诉你，我情绪低落，这一刻，人间和天堂对我来说都是沉闷和空虚的。再过几天我们就要开始放假了；看到这一前景，人人都欢天喜地、兴高采烈，因为人人都要回家去了。我知道在五个星期的假期中我得留在这里，在这段时间里我将十分孤独，因此会感到沮丧，而且会发现日日夜夜都长得令人厌烦。这是我有生以来第一次真正害怕假期。唉！我心里忧郁沉重，简直都没法写信了；我真巴不得能回家。这不幼稚吗？原谅我吧，这实在是出于无奈。然而，尽管我身体不好，无法愉快地忍受，我还是能忍受；我还要听从上帝的安排待几个月，直到我学会德语为止。到那时，我希望再同你们大家见面。但愿假期已经过去！但它却会偏偏过得十分迟缓。请本着基督徒的慈悲之心，给我写一封长长的信吧，信里从头至尾都谈些最琐碎的细节，我对每一件事都会感兴趣的。别以为是因为别人待我不好，我才想离开比利时；没有这种事。人人都非常客气，但我还是一直思念家乡。我没法摆脱这种想法。相信我，你的很快活的、活跃的、欢乐的

夏·勃

写了这封信以后不久，grandes vacances 就开始了。她留在那所被人遗弃的大寄宿学校里，只有一个教师同她做伴。这个教师是个法国女人，一向同她合不来，现在她们两人单独相处。过了不久，夏洛蒂就发现，她这个伴侣是个放浪的、貌似冷静而一贯淫荡的人，以前她还以为不可能有这样的人呢。跟这么个女人做伴，她整个本能都起反感。勃朗特小姐开始有一种神经性的低热。她一向睡眠不好，这时就根本无法入眠。白天不管发生什么她不喜欢或者她讨厌的事，在事情

过去之后，却在她那混乱的幻想中过于生动地再现出来。从家里来的消息，特别是关于勃兰威尔的消息中，有一些引起痛苦和不安的原因。她心爱的人都离她很远，在另一个国家里，而她却在夜里死一般的寂静中，在那座庞大的、静悄悄的房子里，醒着躺在那间别人都走掉了的长寝室的一头，为心爱的人感到种种担心。她的这些担心都变成一种可怕的现实，压迫着她，使她心里的生命之血都堵塞住了。那些个夜晚是令人厌倦的、忧郁的、不眠的痛苦时刻，是后来多年之中许多这样的夜晚的前驱。

在白天，由于讨厌她的同伴，由于发烧带来了微微的不安，她出门去散步，一直走到觉得累了想睡觉为止。所以她就出去，拖着疲乏的步子穿过林荫道和大街，有时一连走上几个小时，跟跟跄跄的，偶尔在长凳上休息一下。街上有许多这样的长凳，是供幸福的人们或者像她这样的孤独的闲逛者休息的。然后再起来——除了寄宿学校以外，任何地方都去——到墓地去，玛莎就葬在那里——到墓地那一边的小山上去，那里没有什么可看的，只有一直延伸到天边的田野。暮色催她回来——因为没有吃东西，她感到不舒服，但并不觉得饿；因为长时间持续不断地走动，她觉得累了——然而却还是感到不安，她注定了又要挨过一个困乏的、像有鬼魂出现似的不眠之夜。她会在伊莎贝尔街附近的街上彳亍，但是避开伊莎贝尔街和这条街上的居民，一直踯躅到很晚、她不敢再待在外面的时候为止。最后，她不得不卧床几天，这个强制性的休息对她有好处。她身体仍然很弱，但精神却不像以前那样低沉。等到学校再开学时，她那积极的实实在在的工作又开始了。

她这样写道：

一八四三年十月十三日

　　玛丽的情况很好，她应该这样。我常常收到她的信。她的来信和你的来信是我有限的少数乐趣之一。她竭力劝我离开布鲁塞尔，到她那里去；可是在目前，不管我是怎样地给劝得直想采取这一步骤，我还是觉得不该这么做。离开肯定的地方到完全不肯定的地方去，绝不能算是谨慎行事。尽管这样，布鲁塞尔对我来说确实是个举目无亲的地方。自从 D 家的人离开以后，我一直没有朋友。在某某医生家，我确实有几个好心的熟人，可是现在连他们也走了。他们是在八月下旬走的，我现在完全是孤零零的一个人了。我不能把比利时人算作什么朋友。处在许多人中间居然会觉得孤独不堪，真是奇怪。有时，这种孤独使我受不了。最近有一天，我觉得好像再也忍受不下去，就到埃热太太那里去，说我要辞职。如果能由她做主，那我肯定早已自由了；可是埃热先生听说我打算辞职，第二天就把我找去，激动地说，他已经作出决定：我不能走。当时，我要是坚持我的意见，那肯定会惹得他生气；所以我答应再稍微待一阵子。待多久呢，我不知道。我不想在回英国以后无所事事。我现在年纪已经不小，不能再这样了；可是，如果能听到有开办学校的好机会，那么，我想我是会抓住不放的。我们这儿还没生火，我冷得够呛，除此以外，我身体还好。某某先生将把这封信带到英国。他是个相貌和举止都很漂亮的青年，但显然没有脊梁骨；这不是指他身子里的脊椎，脊椎倒是够好的，我是指他的性格。

　　我在这里勉强生活下去；可是如今玛丽·D 已离开了布鲁塞尔，我没有一个可以谈心的人，因为我不把比利时人算作什么朋友。有时我问自己，我将在这里待多久；但我只是问这个问题，却没回答过。然而，等我认为自己德语学得可以了，我想我是会

229

打好行李动身的。思乡病时常深深地刺痛着我。今天天气好得出奇,而我却患着重感冒,头痛得厉害,像个木头人似的。我没什么可告诉你。在这里,每天都一个样。在像布鲁塞尔这样辉煌的首都的中心,生活也可以是单调的,我知道,你住在乡下,不大会相信可能有这种事。但是事实确实是这样。尤其是在假日,我更有这种感觉。姑娘们和教师们都出去做客了,有时就留下我一个人,一连几个小时,四间空荡荡的大教室都只由我一个人使用。我试着看书,试着写东西,但都没有用。于是我从一个房间逛到另一个房间,可是整幢房子的寂静孤独却像铅一样沉重地压抑着一个人的心情。你简直不能相信,埃热太太(尽管像我以前所描述的那样善良和仁慈)从来不在这种时候来走近我。我承认,在第一次这样撇下我一个人时,我大吃一惊;别人都去同朋友们共享节日的欢乐,而她也知道我是孤零零的一个人,但她却从来不稍微关心我一下。然而我知道,她在每个人面前都对我大加赞扬,说我上的课很出色。她对我并不比对别的老师更冷淡;但是他们不像我这样依赖她。他们在布鲁塞尔有亲戚,有熟人。你还记得我在英国时她写给我的信吗?那是多么亲切、多么热情?这不奇怪吗?在此期间,我在这里怨天尤人是为了吐吐自己心头的郁闷。在其他所有方面,我对自己的职务都很满意,(如果有人问起我)你就对他们这样说。亲爱的,能写信的时候,给我写信吧。你给我来信就是做了件好事,因为你安慰了一颗十分凄凉的心。

在勃朗特小姐住在布鲁塞尔的第二年里,埃热太太同她之间所以默默疏远,原因之一是这样一件事:她越是了解罗马天主教的情况,了解这种教在信徒身上的影响,她就越是强烈地感到英国新教徒对罗马天主教的厌恶;在需要夏洛蒂·勃朗特发表意见时,她毫不妥协地说了真话。而那一方呢，埃热太太不仅仅是个罗马天主教徒，还是个 dévote①。她性情并不容易激动，也不容易冲动，她生来就能受良心管束，不受感情支配，而她的良心呢，又掌握在她的宗教向导手中。别人蔑视她的教派，她就看作是亵渎神圣的真理。尽管她生来不会公开表示自己的想法和感受，但是她那越来越冷淡的态度却表示出她十分珍爱的见解受到了多大的伤害。这样，对于埃热太太的态度上的变化，虽然没有作任何解释，但这可以作为一个重大原因，说明为什么这时使夏洛蒂痛苦地感觉到她们之间有一种默默的疏远；这种疏远也许前者几乎还没有觉察。我在前面提到过，家里的来信可能使夏洛蒂为勃兰威尔担心，引起了她的极大的痛苦。这一点我要留到她最大的担忧影响她自己和她妹妹的日常生活时再更加详细地叙述。我在这里重提一下这个话题，是为了让读者记住，她不得不把那隐隐折磨着她的个人的忧虑埋在心底；目前，她只有恪尽厥责才能暂时把这种痛苦压下去。另一种朦胧的悲哀这时也隐隐约约地可以看到。她父亲的视力开始衰退，可能不久就会失明；他的工作只得更多地移交给副牧师，而勃朗特先生一向慷慨；对于这种帮助，他将不得不付出比以前更高的费用。

她在给艾米莉的信中这样写道：

一八四三年十二月一日

现在是星期日早晨。他们正在以他们那偶像崇拜的方式望"弥撒"，我在这里，也就是说我在餐厅里。我特别希望是在自己家的餐厅里，在厨房里或者在后厨房里。我甚至希望自己在切肉，执事和一些登记人员在另一张桌旁，而你站在旁边，看我放足够的面粉，不要放过多的胡椒，尤其是看我把羊腿上最好的肉

---

① 法语：虔诚的教徒。

留给老虎和基伯①，前者会绕着碟子和切肉刀欢蹦乱跳，后者却站在厨房地上，像吞噬一切的火焰。把这个图景描绘得更完美一些，泰比为了要把土豆煮成稠稠的糊，正在吹火！此刻，这些回忆对我来说是多么美好啊！但是，现在我还不想回家。我缺少这样做的真正的借口；不错，这地方对我来说是沉闷无趣的，但是，如果在我到家时还没有一个明确的前景，那我是不能回家的；而这个前景又一定不能是找到一个职业；找到职业就好像是从煎锅中跳到火里一样。**你说你自己百无聊赖！真是荒谬，荒谬！**……爸爸好吗？你好吗？泰比呢？你问起维多利亚女王访问布鲁塞尔的情况。我看到了她，只是一刹那，她乘着六匹马拉的马车，由士兵保卫着，在皇家街上一晃而过，她兴高采烈地谈笑着。她看上去是个矮小、壮实、活跃的女士，穿着一般，并不怎么威严和做作。总的说来，比利时人很喜欢她。据说她使利奥波德国王那阴沉沉的宫殿活跃了起来，那里往常是同宗教会堂一样地阴郁。马上再给我写信吧。告诉我，爸爸是不是真的很想我回家，你是不是也这样。我有个看法，我在那里没有用处——就像一个上了年纪的人在教区里一样。我全心全意地祈祷，愿哈沃斯的一切——尤其是我们那幢只住了一半人的灰色房子里的一切——都仍然很好。上帝保佑那里的四壁吧！愿你、爸爸和泰比平安、健康、愉快和幸运。阿门。

夏·勃

快到这一年(一八四三)年底的时候，除了前面已经提起过的那些使她不安的原因以外，还有一些原因使她觉得家里绝对地、迫切地需

---

① 老虎是勃朗特家的一只猫的名字。基伯是艾米莉的一条狗的名字。

要她,这时她已获得了她第二次去布鲁塞尔所要获得的东西;况且,埃热太太已不再像过去那样亲切地对待她。这种种情况给一个敏感的心灵带来剧烈的痛苦,因此,她突然向那位女士宣布要立即回英国去。她只肯对他们说出一部分情况,即,勃朗特先生越来越接近于失明,埃热先生和埃热太太听了以后,也认为她最好还是回英国。可是,不得不和这些人以及这些地方告别的时刻来临时,她的情绪却低沉了下来,她在这些人中间,在这些地方曾经度过了那么多幸福的时刻。她自然而然地预感到,这是最后一次看见所有这些人了。她的朋友们说,布鲁塞尔和哈沃斯相隔并不太远,从这里到那里去并不像她的眼泪显然表示的那么困难或无法办到。不,他们还谈起,如果她实现了开办学校的愿望,埃热太太的女儿当中将有一个送到她那里去。她听了这些话,只感到一种不起作用的安慰。为了使她在执行这个计划时更容易获得成功,埃热先生给了她一张文凭似的证明,填上日期,盖上布鲁塞尔皇家中学的印章,证明她完全有能力教法语,因为她已经在那里很好地学习了语法和作文,而且已经研究和实践过最佳教育法,有了准备,可以任教。这张证明上的日期是一八四三年十二月二十九日。而在一八四四年一月二日,她就到达了哈沃斯。

当月二十三日,她这样写道:

人人都问我,现在我回家了,打算怎么办;似乎人人都指望我立即开办学校。其实,我自己也希望这么做。在所有的事情当中,我最希望做的就是这一件,我有足够的经费办学校,只希望具备足够的资格来让我有获得成功的良好机会;然而我还不能允许自己进入生活——去接触我长期努力争取,而现在似乎已能得到的事物。你会问我为什么吗?那是因为爸爸,你也知道,他现在老了,我很伤心地告诉你,他正在失去视力。好几个月来,我一直觉得我不该离开他；我现在觉得，要是离开他去追求自己自私的志趣，那我就太自私了（至少在勃兰威尔和安妮不在时是这样）。在上帝的帮助下，我要在这件事上克制一下，等些时候。

我在离开布鲁塞尔以前很感痛苦。我想，我不管活多久，都不会忘记同埃热先生分别我要作出多大努力。他是一位那么真诚、仁慈和无私的朋友，看到他悲伤，我也十分悲伤。在分别时他给了我一种文凭，证明我有当教师的能力，盖上皇家中学的印章，他就在那所学校里当教师。我的比利时学生知道我要走了，都深表遗憾，我见了大吃一惊。我以前万万没有想到她们的冷漠性格中还有这种感情。……我不知道你是否和我有同感，但是我现在有时好像觉得，除了少量友谊和感情以外，我所有的看法和感觉都变得和以前不一样了；我心里的某些东西，以前是热情，现在已经给驯服了，压垮了。我的幻想不像以前那么丰富；现在我希望的是积极努力，这是生活中的唯一支柱。哈沃斯看上去真是个远离尘世的、孤独安静的、被埋葬了的地方。我不再觉得自己年轻——的确，我快二十八岁了；看来，我应该像别人那样工作，而且同人间的残酷现实拼搏。然而，目前我有责任克制这种感觉，我将努力这么做。

她的在外面工作的妹妹和弟弟当然都请准了假来欢迎她回家，几个星期以后，她有空去 B 地看望了她的朋友。可是她身体远远算不上健康和强壮，短短的十四英里旅程似乎已经叫她疲累不堪了。

回哈沃斯以后不久，她写了封信给招待她住的那家人家的某个成员，信中有这样一段话："我们的可怜的小猫病了两天，刚刚死去。哪怕看一个动物失去生命躺在那里也是很凄惨的。艾米莉觉得难受。"这不多的几句话讲出了这姐妹俩性格中的一些特点。这些特点，我得说得稍微详细一些。夏洛蒂对待所有不会说话的动物不只是一般的温和，这些动物凭着人们常常发现的优良本能总是喜欢她。她深切而过分地意识到自己外貌上的缺点——体质方面毫无希望，这使她不大容易信任别人的感情，因此，别人向她表示了感情，她也就不大容易作出反应。这就使得她在男人和女人面前，甚至在孩子面前，都态度腼腆，行动拘谨。以前，她的比利时学生们在她动身时感到遗憾，她见了又是感激又是惊奇，从这一点，我们已经看到了她战战兢兢，不相信自己有力量激起别人的好感。但是，对待动物，她不仅态度和善，她的话语和声调也都温柔，充满爱意。别人要是对哪个可怜的畜生有一丝一毫不够关心和不够温柔的地方，她很快就会觉察出来。《谢利》的读者也许还记得，这是女主角给她的情人的考验之一。

你可知道我要去问什么样的预言者？……赤脚来到我门前的爱尔兰小乞丐；从我的护壁板隙缝里偷偷钻出来的老鼠；冰天雪地中在我窗口啄食面包屑的小鸟，坐在我膝旁舔我手的狗……我知道有一个人，黑猫喜欢爬到他膝头上去，喜欢偎依着他的肩膀和脸颊发出咕噜咕噜的声音。在有人路过的时候，那条老狗总是从它的窝里走出来，摇着尾巴，热情地呜呜叫着。（这里的"一个人"和"他"，要读成"夏洛蒂·勃朗特"和"她"。）他默默地抚摸那只猫，只要方便，总是让它坐在那儿；在不得不站起来、打扰它的时候，就轻轻地把它放下，从来不粗暴地把它扔下来；他总是向狗吹口哨，爱抚它。

这种感情在夏洛蒂身上带点疼爱的性质，而在艾米莉身上却更像一种激情。有人向我谈起艾米莉，随意用了个有力的表达方法，说道："她从来不向任何人表示关心；她全部的爱都保留给动物。"动物的孤弱无助是通到夏洛蒂心里的通行证；而动物生性凶猛狂野，难以管束，常常正因为是这样，艾米莉才喜爱动物。夏洛蒂在谈起她已故的妹妹时说，谢利性格中许多特点是从艾米莉那里取来的；她喜欢坐在地毯上读书，一条胳臂搂着她那毛茸茸的叭喇狗的脖子；看到陌生的狗垂着头伸着舌头奔过，她总要叫住它，好心地给它喝点水，它发疯似的咬她，她却头脑清醒、沉着而勇敢，径直走进厨房，拿起泰比的一把火红的意大利火钳去烙那咬伤的地方，一声不吭，直到危险过去了才告诉别人，生怕别人比较弱的脑子会受不了惊吓。所有这一切，看上去像是《谢利》中的一个想象出色的虚构的细节，其实却是夏洛蒂热泪滚滚地写下来的；这是艾米莉所干的事的毫不夸张的如实记载。这条黄色的叭喇狗（它会发出"卡看脖子打噒哨"似的叫声），在《谢利》中叫"鞑靼"，在哈沃斯牧师住宅里叫"基伯"，是别人送给艾米莉的一件礼物。送动物时曾经作过警告。基伯和朋友们在一起时，忠心耿耿；谁要是用棍子或者绳子打了它，它就会野性发作，一下子扑到那个人喉部，抓住他，同他拼死搏斗。基伯在家里有这个缺点。它喜欢偷偷溜上楼，伸开它那成矩形的黄褐色的四肢躺在罩着精致白床罩的舒适的床上。可是牧师住宅收拾得干干净净，一尘不染；基伯这个习惯实在讨厌，艾米莉在回答泰比的劝告时宣布说，只要看见它再闯进来，她就一定不顾别人的警告，不顾它那著名的凶残生性，要亲自狠狠揍它一顿，叫它再也不敢这样胡来。一个秋天的傍晚，暮色苍茫，泰比来了，一半得意，一半颤抖，但是十分生气地告诉艾米莉说，基伯正躺在那张最好的床上酣睡。夏洛蒂看见艾米莉顿时脸色发白，咬紧牙关，但不敢去劝阻她；在艾米莉苍白的脸上，眼睛里闪出那种光芒时，在她紧闭嘴唇时，谁也不敢去劝她。她走上楼去，泰比和夏洛蒂站在楼下阴暗的过道里，正在降落的夜幕使那里充满了黑影。艾米莉走下楼来，后面拖着她那很不愿意走的基伯，它的后腿用反抗的姿势沉沉地赖在那里不走。它的"后颈"给紧紧抓住，但是它一直用低沉而狂野的声音嗥叫着。旁观的人真想劝说几句，但又不敢，生怕说话会使艾米莉分散注意力，使她的眼光暂时离开这个愤怒的畜生。她放开它，让它站在楼梯脚下的一个黑暗的角落里。她来不及去拿手杖或棍子，因为怕它扑向她的喉部卡住她——她趁它还来不及跳起来就握紧拳头猛打它那双红红的、凶狠的眼睛，用赛马的术语说，她"惩罚它"直到它眼睛肿了起来。这个半瞎的、吓呆了的畜生给带到它住惯了的窝里，这位艾米莉亲自给它那肿起来的头热敷，照料它。这条宽宏大量的狗没有记她的仇，后来一直深情地爱着她。在她的葬礼上，它走在送丧行列中的最前面；一连好几夜睡在她那空房间门口，发出呜呜咽咽的叫声；可以说，在她去世以后，它再也没有用狗的方式欢蹦乱跳过。后来，唯一活着的姐姐也为它哀悼。让我们半怀着印第安人的信念，希望它现在还跟着艾米莉；它在睡觉时睡在梦幻的柔软的白床单上，在冥府中醒来时不再受到惩罚吧。

"我们的可怜的小猫死了。艾米莉觉得难受。"这些话的力量，我们现在可以理解了。

第十三章

这年春天,荒原给她们带来了很多乐趣:艾米莉和夏洛蒂经常在荒原上散步,"这使我们的鞋子磨损得厉害,但我希望,对我们的健康有好处"。在这样漫步的时候,常常讨论开办学校这个老计划。在家里,她们则全神贯注地为在外工作的勃兰威尔缝制衬衫,默默地思考过去和未来的生活。最后她们终于作出了决定。

我已经认真地着手开办学校——或者不如说,在家里收为数有限的几个学生。这就是说,我已经热切地开始寻找学生。我已经写信给某某太太,(她去布鲁塞尔前作为家庭教师曾跟她住在一起)不是要她的女儿——我不能这么做——而是把我的打算告诉她。我收到了某某先生的回信,我相信,信中表示了真诚的遗憾,我没早一个月告诉他们,他说,如果早一个月告诉的话,他们会很乐意把自己的女儿和 S 上校的女儿送来的,现在她们两人都已经答应到 C 小姐那儿去了。收到这封回信,我既失望又高兴,的确,他热情地保证,我只要稍微早一点告诉他们,他们肯定会把女儿送到我这儿来,我从这里面得到很大的鼓励。我承认,原来我还担心没有人愿意把孩子送到哈沃斯来上学呢。这些担心有一部分消除了。我还给 B 太太写了信,把埃热先生在我离开布鲁塞尔前给我的文凭附了去。我还没收到她的回信,但是我有点焦急地等待着。我并不指望她把她的哪个孩子送来,不过,如果送来的话,也许她会再介绍几个学生来。不幸的是,她对我们只有很少一点了解。一到我能肯定有学生,哪怕只有**一个**学生,我也要去印一些招生简章,并且开始把房子作一些必要的修理。我希望在冬天来到以前把所有这些事做好。我打算把膳宿费和英语课的学费定为每年二十五英镑。

后来,同年七月二十四日,她又写道:

我正在尽力推进我的小小的事业。所有的朋友,哪怕只有向他们提出要求的一点可能,我都给他们写了信,甚至我无权提出要求的,也写了信,如 B 太太。实际上,我还大胆地去访问了她。她非常客气,表示遗憾地说她的孩子已经在利物浦的学校里上学了;她认为这件工作是值得称颂的,但是担心由于**地点**关系很难成功。我几乎从每个人那里都得到了这个回答。我对他们说,**地点偏僻**,从某些方面看来是个有利条件;如果在大城市的中心,我就不会用这么低的收费招生(B 太太说她认为收费是很低的),事实上,我们提供的教学内容和学费昂贵的学校一样,而因为我们不用付房租,收费却只有他们的一半稍多一点。又因为招生人数有限,我们就可以把大量时间和精力用在每个学生身上。谢谢你,给我寄来那只漂亮的小钱包。我给你一个奇怪的回礼,六张招生简章。你觉得怎么用好,就怎么用吧。你可以看到我把学费定为三十五英镑,考虑到有利条件和不利条件,我认为学费定得不高不低。

这是七月份写的;八月、九月、十月过去了,没听说有学生。一天又一天,在邮件送来以前,姐妹们总觉得有一点希望。可是哈沃斯村又荒凉又孤寂,勃朗特姐妹由于没有什么亲戚朋友,别人不大知道她们。那年初冬的几个月里,夏洛蒂这样写道:

我、艾米莉和安妮都真心感谢你,你代表我们作了努力;如果说你没有成功,那也不过是同我们一样罢了。人人都给我们良好的祝愿;可就是招不到学生。然而,我们目前还不想为这件事伤心,更不会感到失败的痛苦。不管结果如何,作这个努力还是有益的,因为这使我们有了经验,对这个世界也有了更多的认识。我再寄上两张招生简章。

一个月以后她说:

我们家的房子还没有作什么改变。既然不大可能招到学生,去作改变是愚蠢的。我怕你为了我们的事给你自己添了过多的麻烦。毫无疑问,如果你去说服一个妈妈把她的孩子送到哈沃斯来,这地方的景象准会把她吓坏的,她很可能立即把她亲爱的女儿带回去。作了这次尝试,我们是高兴的,不会因为没有成功就灰心丧气。

她们的计划没有成功,说不定每个姐妹心中都暗暗地有一种没有公开承认的松一口气的感觉。是的!她们心爱的计划已经作过尝试并且失败了,那是一种嗒然若失的松一口气的感觉。因为那所房子被认为是她们的兄弟偶尔住住的家,对于陌生的孩子们来说,要住在那儿是不太合适的。她们很可能已经悄悄地注意到,他的习气使别人有时候很不愿意同他交往。也有可能,她们这时候听到了令人痛苦的传说,知道了引起悔恨和痛苦心情的原因。这种心情有时使他烦躁不安,过于兴奋,有时使他忧郁和激动。

夏洛蒂在一八四五年一月说:"勃兰威尔总的来说,现在比去年夏天平静一点,也不那么激动。安妮跟往常一样,一直是善良、温和、耐心的。"他使他的亲属深深感到痛苦,现在这种痛苦有了一个明确的形式，沉重地威胁着夏洛蒂的健康和情绪。这一年年初，她的好朋友"玛丽"要离开英国去澳大利亚，她去H地方，和"玛丽"话别。

我已经说过，勃兰威尔找到一个私人教师的职位。安妮也在这家人家当家庭教师，是她哥哥在这个时候性格变坏的见证人。这种变坏的原因我说不上来；但是，结果是这样的。他很不愿意地回家度假，在家待的时间短得不能再短，用他那奇特的行动使她们大家都迷惑不解，很是苦恼。他有时候兴高采烈，有时候却情绪十分低沉，说自己罪大恶极，背信弃义，却又不肯说出具体的事实，完全表现出一种近乎疯狂的暴躁。

他的神秘的举止使夏洛蒂和艾米莉痛苦不堪。他自己表示对于职位特别满意；他在这个职位上待得比以前在任何其他职位上更久；因此有一个时期她们猜测不见得会有什么事使他这样任性、不安、变化无常和痛苦不堪，但总是感到他有些不对头，这种感觉使她们闷闷不乐，心情沉重。她们开始对他的前途失去希望。他不再是家里的骄傲；一部分由于他自己的行动，一部分由于安妮写的家信中说了些使人痛苦的怀疑的话，她们心里产生了一种朦朦胧胧的担心，担心他会成为她们的奇耻大辱。但是我相信，她们避免把这种担心明说出来，相互之间也尽量少谈论他。她们禁不住思考，悲叹，觉得奇怪。

一八四五年二月二十日

我在H地方不很愉快地住了一个星期；头痛，不舒服，情绪低沉，由于这些原因，对于这所房子里其他所有人的欢乐愉快、谈笑风生来说，我成了一个可怜的同伴，可悲的累赘。我在那儿的时候，从来没有幸运得能够开开玩笑，连一个小时都没有。我相信，我走了以后，他们大家都会非常高兴，也许只有玛丽一个人例外。我开始发觉，现在我已经精力不济，已经不适合和谁做伴，除非同一些十分文静的人。是年龄使我变成这样，还是别的什么原因呢？

唉！她几乎不必问这个问题。她怎么会不"情绪低沉"，对轻松愉快的人们的欢乐来说不成为"一个可怜的同伴"、一个"可悲的累赘"呢！她那自己谋生的正当计划失败了，化成了泡影；在她作好一切准备以后，没有一个学生来报名；这个多年的宿愿没有实现，她没有感到遗憾，反而有理由感到高兴了。她那几乎失明的可怜的父亲，视力很差，无可奈何，完全要靠她照料；可这是件神圣的虔诚的事情，她乐于去尽这个责任。一度是家里"最光明的希望"的人——勃兰威尔，蒙着一种深沉的忧郁气氛，他那任性的行为的谜还没能解开。他总会以某种方式在某个时候为了自己的耻辱来躲在家里；这是他的姐妹们的可悲的预料。不仅如此，她还失去了她的亲爱的、高贵的"玛丽"，失去那么久，离得又那么远，她很可以预言"永远"失去了"玛丽"，她怎么会愉快呢？很久以前，她写到玛丽·泰时说，玛丽"充满高尚的情操，热情，慷慨，虔诚，深沉。上帝保佑她！我从来没有希望在这世界上看到一个比她更高贵的性格。为她所爱的人，她会心甘情愿地去死。她的智力和造诣都很高"。她失去的就是这个朋友！听听那个朋友叙述的她们最后一次的见面吧：

我最后一次见到夏洛蒂的时候(一八四五年一月)，她告诉我她已经完全决定要待在家里。她承认她并不喜欢这样。她身体很弱。她说一开始她喜欢任何一种变化，就像一开始她喜欢布鲁塞尔一样，她认为一个人总有可能过比较多样化的生活，有比较多的同别人交往的机会，可是她却看到她自己并没有。我怀着满腔热情对她说，她不该待在家里；在家里再待五年，孤零零的，身体又不好，准会把她毁了，再也恢复不过来。我说："你想想五年以后你会变成什么样子！"她脸上立即蒙上一层阴影，我只得停下，改口说："别哭，夏洛蒂！"她没哭，只是在屋子里来回踱步，过了一会儿说："可我打算留在这儿，波丽。"

她和玛丽分手以后几个星期，她这样叙述她在哈沃斯的生活：

一八四五年三月二十四日

我简直无法告诉你在哈沃斯时间是怎么过的。没有任何事情来标出时间的进程。一天天都很相似；每天都是死气沉沉的样子。星期日，烤面包的日子和星期六是仅有的有特别标志的日子。在这期间，生命慢慢地过去，我马上要三十岁了，却一事无成。有时候，回顾往事，想想未来，不由得意志消沉起来。然而，后悔是不对的，也是愚蠢的。毫无疑问，我的责任命令我目前待在家里。以前有一个时期，哈沃斯对我来说，是个非常愉快的地方，如今却不是这样。我觉得仿佛我们全都埋葬在这儿了。我渴望旅行，工作，过有所行动的生活。原谅我吧，亲爱的，我用我无法实现的愿望打扰了你。其余的我就搁在一边，不拿它们来打扰你。你**必须**写信给我。如果你知道我是多么欢迎你的信，你就会经常给我写信了。你的信和法文报纸是从我们荒原以外的外部世界带给我的唯一信息，而且是很受欢迎的信息。

她每天的工作中有一件是给她父亲读书，在进行这项工作的时候，需要她用一点巧妙的外交手段；因为有时候要是提出由别人来做他长期习惯于自己做的事，只会使他过于痛苦地想起自己已经失去了阅读能力。而且她暗暗担心，自己也会失去这个能力。多年来身体一直很差，肝的状况不好，小时候常常凑近纸画精细的画，写细小的字，现在夜里又经常失眠，为了勃兰威尔的神秘而可悲的行动淌了许多痛苦的无声的眼泪——所有这一切原因都损害了她那双可怜的眼睛。大约在这个时期，她给埃热先生的信中这样写道：

> 我最害怕的是无所事事、怠惰、智力麻木。当身体懒惰时，精神就忍受着剧烈的痛苦；如果我能写作，就不会有这种麻木的感觉。以前，我把许多日子、星期、月份整个儿用来写作，并非毫无效果，因为我把一些原稿寄给我国最好的作家骚塞和柯尔律治，他们都善意地表示了赞赏；但目前，我的视力太差；如果我多写，就会失明。视力差，对我来说是一个可怕的损失；若不是这样，你知道我会怎么做吗，先生？我会写一本书，把它奉献给我的文学老师，我有过的唯一的老师——你，先生！我时常用法语对你说，我是多么尊敬你，我感谢你的仁慈、你的劝告。我想用英语再说一遍。但是这不可能了，不应该再这样想了。文学的大门已经向我关闭。……别忘了给我写信，告诉我你好吗，太太和孩子们都好吗。我指望不久能听到你们的消息；想到这点我笑了，因为对你的仁慈的回忆在我的记忆中是永远不可磨灭的，这种回忆存在多久，你在我心里激起的崇敬之情也将存在多久。向你致意，先生，等等。①

很可能连她的姐妹和最亲密的朋友都不知道这个时期她正苦恼着，担心最后会失明。她把仅剩的视力留给她父亲使用。她只做很少一点简单的针线活，能不写字就不写字，主要忙于编织。

---

① 这一段原文是法文。

一八四五年四月二日

我看得很清楚,这个世界上几乎没有一点毫无掺杂的幸福,这是已经向我们证明了的。某某人的疾病随着某某人的婚姻而来。玛丽·泰自由了,正在走上她长期梦寐以求的冒险和努力的道路。病痛、艰苦、危险是她的旅伴——她的形影不离的伴侣。她可能已经赶在西南风或西北风来到以前,躲开了它们,或者它们已经向陆地泄怒,并没有在海上掀起惊涛骇浪。如果不是这样的话,那么,当我们在床上熟睡时,或者醒着躺在那儿思念她时,她准会被摇晃得够呛。然而,这些真实而又重大的危险一旦过去以后,就在脑子里留下一种满意的心情,觉得自己已经同困难搏斗过了,并且战胜了它。力量、勇气和经验是这些危险的千篇一律的后果,而我却怀疑纯粹属于精神上的痛苦是否会有什么好的后果,除非是使我们相对来说对于肉体上的痛苦不那么敏感。……如果是十年以前,我听了你把一个未婚的医生误认为一个已婚的医生,我准会哈哈大笑。我肯定会认为你太谨慎,并且会觉得奇怪,你客客气气地对待一个体面的人,怎么会因为他还没结婚而不是已经结婚,就感到后悔。然而现在,我看得出来,你的谨慎是建筑在常识基础上的。我知道,女人们如果要避开寻找丈夫的嫌疑,那就得让行动举止看上去跟大理石和泥土一样——冷漠,没有表情,没有生气;因为只要流露出一点感情、喜悦、悲哀、友好、反感、爱慕、厌恶,就都会被世人歪曲,说成是想勾引一个丈夫。没关系!本意良好的妇女毕竟有她们自己的良心来安慰她们。所以,不必过多地担心流露出自己真正的性格:热情和善良。不要过分粗暴地抑制本身很好的情绪和感情,生怕哪个自负的青年会以为你流露出这种感情是为了迷住他;别让你只用半个自己来生活,生怕过于活跃了,某个穿马裤的顽固家伙会以为你有意思把一生奉献给他的空虚无知。不过，对一个女人来说，沉静、正派、稳重的举止是最大的珍宝，而你就有这种举止。马上给我写信吧，因为我觉得脾气暴躁，需要平息一下。

一八四五年六月十三日

至于某某太太，你说她像我，我却对她毫无好感。对于被说成像我的人，我从来没有好感，因为我始终有一个看法，认为她们只是在我性格中不讨人喜欢的、外表的、一眼就看出来的那个方面像我；在普通人觉得明显的几点上像我，而我知道那几点并不可爱。你说她"聪明"——"是个聪明人"。我是多么讨厌这个词啊！它意味着一个相当精明、十分丑恶、爱管闲事、唠唠叨叨的女人……我觉得一天也不愿意离开爸爸。他的视力一周比一周差；他眼看自己正在丧失最宝贵的视力，情绪时常低沉下来，这还有什么可奇怪的呢？感觉到他的为数不多的几种乐趣马上都要消失了，真是难受。现在，他看书写字都有很大困难；他还害怕那种失明必然会使他陷入处处依靠别人的状态。他担心自己在教区里将成为无足轻重的人。我竭力使他高兴起来；有时候，我暂时取得成功，但是任何安慰都无法恢复他的视力，或者补偿失去视力的苦处。不过，他从不烦躁和不安，只是焦急和沮丧。

由于上述原因，夏洛蒂拒绝了一次邀请。发出邀请的是现在请她去的唯一的一家人家。她收到了这封信的回信以后，又复信道：

你认为我冷淡地拒绝了你，对不？这是一种奇怪的冷淡，明明我很愿意说**遵命**，却偏偏不得不说**谢绝**。不管怎么样，情况现在有了一点改变。安妮回家了，有她在身边，我当然感到稍微空一点。那么，如果一切都好的话，我会来看你的。只要告诉我应该在什么时候来。你说哪一个星期，哪一天。如果可能的话，请你也回答一下以下几个问题。从利兹到设菲尔德有多远？你能告诉我路费大概要多少钱吗？当然，我来了以后，你会让我安安静静地享受一下和你在一起的乐趣，而不硬拉我出去做客。我根本不想去见你的那位副牧师。我想，他一定也跟我见过的其他副牧师一样；我觉得他们是一种追求私利的、自负的、空虚的人。在这上帝保佑的时刻，我们哈沃斯教区竟有三个副牧师——没有哪一个比另一个高明。有一天，他们三个由 S 先生陪同着，一起出人意外地顺便走进来，或者不如说闯进来喝茶。那天是星期一(烤面包的日子)，我又热又累；不过，如果他们安安静静、文文雅雅，那我也会心平气和地给他们送茶点；可是他们开始自吹自擂，污蔑不信奉国教的人，我按捺不住自己，发了火，尖刻而连珠炮似的说了几句话，把他们全都惊得哑口无言。爸爸也吓了一跳，可我并不后悔。

她到她朋友家进行了三个星期的短期访问，回来时在火车上同她一起旅行的有一位绅士。他的五官和举止让她一眼看出了他是个法国人。她鼓起勇气问他是不是法国人；他承认了。她马上又问，他是不是在德国住了很久，他说是的。她的灵敏的耳朵听出了浓重的颚音。法国人说，只要法国同胞在莱茵河那一边住过，不管住多少时间，那就连他们的孙子也会有这种颚音。夏洛蒂还保持着说法语的能力，由于这个习惯，她这样对埃热先生说：

我很担心会把法文忘掉——我每天背半页法文，我非常高兴学这课文。请向埃热太太转达我的敬意;我怕玛丽亚·路易丝和克莱尔已经把我忘记了,但是我总有一天会再见到你们;等我一挣到足够的钱可以去布鲁塞尔,我就会去的。①

她访问了她的朋友,度过了这难得的欢乐时刻以后,在回哈沃斯的途中,同这位法国绅士交谈,感到很愉快;到家时,她神清气爽、兴高采烈。可是在家里看到了什么呢?

她到达牧师住宅时是十点钟。没想到勃兰威尔在那里,病恹恹的。他在一两天以前回家,表面上是来度假的;我想,事实上是因为别人发现了他的行为,使他不得不走。夏洛蒂回家的那天,他收到某某先生的来信,信中措词严厉地把他解雇了,说已经发现了他的所作所为,这些所作所为坏到言语都无法形容,要他立即并且永远同这家人家的每一个成员都断绝一切来往,否则就把事情揭发出来。

不管勃兰威尔的罪恶的性质和程度如何——不管他受到什么诱惑,犯了什么罪——他的行为给他的可怜的父亲和无辜的姐妹带来了痛苦,这却是毫无疑问的。他们多年来为他所抱的希望和努力使之实现的计划全被残酷地破坏了。从此以后,他的一阵阵悔恨使他们的日子沾上了苦味,使他们夜里的睡眠遭到了破坏。为了看看他给他的可怜的姐妹们带来的痛苦,让我们读读夏洛蒂自己说的令人伤感的话吧:

勃兰威尔的事使我们感到很糟糕。他除了借酒消愁或浇愁以外,什么也不想。家里谁也不得安宁;最后,我们只得叫他离家到别处去过一个星期,派个人照料他。今天早上他写信给我,表示悔恨……可是只要他留在家里,我就不能希望家里太平。我怕

---

① 这一段原文为法文。

我们都得准备度一个忧伤和不安的季节。我离开你的时候,有个强烈的感觉,就是我又回到悲哀中去了。

一八四五年八月

这儿家里的一切还跟往常差不多;勃兰威尔现在**被迫**戒酒,这两天健康状况好了一点,因此脾气也好了一点,但总的情况还不是很好。

一八四五年八月十八日

因为没有好消息可以告诉你,所以我推迟了写信。我对勃兰威尔越来越不抱什么希望。有时候我担心他的身体永远也不会健康。最近这次对于他的前途和心情的打击使他完全不顾一切了。只是因为不名一文才有所约束。确实,一个人应该一直到最后都抱有希望;我竭力这么做,但是,在他这种情况下,有时候希望似乎会落空。

一八四五年十一月四日

我希望能邀你来哈沃斯。前一阵勃兰威尔几乎有机会找到工作了,他作了些努力,我等着听结果,为了听到结果后可以对你说:亲爱的某某,来看看我们吧。但是那个职位(一个铁路委员会的秘书职位)却给了另一个人。勃兰威尔还在家里,**他**在这儿,**你**就不能来。我越是多看到他,我这个决心就越是坚定。但愿能对你为他说一句好话,可是我不能。我只得闭口不说。承你好心提出有关利兹的建议,我们都很感激;可是我认为我的办学计划目前已经停止了。

一八四五年十二月三十一日

在说起某某的时候,你说再也没有什么痛苦比放荡不羁带来的痛苦更为可怕了,你说得对。唉!每天我都看到这句话被证实。某某和某某侍候她们的不幸的兄弟,生活一定过得厌烦而抑郁。没有做坏事的人受这么大罪,确实令人伤心。

事实上,他们后来的日子都被残酷而可耻的痛苦糟蹋了,——至少两个姐妹夭折,——极有可能他们在世的日子都突然结束,——这或许是从一八四五年施洗约翰节开始的。

勃兰威尔在一生的最后三年中经常抽鸦片,为的是使自己的良心麻木不仁;除此以外,一有机会就喝酒。读者也许会说,我早就说过他有狂饮的癖好。不错;但是,据我所知,他是在被解除家庭教师的职务以后才经常这样的。他抽鸦片是因为这比饮酒更有效地使他暂时忘却一切;而且携带更加方便。为了买鸦片,他显出了所有抽鸦片的人的狡猾。他说自己身体不好,不去做礼拜,趁家里人都在做礼拜,偷偷溜出去,用好话说得村里的药剂师卖给他一块;或者,也有可能是送货人毫不怀疑地给他从远处捎一盒来。他在去世以前,有一个时期发作了震颤性谵妄,是最可怕的一种。他睡在父亲房间里,有时候说,天亮以前,他们父子两人之中有一个会死去。他的姐妹们吓坏了,哆嗦着恳求父亲不要冒这个险;但勃朗特先生不是个胆小的人,也许他觉得,自己有可能用信任的态度来影响儿子,叫儿子自我克制,这要比表示害怕更有效。姐妹们常常在死寂的夜里等着听枪声,直到警惕的眼睛和静听的耳朵由于一直处在紧张状态而变得迟钝。到早上,年轻的勃朗特会悠悠闲闲地走出来,像醉汉那样断断续续地说:"可怜的老头儿和我过了可怕的一夜。他尽了力——可怜的老头儿!可是对我来说一切都完了。"

第十四章

在一八四五年的这个悲哀的秋天,萌生了一个新的兴趣——确实是朦朦胧胧的,而且常常消失在为她们兄弟感到的剧烈的痛苦和经常的焦虑之中。后来夏洛蒂写了一篇有关她两个妹妹的传记文章,附在一八五〇年出版的《呼啸山庄》和《艾格妮丝·格雷》前面,据我所知,那篇文章的悲怆有力是独一无二的。她写道:

一八四五年秋的一天,我偶然看到一本诗歌手稿,是我妹妹艾米莉的笔迹。我知道她会写诗而且确实在写诗,所以我当然不感到吃惊。我看了一遍,感到的不只是惊奇——更感到一种深深的信念,相信这不是普通的抒发感情,也根本不像女士们一般写的诗。我觉得这些诗精炼、简洁、遒劲、真诚。在我听来,还具有一种独特的音乐感,狂放、忧郁、振奋人心。我妹妹艾米莉并不是个性格外向的人,而且,即使是同她最亲近的人,如果不经她同意闯入她的心灵和感情的深处,也一定会受到惩罚。我发现了她的诗,花了好几个小时才使她同我言归于好,又花了好几天工夫才说服她,使她相信这样的诗值得出版。……在这期间,我的小妹妹悄悄地拿出几首她自己的作品,说艾米莉的诗叫我看了高兴,也许我会喜欢看看她的诗。我只能是个偏心的判断者,但我认为这些诗也自有其真诚可爱的凄婉感人之处。我们早年就梦想有朝一日成为作家。……我们一致同意从我们的诗中选出一些,编成一个小小的选集,如果可能的话,还要出版。因为不喜欢公开个人的身份,我们没有用真名,而用了柯勒·贝尔、埃利斯·贝尔和阿克顿·贝尔。选择这种模棱两可的名字是因为自己觉得有顾虑,不敢用肯定是男人的名字。而我们又不想告诉人家我们是女人,因为——当时没有想到我们的写作方式和思想方式并不是人们所说的"女性化的"——我们有个模模糊糊的印象:人们会怀着偏见来看待女作家,我们注意到,评论家们有时用性格作武器来惩罚她们,用不是真心赞扬的奉承来报偿她们。出版我们这本小书是艰苦的工作。正如预料的那样,我们也好,我们的诗也好,人家根本不需要。但是对于这一点,我们一开始就有了思想准备;虽然我们自己没有经验,却看到过别人的经验。最使人感到困惑的是,我们写信给出版商,可是很难从他们那儿收到任何回音。这个障碍使我们十分苦恼,所以我大胆给爱丁堡的钱伯斯先生写了一封信,请他们出出主意。**他们**也许已经忘记了那件事,可是**我**没有,因为我收到一封简短的公文性质的但是却客客气气而合情合理的回信,我们就按信上说的办法去做,终于成功了。

我问了罗伯特·钱伯斯先生,发现情况正如勃朗特小姐所猜测的,她写信给他和他的兄弟,请他们出出主意这件事他已经完全忘记了;他们的来往信件也没留底或登记。

有一位住在哈沃斯的聪明人给我提供了一些有关这一时期三姐妹的有趣的细节。他说:

我认识作为勃朗特小姐的勃朗特小姐已经很久了;确实是从他们在一八一九年来到哈沃斯的时候起就认识了。但是,到一八四三年左右,我开始在文具业方面做点生意的时候,才跟这家人家熟悉起来。在我开始干这一行以前,要到基思利才能买到文具。她们常常买大量的书写纸,我常常觉得奇怪,她们要这么多纸干什么。有时候我想,她们是给杂志投稿。纸卖完以后,我总是担心她们来；如果我没有纸，她们就好像很遗憾。有好几次我步行到哈利法克斯(要走十英里路)，去买半令①纸，生怕她们来时我没有。由于缺少资金，我一次没法多买。我总是缺少资金。我有纸张可以供应她们时，很喜欢她们来；她们跟别人不一样；那么温文尔雅，那么文静，从来不多说话。夏洛蒂有时候坐下来，问问我们的境况，那么和蔼，那么关心！……我虽然是个穷苦的工人(我对此从来不感到地位低下)，却能够无拘无束地同她交谈。跟她在一起我总感到很自在。虽然我从没受过学校教育，可是在她身边，从来不感到自己没有受过教育。

她最后向两位出版商申请出版《柯勒·贝尔、埃利斯·贝尔和阿克顿·贝尔诗集》，终于获得成功。这两位出版商是派特诺斯特街的艾洛特先生和琼斯先生。艾洛特先生好心地把她写给他们的有关这个问题的信件交给我使用。第一封信的日期是一八四六年一月二十八日，她在信中问，如果不是由他们担风险，而是由作者负责，是否可以接受出版一本八开本的诗集。信末的签字是"夏·勃朗特"。他们准是非常迅速地写了回信，因为在一月三十一日她又写道：

先生们，因为你们同意出版我向你们提出申请的作品，我现在想尽早知道纸张和印刷的费用。我将把必要的款子连同原稿一并寄上。我希望书印成八开本，纸张质地和字体大小同莫克森的最近一版华兹华斯一样。我想，这些诗约占二百至二百五十页。那不是牧师的作品，也不是纯粹宗教性的；但是我认为这些情况无关紧要。也许你们必须看看原稿，才能算出精确的出版费用；

---

① 令：纸张的计数单位，一令一般为原张的纸五百张。

如果这样,我当立即将原稿寄上。不过,我希望能事先知道可能要多少费用;如果你们根据我说的情况能大致估计一下,我将非常感谢。

她在二月六日写的下一封信里说:

你将看到,这些诗是三个有亲属关系的人写的——各人的作品用各人的署名来区别。

在二月十五日和十六日,她又写道:

原稿印成书以后肯定比我原来估计的要薄。我无法确切地说出要印得像另外哪一本书,但是我认为可以用比十二开稍微小一点的开本,却仍看得**清楚**的字体。我只要求字体**清楚**,不要过小,而且纸张要好。

在二月二十一日,她选择了"十点①的活字"来排印诗集,过几天将寄去三十一英镑十先令。

这些信里所写的细节虽然琐碎,但是并不是微不足道的,因为它们强烈地表示出了性格。如果她们自己出资印刷,那么,出面办交涉的姐姐就必须熟悉各种活字和书的开本。因此她买了一本小书,尽量从这本书上学习这方面的知识,为出书作准备。不能一知半解——不能把自己能作决定的事交给别人去决定;然而却对艾洛特先生和琼斯先生的正直诚实深信不疑,他们没有辜负她的这种信任。在事情着手

---

① 点(point):活字大小单位,相当于1/72英寸或0.3478毫米。

进行以前就预先说明可能承担的风险，而且甚至在形成债务以前就迅速地把需要的钱付给对方，这两点都是依靠自己、主张自立的性格的表现。她还很有自制力。在准备和出版这本诗集期间，除了她家里的人以外，她始终没有把出书的事写信告诉过任何别人。

我拿到几封她写给老校长伍某某小姐的信。那是在这件事开始以前不久写的。出于我一直具有的信念，即在能用夏洛蒂自己的话的地方不用别人的话来代替，我将按照时间的顺序把这一系列的信摘录下来。

一八四六年一月三十日

我亲爱的伍某某小姐，我还没去某地访问，确实，我已经有一年多没去那儿了，但是我常常收到埃的信，她没忘记告诉我，你上伍斯特郡去了；然而，她却无法把你的确切地址告诉我。我要是知道的话，早就会给你写信了。我想你在听到那件铁路危机的消息时，一定在想我们怎么样了；你可以放心，我向你保证，我们的那一小笔资本[1]还没有亏损，能用这样的保证来回答你的问题，我很高兴。正如你说的，约克至米德兰线是一条非常好的铁路；但是我坦白跟你说，我倒希望自己到时候会变得聪明起来。我认为，哪怕最好的铁路，它们目前的票面价值也不能维持多少年。我一直急于趁早卖掉我们的股票，把卖得的钱用在即使目前利润较少，但是却更安全的投资上。然而，我却没法说服我的两个妹妹，使她们在这件事上同意我的观点；我觉得，我好像宁可冒损失的危险，也不愿直接反对艾米莉的意见，伤害她的感情。我在布鲁塞尔的时候，她用出色而能干的方式为我作了安排，因

---

[1] 指三姐妹用姨母去世时留给她们的三千多英镑通过伍勒小姐买的铁路股票。

为路远,我无法照料我自己的利益;所以,我将仍旧让她安排,而由我接受一切后果。她当然是毫无私心而又干劲很足的。如果她不像我希望的那么听话或容易接受别人的想法,那我就得记住:完美并非人类的命运。只要我们能用毫不动摇的深深的敬意来尊重我们所爱的、跟我们关系密切的人,那么,即使他们偶尔用我们觉得不近人情和顽固不化的想法来使我们恼火,那也不过是区区小事而已。

我亲爱的伍某某小姐,你跟我一样完全懂得姐妹之情的价值;我相信,在年纪相仿,教育、兴趣和情操又都相似的情况下,这种情谊在世界上是无可比拟的。你问起勃兰威尔;他从来也不想找个职业,我开始担心,他已经使自己变得无法担任生活中任何高尚的职务了;此外,他一有了钱就只会用来伤害自己;恐怕他的自制能力几乎全给摧毁了。你问我是否认为男人都是怪人?我确实这样想。以前我常常这样想;现在还是这样想,培育他们成长的方式是奇怪的:他们没有得到足够的监护以抵制诱惑。姑娘们是给保护起来了,仿佛她们确实是什么很脆弱或者很愚蠢的东西似的。而对小伙子们却放任不管,仿佛在所有的人中间,他们最聪明,最不可能给带上歧途。你喜欢布鲁姆林,我听了很高兴,不过,有了 M 太太做伴,也许没有什么地方是你**不喜欢**。听到你过得愉快,我总会感到特别满意,因为这证明了,甚至在这个世界上也确实有像因果报应这样的公正。你工作勤奋;在青年时期和壮年时期都不让自己有任何欢乐,几乎没有任何松懈,现在你自由了,依我看,在未来的许多年里,你还可以保持健旺和精力充沛,让你可以享受一下自由自在的乐趣。除此以外,我觉得高兴还有一个很自私的原因,那就是,看来甚至连"一个孤独的女人"也能幸福,就跟被丈夫热爱的妻子和为子女骄傲的母亲一样。我为这一点高兴，我常常思考现在未婚的和永远不打算结婚的妇女的生活。我已经得出这样的结论：有的未婚女人没有丈夫和兄弟的支持，默默地、坚毅地在人生的道路上走自己的路；而且到了四十五岁或者四十五岁以上，还保持一个清醒的头脑，一种能欣赏单纯乐趣的性情和忍受无法避免的痛苦的坚忍不拔的精神，同情别人的痛苦，愿意尽自己财力的许可来救济别人的贫困。我认为世界上再也没有比她更值得尊敬的人了。

在跟艾洛特公司交涉期间，夏洛蒂去访问了她的老同学，她跟她习惯于无话不谈，十分亲密；可是在当时和以后，她都没有向她谈起过出版诗集的事。然而，这位年轻小姐却怀疑这三姐妹在给杂志写稿。有一次，她去哈沃斯访问，看见安妮拿着一期《钱伯斯杂志》，一边看，平静的脸上一边情不自禁地流露出一丝高兴的微笑，她更相信她们是在给杂志写稿了。

"什么事？"那朋友问，"你干吗笑？"

"就因为他们登了我的一首诗。"她文静地回答；对这件事没再说一句话。

夏洛蒂给这位朋友写了下面这封信：

一八四六年三月三日

昨天两点稍过一点，我平安而顺利地回到了家。爸爸身体很好，视力还跟以前差不多。艾米莉和安妮去基思利接我；不巧我从老路回来，她们走的是新路，我们彼此错过了。她们到四点半才回家，路上正好遇到下午那阵暴雨。我很抱歉地说，安妮因此有点感冒了，但我希望她很快就好。我把C先生的意见告诉爸爸，还讲了 E 老太太的经验，他听了极为高兴；但我可以看出，把手术再推迟几个月这个意见，他是乐意接受的。我回家以后大约一个小时左右，到勃兰威尔待的屋里去同他说话，我是非常勉强地同他说话的。我本来可以不去自找这个麻烦，因为他根本不注意，也不回答；他呆若木鸡。我的担心不是没有道理的。我听说，我不在家里时，他用有一笔债务必须立即偿还这个借口讨了一个金镑，便立即出去，在酒店里把它兑开，不出所料地花掉了。某某下结论说他是个"不可救药的人"；说得太对了。像他目前这样，简直不可能同他待在一间屋子里。我真不知道将来会怎样。

一八四六年三月三十一日

两个星期以前，我们可怜的老用人泰比发了一次病，但是现在差不多好了。玛莎（就是帮可怜的老泰比干活的那个姑娘，现在还忠心耿耿地在牧师住宅里当用人）也生病，膝盖肿了，不得不回家去。我担心她要过很久才能再干活。你寄来的那期《记录》我收到了。……我读了奥比涅①的信，写得精辟，关于天主教的那段很出色。福音派新教会联盟的那部分不是很切实可行，但是却肯定更符合福音的精神，即宣传基督徒之间要团结一致，不要煽动互相排斥和仇恨。我很高兴，我去了某地，因为从那时候以来天气的变化使我的健康和体力也有了变化。你的近况如何？我渴望温和的西南风。谢天谢地，爸爸身体还很好，虽然**常常**给勃兰威尔的可耻行为弄得很苦恼。**这一点上**——没有变化，只有更糟。

---

① 奥比涅（Agrippa d'Aubigne, 1552—1630）：法国历史学家、诗人。

在这同时，诗集的排印工作在悄悄地进行。经过一番商议和考虑，三姐妹决定亲自改校样。到三月二十八日为止，出版商一直称他们的通信者为夏·勃朗特先生；但是这时候"发生了一个小小的差错"，她希望艾洛特公司今后寄信用她真实的称呼"勃朗特**小姐**"等等。然而，她显然作出暗示，她不是为自己联系，而是作为几位真正的作者的代理人，因为在四月六日的一封信里，她代表"柯·贝尔、埃·贝尔和阿·贝尔"建议，说他们正在准备出版一部小说，其中包括三个不同的、毫无联系的故事，可以合在一起出版，像一部分为三卷的普通小说的篇幅；也可以分开出，像一般认为最合适的单本小说。她还说，他们不打算自费出这些小说；作者要她问艾洛特公司，他们是否愿意进行这一工作，事先当然要先审阅原稿，肯定一下内容是否保证有成功的希望。出版商收到这封信后，很快给了回信，信的大意可以从夏洛蒂在四月十一日写的信中猜到：

  请允许我以柯、埃和阿·贝尔的名义对你们恳切的劝告表示感谢。我将为此请你们就两三点加以说明。显然，无名作者在使作品得以出版以前是要克服种种很大的困难的。至于如何最好地对付这些困难，你们是否能给我一点暗示？譬如说，在目前情况下，像我们所说的这部小说，出版商最可能用什么形式来接受原稿？是以一部三卷本的作品出呢，还是以三本故事的形式，或是投给期刊？

  哪些出版商最可能慨然接受这类性质的建议？

  给出版商就这件事**写封信**就够了呢，还是必须设法去面谈？

  在这三点上，或者凭你们的经验认为重要的其他几点上，如蒙提出意见和忠告，我们将不胜感激。

从这封信的整个内容来看，她在这第一次文学尝试中与之打交道的公司是诚实和正直的，这给她留下了强烈的印象，因此不可避免地完全信赖他们提出的建议。诗集的出版进度并不是慢得不合情理，或者说不是拖得很久。在四月二十八日，她写信表示希望寄三册给她，还请两位艾洛特先生告诉她应该送书给哪几位评论家。

我用下面这封信来说明这三个姑娘认为哪些报刊评论或评介在左右读者。

> 诗集要用布面精装。请**尽早**给下列报刊寄书及广告稿：
> 《科尔伯恩新月刊》
> 《本特利杂志》
> 《胡德杂志》
> 《杰罗尔德先令杂志》
> 《布莱克伍德杂志》
> 《爱丁堡评论》
> 《泰特爱丁堡杂志》
> 《都柏林大学杂志》
> 还要寄给《每日新闻》和《不列颠》报纸。
> 如果有其他报刊你们经常赠书的，那也请你们寄去。我想在上列几家报刊上登广告就足够了。

根据后面这个要求，艾洛特先生建议给《雅典尼恩》《文学报》《评论》和《泰晤士报》寄这部作品和广告稿；但是勃朗特小姐在回信中说，她认为目前在她最初提出的报刊上登广告就足够了，因为作者只打算在广告上花两英镑，认为作品成功与否主要靠报刊的评介而不是靠广告的多少。如果发表了任何有关这个诗集的评论，不管是推崇还是什么别的，请艾洛特公司将刊登评介的那些期刊的名称和期数告诉她；否则，因为她没有机会经常看到期刊，就可能错过那篇评论。"如果诗集得到好评，我打算多花些钱登广告。另一方面，如果这些诗不被注意或者受到攻击，我想即使登广告也毫无用处，因为无论书名还是作者的名字，都没有什么东西能吸引哪一个人的注意。"

我想这本小小的诗集大概是一八四六年五月底出版的。它悄悄地问世了；几个星期过去，喊喊喳喳、窃窃私议的广大读者并没有发现又有三个声音在说话。在这期间，对这三个焦急的姐妹来说，生活沉闷地一天天度过，重大的忧虑啃啮着她们的心，在这种情况之下，她们一定已经忘掉了作为作者的感觉。夏洛蒂在六月十七日这样写道：

> 勃兰威尔说他既不能也不愿为自己做任何工作。曾经提供给他一些好职位，只要工作两个星期，就可以正式任职，可是他除了喝酒，使我们大家感到痛苦以外，什么也不肯干。

在七月四日的《雅典尼恩》上《大众诗歌》栏下登了一篇评论柯、埃和阿·贝尔的诗歌的短文。评论者以为他们是兄弟，把三"兄弟"中的最高地位给了埃利斯，说埃利斯是"一个杰出而古怪的人"；还说"翅膀显然很有力量，能够达到迄今为止这儿没有人达到过的高度"。评论者又比较透彻地说，埃利斯的诗歌"给人一种具有独创性的印象，超过了他在这几卷中作的贡献所体现的水平"。柯勒给放在埃利斯和阿克顿之间。可是在经过这段时间以后，这篇评论里已经引不出什么还值得保存的东西。但是，我们可以想象，在哈沃斯牧师住宅里，她们是怀着怎样的兴趣来读这篇文章的，三姐妹是怎样试图找出评论者所提意见的理由，或者找出指导她们才能的暗示。

261

我请读者特别注意夏洛蒂在一八四六年七月十日写的下面这封信。信是写给谁的,这没关系;但是其中合情合理的责任感——上帝在把我们放进家庭时就给我们安排的这种责任高于一切的感觉,在今天似乎应该受到特别的重视。

我看得出,你现在正处于一个左右为难的境地,而且这种境地是特别的和棘手的。在你面前有两条路;你自觉地希望选择正确的道路,哪怕它很陡峭、狭窄和崎岖。然而你并不知道哪一条路是正确的;你不知道责任和宗教是要你走进没有朋友的冷漠世界,去当家庭教师来辛辛苦苦地挣钱糊口呢,还是要你继续留在你年老的母亲身边,**暂时**不考虑自立的任何前景,而是忍受着日常的不便,有时甚至忍受匮乏。我完全想象得出,在这件事上,你几乎不可能自己作出决定,所以我来给你作出决定。至少我将把我在这个问题上的真诚的信念告诉你,我将坦率地让你知道我对这个问题怎么看。正确的道路是最需要对自己的利益作出最大牺牲——而对别人却好处最大的那一条。我相信,坚定不移地走那条路,到时候一定会通向兴旺和幸福,虽然一开始看来,似乎会向完全相反的方向发展。你的母亲年老体弱,年老体弱的人幸福的来源很少——比相对来说年轻一些、身体健康一些的人所能想象的还要少;去剥夺他们一个幸福的来源,那是残酷的。如果你和你母亲在一起,她能安心一些,那就和她待在一起吧。如果你离开她,她就不高兴,那就和她待在一起吧。就近视的人类所能看到的,你留在某地显然对你不会有利,你留在家里安慰你的母亲,别人也不会赞扬和称颂你;但是,你自己的良心也许会赞同,如果这样,那就和她待在一起吧。我建议你做的正是我自己竭力要做的事。

这封信的其余部分只会使读者感兴趣，因为信中断然否认这样一个谣传，即这位作者已经和她父亲的副牧师订了婚。这位先生正是八年以后同她结婚的那一位。虽然夏洛蒂没有察觉，说不定他当时已经开始像雅各为拉结服侍①一样用温柔而忠诚的精神为她服侍了。尽管她没有注意这一点，也许别人注意到了。

她"代表几位贝尔先生"给艾洛特先生写的信，还有少数几封留了下来。七月十五日，她这样写道："因为你们没有写信来，我想大概是还没有其他评论发表，这部作品的需要量也没有增加。可否请你们赐告是否又售出**一本**或几本了？"

但是恐怕没有售出几本；因为三天以后她写了下面这封信：

> 承蒙你们对广告问题提出建议，三位贝尔先生要我向你们致谢。他们同意你们的看法，由于季节不利，登广告的事最好推迟一下。承告知售出册数，他们深为感谢。

七月二十三日，她写信给艾洛特先生说：

> 你们如能将附上的信在伦敦寄出，三位贝尔先生将十分感激。这是给你们转来的信的一封复信。写信的人自称读过他们的诗并表示赞赏，要求他们签名留念。我想我以前曾说过，三位贝尔先生目前不希望公开真实姓名，因此他们愿意把这封信在伦敦寄出而不是直接寄出，免得有人从邮戳上猜出他们的住处、身份等等。

---

① 据《圣经·旧约全书·创世记》第二十九章第十八至二十节记载，雅各因为爱拉结，为她服侍了她的父亲拉班七年。

在九月份，她再一次写道："由于报刊没有再登载任何有关这部作品的评论，我想，此书的需要量并未增加多少。"

在有关她姐妹的传记性评论中，她这样谈起为出版此书所抱的小小的希望的破灭：

> 书出版了，几乎无人注意，唯一值得引起人们注意的是埃利斯·贝尔的诗。
> 我过去和现在对这些诗歌的价值都抱有坚定的信念，这信念确实还没有被多少好评所证实，然而，我还是必须把这信念继续保持下去。

第十五章

在一八四六年的这个夏季,她在文学方面的希望渐渐消失,而另一种焦虑却在加剧。她父亲的视力由于白内障渐渐成熟而受到严重损害。他几乎失明。他能摸索着走来走去,熟悉的人待在强光下,他还能认出他们的轮廓,但是已经不再能阅读了,因此,他的强烈的求知欲和要了解各种情况的愿望受到了严重的挫折。他继续去讲道。我听说,他由别人扶着走上讲台,他的讲道从来没有像这时候这样感人。他站在那里,一个头发灰白、失去视力的老头儿,失明的眼睛笔直地望着前方,而嘴里说出的话却跟他在黄金时代说的一样坚定有力。别人还给我讲了这样一件事,很奇怪地说明了他还具有准确的时间感。他讲道总是不多不少,正好半小时。如果他能看见,那么面前放一只钟,以那种口若悬河的才能,要做到这一点并不难。可是他失明以后还是这样,每当分针指到点上,表示三十分钟到了,他就结束讲道。

他处在那巨大悲哀中,还一直很有耐心。正如在比这更加痛苦得多的时刻,他总是强迫自己默默忍受苦恼一样。可是,那么多兴趣都由于失明而消失了,他只得转向内心,肯定在他那独子引起的痛苦和忧伤方面想了很多。难怪他要情绪低落,意气消沉了。在这年秋天来临以前,有一个时期,他的几个女儿一直在尽量打听,像她们父亲这样的年纪,动白内障手术是否有成功可能。大约在七月底的时候,艾米莉和夏洛蒂去曼彻斯特找一个动手术的大夫。她们在那里听到了现在已故的眼科医生威尔逊先生的名声。她们立即去找他,但是单凭口说的病情,他还说不准她们父亲的眼睛是否已经可以动手术。所以,勃朗特先生得亲自去他那里看一次。快到八月底的时候,夏洛蒂陪她父亲去了。他马上决定动手术,并且介绍他们住到他的一个老用人开的舒适的寄宿舍去。寄宿舍就在城郊一条小街上,那里有许多由外观

单调的小房子组成的与此相似的小街。一八四六年八月二十一日,她从那寄宿舍里写了下面这封信:

> 我匆匆给你写信是为了告诉你我在哪儿,让你可以把复信寄到这儿来,因为我觉得你的信可以解除我在这个大城市里的陌生感。爸爸和我是在星期三来这儿的;我们当天就去看了眼科医生威尔逊先生。他说爸爸的眼睛已经可以动手术了,日期定在下星期一。在那一天想想我们吧!我们在昨天住进了寄宿舍。我想我们会住得很舒服,至少我们的几间房间都很好,可是女房东不在(她病得很重,到乡下去了),而我在安排伙食方面有点不知所措;我们就搭伙。我发觉自己太无知了。我不知道点什么肉食。我们自己倒可以想办法对付,爸爸的伙食很简单,可是过一两天要来一位护士,我生怕给她安排的伙食不够好。你知道,爸爸只要吃一般的牛肉和羊肉,还有茶、面包和黄油;可是一位护士也许希望生活得更好一些——如果可能,请给我出点主意吧。威尔逊先生说,我们至少得在这儿待一个月。我不知道艾米莉和安妮在家里跟勃兰威尔过得怎么样。她们也将有她们的麻烦。只要能有你在这儿,我有什么不愿牺牲的呢?一个人在这个世界上,是一步一步地被逼迫着去取得经验;但是,这种学习真令人不快。这件事情上有一个使人高兴的特点,那就是威尔逊先生对病情很乐观。

> 一八四六年八月二十六日

> 手术动过了;是昨天动的。威尔逊先生主刀;另外两位外科大夫做助手。威尔逊先生说他认为手术很成功;可是爸爸还什么也看不见。手术时间正好是一刻钟;C先生说,那不是简单的除

去白内障，而是比较复杂的摘出白内障。威尔逊先生完全不赞成简单的除去手术。爸爸表现出不寻常的耐心和坚强；外科大夫们似乎感到吃惊。我自始至终待在手术室里，因为他希望我待在那儿；当然，我不说不动，直到手术结束，那时候我觉得，对爸爸和大夫来说，我越少说话越好。现在爸爸在一间黑屋子里卧床静养，四天之内一动也不能动；尽可能少说和少听。你写信来，提出了很好的建议，真太感谢你了。我对你的建议很满意，因为我发现大部分事情我都安排得同你信中的建议一样，由于你的理论和我的实践不谋而合，我就觉得我的实践是正确的了。我希望威尔逊先生不久能让我不再需要护士；护士是挺好的，毫无疑问，但是有点过分巴结，我认为不太靠得住；但是，在有些事情上，我只好依靠她。……

你说的有关某某调情的事，我觉得很有趣；但有些事却也叫人悲哀。我想，造物主本想叫他成为一个更好的人，不要把时间零零碎碎地用来使一些可怜的、无所事事的老处女不愉快。不幸的是，那些姑娘情不自禁地喜欢他和他这一类的人，因为，尽管她们的脑子大多闲得无聊，她们的感觉却都完好无损，因此还是新鲜的；而他正好相反，浪荡够了，已经能够泰然地拿别人的痛苦仅仅作为自己的消遣。这种事情太不公平；双方不相配。但愿我能往受害者们的灵魂中注入一点儿默默保持自尊心的力量——注入一点儿能支持她的优越感（因为她们比他纯洁，所以就比他优越）——注入一点儿使人坚强的坚定决心，以便忍受目前的一切，等待结局的来临。只要某地的全部处女都能接受，并且保持这种感情，那他在她们面前就只好一直把头蒙起来了。幸好，她们的感情也许并不像别人想象的那么强烈，那位先生的箭因此也就不像他希望的那样刺得深。我希望如此。

几天以后，她这样写道："爸爸还是睡在黑房间里，眼睛上缠着绷带。手术后没有发炎，但是看来还需要极度小心、完全安静和避开一切亮光来保证良好的手术效果。他很有耐心，但是，当然情绪低沉，精神委顿。昨天医师第一次允许他试试眼力。他模模糊糊地看得见东西。威尔逊先生似乎很满意，说一切正常。我自从来到曼彻斯特以后，一直牙疼得睡不着觉。"

在这整个时期里，尽管家里的麻烦在折磨着她们，尽管她们的诗歌没有获得成功，这三姐妹却在作另一个文学尝试，夏洛蒂在一封给两位艾洛特先生的信中提到过这事。她们每人写一部小说，希望三部小说能合在一起出版。《呼啸山庄》和《艾格妮丝·格雷》现在已经问世了。第三部《教师》——夏洛蒂的作品——在这本回忆录第一版问世后不久也出版了。①这本书的故事情节本身并不怎么有趣；但是，如果只靠惊人的枝节，而不靠性格的戏剧性发展，那么，这种有趣也是可怜的。夏洛蒂·勃朗特在人物描写方面，始终没有再画出比她在《教师》中画的那一两幅更好的肖像来；在妇女的温文尔雅方面，也始终没有超越过她在这本书里描绘的几个女性人物。她在写这部小说的时候，她的审美观和判断力对她少女时代的夸张的理想主义产生了反感，她采用了极端的现实主义，严格按照她在现实生活中所见到的来刻划人物。如果在现实生活中，他们是坚强到了甚至粗鲁的地步——正如她有时遇到的有血有肉的人那样——她就"把他们写成蠢驴"；如果这种生活中的景色就像她所看到的那样，大部分是荒芜怪诞的，而不是令人心旷神怡的，或者像画一般美丽，那么，她就如实地把它描绘出来。有一两个景色和人物是根据她自己的想象而不是根据

---

① 夏洛蒂的《教师》写成于一八四六年，出版于她去世后两年的一八五七年六月。作者的这部传记初版于一八五七年三月。

纯粹的事实写的,这些景色和人物的优美像精致的浮雕一样,从其他景色和人物的深沉色调和粗犷线条中突现出来,叫人想起伦勃朗①的一些肖像画。

这三部小说合在一起投稿,没有被接受,最后只好分开投寄。但是几个月过去了,还是一直没获得成功。我所以在这里提到这一点,是因为夏洛蒂在叙述有关她这次忧心忡忡的曼彻斯特之行的一些令人气馁的情况时,讲到她收到她的小说稿的事。那是由某个出版商粗率地退回来的,那一天,正好她的父亲动手术。但是,她有着罗伯特·布鲁斯②的勇气,一次又一次的失败,正如没有吓倒布鲁斯那样也没有吓倒她。她不仅把《教师》又寄给伦敦的出版商,试试运气,而且还在这种操劳的时刻和令人沮丧的不安之中——在那些灰色的、沉闷的、形式单调的街道中开始写作,在那里,除了她那位好心的医生的脸以外,所有的脸对她来说都是奇怪的,好像没有见过阳光一般。这位勇敢的天才就是在这样的地方,这样的时刻,开始写《简·爱》。读读她自己说的话吧:"柯勒·贝尔的书到处没人接受,也没人肯定它的优点,因此一种像令人寒心的失望感觉开始袭击他的心。"还要记住,有这颗心的人,并不是在一件事情上失望,就能怀着加倍的热情去转向留下的许多幸运的事情的。想想她的家,那里有一个人被悔恨的黑影笼罩着,直到他的头脑糊涂了,他的天才和生命丧失了;——想想她父亲的视力处于千钧一发的关头;——想想她妹妹身体羸弱,完全要靠她照料;——然后再来赞扬那很值得赞扬的坚定不移的勇气吧,"那一卷本的小说正在伦敦艰难地进行令人疲倦的旅行"时,她自始至

---

① 伦勃朗(Rembrandt Harmensz van Rijn, 1606—1669):荷兰画家。他善于在肖像画中以概括的手法表现人物的性格特征。
② 罗伯特·布鲁斯(Robert Bruce, 1274—1329):苏格兰国王(1306—1329)。他率领军队抵抗英格兰军队入侵,在众寡悬殊的情况下,六次都战败了。他受到蜘蛛结网、屡试屡败、终抵于成的启示,重整旗鼓,最后打退了敌人。

终凭着这股勇气写着《简·爱》。

她的一些还健在的朋友认为她在伍某某小姐学校里听到的一件事是《简·爱》这个故事的起源。但是关于这件事，什么也了解不到，只能凭猜测。亲耳听她说到她的作品的主题的人们都已去世，不能说话了。读者也许注意到，在我引述的书信中，丝毫没有提起出版她的诗集这件事，也一点都没有暗示三姐妹有出版任何小说的打算。然而，在我问勃朗特小姐她的写作方式等等情况的时候，她回答的许多细节我还记得。她说她不是每天都能写的。有时，过了几个星期或者甚至几个月，才觉得有些东西要加在已经写成的那部分故事里。于是，有一天她早上醒来，故事的发展清楚而鲜明地出现在眼前。遇到这种情况，她就急于干完家务和尽做女儿应尽的责任，以便赢得时间，坐下来把那件事和接下来的一些想法写出来。事实上，在这种时刻，这些事件和想法在她脑子里比她的实际生活本身还要现实。但是，日常和她在家里做伴的人当中，一些还健在的人说得很清楚，她尽管（似乎）"入了迷"，但是对自己应尽的责任，以及别人求助于她的事情，却一刻也没有疏忽。泰比这时候快要八十岁了，不得不有一个小姑娘来做帮手。泰比每放弃一件工作心里都又嫉妒，又勉强，不愿听人家说她敏锐的感觉因为她年老而变得迟钝了，哪怕说得很婉转也不行。凡是她认为非由她做不可的事，另一个用人就不能插手。在这些事情中，她保留了为晚餐用的土豆削皮的权利。但是她因为视力越来越差，常常把我们北方人称为土豆的"芽眼"的黑点放过了。勃朗特小姐是个细心的管家，不会听任这些斑点留着，但她又不忍心伤这位忠心耿耿的老用人的感情。如果叫那个小姑娘把土豆再削一遍，那会使泰比觉得自己干的活儿不像以前那么出色。因此，她就在写得兴趣正浓、文思奔涌的时候停下笔来，不让泰比知道，溜进厨房里，悄悄地把蔬菜碗拿走，小心地把斑点一个个剜掉，然后悄没声儿地送回原处。这个细小的行动可以说明，哪怕在她写得"入了迷"的时候，她也是井井有条地充分尽了她的责任。

不管是谁，只要读过她的作品——无论是读过出版的书还是读过她的信——只要有难得的机会听过她说话，一定都会注意到她特别善于遣词用字。她写书的时候，在这一点上是十分注意的。一组词真实地反映了她的思想；其他的词尽管看来意思完全一样，但就是不能用。她强烈而实事求是地注意表达方法的简洁、完美、真实。特伦奇[①]先生把这看作应该做到但往往被疏忽的一点，因此一再强调。她会耐心等待，搜索正确的字眼，直到想出来为止。它可能是方言，可能来自拉丁文；只要能准确地表达她的思想，就不管它的来源如何。这种推敲使她的风格像镶嵌图案一样精致。每个组成部分，不管如何细小，都给放在恰当的位置上。在弄清楚要说的意思、仔细地选择用词，并且按正确的词序安排好以前，她决不写下一个句子。结果是，在我看到的她用铅笔写满字的纸片上，偶尔有一句句子划掉，至于删掉一个词或者一个词组的情况，即使有也很少。她用小字写在这些小纸片上，把纸片按在当书桌用的一块木板上，就像装订书籍用的那种木板。像她那样近视的人只好用这个方法。而且这个方法还使她能够在暮色苍茫中坐在炉边的时候，或者夜里一连几小时失眠（常常是这样）的时候，用铅笔和纸来写。她的定稿是根据这些铅笔写的纸片用清晰易认、秀丽纤细的字誊清的，几乎像印出来的一样容易读。

三姐妹保持了在她们的姨妈生前就开始的老习惯，在九点钟收起针线活，开始一边在起居室里踱来踱去，一边讨论研究。这时候，她们谈论正在写的故事，描绘故事情节。每周有一两次，各人把已经写成的部分读给别人听，征求别人的意见。夏洛蒂告诉我，这些意见很少使她改动她的作品，因为她深深感到自己描绘的是现实。但是读这

---

① 特伦奇(Richard Chenevix Trench, 1807—1886)：英国作家，都柏林大主教。

些作品对大家来说都是一件十分有趣而且令人兴奋的事，使她们从天天重复出现的忧虑这揪心的压力之下摆脱出来，处于自由自在的状态。正是在这样的背景下，夏洛蒂决定把她的女主角写得貌不惊人，身材矮小，没有吸引人之处，来向公认的标准挑战。

《柯勒·贝尔逝世》这篇动人悼文的作者在文中所写的关于《简·爱》的事情很可能是直接从她那里听到的，我把这段话引在下面：

> 她的两个妹妹把女主角写得很美，认为这是理所当然的。有一次她对她们说，她们这样做是错了——甚至在道义上都是错的。她们回答说，不这样描写，女主人公就不可能引起兴趣。她回答道："我要向你们证明你们错了，我要写一个女主角给你们看，她和我同样貌不惊人，身材矮小，而她却要和你们所写的任何一个女主角同样能引起读者的兴趣。"因此她就写了《简·爱》，她在谈这件事的时候说："但她不是我，仅此而已。"作品越写下去，作者的兴趣也就越浓。写到桑菲尔德这一段，她简直停不下来。由于近视过深，她写在小方簿子上，把簿子凑在眼前，而且（初稿）是用铅笔写的。她写下去，不事稍歇，一口气写了三个星期。这时，她已经写到女主角离开了桑菲尔德，因为生病发烧，才不得不停下来。

我相信，关于这本奇妙的书的构思和创作，现在只能谈这些。勃朗特小姐和她父亲在他们作了忧心忡忡的曼彻斯特之行以后回到哈沃斯的时候，这本书还只开了一个头。

他们大约在九月底到家。勃朗特先生体力日渐恢复，然而医生还是不允许他多用眼力。夏洛蒂在外地的时候，家里的情况比她预料的要好，她为自己不在时那里平安无事感到欣慰。

在这以后不久，又提出了勃朗特小姐在离开哈沃斯稍远的一个地方开办学校的建议，对于这个建议我没法了解清楚。这件事引起了下面这一段颇具特色的回答：

离开家！——我将既找不到职位也找不到工作，说不定我一生中的美好时期会就此过去，我的才能生锈，我那很少的学识也大大地给忘掉。有时候，这些想法深深地刺痛了我；但是，不管什么时候我扪心自问，我的良心总是肯定，我待在家里是做对了，每当我向急于要解脱的愿望屈服，良心就猛烈地谴责我。如果我不顾这些警告走上歧途，我是很难指望获得成功的。希望不久能收到你的信。要某某说得具体些，要他清清楚楚地而不是模模糊糊地说出他真正能答应介绍哪些学生，人们往往在作出尝试以前，认为自己能以那种方式做出一些了不起的事情，但是招学生可不像买其他东西啊。

不管这次交涉的性质和内容如何，结果夏洛蒂还是严格按照良心作出的决定行事。良心嘱咐她：只要她在家能使那些处于痛苦中的人愉快或者得到安慰，或者对引起痛苦的人能有一点儿影响，她就得待在家里。下面这段引文使我们瞥见那个家里的一些烦恼。引文引自十二月十五日的一封信。

但愿你没有冻坏，这儿冷得可怕。我不记得以前是否有过这样一连串的北极似的天气。英国真像是滑进了北冰洋地区；天空像冰；地上结冰；风锐利得像双面刀片。由于天气关系，我们都患了重感冒和咳嗽。可怜的安妮气喘发得厉害，但是现在，我们很高兴地说，已经好点儿了。上星期有两夜她咳嗽，呼吸困难，叫人听在耳中、看在眼里真是痛苦,这病一定很难忍受。她像忍受一切痛苦那样忍受了,没有一句怨言,只是在几乎精疲力竭时才偶尔叹一两口气。她在忍耐方面有极不寻常的英雄气概。我佩服,但是肯定没法学她。……你说要我"告诉你许多事情"。你要我说些什么呢?哈沃斯没有发生什么事,至少没有发生什么愉快的事。大约一个星期以前,发生了一件小事,使我们又回到生活中来;但是,如果你听了不像我们看了那样觉得有趣,那就不大可能因为我告诉了你而感谢我。那只是一个郡长手下的官吏来找勃①,要他还债,要不就到约克郡去一次。他欠的债当然还得清。一次又一次地这样把钱白白花掉,真令人不快;但是老是说这个问题,有什么用呢?这不见得会使他变好。

十二月二十八日

现在明明没有什么值得一听的话可写,我却坐下来给你写信,我觉得像是胡闹。如果不是有两个理由,我确实会至少推迟两个星期再写。第一个理由是,我想再从你那儿收到一封信,因为你的信有趣,信里有些内容——有些经历和观察的结果。收到它叫人高兴,读着它很有兴味,而这些信呢,却要我写了回信才能收到。但愿通信能安排得只由一方面写。第二个理由是你上次信中的一句话引起的,你说你觉得孤独,有点像我在布鲁塞尔的时候那样,说你因此特别想收到老朋友的信。对于这一点,我能理解,也能同情。我记得,我在上述地方的时候,哪怕收到最短的信,对我来说也是一大乐事;所以我就写信了。我还有第三个理由:我老是担心,怕你以为我把你忘掉了——以为我不在你身边,对你的关心就冷淡下来了。按照我的性格,我是不会忘掉你

---

① 指勃兰威尔。

的性格的；不过，我们如果一直住在一起，说不定我会发火，发脾气；你也会生气，然后我们会重新和好，跟以前一样地相处下去。老钉在一个地方，一个环境，处在一种毫无变化的烦恼中的时候，你有没有对自己的脾气感到不满过？我感到过，我现在就处于那种无可羡慕的心情之中；我想我的脾气太容易失去控制，太暴躁，太外露，也太激烈。我几乎在渴望你所描述的某某太太性情中的那种始终不变的宁静；或者说，至少我想有她那种自制和掩饰的能力；但是我不想在接受她的平静的同时也接受她那爱做作的习惯和想法。归根结底，我宁可像我现在这样。……你做得对，遇到任何因循守旧的准则都不生气。把一切新的生活方式都看作你的新鲜经验；如果看到蜜，你就把它采来。……归根结底，我认为，我们看到世界上的事物，不能因为它不是自己所习惯的东西，就样样都看不起。正好相反，我怀疑，我们认为荒谬的习惯，偶尔还是有些潜在的重要理由的。如果我有朝一日再到陌生人中间去，我会在下否定的结论以前，先仔仔细细地了解一番。不分青红皂白地讽刺和挑错，那只不过是**愚蠢**。安妮现在好多了，但是爸爸患了流行性感冒，将近两个星期身体都很不好；有时候咳得厉害，情绪也大大低沉下来。

一八四六年就这样结束了。

第十六章

第二年带着一阵寒冷、阴沉的天气开始了。这种天气对一个身体已经受到焦虑、操劳折磨的人来说，是很难受的。勃朗特小姐说她自己在这个严寒的季节里，由于经受折磨，已经完全失去了食欲，看上去"灰白、苍老、憔悴、枯瘦"。寒冷引起剧烈的牙疼；牙疼又引起一连串痛苦的不眠之夜，长期失眠又大大伤害了她的神经，使她对于那压得她喘不过气来的生活的艰难加倍地敏感。然而，她不允许自己把她那很差的健康归咎于不安的心境；"因为，说到底，"她在这个时候说，"我毕竟有许多许多事情可以感到欣慰。"但是，从下面这些由她信中摘录的片段里，却可以猜到真实的情况：

三月一日

即使冒着似乎苛求的危险，我也忍不住要说，希望你每次来信都跟上次来信一样长。短的便条给人的感觉好像是吃很小一块很精美的食物——只会激起食欲，而不能使人得到满足，而一封真正的信却能使人比较满足。不过，即使收到便条我毕竟还是很高兴的；所以，在时间和题材都不足的时候，不要以为只写几行没有用处。请你放心，只写几行也是很受欢迎的。我虽然喜欢长信，但决不要你硬花精力去写。……我真希望你在我再去 B 城以前先到哈沃斯来。我有这个愿望是自然的，而且是正确的。为了使友谊真像友谊，相互间做的好事必须对等，否则就会在不知不觉间产生不安和焦急的心情，而且会使双方感到的舒适遭到破坏。在夏天天气好的时候，你来这儿，可以安排得比冬天好。我们可以多出去几次，在家里和在我们的房间里也更为自由一些。勃兰威尔最近行为很不好。根据他行为的反常，以及他漏出的一些神秘的暗示（因为他从来不肯直话直说），我估计，我们不久就要听到他又欠债的消息。我身体好一些了；我认为身体不好是由于天气冷，而不是由于心情不安。

一八四七年三月二十四日

如果一切顺利的话，我们下一次见面将是在哈沃斯。我要抱怨你，你不该夸大地对伍某某小姐说我身体不好，这使她催促我离开家里，好像责任在那里似的。下次我感到自己特别老、特别丑的时候，一定要小心谨慎，不再告诉你了。倒好像一个人不到被认为奄奄一息的时候，就没有老和丑的权利了！到下次过生日，我就满三十一岁了。我的青年时代像做一场梦似的过去了；自己没有好好利用它。过去的三十年里，我干了些什么呀？少得可以。

这安静而又悲哀的一年在悄悄地过去。三姐妹眼睁睁地、长时期地看着眼前这位兄弟的被误用的天赋和被滥用的才能的可怕的后果。他一度曾经是她们宠爱的亲人和最大的骄傲。她们不得不安慰那可怜的老父亲，由于他坚忍不拔地默默忍受一切，所有这些苦难在他心里埋得更深。她们得注意他的身体，不管身体怎样，他都很少说自己的病痛。她们得尽量保持他剩下的那一点宝贵的视力；得更加小心地把这个节俭的家支撑下去，为了供给一些对她们那克己的性格来说是完全陌生的必需品和开销。她们虽然避免过多地同别人接触，但是碰到人总是说几句亲切的话，尽管话说得不多。在别人需要帮忙的时候，牧师住宅里的三姐妹只要能够办到，都会不遗余力地去帮忙。她们按时去教区学校。夏洛蒂难得出去短期做客，但往往由于感到必须去主日学校而缩短做客的时间。

就是在这样一种生活里,她抽空把《简·爱》写下去。《教师》正在缓慢而沉重地从一个出版商转到另一个出版商。《呼啸山庄》和《艾格妮丝·格雷》已经被另一个出版商接受了,"出版的条件会使两位作者落到穷困的地步";这个交易以后再详细谈,从夏初开始,稿子在出版商手里整整搁了几个月,等他哪天高兴送去排印。

在夏天这几个月里,三姐妹所盼望的看来喜人的事情就是希望那个朋友来哈沃斯。夏洛蒂的许多信都是写给她的,只要情况许可,夏洛蒂总是选她做伴,艾米莉和安妮也都喜欢她。到了五月份,好天气来临,夏洛蒂便去了信,她们都希望让这位客人过得比较舒适。她们的兄弟身体还算好,春天拿到的一大笔钱已经用完,所以穷困给了他有益的约束。但是夏洛蒂事先告诉她的朋友,说她会发现他外貌变了,头脑失常;这封恳切的邀请信的最后一段说:"我祈求好天气,让我们可以在你逗留期间出去。"

最后终于确定了日期。

> 星期五对我们很合适。我**确实**相信现在再也没什么阻止你来了。到了那一天,我将特别关心天气,万一下雨,我可要哭了。别指望我去接你,接有什么用呢?我既不喜欢去接别人,也不喜欢别人接我。除非你真有一个箱子或篮子要我去帮你拿,那样的话,倒还有点意义。你穿黑的、蓝的、粉红的、白的或绯红的来,随你的便。穿得破破烂烂的或漂漂亮亮的来;不管颜色如何,是好是坏,都不重要;只要衣服里包了个埃某某,那就一切都好了。

可是要她忍受的一连串失望中的第一个来临了。你可以感觉到写出下面这些话,她心里一定是多么难受:

五月二十日

你昨天的来信确实叫我失望得心都冷透了。我不能怪你,因为我知道这不是你的过错。我不能不责怪某某。……这是痛苦的,我觉得痛苦。至于去 B 城的事,在你来哈沃斯以前,我不会走近那个地方。把我的敬意连同大量的苦水苦汁转达给所有的人,苦水苦汁只是不给你和你的母亲。

夏·勃

如果你认为合适,可以把我的想法告诉别人。确实我可能有点不公正,因为我为这事很生气。这一次为你的来访,我认为安排得还算舒适。换个时间,要做到这一点我觉得就比较困难了。

我得从她在这一时期写的一封信里引一句话,因为它让我们清楚地看到作者的明确而强烈的感觉。

她希望在她结婚以后,她的丈夫至少有他自己的意志,甚至应该是个暴君。她在这方面说的话,我觉得很有趣。告诉她,在她再产生这种渴望的时候,她必须使这种渴望有个条件:如果她的丈夫有顽强的意志,就必须还有坚强的头脑、仁慈的心肠和完全正确的是非感;因为一个**头脑差劲**而**意志顽强**的男人只能是一个难以驾驭的畜生;那你就管不住他;你永远也不能把他带上正路。在任何情况下,**暴君**都是一大祸害。

在这期间,《教师》遭受到各个出版商的多次退稿。我有理由相信,有些出版商在写信给无名作者时措词不太客气,而且没有一个出版商说出退稿的明确的理由。讲礼貌总是应该的;但是,也许不能指望大出版公司在百忙之中抽得出空来说明为什么退一部具体的稿件。

然而，有一种行动虽然不足为奇，但是相反的做法却会像露水一样甘美地滋润一颗悲哀的、失望的心。"柯勒·贝尔"在刊物上谈了"他"在读到史密斯-埃尔德公司有关《教师》的退稿信时的心情，我很有同感。

作为最后一线希望，我们又试了一家出版公司。不久，比他凭着经验所指望的要早得多，收到了一封回信。拆信时，他悲观地预料会看到两行生硬的、没有希望的字，说明"史密斯-埃尔德公司不拟出版此稿"，但是，他却从信封里抽出一封两页长的信。他哆嗦着读了这封信。信中确实是说因为业务上的原因不能出版，但是，却合情合理地谈了作品的长处和短处，谈得那么客气，那么周到，作的分析又那么精辟，因此这退稿本身就比笼笼统统地接受出版更加使作者感到高兴。信中还说一部三卷本的作品会受到小心的注意。

史密斯先生告诉我一件与接受此稿有关的小事，这在我看来是不寻常的。这部稿子(附了下面这封短信)用牛皮纸包着寄到科恩希尔街六十五号，上面不但写着史密斯-埃尔德公司的地址，还写着别的一些出版商的地址。稿子曾经寄给他们，现在那些地址没有擦掉，而只是划掉，所以史密斯先生一眼就可以看出这部不幸的稿子曾经寄给同行中哪些出版社，结果遭到退稿。

致史密斯先生和埃尔德先生

一八四七年七月十五日

先生们：寄上手稿一部，请审阅。如果知道你们能够接受，并尽早出版，我将十分高兴。地址：约克郡，布莱德福，哈沃斯，勃朗特小姐转柯勒·贝尔先生。

过了一段时间，才收到回信。

有一件事，虽然发生在早些时候，但不妨在这里提一下。从这件事可以看出勃朗特小姐在世道人情方面没有经验，而且愿意听从别人的意见。她曾经为一部稿子的事写信给某个出版商，没有得到回音，便跟她弟弟研究到底是什么原因长久音信杳然。他马上肯定那是因为自己信中没有附去邮票。于是她再写了一封，弥补过去的疏忽，并为此道歉。

<blockquote>

致史密斯先生和埃尔德先生

一八四七年八月二日

先生们：大约三星期以前，我寄上一部手稿，稿名《教师》，作者柯勒·贝尔，是一部小说。我想知道你们是否已收到无误，还想知道是否能惠予出版，便中请尽早赐复。

柯勒·贝尔敬上

附写上姓名地址的信封一只，供复信用。

</blockquote>

这一次，她的短信很快得到了答复；因为，四天以后她又写了信（是复那封她事后在《呼啸山庄》第二版前言中描述的信，意思是：虽然表示退稿，但来信写得那么婉转客气，合情合理，比接受稿子还要令人高兴）：

<blockquote>

你们认为故事缺乏丰富多样的趣味，不能接受，我注意到，这并非毫无根据；但依我看来，出版此书也未必会冒多大风险，只要在它出版以后，紧接着出版同一作者写的更加引人注目和激

</blockquote>

动人心的另一部作品。第一部作品可以作为一个引荐，让读者熟悉作者的名字，这样，第二部作品就更可能获得成功。我的第二个故事共分三卷，正在写作之中，即将结束，我力图使这部作品写得比《教师》生动有趣。我希望一个月以后把它结束，因此，如果给《教师》找到了出版者，那第二部小说只要认为可出，就能马上跟着出版，这样，读者的兴趣（如能引起兴趣）就不会冷下来。这一计划是否可行，请赐复。

　　三姐妹的心正处于这种等待的状态中，她们那位盼望已久的朋友来作她早已答应的访问了。她是在那年阳光明媚的八月初来的。白天的大部分时间，她们到荒原上去，沐浴在金黄色的阳光中。这阳光带来了少有的大丰收，后来，夏洛蒂曾热切地表示要为这次大丰收在教堂里举行一次感恩礼拜。八月是哈沃斯附近一带最好的季节。甚至连村子和基思利之间峡谷中飘浮的烟也从上面荒原里灿烂的色彩中借到了美，欧石楠花的浓烈的紫色跟略带褐色的金黄光芒形成和谐的对比。在夏日傍晚的炎热中，这光芒穿过山谷里的阴沉空气洒得到处都是。在上面荒原里，远离所有的人的居住点，她们脚下那片壮美的土地扩展开去，成为长长的一溜溜紫晶色的小山，又渐渐地化成空气的颜色。欧石楠清新的芳香，"无数蜜蜂的嗡嗡声"，使兴味更浓。正是怀着这样的兴味，她们欢迎朋友到这荒芜开阔的群山中她们自己的真正的家里来。

　　在这里，她们可以躲开下面住宅里的"阴影"。

　　在这整个时期——在所有这些推心置腹的谈话中——始终没有向她们的朋友提过一句关于在伦敦的三部故事的话；这三部故事中两部已被接受，正在排印——第三部却还在出版商的天平上抖动。她也没听说起那另一部"即将完成"的小说，这时候，那部小说正躺在下面古老的、灰色的牧师住宅里。她也许怀疑过她们都在写作，打算到某个时候出版；但是她知道她们在和别人的交往中为自己所设置的界限；她们的一个又一个计划在眼看要实现时都失败了，一想起这点，不管是她还是别的任何人，就都不会对她们的闭口不谈感到奇怪了。

勃朗特先生也怀疑她们在进行什么事，但是，她们不说，他也就不谈，因此他的一些想法都模模糊糊，不能肯定，只不过猜到了一点儿，所以后来在听到《简·爱》的成功时，并没有真正大吃一惊。现在我们再回过头来谈《简·爱》的进行情况。

致史密斯先生和埃尔德先生

八月二十四日

兹由铁路邮件寄上柯勒·贝尔所写小说的三卷本《简·爱》原稿。由于收寄的小站不收这种东西的寄费，我无法预付。如能在收到原稿后惠示寄费数目，我当即以邮票奉上。今后来信请寄约克郡，布莱福德，哈沃斯，勃朗特小姐转我，如寄到别处，目前我可能收不到。为省事起见，附上信封一只。

《简·爱》终于被接受了，于十月十六日印毕出版。

在排印期间，勃朗特小姐去 B 地她朋友家短期做客。校样给她寄到那里，有时她和她的朋友坐在同一张桌旁，改着校样；可是她们没就这个问题交换过一句话。

她一回牧师住宅，就写道：

九月

我从基思利步行回家，雨下得很大，又刮着大风；可是当我到家，发现大家都安好时，我的疲劳就完全消失了。谢谢上帝。

我的箱笼今晨安全到达。我分送了礼物。爸爸要我向你致以最亲切的问候。屏风很有用处,他谢谢你。泰比非常喜欢她的帽子。她说,她从没想到小姐要送她东西,她肯定她再怎么谢她也谢不够。我一看见箱子里有一个罐子,我就生气。开头,我还希望它是空的,等我发现它沉甸甸地装满了东西,我差点儿把它一路扔回 B 地去。不过,上面写的安·勃两个字让我平下气来。你送这件东西,可真是既有好心又有恶意。应该先温柔地吻吻你,然后同样温柔地鞭打你。现在艾米莉正在我写信的这间卧室的地板上看着她的苹果。我把你送给她的饰领给她,她笑了,那表情既高兴又略微有点吃惊。大家都把爱给你。

写于怒和爱的混合心情中。

在后来接受《简·爱》这部杰出的小说的出版商收到原稿时,碰巧由一位与公司有联系的先生首先审读。他为故事的人物深深打动,便用最强烈的语句向史密斯先生谈了他的印象,史密斯先生似乎对激起的这种赞赏很感兴趣。"你好像完全给迷住了,倒叫我不知该怎样来相信你。"他大笑着说。可是,第二位审读者是一位不容易激起热情的、头脑清醒的苏格兰人,他晚上把原稿带回家去,也对之深感兴趣,甚至熬了半夜把它读完,这时候,史密斯先生的好奇心终于完全被激发起来,要亲自读一读了。他发现,尽管这两个人对这部小说大加赞扬,他们却并没有言过其实。

书一出版,就分赠给他几个文学界的朋友。他们的评判力是完全可以信赖的。他们在文学界都很有地位,一个个都在感谢赠书的同时,表示了高度赞扬。其中有勃朗特小姐非常崇拜的伟大的小说家[①];

[①] 指英国作家萨克雷。

他一看就欣赏，在给出版者的一封颇有特色的信中，肯定它有特出的优点。

评论文章发表得比较慢而且比较谨慎。《雅典尼恩》和《旁观者》刊载了短评，有分量地肯定了作者的能力。《文学报》吃不准赞扬一个不知名的作者是否妥当。《每日新闻》拒绝收受寄赠的那本小说，理由是有一条规定："不评论小说"；可是过了不久，那份报纸却登了一篇"奥尔巴尼①的单身汉"的短评；史密斯-埃尔德公司又寄了一本《简·爱》给编者，请求刊载书评。这一次这个要求被接受了；但是我不知道所登的文章的性质。

在专业评论家的意见方面，《考察家》前来援救。那份报纸上所刊登的文学方面的文章以善于对优点作温和慷慨的赞赏著称。其对《简·爱》的短评也不例外，文章里充满了出自内心的，然而也是巧妙的、有分析的赞扬。除此以外，报纸总的说来，并没有做多少事来扩大这本小说的销路。早在《考察家》刊出评论以前，图书馆管理员们就已经开始购买此书；不用专业评论的好心指引，故事的力量和迷人之处本身就已经向读者显示了优点。十二月初大家就开始争购这本小说了。

我将插进两三封勃朗特小姐给她的出版者的信，为了让你们看到，一个在任何个人问题上都很不习惯于采取乐观态度的人是如何胆怯地接受成功这个概念。写这些短信的时机本身就将说明问题。

致史密斯-埃尔德公司
一八四七年十月十九日

先生们：今晨收到《简·爱》六本。你们已经使这部作品达

---

① 奥尔巴尼：伦敦一地区名。

到尽善尽美的地步,纸质优良,字体清晰,装帧美观;——如果它有不足之处,缺点在作者方面——与你们无关。

现在我正等着报界和读者的评判。

柯·贝尔敬上

致史密斯-埃尔德公司
一八四七年十月二十六日

先生们:报纸收到。他们对《简·爱》作出了我曾预期的好评。《文学报》的评论看来确实写得较为平淡,《雅典尼恩》有独特风格,这我很敬佩,但并不完全欣赏。但是,那样有地位的刊物需要维护尊严,过于热诚地肯定一个无名作者,会有损尊严,想到这点,我也就认为自己有充分的理由感到满足了。

在这期间,在高不可攀的评论家们持高傲态度的情况下,畅销却是一个有力的支持。

柯·贝尔敬上

致史密斯-埃尔德公司
一八四七年十一月十三日

先生们:本月十一日来函收悉,谢谢你们为我提供了情况。《人民报》的评论我已及时收到,今晨还收到了《旁观者》。《旁观者》的评论者对这本书摆出了自然会为某一阶层读者接受的观点。我将等待类似性质的评论接着出现。贬低的方法已被指出,也许会有人依此照办。未来的评论很可能大部分都反映《旁观者》的观点。我担心这种舆论的趋势不会有助于书的销路——可是以后自有分晓。如果说《简·爱》有什么实实在在的价值，它就应该顶住一股不利的逆风。

柯·贝尔敬上

致史密斯-埃尔德公司

一八四七年十一月三十日

先生们：我收到了《经济学家》，但没有收到《考察家》；由于某种原因，那份报纸遗失了，以前有一次《旁观者》也曾遗失。不过，我很高兴，从来函中得悉，它对《简·爱》作了好评，而且书的前景似乎有所好转。

谢谢你们提供了有关《呼啸山庄》的情况。

柯·贝尔敬上

致史密斯-埃尔德公司

一八四七年十二月一日

先生们：今天收到《考察家》；由于地址关系，它寄错了地方。地址是勃朗特小姐转柯·贝尔。允许我告诉你们今后最好不要把柯勒·贝尔的名字写在封面上；如果只写勃朗特小姐，将更可能安全到达目的地。本区不知道柯勒·贝尔此人，我也不希望人们知道。《考察家》的评论使我非常满意；它似乎出自一个理解所评作品的能人之手。当然，来自这方面的赞赏，作者看了是很受鼓舞的，我相信，这对于这部作品是有利的。

柯·贝尔敬上

我还收到放在一只信封里的七篇外省报刊上的评论。你们及时把所有关于《简·爱》的各种评论都寄给我，特向你们表示衷心的感谢。

致史密斯-埃尔德公司

一八四七年十二月十日

先生们：来信暨银行汇款单收到，谢谢。对于你们好心的、正直的行动，我已表示过领情，现在只能说我深信你们将有理由永远对我满意，正如我对你们满意一样。如果我今后在力所能及的范围里所作的任何努力，结果能使你们感到合意和有利，那我就很满足了。如果我认为你们曾经有理由后悔为我出版书籍，那我将深深感到遗憾。

先生们，你们不必为给我写信不多而道歉；我当然永远乐于读你们的来信，但是读到威廉斯[①]先生的来信，我也同样真正感到高兴。他是第一个给我好评的评论家，他第一个鼓励我坚持写作，因此我自然就尊敬他，感激他。

这封信写得随便，请原谅。

柯勒·贝尔敬上

这本书奇迹似的成功的第一个消息怎样来到，在三姐妹的心上起了怎样的作用，这方面没有留下什么记录。有一次我同夏洛蒂谈论有关劳渥德学校的描写，她说，如果事先知道它会一下子被认出是柯文桥，那她就不知道该不该写这一段了。谈话中，我问过她，这部小说受欢迎的程度是否使她吃惊。她犹豫了一会儿，然后说："我相信，我写的时候给我留下如此强烈的印象的东西，一定会给任何读者都留下深刻的印象。读《简·爱》的人对这本书感到很大的兴趣，这我并不觉得奇怪；但是我几乎没有想到，一本无名作者写的书会有读者。"

三姐妹把她们在文学上的冒险尝试瞒着她们的父亲，生怕看见他

[①] 威廉斯（William Smith Williams, 1800—1875）：史密斯-埃尔德公司的编辑。他第一个发现了夏洛蒂的天才。

担心和失望会增加她们自己的担心和失望；因为他对他的孩子们的遭遇极其关心，而他自己在胸怀大志的年轻时代也曾经想在文学方面发展。的确，他不善于用言语表达自己的感情；他会认为自己对失望有思想准备，把它看作人的命运，能够用淡泊的态度来面对它。可是对于相亲相爱的人来说，言语只是感情的可怜和迟缓的表达者。他的女儿们都很清楚，对于失败，他会为了她们比为了他自己更感到难以忍受。所以她们没有把所作的尝试告诉他。他现在说他早就有了疑惑，只是疑惑没有确切的形式而已，他所肯定的是他的孩子们老是在写——却不是写信。我们已经看到，出版商的来信上写着"勃朗特小姐转"。夏洛蒂曾经告诉过我，有一次，邮递员离开她们家的时候碰到勃朗特先生，她们听见他问牧师，柯勒·贝尔到底住在什么地方。勃朗特先生回答说：教区里没有这么个人。这一定是勃朗特小姐在和艾洛特先生开始通信时提起的那件不幸的事。

不过，现在大家争购《简·爱》已经保证了这本书的成功，她的妹妹就催促夏洛蒂把这本书出版的消息告诉父亲。于是，一天下午，在他很早吃了午饭以后，她就到他书房里去，拿着一本《简·爱》和两三篇评论，还特意挑了一篇批评文章。

她告诉我，他们两人作了如下的对话。（我是在听到她的话以后的第二天记下来的；可以完全肯定准确无误。）

"爸爸，我写了一本书。"

"是吗，我亲爱的？"

"是的，我要你看看。"

"我怕太伤眼睛。"

"可不是原稿；印出来了。"

"天啊！你没想到这要花多少钱！简直可以肯定会亏本，你怎么能把书卖掉一本啊？没有人知道你，也不知道你的名字。"

289

"可是，爸爸，我想不会亏本；如果你让我给你念一两篇评论，再多告诉你一些有关这本书的情况，你也会认为不会亏本的。"

所以她就坐下来，给她父亲念了几篇评论；然后，把送给她父亲的那本《简·爱》交给他，让他自己看。他来吃茶点的时候，说："姑娘们，你们可知道夏洛蒂写了一本书，写得比可能的还要好？"

对哈沃斯牧师住宅里安静的居民来说，作者柯勒·贝尔的存在就像是个梦一样，一家人继续过着单调的家庭生活，唯一有点变化的是为她们的兄弟操心。但是与此同时，整个英国的广大读者却都急于知道这位无名的作者是谁。甚至《简·爱》的出版者都不知道柯勒·贝尔究竟是真名还是化名——究竟是一个男人还是一个女人的名字。在每个城镇里，人们找出他们朋友和熟人的名单来查，结果只好在失望中作罢。认识的人当中，没有一个有足够的天才来当这本书的作者。书里写到的每一件小事都翻来覆去地研究，希望如果可能的话，从中找出性别这个颇伤脑筋的问题的答案。一切都属徒然。人们只好不再努力满足自己的好奇心了，而只是坐下来好好欣赏。

对于读手头这本传记的人肯定个个都熟悉的这本书，我不打算写一篇分析。这部作品虽然刚出版时默默无闻，但是舆论已经像潮水般把它从默默无闻中举了起来，高高地安放在著名的永恒之山上，对于这样一部作品，我更不打算评论。

我面前放着勃朗特先生寄给我的一包剪报。翻阅着这些剪报，看到所有的地方报刊上的所有的评论，不管多么短，写得多么笨拙，都由这位可怜的、失去爱女的父亲剪了下来，小心地标明日期，真令人感动。他第一次读到这些文章时是多么骄傲，现在又是多么悲凉。因为每一篇评论都是通篇赞扬从我们中间突然出现的这位伟大的、不知真名的天才。对作者的种种猜测像野火般蔓延开来。伦敦的人温文尔雅得像古时候的雅典人一样，也像古时候的雅典人一样"整日价无所事事，只是传播和探听新鲜事情"，他们又惊又喜地找到了一件新鲜的轰动一时的事、一种新的乐趣，那就是出现了一位能正确地、用巨人般的力量描绘坚强的、依靠自己的、具有活力而又有独特个性的人物。这种人物毕竟不是绝迹的种族，而是还在北方生活着的那一种。他们认为这种描述的奇特力量中还杂有一些夸大的成分。离显然是故事发生地点比较近的人们，由于书中写得真实和准确，都肯定作者不是南方人，因为虽然"北方阴暗、寒冷、山地崎岖"，但是斯堪的纳维亚人那种古老的力量还在那里，而且在《简·爱》中描绘的每一个人物身上闪闪发光。尤其是，还有正当的和不正当的好奇心在作祟。

第二年一月份，第二版问世，加了献给萨克雷先生的献辞，人们面面相觑，又惊异起来。可是，柯勒·贝尔不认识威廉·梅克皮斯·萨克雷，正如不认识米盖·安吉罗·铁特马希①先生一样，她不认识这个人，也不知道他的生平、年龄、财产或者境况。其中一个在《名利场》扉页上放了名字，另一个却没有。她有机会对一位作家表示她的高度崇拜，觉得非常高兴。正如她自己所说，她把这位作家看作"当代社会改革家，力求匡正时弊的工作者的首领……他的才智是杰出的，他的幽默是迷人的，但是这两者与他严肃的天才之间的关系，就像在夏云边上嬉戏的大片闪电与孕育在云中可以致死的带电火花之间的关系"②。

这一年的整个夏天，安妮·勃朗特的身体比往常更弱，她那敏感的心灵深深受到家里巨大焦虑的影响。不过，现在《简·爱》显示出这样的成功迹象，夏洛蒂就开始为家里这位"最小的一个"，她亲爱的

---

① 萨克雷有许多笔名，米盖·安吉罗·铁特马希（Michael Angelo Titmarsh）是其中之一。
② 引自《简·爱》第二版序。

小妹妹,来安排今后的娱乐计划——更确切些,也许应该说让她在操劳中休息一下。可是,尽管安妮为夏洛蒂的成功高兴了一阵子,事实上,她身心两方面的力量都不容许她有多大的活动,她过分局限于坐着的生活,老是弯着腰,或者看书,或者做针线活,或者伏案写东西。她姐姐写道:"要说服她出去散散步,或者引她聊天,那可真是难啊。我怀着信心指望她明年夏天,如果可能的话,到海滨去作短期逗留。"在这同一封信里,有一句谈起,尽管家里目前有其可怕的缺点,但她心底里还是多么亲爱地恋着这个家。这封信里过多地夹杂着别人的事,所以无法摘引。

任何写了一部成功的小说的作者都可能收到许多陌生读者的来信,其中有的是推崇——有时候写得过分,而且一味恭维,使人想起约翰逊博士答复想当然和不恰当的吹捧的那篇著名演讲的内容——有时候只写几句话,却能像"用喇叭声"似的扣动心弦,在极度的卑恭中激起作者的坚强决心,使自己今后的努力无愧于这种称赞。偶尔也会对优缺点作出如实的评价,还指出了造成优缺点的原因,这就构成了毫无经验的作者所渴望的批评和帮助。这几种情况的信柯勒·贝尔都收到了很多;她那火热的心,正确的判断,崇高的目标,使她对每封信都作出恰当的估价。乔·亨·刘易斯[①]先生好心地把她写给他的一些信交给我使用。由于我知道勃朗特小姐高度珍视他写的一些鼓励和劝告的信,我就从她的复信中摘引一些,按时间顺序排列,因为这些信会让你看到她所珍视的批评,同时,也是因为不管在同意、和悦的时候,还是在生气的时候,这些信自始至终显示出她的性格。她丝毫没有自我陶醉,变得盲目起来,她对自己写得好的地方和失败的地方都看得清楚,而且能谦逊地对待。对于友好的关

[①] 乔·亨·刘易斯(George Henry Lewes, 1817—1878):英国哲学家、作家、文学评论家。

注十分感激，只有在她认为对作者的性别问题上受到了粗暴的、不公平的对待时，才恼火和生气。至于其余部分，对于懂得如何倾听的人来说，信件本身可要比我用可怜无力的言辞所能解释的更加说明问题。刘易斯先生就他的一封信作了如下的解释，他客气地给我寄来了这份解释。再下面的那封勃朗特小姐写的信就是答复他的那一封信的。

《简·爱》一出版，出版商就客气地给我寄来一本。读这本书时所怀的激情促使我去找派克先生，提出要给《弗雷泽杂志》写一篇书评。他不同意让一本默默无闻的书受到这样的重视，因为报纸上还没有报道过；但是认为可以在《英法两国最新小说》栏里登一篇。这篇文章就在《弗雷泽》一八四七年十二月号上发表了。与此同时，我给勃朗特小姐去了一封信，告诉她这本书使我充满了喜悦；从她的复信来看，我似乎向她作了"说教"。

致乔·亨·刘易斯先生

一八四七年十一月六日

亲爱的先生：来信昨天收到。请允许我向你保证，你写此信的一番好意我完全心领。为了信中那令人高兴的推崇和宝贵的劝告，我向你表示衷心的感谢。

你告诫我要防止写成情节剧[①]，劝我要忠于现实。我在最初开始写作时，深深相信你所主张的这些原则是真理，便决心把自然和真实作为我仅有的两个向导，紧紧跟着它们的足迹。我限制想

[①] 情节剧(melodrama)：一种不着重刻划人物、一味追求情节奇异，通常都有惩恶扬善结局的戏剧。

象,避开浪漫手法,抑制激动心情;过分鲜艳的色彩也避免,而力求创作出柔和、庄严和真实的作品。

作品(一个一卷本的故事)完成以后,我把它寄给出版商。他说它具有独创性,忠于自然,但是觉得接受它却没有把握;这样一部作品没有销路。我一连试投给六位出版商,他们都对我说,它缺少"令人吃惊的事件""使人震颤的激动",永远不会适合流通图书馆的需要。由于小说的成功主要靠这些图书馆,他们不能出版一本会在那里遭到忽视的书。

《简·爱》最初也由于这个原因遭到拒绝,但是最后终于被接受出版。

我向你谈这些,并非想请求免于责难,而是想请你注意某些文学通病的根源。如果你在《弗雷泽》上即将发表的文章中说几句话,开导一下支持流通图书馆的读者,那么,运用你的力量是能起一些好作用的。

你还劝我不要远离经验的场地,因为我一进入虚构的领域就变得软弱无力;你还说:"真正的经验永远是能引起兴趣的,而且对所有的人都是这样。"

我觉得这一点也是真的;可是,亲爱的先生,每一个个人的经验不是很有限吗?如果一个作者只是写个人的经验,或者主要写个人的经验,那不就有一再重复自己的话,而且变成自我中心者的危险吗?况且,想象力是一种强烈的、不安静的能力,它要求得到倾听、得到发挥。难道我们要对它的呼喊充耳不闻,对它的挣扎无动于衷吗?当它把色彩鲜艳的图画拿给我们看时,难道我们决不能看,也不能使这些图画再现出来吗?当它在我们耳边滔滔不绝、窃窃私语时,难道我们不能把它口授的种种记录下来吗?

我将急切地在下一期《弗雷泽》上寻找你就这几点所发表的意见。相信我，亲爱的先生，对你怀着感激心情的

柯·贝尔

可是在作为作者受到赏识而感到满意时，她对于从谁那里得到赏识，是很注意的，因为赞赏的价值很多是取决于作出赞赏的人的真诚和能力。因此，她请威廉斯先生（和她的出版商的公司有联系的一位绅士）告诉她刘易斯先生是谁，是干什么的。在她得知她未来的评论者的一点性格以后，以及在等待他的评论时，她写的复信是不能省略的。信里除了提到他以外，还有趣地提到了有关"贝尔三兄弟究竟是谁"这个问题开始引起的困惑，并且评论了另一个出版商对待她们三姐妹的态度。对此我不想描述，因为我知道在谈起这种人的时候，明明是事实也会被认为是一种毁谤。

致威·史·威廉斯先生

一八四七年十一月十日

亲爱的先生：《不列颠》和《太阳》均已收到，但是没有收到《旁观者》，我很感遗憾，因为批评尽管并不令人愉快，但往往是有益的。

谢谢你给我提供了有关刘易斯先生的情况。听说他是个聪明而又真诚的人，我很高兴。既然这样，我就能以坚忍的态度等待他的评论；即使批评我，我也决无怨言；能力和真诚有权在它们认为该谴责的地方作出谴责。不过，根据你的来信，我相信至少会得到一个有分寸的赞扬。

你叙述的有关贝尔兄弟是谁这个问题的种种猜测，使我很感兴趣。这个谜一旦解开，大家也许就会觉得不值得费神去解开。

不过我还是不去管它，对我们自己来说，还是保持沉默合适，这样当然也不会对别人有害。

在《都柏林杂志》上评论那本小诗集的那位评论者猜测 soi-disant[①] 三个人实际上只是一个人，他有一个过于突出的自负器官，因此对自己的优点作出高度的评价，认为这些优点太多，集中在一个人身上容纳不了，于是，据我猜想，为了照顾大为惊讶的读者的神经起见，把自己分成三个人！这是这位评论者的一个别出心裁的想法——非常有独创性，非常惊人，可是并不正确。我们是三个。

埃利斯和阿克顿写的散文作品即将出版。其实早该出版；因为八月初，在柯勒·贝尔把《简·爱》原稿交给你们以前，已经在印初校样了。不过，某先生办事不像史密斯先生和埃尔德先生；在某某街其指导精神似乎和科恩希尔街六十五号的那种不同。……我不得不承认得益于一种办事既认真又有绅士气派，既有干劲又周到细致的管理方法，而我的两位亲戚却遭到了令人精疲力竭的拖延和耽搁。

我想知道某先生办事是常常像对待我的亲戚那样呢，还是这只不过是他的方法的一个特殊情况。你是否知道，是否能够告诉我一些有关他的任何情况？你得原谅我，在我想打听什么的时候，我直言不讳；如果我的问题太冒失，你当然可以拒绝回答。对你表示尊敬的

柯·贝尔上

[①] 见本书第 95 页注①。

致乔·亨·刘易斯

一八四七年十一月二十二日

亲爱的先生：现在我已经读过《兰梭普》①了。一两天以前我才收到此书；但是我终于收到，并且已经读过。在读《兰梭普》时，我读的是一本新书——不是重版书——不是任何其他书的翻版，而是一本**新书**。

我不知道现在写出了这样的书。它和任何一本流行小说都截然不同；它给人的头脑灌注了新的知识。你的经历和信念变成了读者的经历和信念，至少对于一个作者来说，它们有着不平凡的价值和兴趣。现在，我等待你对《简·爱》的批评时的心情，和我在阅读《兰梭普》以前的心情不同了。

你和我素昧平生。以前我并没有特别敬佩你。我并没有觉得你的称颂或责难有什么特别的分量，也不知道你是有权谴责或赞扬的。**现在**我在这些方面有了认识。

你会是严格的；这一点你在上次来信中已经告诉过我。好呀！我将从你的严格中汲取教益；再说，我现在已经知道你是一个公正的、有鉴赏力的人，不过，既然是凡人，你难免也有失误之时；如果你的批评有哪一部分揭到我的痛处——给我带来莫大的痛苦——那么，我将暂且不去相信它，把它撇在一边，直到我觉得能够毫不苦恼地接受它为止。我是，亲爱的先生，非常钦佩你的

柯·贝尔上

一八四七年十二月《呼啸山庄》和《艾格妮丝·格雷》出版了。这两本小说中的第一本以它那描写特别的邪恶性格时用的力量引起了

---

① 《兰梭普》（Ranthorpe）：乔·亨·刘易斯于一八四七年出版的一本小说。

许多读者的反感。另一些人却感到了杰出天才的吸引力,甚至当它是在残酷可怕的罪犯身上表现出来时也这样感到。关于这个故事,勃朗特小姐自己是这样说的:在有关人物性格的刻划方面,情况就不同了。我不得不承认,对于她自己生活其间的农民阶层,她实际了解的,并不比一个修女对于修道院大门外边路过的乡下人了解得多。我妹妹的性情生来就不合群:环境促成和助长了她的孤僻的倾向;除了上教堂或者到山上去散步,她很少跨出门槛。她尽管对周围的人怀着善意,却从不设法去和他们交谈,也不曾和他们交谈过,只有很少的几次例外。然而,她了解他们,了解他们的生活方式,他们的语言,他们的家史。她能兴致勃勃地听人谈起他们,也能详尽、细致、形象而准确地谈论他们,可是她极少**同**他们交换一句话。因此,她脑子里收集到的有关他们的真实情况过分局限于那些悲剧性的和恐怖的特点。在听附近一带荒村秘史时,记忆中有时是不可能不留下这些印象的。她的想象比较阴暗而不很明朗——比较有力而不很轻松——这就从这些特点中找到了材料,创作出希思克利夫、恩肖和凯瑟琳①这样的人物。她写出了这些人物,还不知道自己干了什么。如果审查她的作品的人读原稿时,看到如此残酷无情的性格,如此堕入歧途的心灵,而在它们的令人难以忍受的影响之下战栗起来,如果有人抱怨说只要听一听那生动可怕的场面就足以叫人夜不成寐,白天心神不宁,那么,埃利斯·贝尔就会听不懂那是什么意思,而且怀疑抱怨的人是在装假。但凡她只要生活过,那她的心灵就会自然而然地像一棵粗壮的树一般地成长——长得更高大,更挺直——它的成熟的果实就会熟得更透、长得更加鲜艳。可是在那个心灵上只有时间和经历才能起作用;它是不向其他智力的影响屈服的。

---

① 即《呼啸山庄》中的三个主要人物。

不管是否公正，两位比较年轻的勃朗特小姐的作品在出版时并不很受欢迎。"评论界没有公正地对待它们。《呼啸山庄》里显示出来的虽不成熟但很真实的力量很少被人承认，它的意义和性质被误解了；它的作者也被认错了；据说这是写出《简·爱》的那支笔的比较早期的、比较粗率的尝试。"……"真是不公正而又令人伤心的错误！对此，我们一开始哈哈大笑，可是现在我却深深哀叹。"

从那以后，夏洛蒂·勃朗特的生活分成两个平行的渠道——她作为作家柯勒·贝尔的生活和她作为名叫夏洛蒂·勃朗特的女人的生活。每一个角色都有不同的职责——并不互相矛盾，要调和并不是不可能的，但却是困难的。当一个男人成为作家的时候，对他来说，也许只是职业的变化而已。他用了一部分以前用于其他研究和工作的时间；他放弃以前想为别人效劳的法律和医务方面的职业，或者放弃一部分他一直赖以谋生的行当和事务；另一个商人、律师，或者医生填了他的空缺，也许干得和他一样好。可是，除了上帝专门指派的人以外，再没有别人像被指派的人那样，能够很好地履行女儿、妻子或者母亲那种默默无闻的、很有规律的职责了。一个女人在生活中的主要工作是几乎不能由她自己做主的；她也不能推卸自己作为一个个人所承担的家务而去发挥自己的空前的杰出才能。然而，她又不能退缩，不去承担那因为她具有这样的才能而肩负的额外责任。她可不能把她的天才藏在餐巾里；那是要拿来为别人所用，为别人效劳的。她必须怀着一种谦恭而忠实的精神努力去做那并非不可能的事，否则上帝就不派她做这件事了。

我且把夏洛蒂见诸行动的事形诸笔墨。

一八四八年一开始就带来了家庭里的苦恼。不管多么叫人痛苦，还是不得不经常提醒读者注意这一时期一直搁在父亲和姐妹心里的事。一些没有头脑的评论家说，勃朗特姐妹在她们的故事里表现了忧郁阴暗的人生观。这些评论家真应该知道，这些字句都是由她们对长期痛苦的鲜明回忆逼迫着写出来的。有些人反对表现粗暴的东西，厌恶地躲开它，仿佛这种观念是作者拿出来的，这些人真应该知道，那可不是来自想象——来自内心的观念——而是来自外部生活强加在她们感官上的严峻残酷的事实。一连好几个月，好几年，她们服从自己的良心的严厉的口授，把她们亲眼所见的东西写出来。她们也许写错了。她们也许做错了，根本不应该在痛苦如此之大、要写生活就只能这样写的时候写作。如果仅仅写那些只做令人愉快的好事的令人愉快的好人，可能要好一些（在这种情况下，她们几乎任何时候都不会写作）。我所要说的是，我相信，从来没有哪些有这样杰出天赋的女人怀着更强烈的责任感来运用自己的天赋。至于错误，那么，她们现在作为女人和作家，正站在上帝的宝座前接受审判。

一八四八年一月十一日

最近，我们在家里过得很不舒服。勃兰威尔用了某种方法向那个老地方又借了一些钱，害得我们过着悲哀的生活。……爸爸日日夜夜心烦意乱，我们也不得安宁。他老是犯病，晕倒了两三次。最后会怎样呢，上帝知道。可是谁没有缺点，没有不可外扬的丑事呢？只要尽力而为，耐心忍受上帝的安排就行了。

上一年十二月，刘易斯先生在《最新小说》栏里发表了评论文章，我想她当时就看了，可是我开头没发现证据，直到一八四八年一月十二日她给他写信时才提到这件事。

亲爱的先生：衷心感谢你作了宽容的评论。我带着双重的满意向你致谢，因为现在我肯定这种致谢不是多余和冒失的。你对

《简·爱》并不严格，而是很宽大。叫我高兴的是，你私下里坦率地给我指出过缺点。因为你在公开的评论中只是稍稍触及一下，而这样指出来，我也许会不加思考地把它们忽略过去。

我打算听从你的告诫，在考虑如何创作新的作品时要多加小心。我积累的素材并不丰富，而是很贫乏；再说，我的阅历、学识和能力都还不够，不足以使我成为一个多产作家。我对你说这样的话，是因为你登在《弗雷泽》上的文章给我留下了使我不安的印象，那就是，你对《简·爱》的作者作了高于此人应得的评价；而我却宁可你对我有一个正确的，而不是过高的估计，即使我永远也不能与你见面。

如果我**真的**再写一本书，我想不会再写成你所谓的"情节剧"之类的东西了；我想是这样，但我不能肯定。我还**想**，我将竭力听从奥斯丁①小姐的"温柔的眼睛"里闪耀出来的忠告，"要更多地修饰、更多地克制"；但是我也不能肯定。当作者写得最好的时候，或者至少是当他们写得最顺手的时候，似乎总有一种影响在他们的内心里醒来，成为他们的主宰——要求凭着它的意志办事——推开一切训谕，只留下它自己的训谕，口授一些词句，硬要作者使用，不管这些词句的性质是过火的，还是适度的。并且要作者创造新型的人物，使事件朝意想不到的方向发展，抛弃精心酝酿的旧设想，突然创造和采取新设想。

不是这样吗？我们应该力图对抗这种影响吗？我们确实能抵抗它吗？

我很高兴，你的另一部作品即将出版；我急于看看你是否按照自己的原则创作，实践你自己的理论。在《兰梭普》里，你可

---

① 奥斯丁(Jane Austen, 1775—1817)：英国女作家。

不是完全这么办的——至少后面一部分不是。不过，我认为第一部分差不多是完美无缺的，它有着一种精髓、真理和深远的含意，使这本书具有真正的价值。可是要这样写作，就必须阅历深广，知识渊博，而我的阅历和知识都很少。

你为什么那么喜欢奥斯丁小姐呢？对这一点我迷惑不解，是什么促使你说，你宁可写出《傲慢与偏见》①或者《汤姆·琼斯》②而不愿写出"威弗利小说"③中的任何一本？

在读到你的那句句子以前，我没看过《傲慢与偏见》，后来我找到这本书。我发现了什么呢？是一张普普通通的脸的以银版照相法拍摄的肖像；一个小心围起来的精心栽培的花园，有着整洁的花坛和娇美的花朵；可是看不到一点神采奕奕、生气勃勃的脸，没有开阔的乡村，没有新鲜空气，没有青青的山峦，没有美丽的溪流。我可大不愿意和她的那些女士、绅士住在他们那华美而狭窄的房子里。这些话可能会引起你的不快，但我还是要冒这个险。

现在我能理解人们对乔治·桑④的赞赏，因为虽然我在她的作品中还没有看到一本我从头到底都赞美的（即使是她最好的作品，或者说我读过的她的最好的作品《康素爱萝》。在我看来，这本书似乎把出奇的怪诞同出色的优点糅合在一起）。但是乔治·桑的心灵中有一种洞察力却是我即使不能完全领会，也是十分钦佩的。她精辟，深刻——而奥斯丁小姐却只是精明和善于观察。

---

① 《傲慢与偏见》：奥斯丁的一部长篇小说。
② 《汤姆·琼斯》：英国作家菲尔丁（Henry Fielding, 1707—1754）的一部长篇小说。
③ 威弗利小说：英国作家司各特（Walter Scott, 1771—1832）匿名发表的一套历史小说。
④ 乔治·桑（George Sand, 1804—1876）：法国女作家。《康素爱萝》是她的主要作品之一。

是我错了呢——还是你说话说得太草率了？如果你有时间，我愿意听听有关这个问题的更多的意见；如果没有时间，或者你认为这个问题不值得一谈，那你就不必费心答复。对你表示尊敬的

柯·贝尔上

致乔·亨·刘易斯先生

一八四八年一月十八日

亲爱的先生：我不得不给你写一封信，虽然我原来并不打算这么快又来打扰你。我不得不同意你的意见，但是又有不同的看法。

在有关"影响"的问题上，你纠正了我的不成熟的说法；好吧，我接受你给那种影响的效果下的定义；我承认，你为了调节那种影响而定下的规则是明智的。……

你在信里接着写的是一篇多么奇怪的教诲啊！你说我必须熟记这个事实："奥斯丁小姐不是一位诗人，没有'感伤情调'（你轻蔑地用引号把这个词括起来），'没有雄辩的口才，没有诗歌的那种引人入胜的热情'。"——接着你又说，我**必须**学会承认她是**最伟大的艺术家，最伟大的人性的描绘者**之一，也是空前的对如何达到目的最敏感的作家之一。

只有最后这一点是我将会承认的。

没有诗情，难道能成为伟大的艺术家吗？

我称之为伟大的艺术家的——我甘拜下风的伟大的艺术家，不能没有这种神圣的天赋。但是我肯定，对于**诗情**，你和我理解不同，正如对于"感伤情调"，你和我理解不同一样。正是诗情，按照我理解的含义，把男子气的乔治·桑提高了，把粗劣的东西变成神圣的东西。正是"感伤情调"，按照我所理解的含义——被

小心掩盖但却是真正的感伤——把毒汁从令人生畏的萨克雷那里抽了出来,把原来可能是腐蚀性毒物的东西变为净化剂。

如果萨克雷没有在他那宽广的心胸里孕育着对他同类的深厚感情,那他就会乐意消灭他们;事实上,我相信他只是希望改造他们。既然奥斯丁小姐像你所说的,没有"感伤情调",没有**诗情**,那么,她也许**是**明智的,现实的(**现实**的成分多于**真实**),但是,她不可能是伟大的。

现在我已经激起你的愤怒(我不是已经对你的宠儿的完美提出了疑问吗?),我心甘情愿地忍受你的愤怒,也许暴风雨会在我头上出现。然而,只要我能够办到(我不知道什么时候才能办到,因为我进不了流通图书馆的门),我将像你推荐的那样,勤奋地仔细阅读奥斯丁小姐的全部作品……我没有能始终和你有同样的想法,请原谅,相信我,你的怀着感激的心情的

柯·贝尔上

在引用下面这段从一封给威廉斯先生的信里摘录的材料以前,我犹豫了一会儿,但这一段却很有特色。其中包含着的批评(不管我们是否同意它的观点),由于当时的环境,是很有趣的,所以,虽然把信件的年代次序搞乱了,我还是决心引用,以便结束这一部分在反映她性格中纯粹智力这一方面很有价值的通信。

致威·史·威廉斯先生

一八四八年四月二十六日

亲爱的先生:我现在读了《罗丝,布兰奇和维奥莱特》[1],我

---

[1] 《罗丝,布兰奇和维奥莱特》:乔·亨·刘易斯于一八四八年出版的一本小说。

将尽可能把我对此书的看法告诉你。这本书是否比《兰梭普》有所进步，我不知道，因为我很喜欢《兰梭普》；但是无论如何，这里面有更多美好的东西。我在书中发现了同样的力量，但是却发挥得更加充分。

每一页上都看得出作者的性格，这就使得这本书很有趣——比任何故事都要有趣得多，但吸引人的是作者自己说的话，而不是通过他的人物之口说的话。依我看来，乔·亨·刘易斯肯定是这本书里最独特的人物。……我觉得说教的那几段是书中最好的——比其他部分要好得多。其中有些观点非常尖锐，非常深刻，而且非常清楚地呈现在读者面前。他是个公正的思想家；是个具有洞察力的观察者。他的理论中有着智慧，而且我深信无疑，他的实践中有着活力。但是，为什么在阅读时常常会给惹得对他生气呢？他在教导的同时，怎么会使听的人觉得自己不应该默默接受那提供思考的学说，而应该去反驳呢？你承认他给了你纯真的宝石，又干吗要老是仔仔细细地挑瑕疵呢？

我猜想，刘易斯先生尽管才华横溢，忠诚老实，但是一定是在态度上有些什么缺点，一定是偶尔有点过于武断，过于自信。你在看书时是这么想的，但是把书一合上，放下，坐上几分钟好好想想，加深印象，然后你就发现自己头脑里最强烈地想到或者感觉到的是，在完全熟悉了一个具有高超才能和坚定原则的杰出头脑和真挚心灵时的欢乐。我希望他不久能再出一本书。他那些激动人心的场面都描写得十分激烈，有点过于千篇一律了。用比较克制的方法来处理，不是往往会产生更强烈的效果吗？刘易斯先生时不时地使用一下法国笔调，在这方面，他同萨克雷先生不同，萨克雷先生总是使用英国笔调。然而，法国笔调并没使刘易斯先生深入歧途；他用英国臂力来运用它。为了他这本书出色的总的倾向,把一切荣誉都归给他吧!

他对于伦敦的文学界,特别是其中妇女的那部分,没有作出引人入胜的描述;但是,所有排外的小圈子,不管是文学界的、科学界的、政界的,还是宗教界的,在我看来都有一种把真实变为装假的倾向。当人们属于某个集团时,我想他们总是在某种程度上为了那个集团而写作、说话、思想和生活,这是一种使人苦恼和褊狭的必要性。我相信报界和读者会承认此书的优点,而且是由衷地承认,远远超过鲍沃尔①或迪斯雷利②的作品所应得的承认。

让我们从柯勒·贝尔那里回到夏洛蒂·勃朗特这里来吧。哈沃斯的冬天是一个使人容易生病的季节。流行性感冒在村民中流行,三姐妹虽然怕羞,不愿对教区居民作纯粹社交性的访问,但是只要哪儿真正需要牧师的女儿,她们总是会去的。她们自己也患了这种流行性的病;安妮患得更重些,因为还咳嗽和发烧,这叫她的两个姐姐都为她担心。

毫无疑问,由于靠近那坟墓拥挤的教堂墓地,牧师住宅对健康不利,住在那儿的人常常因此生病。勃朗特先生将哈沃斯不利于健康的状况向卫生部作了强有力的反映。他在部里的官员来作了必要的访问以后,得到了一个建议,即今后不准再在这个墓地里营葬,山坡上将开辟一个新的墓地,并且着手给每户人家供应水,使活儿干得疲累不堪的主妇不必从几百码以外沿着陡峭的街道把水一桶一桶提上来。但是他被付地方税的人们挫败了,因为在很多类似的情况下往往是数量压倒了质量,算术压倒了智力。因此,我们看到,疾病常常以伤寒的

---

① 鲍沃尔(William Henry Lytton Bulwer, 1801—1872):英国作家、外交家。
② 迪斯雷利(Benjamin Disraeli, 1804—1881):英国首相、作家。

形式在哈沃斯出现，形形色色的热病令人悲哀地频频侵袭这个地方。

一八四八年二月，路易·菲力普①被推翻了。当时接二连三发生了事件，使勃朗特小姐在三月三十一日给伍某某小姐的信中对这些事发表了这样的看法：

> 我记得很清楚，我曾希望把自己的命运交给上次战争的动乱时代，而且在它那些激动人心的事件中看到一种令人兴奋的魅力，我一想起这种魅力，脉搏就会加快。我想，我甚至还记得，就因为你在这些问题上不完全和我有同感；就因为你很平静地听我谈我的向往和想法，而且似乎根本不认为除了天堂以外，闪亮的军刀也可以使人快乐，我当时还有点儿急躁。现在我已经过了青年时代；虽然不敢说自己已经不再有青年时代的所有幻想——生活中的浪漫色彩已经完全消失——纱幕已经从真理上落下，我看到了两者赤裸裸的本来面目——但肯定的是，许多事情已经不是十年前的那个样子了。和别的东西一样，"战争的排场"已经在我眼中失去了它那虚幻的光辉。我已深信不疑的是，精神上的地震会把国家和个人的鲜明的生存感震醒过来；为广大的全国范围的危险担忧能使人们的头脑暂时不去考虑细小的个人危险，能使他们扩大一下视野。我也同样深信不疑，痉挛似的革命使世界美好的部分后退，阻止文明发展，让社会的渣滓浮上来。总之，在我看来，暴动和战争是国家所患的急病，它们用暴力使发生暴动和战争的国家大伤元气。我真心祈祷，愿英国能避免那种正在扭歪大陆、威胁爱尔兰的痉挛、剧痛和疯病。我并不同情法国和爱尔兰。我认为德国和意大利情况不同——正如热爱自由不同于追求放荡一样。

---

① 路易·菲力普（Louis Philippe, 1773—1850）：法国国王（1830—1848），在二月革命中被推翻。

她的生日来临了。她按照惯例写信给朋友，她和那个朋友两人的生日相差不到一个星期。但是，我们知道了她取得的成就，再读这封信，就可以看出她的心情和一年以前写"我一事无成"的时候不一样了。今年她写的时候，心里一定是谦逊地意识到"已有成就"。她写道：

> 现在我三十二岁了。青年时代已经过去了——过去了——一去不复返了，真没有办法。……我觉得，悲哀似乎迟早总要落到每个人的头上，青年时代几乎没有尝到过它的滋味的人，往往在后来要喝更满的、更苦的一杯；而早年就喝干这杯苦酒的人，在喝酒以前先喝完酒渣的人，倒很可能希望以后可以喝比较甘美的饮料。

《简·爱》的作者是谁，在勃朗特家还是一个绝不外传的秘密；甚至连这个亲密程度仅次于姐妹的朋友，也跟世界上所有其他人一样，一无所知。的确，她可以根据她所知道的以往的习惯，还可以根据在 B 地修改校样这件可疑的事情，猜测到一个文学方面的计划正在实现。但是她却什么也不知道，而且聪明地什么也不说，直到她从别人那里听到一个传闻，说夏洛蒂是一位作家——已经出版了一本小说！于是，她写信给夏洛蒂，结果收到下面这两封回信。现在在我看来，这两封回信语气很肯定，十分强烈而激动地故意否认那传闻的真实性。

一八四八年四月二十八日

请再写一封信，把你上次信中的意见解释清楚。如果你指的是我，我想是指我——那么，你要明白——我没有授权给谁来议论我，我也不能听任无论何处发出的无聊猜测来对我妄加评判。告诉我，你听到了什么，从谁那儿听到的。

一八四八年五月三日

关于某件事，我只能对你说：那个传闻——如果是有传闻的话——如果那位似乎有点神秘的女士没有做梦似的以为自己听到了什么——一定是来源于荒谬的误会。我没有给**任何人**以权利，肯定或者用最隐隐约约的方式暗示我在"出书"——（胡说八道！）不管谁说这话——如果有人说过，我怀疑是否有人说过——谁就不是我的朋友。即使有二十本书被说成是我写的，我也一本都不承认。我要把这个想法追究到底。在我已经明确否认这个说法以后，不管谁再把它强加给我，那都是一种不怀好意、没有教养的行为。最渊博的默默无闻不知要比平庸的臭名昭著好多少。我既不想臭名昭著，也不会臭名昭著。因此，如果有哪位 B 地①的人或者哪位 G 地②的人敢于在这件事上跟你纠缠不清——问你勃朗特小姐"出版了"什么"小说"，你如果愿意的话，只要用你善于应用的明白肯定的语气说，勃朗特小姐委托你说，她拒绝和否认这种指责。你若是高兴的话，还可以补充说，如果她同谁推心置腹，那么，你相信那个人就是你，而她并没有对你乱说过这件事。我猜不出这个谣传是从哪儿来的，我怕决不是从友好的方面来的。然而，我不能肯定，如果我能肯定，我就会觉得很高兴。如果你再听到什么，请告诉我。你提出《西米恩传》，提得很好，我感谢你。爸爸大概很爱看这部作品，因为他认识西米恩先生。你去笑 A 或者骂 A 吧，让她打消这个出书的想法。相信我，

---

① 指埃伦·纳西家所在地伯尔斯托(Birstall)。
② 指玛丽·泰勒家所在地高默沙尔(Gomersal)。

经过种种机遇或变迁,不管是遭到诽谤还是无人干扰,我都是你的忠诚的

夏·勃朗特

据说,勃朗特小姐急于保守秘密,是因为她向她的两个妹妹保证过,这件事决不通过她来泄露出去。

她两个妹妹的小说用化名出版了,但随之而来的进退两难的局面也越来越严重了。许多评论家坚信三位贝尔出版的所有小说都是同一位作者的作品,只不过是在他发展和成熟的不同阶段写的。这种猜测无疑影响了这些书的接受。安妮·勃朗特完成《艾格妮丝·格雷》这个故事以后,一直在勤奋地写第二本:《威尔德菲尔府的房客》。这部作品不大为人所知。主题是讲一个人的蜕化,他的放荡和堕落是酗酒的习惯引起的,不过饮酒只是稍微多了一些,只能被看作是"善于交际"。这样一个主题和作者本人不协调到了令人难受的地步,她本人宁可避开一切,只守住平安和虔诚的想法。"在她一生之中,"(她的姐姐这样谈起这位温柔的"小妹妹")"她注定了要在眼前以及长时期地考虑那被误用的天赋和被滥用的才能的可怕后果。她又生就一副敏感、含蓄和消沉的性格。她亲眼所见的事物深深印在她的头脑之中;这可害了她。她对此反复思考,直到相信自己有责任把每个细节都再现出来(人物、事件和情景当然都是虚构的),作为给别人的告诫。她讨厌自己的工作,但还是继续做下去。当别人跟她辩论这个问题时,她把这种辩论看作放纵自己的一种诱惑。她必须忠实;她必须不加修饰、软化或掩盖。这个用意很好的决心引起了对她的曲解和攻击。对此,她都忍受了下来,因为她已经习惯于用温和、坚定的耐心来忍受一切不愉快的事情了。她是个十分真诚和讲究实际的基督徒,但是这种虔诚的忧郁色彩给她那短暂而清白的一生染上

了悲哀的阴影。"

在这一年的六月,《威尔德菲尔府的房客》接近完成,将投寄给以前为埃利斯·贝尔和阿克顿·贝尔出书的那个人。

他做生意的方式使勃朗特小姐和两个妹妹都很生气。她在给新西兰的一个朋友的信中,详细叙述了这样的情况:七月初的一天早上,牧师住宅收到史密斯先生和埃尔德先生的信,使安静地住在那里的人大为不安,因为引起她们注意的这件事虽然只是影响她们的文名,但她们却认为也同样影响她们的品性。《简·爱》在美国畅销,那里的一个出版商因此就出高价要求把"柯勒·贝尔"的下一部作品尽早寄去。史密斯-埃尔德公司已经同意。所以听说美国另一家出版公司也订了类似的合同,听说这部新作品不久即将出版,他大为惊讶,而且不大高兴。问了以后,原来问题出在阿克顿·贝尔和埃利斯·贝尔的出版商身上,他向那家美国出版公司保证,说他深深相信《简·爱》《呼啸山庄》和《威尔德菲尔府的房客》(他说这一部比另外两部的任何一部都好)是出自同一个作者的手笔。

虽然史密斯-埃尔德公司在信中明确表示,他们并不这样"相信",但是这三姐妹还是焦急不安,一定要证明这种想法毫无根据,而且要把她们自己的情况说清楚。于是她们迅速作出决定,夏洛蒂和安妮应该当天就动身去伦敦,向史密斯-埃尔德公司证明她们是两个人,而且问问这个轻信的出版商,明明已经一再向他作了保证,他为什么还要相信这个同保证完全相反的说法。她们作出这个决定以后,就坚决而迅速地作了准备。那天要做的家务很多,但她们都一一做完了。两姐妹各自在一个小箱子里放了一些替换衣服,托正好路过的马车捎带到基思利去。她们早早地吃了茶点,就步行到那里去——毫无疑问,心情是激动的;因为撇开她们去伦敦的目的不谈,安妮是第一次去那里。在那个夏日的傍晚,她们去火车站,途中遇上一阵大雷暴

311

雨；但是没有时间躲雨了。她们在基思利正好赶上火车，乘到利兹，又匆匆搭夜车去伦敦。

星期六早上八点钟左右，她们到达派特诺斯特街的查普特咖啡馆。那是个奇特的地方，但是她们不知道还有什么别的地方可去。她们梳洗以后，精神为之一爽，吃了点儿早饭，便静静地坐了几分钟，考虑考虑接下来怎么办。

上一天她们在安静的哈沃斯牧师住宅里讨论她们的计划，研究用什么方法来办理她们去伦敦办的事。当时她们决心，如果觉得可行的话，就乘马车从旅馆到科恩希尔街去；但是一旦置身于忙乱之中，再加上自己"内心激动得出奇"，她们在星期六早上坐在那里考虑自己的处境时，竟把可以雇车的事忘得一干二净。在动身以后，看到那熙熙攘攘的街道、无法通过的十字路口，她们吓慌了，就老是一动不动地站在那里，觉得再也没有希望往前走了，因此，半英里的路竟然走了将近一小时。不论史密斯先生还是威廉斯先生，都不知道她们要来。《简·爱》的两个出版者都不认识她们，事实上，他们还不知道几位"贝尔"是男人还是女人，而只是一直把她们当作男人来通信。

一到出版公司，夏洛蒂便把史密斯先生自己的信交到他手里，就是二十四小时以前在哈沃斯牧师住宅引起很大不安的那封信。"你在哪儿拿到这封信的？"他问——仿佛不能相信，这两个身穿黑衣、又瘦又小、又高兴又激动的年轻小姐，竟然是大家怀着好奇心急于寻找，却白费心机的柯勒·贝尔和阿克顿·贝尔本人。接下来作了一番解释。史密斯先生马上开始安排她们在伦敦逗留期间的消遣和娱乐，要她们在他家同几个文学界的朋友会面。这对夏洛蒂来说是个强烈的诱惑，因为其中有她特别想见的一两位作家。但是她决心继续隐瞒身份，所以断然拒绝了。

史密斯先生请她们住在他家里,两姐妹同样断然谢绝了。她们不愿离开她们的住处,说不打算待久。

由于过去二十四小时里心情激动,路途劳顿,再加上和出版商会面时的兴奋,她们回到旅馆时,可怜的夏洛蒂头痛得厉害,觉得很不舒服。将近傍晚时分,她想史密斯先生的女眷也许会来看望她们,为了作好准备,她用了大量的嗅盐,这使她精神稍微振奋一些。但据她说,当她们的客人们穿着全套夜礼服来的时候,她"浑身难受"。姐妹俩原来没听懂给她们安排了去看歌剧,所以没作准备。再说,她们没有带(也根本没有)精美的衣服。但是勃朗特小姐不想拂逆别人的好意,所以,尽管头又痛,人又乏,她们还是匆匆穿上那身朴素的,但是做得讲究的乡下衣服。

夏洛蒂在对朋友描述这次伦敦之行时,是这样描绘她们一行人进入歌剧院的情况的:

> 包厢的门还没有开,我们站在门外,时髦的女士们、先生们用一种适合于当时环境的优雅而略带傲慢的眼光睨视着我们。我尽管头痛,不舒服,又感到自己土里土气的,但我还是又高兴又兴奋。我看见安妮却平静而文雅,她一向如此。演出的是罗西尼[①]的《塞维勒的理发师》——很出色,尽管我想还会有一些我更喜欢的东西。我们在一点钟以后才到家。上一夜没有上床睡过觉;又一连二十四小时一直处于兴奋状态,你可以想见我们都累倒了。第二天是星期日,威廉斯先生一早就来带我们上教堂去。下午,史密斯先生和他的母亲乘车来接我们上他们家吃饭。

[①] 罗西尼(Gioacchino Rossini, 1792—1868):意大利歌剧作曲家。他创作的《塞维勒的理发师》是十九世纪意大利喜歌剧的代表作品。

星期一，我们到皇家学院展览会和国家美术馆去，又在史密斯家吃了饭，然后到威廉斯先生家去用茶点。

星期二早上，我们带了史密斯先生送给我们的许多书离开伦敦，平安地回到了家里。很难想象还会有谁看上去比我当时更精疲力竭、更可怜巴巴的了。我去的时候已经很瘦，回来的时候更瘦了，我的脸看上去是青灰色的，很苍老，上面还有奇怪的深皱纹——我的眼睛不自然地瞪得很大。我浑身乏力，但又感到不安。不过，过了不久，兴奋带来的这种不良后果就消失了，我又恢复了原来的状况。

勃朗特小姐给她在这次伦敦之行中第一次认识的人留下的印象是：她是个明辨是非和见解卓越的人；虽然沉默寡言，却在不知不觉中具有一种在交谈时能使别人畅所欲言的能力。她每发表一个意见都要说明一个理由；每提出一个问题都有一个明确的目的。然而，别人在跟她谈话时都觉得无拘无束。跟她进行的所有交谈都是真诚的、令人兴奋的。当她称赞或者批评书籍、行动或者艺术品的时候，她那滔滔不绝的口才真像火在燃烧似的。她说话、做事，都很彻底，但是在阐述一个题目或者和一个对手辩论时却是坦率而公正的，不会引起别人的不满。她只是使听她说话的人相信，她热诚地追求真理和正直。

在她们的一些做法之中，姐妹俩选中那样一家旅馆也是特别的。

派特诺斯特街多年来一直被出版商们视为神圣的地点。那是在圣保罗大教堂阴影中的一条狭窄的石板路。两边那些死气沉沉的仓库现在大多由书籍批发商们占用。如果说它们是出版商的书店，那么，它们也并没有向这条阴暗狭窄的街显示出吸引人的门面。往左边走一半路，就看到那家查普特咖啡馆。上一年的六月我去那里访问。当时没有人住在那里。它外表看上去像一所住宅，盖了约有二百年光景，就像人们有时在古老的乡镇里看到的那种建筑。小房间里天花板低低的，上面横过粗大的梁木；墙上有着齐胸高的护壁板；梯级又浅又阔又黑，在房子中央占了很大一块地方。这就是当时的查普特咖啡馆，它在一个世纪以前是所有书商和出版商常去的地方，雇佣文人、评论家，甚至才子们常来这里寻求主意和职业。这就是查特顿①在伦敦挨饿时给他的在布里斯托尔的母亲写的欺骗性的信里所说的那个地方："我在查普特咖啡馆里人很熟，认识那里所有的天才。"他在这里听到就业的机会；他的信件也寄到这里。

几年以后，这里是大学师生和乡下牧师们常来的地方。乡下牧师来伦敦逗留几天，没有自己的朋友，又没法进入社交界，都乐于在这间咖啡馆里听听肯定能听到的交谈，从中了解一些文学界的现状。勃朗特先生住在剑桥时期，以及在埃塞克斯当牧师期间，为数有限的几次来伦敦作短期逗留，都是住在这所房子里。他送两个女儿去布鲁塞尔时也带她们住在这里。现在她们由于不知道还有什么别的地方可去，也到这里来。这是个只有男人们常来的地方。我相信房子里只有一个女用人。很少有人在这里过夜；一个多世纪以来，行会的例会都在这里举行；偶尔也有乡下的书商来，有时是和一个牧师一起来的。但是它具有纯粹商业性和男性的特点，所以，两位勃朗特小姐到这里来住，可说来到一个奇怪的和寂寞的地方。当服务员的那个上了年纪的"头发灰白的老头儿"似乎一开始就为这两位女士的文静朴实所感动，他尽量让她们在楼上那间行会开会用的又长、又低、又暗的房间里住得舒服。又高又窄的窗户对着阴暗的小街；两姐妹互相偎依着坐在最远的窗前座位上（史密斯先生告诉我，在那个星期六的傍晚，他来

---

① 查特顿(Thomas Chatterton, 1752—1770)：英国诗人。他写了一些诗歌，假托十五世纪一个修士的作品，引起轰动。他最后自杀而死，当时还不满十八岁。

接她们去看歌剧时,看见她们就是这样坐着),看不见对面那些可怕的黑房子里的动静和变化。那些房子尽管和她隔着一条街的宽度,但离她们还是很近的。伦敦的巨大的喧闹声包围着她们,就像是一个看不见的海洋似的,但是在下面那条几乎没有行人的街上,每一个脚步声都可以听得清清楚楚。尽管这样,她们还是宁可住在查普特咖啡馆,而不愿接受史密斯先生和他的母亲向她们提出的热情邀请。几年以后,夏洛蒂说:

> 在那以后,我看到了西区[①]、公园和漂亮的广场,但我对市区可要喜欢得多。市区看上去要认真得多:它的商业活动、它的忙乱和它的喧闹都是那么一种严肃的事情、景象和声音。市区在谋生,而西区却只是在享乐。在西区,你也许会觉得有趣;可是在市区你却会深深地感到激动。(《维莱特》,第一卷,第89页)

她们原来希望在星期日上午听克罗莱博士讲道,威廉斯先生陪她们到瓦尔布鲁克的圣斯蒂芬教堂去;但是她们失望了,因为克罗莱博士没有讲道。威廉斯先生(正如勃朗特小姐谈起过的)还带她们到他家里去喝茶。途中,她们得经过肯辛顿花园[②],勃朗特小姐深深被"景色的优美、草地的娇嫩青翠和树叶的轻柔茂密惊呆了"。她从南方和北方景色的不同谈到伦敦和她交谈的人们声音中的柔和多变的音调,这似乎给姐妹俩都留下了强烈的印象。在这整个时候,和"勃朗斯小姐"(另一化名,也是用 B 开始的)接触的人们似乎只把她们看作害羞、缄默、矮小的乡下女人,没有多少话可说。威廉斯先生告诉我,在他陪这一伙人去看歌剧的那天晚上,夏洛蒂走上那从阔气的门口通向第一

---

① 西区:伦敦住宅区。
② 肯辛顿花园:伦敦皇家自治市的一处名胜。

层包厢的走廊的楼梯时,过道和客厅里华美装饰的建筑效果给她留下了非常深刻的印象。她不由自主地轻轻按了一下他的胳臂,低声说:"你知道,我对这类东西不习惯。"的确,这准是和上一夜比现在早一两个小时的时候她们所做的事情和所看到的东西形成了鲜明的对比,那时她们心怦怦跳着,鼓起极大的勇气,跋涉在哈沃斯和基思利之间的路上,几乎没想到那拍打在她们的脑袋上的雷暴雨,因为她们一心只想着如何立即去伦敦,证明她们真的是两个人,而不是一个冒名顶替的骗子。她们在经历了这次旅行的劳累和兴奋之后回到哈沃斯时,精疲力竭了,这是不足为奇的。

在夏洛蒂这一时期的生活中,我注意到下面一件事,它的性质是和任何欢快的事情都不同的。

> 七月二十八日
> 勃兰威尔的行为还跟以前一样。他的体质似乎给大大地斫丧了。爸爸,有时候我们所有的人,夜里给他弄得很伤心。白天大部分时间他都睡觉,因此夜里就醒着躺在那儿。但是,不是家家都有一本难念的经吗?

在她的最亲密的朋友们还不知道她是《简·爱》的作者时,她收到其中一位朋友的来信,问起有关卡斯特顿学校的情况,她在一八四八年八月二十八日的复信是应该引用的。

> 既然你不在家里的时候希望收到我的信,那么,我就应该不再耽搁,马上给你写信。但往往是,我们开始时稍微拖延一下,没有及时复朋友的信,后来就发生一些事阻碍我们,以致推迟到不可原谅的时候。我在上次的信中,忘了回答你问我的一个问

题,后来为了这个疏忽觉得抱歉。所以,我将一开始就回答这个问题,虽然我担心我能提供的情况会到得稍微迟一点。你说某某太太想送某某进学校,想知道进卡斯特顿的牧师女儿学校是否合适。我个人对那个学校的了解已经完全过时了,因为那是从二十年以前的经历中得来的。当时那个机构还处于婴儿时期,而且是可悲的摇摇晃晃的婴儿时期。伤寒定期地[①]在学校里蔓延,夺去了许多人的生命。坏的空气和水源、既少又差的伙食所能引起的各种肺结核和淋巴结核折磨着命运不好的学生。**那时**,某太太的孩子进这所学校是不合适的。可是我想,从那时到现在,这所学校已经大大改进了。学校从柯文桥搬到了卡斯特顿(柯文桥对健康不利的程度和景色美丽的程度一样,那里地势低,潮湿,但是树林和绿水使景色很美)。设备、伙食、纪律、教学制度——我相信这一切都完全变了,都大大地改进了。听说,品行好的学生读完所有的课程,如果愿意当家庭教师的话,就可以得到这样的职位,挑选是很仔细的。还听说,在她们离开卡斯特顿时,还供给她们极好的四季服装。……哈沃斯最老的一家人家最近衰落了,离开了这个据说他们祖祖辈辈已住了十三代的地方。……我很高兴地说,以爸爸的年纪来看,应该说他身体仍旧很好;他的视力我想也是有了进步而不是退步。我的两个妹妹身体也都很好。

可是乌云不仅笼罩着那家注定要遭难的人家,而且一小时比一小时更浓黑。

在十月九日那天,她写道:

[①] W.W.凯瑞斯·威尔逊先生要我说明这个说法是错误的。他说,这个学校自从一八二三年成立以来,只发生过两次伤寒(在柯文桥或者卡斯特顿)。——作者注

过去三个星期，在寒舍说来，是个黑暗时期。整个夏天，勃兰威尔的身体一直在迅速衰弱下去；但是医生也好，他自己也好，都没想到他已经如此接近了末日。他只有一天是完全卧床不起，而且在去世以前两天还待在村子里。九月二十四日，星期日上午，他经过了二十分钟的挣扎以后，去世了。在最后一阵痛苦来临以前，他神志一直完全清醒。早两天，他的脑子经历了一个人死亡前往往会出现的奇特变化。心中充满了天良所给的宁静之感；天生的爱心的回光返照标志着他的临终时刻。他现在到了上帝手中；万能的上帝也是慈悲为怀的上帝。我现在完全相信，他终于安息了——在度过他那短暂的、误入歧途的、受苦的和狂热的一生以后安息了，我也安下心来。最后的分离，他那灰白色的尸体，给了我比可能想象到的更加剧烈、更加厉害的痛苦。在最后一刻来临以前，我们还从来不知道自己能给予亲人以多大的原谅、同情和哀悼。现在觉得，他所有的罪过过去和现在都无所谓了。我们只记得他的不幸。爸爸最初悲痛万分，但总的说来，还是很好地挺过来了。尽管安妮身体总是很弱，艾米莉目前患着感冒，又在咳嗽，但她们俩身体都还很好。可是我在这应该振作起来的关键时刻却垮了下来。起先在星期日那天就头痛，不舒服；没法恢复食欲。后来体内的疼痛袭击着我。我一下子瘦了很多，一口也不能吃。最后，胆病引起发烧。我不得不在床上躺了一个星期，那真是沉闷的一个星期啊。但是，谢谢上帝！现在似乎在恢复健康了。我已经能整天坐着，适当吃些东西了。医生开头说我可能恢复得很慢，但结果却恢复得似乎比他预料的快得多。我真的**好多了**。

　　勃兰威尔患最后那场病时，有人服侍过他，我从这个人那里听说，他决心要站着死。他一再说，只要还活着，那就有意志力，可以要干什么就干什么；当最后的痛苦袭来时，他坚持要做出刚才说的那个姿势。

一八四八年十月二十九日

我想，我现在差不多已经摆脱了我上次那场病的影响，几乎已经恢复了正常的健康状况。有时我希望再健康一些，但是我们应该满足于现有的福分，而不应该去作非分之想。现在我为我的妹妹比为我自己更加不安。艾米莉的感冒和咳嗽非常顽固。我担心她胸口痛，在她很快走动时，我偶尔能听到她呼吸急促。她看上去很瘦、很苍白。她那缄默的性格使我心里很是不安。问她也没有用；你得不到回答。给她推荐治疗方法更没有用；她不采用。安妮身体特别虚弱，我也不能闭上眼睛不看。我觉得最近发生的那件不幸的事已经使我异常担心。有时，我不由得变得十分沮丧。我竭力想把一切都交到上帝手中；相信上帝的慈悲；但是在某种情况下是很难做到坚信不疑和逆来顺受的。近来天气对病人也很不利；这里的气温经常突然变化，刮起刺骨寒风。如果天气稳定一些，也许大家的健康会好一些，这种折磨人的感冒和咳嗽就会消除。爸爸也未能完全幸免，但是他迄今为止还忍受得住，比我们任何一个人都好。你千万别提我今年冬天去某地。我无论如何不可能也不愿意离开家。某某小姐已患病多年了。这些事情使人不仅**知道**而且**感到**这个世界不是我们居住的地方。我们不该把人的联系变得过于紧密，也不能痴迷地死抱住人的感情不放。总有一天这一切会离开我们，或者我们会离开这一切。愿上帝把健康和力量还给所有需要它们的人吧！

我现在引用她为两个妹妹写的评传中她自己的感人肺腑的话，继续写下去。

但是一种巨大的变化来临了。苦恼是以那种叫人事先想想都害怕、事后回忆起来都悲痛的形式来的。正当一天最热最忙的时候，干活的人干着干着倒下去了。我的妹妹艾米莉是第一个垮下来的。她一生中从来没有拖延过摆在她面前的工作，现在也不拖延。她迅速衰弱下去，匆匆离开我们。……一天又一天，我眼看着她怎样面临疾病，怀着又惊又爱的痛苦心情望着她。我从来没看到过像这样的情景；但是我确实也从来没有看到过在哪一方面可以同她相比的人。她的性格是独一无二的，比男人还坚强，比孩子还单纯。可怕的一点是，她对别人充满同情而对自己却没有怜悯。精神对肉体毫不宽容，还要求那颤抖的手、失常的四肢、变得无神的眼睛像在健康时一样工作。站在旁边目睹这一情景，又不敢劝说，那真是一种言语无法表达的痛苦。

事实上，自从勃兰威尔去世后的那个星期日以来，艾米莉一直没有出过门。她毫不抱怨，也不容许别人问她什么；她拒绝同情和帮助。有好多次，夏洛蒂和安妮放下手中的活计，或者停止写作，揪心地听着她们的姐妹爬上楼梯，她脚步蹒跚，呼吸困难，频频停下来休息。但是她们怀着比她更深的痛苦注意到了这种情形，却不敢表示关怀。 她们不敢用言语来表示，更不敢用像亲热地扶她或抱她上楼这样的方法来表示。她们一动也不动，只是默默坐着。

一八四八年十一月二十三日

我在上次信中告诉你，艾米莉病了。她还没有复原，却是病得**很重**。我相信，你要是看见她，准会觉得毫无希望了。我从来没有看见过比她更瘦、更憔悴、更苍白的脸。那一声声艰难深沉的咳嗽还在继续着，稍微动一下，呼吸就变成急迫的喘气；伴随着这些症状的是胸口和胁部疼痛。她只有一次让人家切她的脉，脉搏次数是一分钟一百十五跳。在这种状态下，她坚决拒绝看医生，不肯说自己有什么感觉，她几乎不让别人提起她的感觉。我们的处境，现在和过去几个星期都一直是痛苦不堪的。只有上帝才知道这一切会怎样结束。不止一次，我不得不大胆认为，像失去她这样可怕的事情可能会发生，甚至很可能发生。但是天性又畏缩起来，不敢这样想。我认为艾米莉似乎是这个世界上我最心爱的人。

请了一位医生，而且他已经来到了这所房子里，艾米莉却还是拒绝见他。她的姐妹只得把她们观察到的症状描述给他听。医生送来了药，她又不肯吃，硬说自己没有病。

一八四八年十二月十日

我简直不知道怎样来把我在世界上最关心的这件事告诉你，因为，说实在的，我自己也简直不知道该怎么想。每天都时而希望，时而担心。她胁部和胸口的疼痛稍微好了一些，但是咳嗽、气急、极度消瘦还在继续着。不过，这件事我真不知道会有怎样的结局，因此我受着痛苦的煎熬，终于再也忍受不下去了；因为她仍然坚定不移地拒绝看医生，宣布不让"毒死人的医生"走近她，——我已经瞒着她，写信给伦敦的一位著名医生，尽可能详细地叙述她的病情和症状，征求他的意见。我想一两天以后会有回信来的。我很高兴地说，目前我自己身体还好。幸亏这样；因为，安妮尽管出于最好的好意要帮点忙，但是事实上身体太虚弱，帮不了多少忙，也做不了多少事。现在她也常常感到胁部疼痛。爸爸虽然为艾米莉的病情很担心，但身体却很好。

大约一个星期以前，某某等(安妮·勃朗特以前的学生)在这里。她们是可爱的、时髦的姑娘。看到安妮，她们似乎太高兴了；我走进那间房间时，她们正像两个孩子似的缠住她——而她这时看上去却文文静静的，听任她们纠缠。……I 和 H 想到要来这里。我想当时她们可能生气了，——为什么生气，我不知道；因为，如果生气的话，那么，她们的不满也准是由于纯属空想的原因。——再说，我还有许多别的事要考虑，所以就不去多想这件事。只要艾米莉身体好，那么，如果有谁在忽视、误解、辱骂我，我都会不在乎的。我希望你也不是其中一个。苹果干酪平安地寄到了。艾米莉刚才提醒我谢谢你；看上去是很好的干酪。但愿她身体好，能够吃。

但是，艾米莉的病情迅速恶化了。夏洛蒂到荒原里小小的低凹处和荫蔽的隙缝处去寻找还剩下的石楠——只要一枝，不管枯萎成什么样都行——去拿给艾米莉，可是她看出那双模糊的、木然的眼睛已经认不出这朵花了，这使她心疼。我记得，勃朗特小姐在回忆当时感到的心疼时不由得哆嗦起来。艾米莉一直到最后都还顽强地保持她那独立的习惯。她不让别人帮助她。任何一种为了要帮助她而作的努力都激起了她原来的那种执拗劲儿。十二月里的一个星期二早上，她像往常一样起身，穿上衣服，停了好多次，但一切都是她自己做的。她甚至还想做针线活；仆人们在一旁看着，都知道那有传染性的、呼呼作响的呼吸和暗淡无光的眼睛肯定预示着什么。她却还是在做针线活；夏洛蒂和安妮虽然心里充满了无法言喻的恐惧，但还是抱着一线微弱的希望。就在那天早上，夏洛蒂这样写道——很可能是在她临终的妹妹跟前写的：

星期二

只要我有一句有希望的话可说，我早就会给你写信了，可是我没有这样的话可说。她日益衰弱下去。医生的意见说得太含糊，毫无用处。他寄来一些药，她不肯吃。以前我从来没看到过这样黑暗的时刻。我向上帝祷告，祈求他给我们大家以支持。在这以前，上帝是一直给我们以支持的。

上午渐渐过去，到了中午。艾米莉病情恶化了；她只能喘喘停停地用低微的声音说话。现在已经太晚了，她对夏洛蒂说："要是你现在请个医生来，我愿意看。"大约两点钟左右，她去世了。

一八四八年十二月二十一日

艾米莉现在再也受不到痛苦和衰弱的折磨了。她永远也不会再在这个世界上受苦了。在艰难的、短暂的搏斗以后，她去了。就在**星期二**，我给你写信的那天，她去世了。我原来以为她很可能再跟我们一起待几个星期；可是几个小时以后，她就得到了永生。对，现在，在时间里，在地球上，都没有艾米莉了。昨天，我们默默地把她那可怜的、消瘦的肉体埋入教堂的过道下。目前我们都很平静。为什么不该平静呢？眼看她忍受病痛时我们感到的那种痛苦过去了；死亡的痛苦景象过去了；举行葬礼的日子过去了。我们觉得她现在终于安息了。现在再也不会因为严寒冰冻和刺骨的冷风而发抖。艾米莉感觉不到这一切了。她在大有希望的年代去世了。我们看见她在壮年时期给剥夺了生命。但这是上帝的旨意，而她去的那个地方比她离开的地方更好。

　　上帝用使我惊异的方式支持我，让我经受住了我意想不到的悲痛。如今我望着安妮，祝愿她健康强壮；但是她却既不健康也不强壮；爸爸也是这样。你能到我们这里来住几天吗？我不要你久住。如果你下星期能来，请写信告诉我，并且告诉我乘哪班车。我将设法雇一辆马车到基思利去接你。我相信，你会看到我们大家都很平静。来吧。我从来没有像现在这样迫切需要一个朋友在身边安慰我。你这次来，你的好心能让你发现为别人做了好事以后的感受，除此以外，你当然不会有什么乐趣。

当失去一个女儿的老父亲和他剩下的两个女儿一起跟在棺材后面朝墓地走去时，艾米莉的那条凶猛而又忠实的叭喇狗基伯也跟他们在一起。它走在送丧者的旁边，走进教堂，默默地待在那里，直到葬礼礼拜做完为止。它回家以后，在艾米莉的房间门口躺下，可怜地嗥叫了好多天。从那以后，安妮·勃朗特精神更快地委靡下来，病也更快地加重了。一八四八年就这样结束了。

第十七章

在一八四八年十二月出版的《评论季刊》上刊登了一篇评论《名利场》和《简·爱》的文章。几个星期以后,勃朗特小姐写信给她的出版商,问他们怎么没有把这篇文章寄来。她估计这是一篇批评性的文章,所以重复了以前提过的要求,就是不管赞扬性的文章是否寄来,所有反对这本小说的评论文章都一定要全部寄给她。于是《评论季刊》寄来了。除了摘取几句句子放到《谢利》中一个冷酷而粗俗的女人口中以外,我不知道勃朗特小姐对这篇文章有什么更大的兴趣。这些话用得完全符合说话人的性格,几乎没有人能看出那是摘引来的。阅读这篇文章的时间对勃朗特小姐来说是很有利的。死亡的极端严酷使她对一些次要的烦恼都几乎麻木了。不然的话,她可能会对批评有过分敏锐的感受,这些批评由于错用了前置词,所以在力求严厉的同时却使很多地方不合逻辑。她看到对《简·爱》作者进行种种推测,可能会感到很痛苦。这些推测,原来想写得尖刻,结果却只成了无礼的行为。但是,当这种无礼的行为被一个匿名作家用来反对一位作者时,性质就变得更加严重。我们把这称作胆小鬼的蛮横。

每个人都有权对一本书的优缺点作出自己的结论。我并不抱怨这位评论家对《简·爱》的评论。对这本书的倾向有不同的观点,这不但现在存在,当时也存在。我在写这本传记时,收到一位美国牧师的来信,他写道:"在我们的最神圣的东西中,有一个特别的书架,装饰得很华丽,作为我们引以为荣的一个地方。书架上放着一些我们认为对性格,特别是对**我们的**性格有好影响的小说。最前面的一本是《简·爱》。"

我也并不否认存在着一种截然相反的评价,所以我省略了他对这部作品的优点的评论(因为我不想对评论家的文风多费心思)。骚塞曾经说过:"我自己在评论匿名作者的作品时,即使知道作者是谁,也从不提起他们，因为我相信，他们一定有足够的理由不愿公开真实姓名。"《评论季刊》的评论家忘记了善良而高贵的骚塞的骑士精神，而猜测真正的柯勒·贝尔是谁，并且自以为从书中辨认出来了。我完全反对这种缺乏基督徒的仁慈精神的做法。即使是想写一篇能在伦敦引起讨论的"漂亮的文章"，如果大家称赞这篇评论写得聪明，便可以乐意地把匿名这个薄薄的面具去掉——即使存在这个诱惑吧，那也不能因此就原谅这篇评论的有意伤人的残酷。他凭什么竟然对一个不认识的女人妄加评论，说："她肯定有什么足够的理由长时期失去女性社交界的来往吧？"他难道是挣扎着过着野蛮的、与世隔绝的生活的人，仅仅见过一些沉默无语的平庸的北方人，而不擅长文明世界提到邪恶时用的委婉辞令吗？他是否在为唯一的兄弟的缺点寻找借口中挣扎着度过许多痛苦的岁月？是否在和一个可怜的堕落的浪子的日常接触中，被迫熟悉了他灵魂所憎恶的丑行呢？他是否刚经过考验，在战战兢兢地跨进家门以后，便马上打扫那没有生气、没有爱情的家，还竭力显得坚强地说："这是上帝的旨意呀！上帝觉得怎么做好，就让上帝怎么做吧！"有时候是徒然地挣扎，直到仁慈的灵光回来为止？如果通过所有这些污泥浊水，这个轻视别人的评论家还是清白的，纯洁的，一尘不染——他的心灵在所有这一切悲痛中都没有呼叫过"Lama sabachthani"[①]——不过，即使这样，也还是让他和酒神一起祈祷，而不要让他和伪君子一起评论。

一八四九年一月十日

安妮昨天白天过得还算好，夜里虽然没有睡得很多，但是却

[①] 希腊化的阿拉米文，意思是"为什么离弃我"。据《圣经·新约全书·马太福音》第二十七章第四十六节，耶稣被钉上十字架时，他大声喊着说：以利，以利，拉马撒巴各大尼？就是说：我的上帝，我的上帝，为什么离弃我？

很安静。惠尔豪斯先生嘱咐再敷发疱药。她忍受这种治疗,并不感到有什么痛苦。我刚裹好伤口,她就起身下楼来了。她看上去有点苍白,还有病容。她已经服了一剂鱼肝油;这种油闻起来和吃起来都有一种鲸油味。我想抱着希望,但是却乌云密布,风雨交加。有时我的情绪非常低;于是我就按照你的劝告,超越人间的风暴和悲伤看到更远的地方。我即使没有得到安慰,也似乎得到了力量。光是预料是不行的。我时刻感到这样。夜里,我的心就绞痛,我不能入眠,便等待天明。爸爸还一直是老样子,每当他下楼吃早饭,他总是很虚弱。……亲爱的埃某某,你的友谊对我是一种安慰。我为此非常感谢你,在目前的黑暗中我几乎看不到什么光明;而这些光明中,那颗热爱着我的仁慈的心的忠贞不渝是我目前最大的欢乐和安宁。

一八四九年一月十五日

我既不能说安妮的病情恶化了,也不能说好转了。她在一天之内常常会时好时坏,但是几乎每天都差不多。早晨通常是她最好的时候;下午和傍晚热度最高。晚上最主要的麻烦是咳嗽,但咳得并不厉害。她手臂上的疼痛还在折磨着她。她按时服用鱼肝油和碳酸铁;她觉得这两种药都叫人恶心,特别是鱼肝油。她的胃口确实很小。不用担心我会放松对她的看护。她对我来说是太珍贵了,我不能不竭尽全力来照顾她。我很高兴地说,爸爸最近两天身体好多了。

至于你问到我自己的情况,我只能告诉你,如果我能保持目前的状况,那就很好了。我胸部和背上的疼痛还没有消除,天气一变,就经常要复发,有时还会引起一点儿喉炎和嗓子嘶哑,但我不断地用膏药和麸皮茶对付过去。我认为现在不注意自己的身体,确实是愚蠢而且错误的;在**现在**这种时候,我可千万不能生病啊。

我避免回顾往事和展望未来,而一直在向上天看着。现在不是后悔、害怕和流泪的时候。我必须做和应该做的事情很清楚地摆在我面前;我所需要和祈求的只是完成它的力量。白天过得缓慢而阴郁,夜晚都像是考验。突然从不安的睡眠中惊醒,重又想起:一个躺在她的墓中,而另一个也不在我的身边,却是睡在一个隔开的病床上。不过,上帝在照看着一切。

一八四九年一月二十二日

安妮的病在上星期那几个暖和的日子里,似乎好了一点儿,但是今天她又显得很苍白和很倦怠。她还在坚持服用鱼肝油,不过还是觉得这种药很叫人恶心。

你为她买鞋底,她很感激,觉得这些鞋底很舒服。我打算托你为她买一个像某某太太用的那种呼吸器。如果你认为好的话,她说贵点也无妨。如果不太麻烦,你也给我买一双鞋底;可以在寄盒子的时候把它们同呼吸器一起寄来。你一定得记下所有的价钱,我们将通过邮局把钱汇上。《呼啸山庄》已给你送去。我既没有写信也没有寄包裹给某某。我除了可怕的消息以外,再也没有什么可写的了,所以希望由别人去告诉她。我也没有写信给某某,除非万不得已,我无法写信。

一八四九年二月十一日

我们今天收到了完好无损的盒子和里面的东西。擦笔布[①]很

---

① 擦笔布:一种擦笔尖用的布。

漂亮，我们非常感谢。我希望，如果安妮身体好转，能够再到户外活动，那个呼吸器会对她有用处。她现在的情况还跟原来差不多，虽然很瘦，但我相信并不比以前糟多少。觉得她好些，恐怕只是我自己的想象。我不知道即将到来的春季对她会有什么影响；也许真正温暖的季节回来了，会对大自然起促进欢乐的作用。只要一想到寒风、严霜，我就发抖。但愿能平安度过这个三月份吧！她的心情一般还算平静，她的痛苦到现在为止还一直和艾米莉的不同。她的病会有怎样的发展呢？这个念头对我是越来越熟悉了。但是这个念头却是个令人又悲哀又沮丧的客人。

一八四九年三月十六日

我们觉得上个星期有点叫人难受；天倒并不太冷，但是气温却有变化，这对安妮产生了不利的影响。我相信，她的病并没有严重恶化，但是她有时确实咳得很厉害、很痛苦，而且体力不但没有增强，反而更虚弱了。但愿三月份能平安过去。你猜得对，我是有点沮丧；有时候确实有点沮丧。考验最严峻的时候几乎比现在还容易忍受一些。失去艾米莉的痛苦不但没有随着时间的推移而减轻，反而更加强烈地感受到。它还给人带来一种无法表达的悲伤；这时前途就变得暗淡了。但是我清楚地知道，抱怨和消沉无济于事，所以我竭力不这样做。我希望，并且相信，力量的获得是和负担成正比的；但是我处在这种地位所受的痛苦，不像会因为习惯了就有所减轻的那种。这孤单寂寞和与世隔绝是一种令人难受的处境，但是我并不希望任何朋友来和我同住。我不能让任何人——甚至连**你**也不行——来分担这所房子里的悲伤；那样做会使我痛苦得无法忍受。同时，判断还是同怜悯混在一起的。安妮的病痛还是继续保持平稳。我天生能够在我一个人待着的时候坚持奋斗，而且我相信，上帝会帮助我的。

安妮一向身体虚弱；这使她的父亲和姐姐不大注意那些致命的最初症状。要不是她身体一向虚弱的话，他们是会注意到这些症状实际上是属于什么性质的。但是，他们在能请到的最好的医生来诊治以前，似乎只耽搁了很少一点时间。她接受了听诊器检查。检查结果宣布了可怕的事实：她的肺部受到感染，结核病已经发展得很严重了。当时就制定了一个治疗方案，后来福布斯医生同意这个方案。

有很短一个时期，他们还在希望病情得以控制。夏洛蒂——她自己也生着一种严重折磨她精神的病——现在是悉心照料这个最小的也是最后一个妹妹的护士。唯一的安慰是，安妮是个最有耐心的、最温顺的病人。不过，还是有几小时、几天，以至几星期忍受着不可言喻的痛苦。在这种压力下，夏洛蒂只能祈祷。她确实祈祷了，而且是很认真地祈祷。她在三月二十四日这样写道：

> 安妮逐渐地、不稳定地衰弱下去；但是这种衰弱的性质却是无可置疑的……在精神上，她听天由命；在心里，我相信，她是个真正的基督徒。……愿上帝使她和我们都能经受住这场缠绵病榻的考验吧！并且在必须经历灵与肉分离的斗争的最后时刻，帮助她吧！我们看着艾米莉在我们的心紧紧依恋着她的时候从我们中间被夺去了。……她几乎刚刚安葬，安妮就紧接着病倒了……如果没有宗教的支持，而由理智单独去忍受这一切打击，那将是无法忍受的。我有理由对迄今为止我和父亲所得到的力量感到欣慰。我想上帝对老人是特别怜悯的。从我自己这方面来说，是接二连三的考验，在我事先看来，那似乎是不能忍受的，但当它们确实降临的时候，我却承受住了，没有被压垮。然而我必须承

认，艾米莉去世以后的那一段时期里，有些时刻，我们所感到的孤独的、深深的、迟钝的痛苦，却是比人刚去世时，我们所感到的更难以忍受。失去亲人的巨大痛苦，激励着人们更加努力；事后的凄凉感觉有时也会麻木的，我已经懂得，我们不能在自己的力量里去寻找安慰，而必须在上帝全能的威力里去寻找。坚忍不拔是好的，但是坚忍不拔本身也会在我们脚下动摇，让我们知道我们是多么的软弱！

安妮整个生病期间，夏洛蒂有个安慰，那就是能够和她谈论她的情况。回想起艾米莉拒绝一切同情，对比之下，这个安慰是大得无法形容了。如果提出一个对安妮有益的建议，夏洛蒂可以和她讨论这个建议，护理的姐姐和病危的妹妹可以共同讨论怎么办最好。我只看过一封安妮的信；这是唯一的一次我们和这位温顺的、耐心的姑娘有直接的个人接触。为了作必要的初步解释，我必须说明，那一家友好的人家——埃某某是其中一员——建议让安妮去他们那里；为的是试试看，改变一下环境和饮食，并且有善良的朋友们做伴，对于她恢复健康是否有利。在回答这个建议时，夏洛蒂写道：

三月二十四日

我把你的充满深情厚谊的信读给安妮听，她要我代她真诚地感谢你的友好建议。她当然觉得不能接受这个邀请，她是个病人，怎能住到某某家去给人添麻烦呢？不过她表示你可以用另一种方式帮助她，也许这对你们俩都有些好处。如果一两个月以后，她被认为最好到海边或者内地的矿泉地去——如果爸爸拒绝去，而我只能留在家里，她问你能否和她做伴？我没有必要补充说，这个安排如能实行，当然不能让你破费。亲爱的埃，这是安妮的建议；我只是按照她的希望办。至于我自己，我必须说，我看出对于你接受这个建议是会有严肃的反对意见的——但我却不能对她直说。她的病还是一直不稳定，随着气候的变化，时好时坏；但是，总的来说，我担心她体力越来越差了。爸爸说她的状况很危险；有可能再活一个时期，也有可能在我们还来不及注意的时候，一个突然的变化就迅速地使她离开我们。假如她远离家人，单独和你在一起的时候，发生这个变化，那将是多么可怕呀！这种想法使我感到无法表达的痛苦，不管她什么时候提起旅行的计划，我都害怕得发抖。总之，我希望我们能争取一点时间，瞧瞧她的健康状况的进展再说。就算她真要离家，那么，在变幻莫测的五月是肯定不行的，大家知道，这段时间对身体虚弱的人是个考验。六月就比较安全。如果能拖到六月，那么对于她能度过夏季，我就很有信心。请你给安妮写一封我能拿给她看的回信。你可以在另一张纸上给我写信。请不要认为只能和我谈论我们的悲伤的事情，任何使你感兴趣的东西，也会使我感兴趣。

安妮·勃朗特写的信

一八四九年四月五日

亲爱的某某小姐，你给我来信，并且乐于接受我的提议，至少有这个意愿，我非常感谢。然而，我看出，你的朋友们不会愿意让你在目前的情况下负起陪伴我的责任。不过我却认为这件事没有什么大责任要负。我知道，而且大家都知道，你会像任何一个人可能的那样亲切善良和乐于助人，我希望我不给你添很多麻烦。我是希望你作为一个伙伴而不是一个护士来和我做伴；要不，我也不会大胆提出这个要求了。至于邀请我去某地一事，请向你的母亲和姐妹转达我真诚的感谢，并请告诉她们，按照我目前的状况,我想我还不能到她们那儿去。我很感激,她们把麻烦看得那样轻,但是多少总有一些不便,而且有一点是肯定的:跟一个沉默的、有病的陌生人在一起是不会给她们带来乐趣的。我还是希望夏洛蒂最终会用什么办法陪伴我。她肯定很虚弱,急需换换空气和环境来恢复健康。因此,如果你对你的客人们不感到失望的话,我和你在五月底以前成行,显然是不可能的。但是,要是天气允许我们早一点出发,我真不愿意等到五月底。你说五月是很难受的,别人也都这么说。我承认上旬往往很冷,但是根据我的经验,下半个月几乎总有一些温暖的晴天,那时金链花和丁香花都盛开了。而六月却往往很冷,七月总是阴雨连绵。但是,我急于要出发,还有一个更重要的理由。医生说过,换换空气或者搬到气候较好的地方去住一段时间,只要**及时**采取这个措施,对于促进结核病的好转总是有成效的。所以有那么多令人失望的结果,就是因为被耽搁了,等到采取这个措施时已经太晚了。我可不愿犯这个错误;而且,说实话,虽然我现在热度和疼痛都比你和我在一起的时候好多了,但是我却肯定是更加虚弱,更加消瘦了。咳嗽还是很厉害地折磨着我,特别到了夜里,更加难受,最糟的是,上楼或者稍一用力就会使我喘不过气来。在这种情况之下,我认为再也不能拖延了。我不怕死;如果我认为死是不可避免的,那我也可以安静地听天由命。希望你,亲爱的某某小姐,能尽可能多地去陪陪夏洛蒂,代替我做她的妹妹。但是我希望上帝会高兴让我继续活下去,不仅是为了爸爸和夏洛蒂的缘故,而且是因为我想在离开这个世界以前做一些有益的事情。我脑子里有很多计划要去实行——实在是些微小的、有限的计划——尽管这样,我也不愿意它们一无结果,也不愿意自己活得毫无意义。但还是按上帝的意志办吧。代我向你的母亲和姐妹们

致敬，请相信，亲爱的某某小姐，我是你的最亲爱的

$\qquad\qquad\qquad\qquad\qquad$ 安妮·勃朗特

安妮一定是在这一时期，在"书桌永远关闭，笔墨永远收起"以前，创作了她最后的诗篇。

一

我的这份工作，我希望，
$\qquad$ 能列在勇敢坚强的工作之中，
我能怀着纯洁崇高的志向，
$\qquad$ 在繁忙的人群中辛勤劳动。

二

但是，上帝安排了另外一份，
$\qquad$ 上帝的安排妥善合理，
当第一阵痛苦来临，
$\qquad$ 我用流血的心说出这样的话语。

三

您，上帝，带走了我们的欣喜，
$\qquad$ 带走了我们珍重的希望，
您吩咐我们：现在要整夜哭泣，
$\qquad$ 整个白天悲伤。

四

不会错过这些沉闷的时间，
$\qquad$ 这些悲哀的白昼，
这些黑暗、痛苦的夜晚，
$\qquad$ 我只能寻求您的庇佑。

五

只能暗自用卑微的耐性,
　　忍受每一下打击,
在痛苦中变得坚韧,
　　从悲伤中得到希望和圣洁。

六

因此,不管我是这样夭折,
　　还是再等待一阵,
不管我注定的命运如何,
　　我都要由衷地对您侍奉。

七

如果您让我获得再生,
　　我将更加谦逊,
更加聪明——更加坚强地斗争,
　　更加驯顺地依靠您。

八

如果死神已来到门旁,
　　我将这样信守我的誓言;
但是,上帝,不管我的命运怎样,
　　啊!我现在就把自己向您奉献!

　　我把夏洛蒂自己的话作为这整个可怕时期里她的思想和感情的最好记录。

四月十二日

　　我读了安妮给你的信,正如你所说的,信很感人。如果没有超越这个世界的希望——没有永生——没有来世——那么,艾米莉的命运,和正在威胁安妮的命运,将是令人心碎的了。我忘不了艾米莉去世的那一天;这一天的情景在我脑海里比以往任何时候都更加固定、更加暗淡和更加频繁地出现。这真是太可怕了。当时她神志清醒,呼吸急促,虽然坚定,却不愿意离去,但还是从幸福的生活中硬被拉走了。可是谈论这些事情毫无意义。

你的朋友们反对你陪安妮去,我很高兴;是绝对不能去。老实说,即使你的母亲和姐妹们同意,我也绝不能同意。这倒不是因为怕你费心去侍候她;她很少要求,也不大接受别人的护理,而是因为怕你会有不该经历的危险和担心。如果一个月或者六个星期以后,她还是像她现在这样想出去换换空气,我将(如果上帝愿意的话)自己陪她去。这当然是我的首要的责任;别的考虑都必须服从这个。我已经和 T 某某先生商量过了,他没有反对,并且推荐了斯卡巴勒,巧得很,安妮自己也选择那里。我相信事情可能安排得让你至少可以和我们一起待一些时候。……不管是不是借宿,我都希望能够搭伙。我想,自己开伙将是一件叫人无法忍受的麻烦事。我不喜欢做把食物放进碗柜里锁好和发生东西被偷等等诸如此类的事情。这些事情虽小,但却是讨厌的麻烦事。

安妮病情发展得比艾米莉的慢;她毫无自私之心,不会拒绝任何痛苦的治疗方法,这些治疗,即使她自己没有多少希望得到好处,但是却使她的朋友们在将来可以获得可悲的自慰。

我开始以为她的体力在恢复,但是天气变得严寒,对她有些影响;她最近又不太好了。但是,艾米莉病例中那种可怕的迅速发展的症状没有在她的身上出现。只要她能够度过这个春季,我想夏季会对她很有好处，然后在冬季早点到一个比较温暖的地方去住，这样做至少可以延长她的生命。如果我们能指望她再活一年，那我就很高兴了，但是我们是否能为她的健康做到这一点呢？几天前我写信征求了福布斯医生的意见。……他告诫我们不要对恢复健康抱乐观的希望。他认为鱼肝油是特别灵验的药。他也不同意现在换个地方住。一想到我们现在采取的是最好的措施，就感到了一点儿安慰。现在并没有像在艾米莉生病期间那样，因为被迫完全不给病人护理而感到痛苦。愿我们永远不再受这种痛苦。那真可怕。最近，我那讨厌的胸口痛好多了，咽喉炎和声音嘶哑也好多了。我尝试用热醋敷，效果似乎很好。

五月一日

很高兴听到你能有空和我们一起到斯卡巴勒去，但是这次旅行和它的结果仍使我很担心。如果可能，我还是得把它推迟两到三个星期，也许到那时候气候温和，安妮的体力会好一些，——或者正好相反，我也说不准。到目前为止，天气好转对她并没有任何好处。在最近几天里，她有时十分虚弱，胁部剧烈疼痛，使我真不知道会发生什么事情。……她可能再次恢复元气，身体好转，但是我必须看到**一些**好转的迹象，才能够觉得可以带她离开家里。然而推迟也是痛苦的，因为我相信，事情**总是**这样的，在她这种情况下，她自己对于推迟的必要性几乎一半都认识不到。我相信，她一定会很奇怪，为什么我不跟她多谈点旅行的事；她见我似乎在拖延，可能甚至会感到伤心，一想到这点我就感到痛苦。她现在非常瘦——比你在我们这儿的时候瘦多了。她的胳臂，不比一个小孩子的粗多少。她稍一用力就喘不过气来。她每天出去一会儿，但我们更像是在爬而不是在走。……爸爸身体一直很好；——我希望我也能撑过去。到目前为止，我有理由感谢上帝。

五月已经到来，带来了盼望已久的温暖的天气；可就是这个变化加重了安妮的病情。稍晚一些时候，气温下降了一些，她又好转了，因此可怜的夏洛蒂开始怀着希望：五月一旦过去，安妮就可以活上很长一段时间。勃朗特小姐写信到斯卡巴勒预订她们的住宿处，——安妮在当家庭教师时曾经和那家人家一起去过那里。他们在城里最好的一个地点要了一个面积合适的会客室和一个通风良好的双人卧室（两个房间都朝着大海）。和生命相比，金钱根本算不了一回事；何况安妮的教母还留给她一小笔遗产，她们都认为，她最好用这笔钱来延长她的生命，如果不能恢复健康的话。在五月十六日夏洛蒂写道：

我怀着沉重的心情在整理行装，真诚地希望安妮能够安然克服旅行的疲劳。她对疲劳的承受力可能比我预料的要强，因为暂时的刺激往往会起很大作用。但是我看到她一天比一天虚弱，我真不知道该怎么想。你见到安妮时恐怕会大吃一惊；但是你要小心，亲爱的埃某某，千万不要让你的这种感觉流露出来。事实上，我认为你的自制能力和善良的感情都是完全信得过的。我希望我的判断力能够比现在更彻底地赞同到斯卡巴勒去。你问我是怎么样安排好的，竟然能够离开父亲。我作不出什么特别的安排。他要我和安妮一起去，根本听不进让 N 先生来或类似的话，所以我就按照我认为最好的办法去做了，一切听天由命。

她们计划在约克休息和过一夜；并且按照安妮的希望，安排在那里买些东西。夏洛蒂把所有这一切告诉她朋友的那封信是这样结束的：

五月二十三日

我们谈论买帽子等等，但愿这看上去不要像现在这样是个悲哀的讽刺。安妮昨天病得很厉害。她整天感到呼吸困难，甚至一动也不动地坐着的时候也这样。今天她似乎又好一点了。我盼望着试试海洋空气的时刻到来。这会对她有好处吗？我无法说；我只能希望。啊！如果上帝乐意使安妮康复，那我们在一起将会多么幸福；然而，让上帝按照他的意志办吧！

这两姐妹在五月二十四日星期四离开哈沃斯。她们原本打算早一天出发，并且和她们的朋友们约好在利兹车站见面，以便一起旅行。但是星期三早上安妮感到非常不舒服，这使姐妹俩实在不能启程；但是又无法通知朋友们。结果夏洛蒂按时到达利兹车站，坐在那里等了几个小时。她当时感到非常奇怪——现在却认为这似乎是个不祥之兆——在她的朋友们来的那个方向的铁路线上，有两次卸下棺材，送进正在等待死者的枢车，就像四天后她等待一辆枢车让死者被送进去一样。

第二天她再也受不了这种牵挂，所以就出发到哈沃斯去了。她到达那里时，正好赶上把那位虚弱的、几乎晕倒的病人扶进在门口等着的轻便马车，马车将要把她们送到基思利去。站在牧师住宅门口的那个用人，看到了她脸上的那种垂死的神气，并且照直说了。夏洛蒂也看到了，但是没有说出来，——那只会使恐惧以过于明显的形式出现。既然这个亲爱的妹妹渴望着要到斯卡巴勒去换换空气，那么，不管夏洛蒂的心怎样受到面临的恐惧的折磨，她还是应该去。陪同她们

的那位女士是一位和夏洛蒂有二十多年交情的朋友,她好心地把旅行和安妮临终时的情况给我写了出来:

她在一八四九年五月二十四日离开家里——五月二十八日去世。她的一生是安稳的、平静的和高尚的,她的结局也是**这样**,在对待整个旅行的艰苦和劳累上,她显示出殉道者的那种虔诚的勇气和坚毅。对她来说,依赖别人生活和无可奈何的感觉一直是个比剧烈的疼痛使她更加受不了的考验。

我们旅行的第一站是约克。在这里,我们亲爱的病人是如此兴奋、愉快和快活,这使我们得到了安慰,并且相信通过变换环境至少有了暂时的好转。**她**对变换环境是如此向往,而她的朋友们却为她担尽了心事。

由于她的要求,我们去了大教堂,这对她来说是一种极强烈的快乐。这倒不是因为大教堂给人留下深刻印象、使人难以忘怀的富丽堂皇,而是因为它给她的敏感的天性带来了一种重大的、压倒一切的有上帝存在的感觉。她一边凝视着这座建筑物,一边说:"如果有限的力量都能做到这点,那么还有什么……?"说到这里,她由于过于激动,说不下去了。于是我们催促她来到一个不那么令人激动的地方。

她身体的虚弱是惊人的,但是她对别人为她做的每件事的感激之情却更加惊人。就拿扶她走进她的卧室这样一件小事来说,她都会十指交叉着合起双手,抬起眼睛,默默地表示感谢。这样做了不算,她还要像往常一样跪着做祷告,然后才上床睡觉。

我们在二十五日到达斯卡巴勒。这位亲爱的病人一路上一直不断地指给我们看每个值得一看的景色。

二十六日,她在沙滩上骑了一小时的驴子。怕这头可怜的驴子被赶得太快,她那颗仁慈的心会受不了,所以她就拿起缰绳,自己一个人骑。我们碰头的时候,她正在叫那个男孩,即驴主人,好好对待那匹可怜的牲口。她一向喜欢动物,而且宁愿为了它们,放弃自己的舒适。

二十七日,星期日,她希望去教堂,由于想到她又可以和别人一起礼拜上帝,她的眼睛闪出了光芒。我们想还是谨慎一点好,就劝她打消这个念头,但是她心里显然向往在公开场合参加奉献和赞美。

她在下午散了一会步,在海滩附近找到一个有遮阳的舒服的椅子,她恳求我们离开她,去欣赏附近几种不同的风景,这些风景对我们来说是新鲜的,而对她却是熟悉的。她喜欢这个地方,而且希望我们也来分享她的喜悦。

夜幕降落了,出现了从未见过的最辉煌的日落。悬崖上的城堡被落日的余辉染成了金色,一派瑰丽壮观的景象。远处的船舶像擦亮了的金子般闪闪发光,靠近海滩的小船在退潮的海水上起伏不定,招揽着乘客。景色是难以形容的壮丽。安妮坐在她的安乐椅上,被推到窗前,和我们一起观赏这美景。她的脸几乎和她凝视着的灿烂景象一样闪烁着光芒。谁也没有说什么,因为很明显,她的思绪在眼前这难忘的景象的吸引下,进入了有着永恒光荣的地方。她又想到公众礼拜,要我们离开她,去和聚集在教堂里的人们一起祈祷。我们拒绝了,温和地对她说,和她在一起很愉快,而且这是我们的责任,她现在是如此虚弱,对我们又是如此珍贵。她回到炉边常坐的位置上以后,对她姐姐说,她们最好还是回家去。她说,她倒并不是为自己着想;而是怕如果她在这里发起病来,别人可能会更麻烦些。她可能想到,要她的姐姐伴随她的无生命的遗体去作长途旅行,会使她受不了,——如果她带回家的人,是短短九个月中第三个又要埋入她家坟墓中的人,也会使已经失去亲人的父亲受不了。

一夜过去了,病情没有明显加重。她在七点钟起床,遵照她表示的愿望,大部分由她自己梳洗完毕。她姐姐在这些问题上总是同意的,因为她相信最仁慈的事,是不要在病人还不承认的时候,硬要她承认丧失了自理能力。整个上午都没有发生什么引起惊慌的情况。但是上午十一点钟的时候,她说感觉到一种变化,"我相信自己活不了多久了。如果我们立即准备出发,我能活着到家吗?"医生请来了。她极其镇定地对医生说话,恳求他说出:"你认为我还能活多久;——不要怕说出真情,因为我并不怕死。"医生很不愿意地承认死神已经来临,生命之火正在迅速熄灭。她感谢他对她说了真话。他离开了一会儿,很快又回来了。她还坐在安乐椅上,看上去非常安详,非常自信,虽然都知道分离在即,但谁也没有露出一点悲伤的样子。她十指交叉着合起双手,恭敬地祈求上帝赐福,首先为她的姐姐,然后为她的朋友,并且对她的朋友说:"代替我做她的妹妹吧。尽量多陪陪夏洛蒂。"接着她为她们两人的仁慈和照顾表示了感谢。

不久临终的烦躁出现了。她被抬到了沙发上;问她是否感到舒适些,她感激地看着发问的人,说道:"**你**没法使我舒适,但是不久,由于我们的救世主的功绩,一切都会好的。"说完这句话以后不久,看到她姐姐几乎克制不住自己的悲痛,她又说:"勇敢些,夏洛蒂;勇敢些。"她的信心始终没有减退,她的眼睛始终没有模糊,直到两点钟光景,她才连一声叹息也没有就平静地离开人世,进入永生。她在世上的最后几个小时和最后时刻就是这样的平静,这样的神圣。没想到要帮助,也没想到害怕。医生来来去去两三次。女主人知道死亡快要来临了,尽管房子里有个临终的人,尽管她们为失去亲人感到悲伤,但是这所房子几乎一点也没有受到打扰。当活着的姐姐正在给死去的妹妹闭上眼睛的时候,在半开的门外,传来通知她们吃饭的声音。为了她的妹妹和她那句加重语气说的临终的话"勇敢些",她现在再也忍不住那涌上心头的悲痛,这种悲痛以短暂而使人痛苦的力量迸发了出来。不过,夏洛蒂的感情有另一个渠道,在那里转化为思考、担心和温柔。失去了亲人,但并不孤独:同情就在身边,而且被接受了。她平静下来以后,就开始考虑把珍爱的遗体运回家乡的它的安息之处。但是这个令人悲伤的任务一直没有完成,因为这个痛苦的姐姐决定把花就放在她凋零的地方。她相信,这样做符合死者的愿望。她对地方是没有选择权的。她不考虑坟墓,因为那仅仅是肉体的目的地,她考虑的是超越这一切的东西。

她的遗体躺在这样一个地方:

那里南方的太阳温暖着可爱的草地,
那里海浪冲刷和撞击着陡峭的、长满苔藓的岩石。

安妮是星期一去世的。星期二,夏洛蒂写信告诉她的父亲;但是她知道他必须出席一个在哈沃斯举行的一年一度的教堂仪式,因此就对他说,她已经安排好殡葬的一切有关事宜,而且很快就要举行葬礼,他就是要来,也很可能赶不上了。在安妮死的那天请来的外科医生提出要出席葬礼,但是被有礼貌地谢绝了。

一位来自和埃某某同一地区的女士这时也待在斯卡巴勒,她好心地表示同情,并且提出要帮她们做些事。当这两个冷冷清清的送丧的人(姐姐和朋友)来到教堂时,这位女士也不引人注目地待在那里，但是并不因为不引人注目，她的善心就少一点。

勃朗特先生写信要求夏洛蒂在海边多待一些时间。她的健康和精神都受到剧烈的震动，因此尽管他很自然地想看看他剩下的唯一的孩子，却还是认为应该劝她和她的朋友在一起再住几个星期，变换一下环境，虽然这样做并不能使她变换一下想法。

这本回忆里偶尔提到过的年轻女仆玛莎·布朗，在勃朗特小姐去世前的几天一直都跟她在一起，现在还在哈沃斯牧师住宅里当忠实的仆人，最近寄给我几封她那亲爱的女主人写给她的信，其中有一封是在这个时候写的，我就引在下面：

一八四九年六月五日

亲爱的玛莎：收到你的信，很高兴，知道家里一切都很好，我感到欣慰。我还要过一两个星期才回来，你做清洁工作可不能过于劳累。

我妹妹安妮的去世，对我来说，只能使我很悲痛，尽管许多星期以来，我一直知道她不会好了。她去世时平静而安详，一直到最后都很清醒。去世前三分钟她还说自己很幸福，而且相信自己是离开人世，进入天堂。她没有多谈宗教的习惯；但是她很善良，我肯定她现在是在一个比这个世界上任何地方都好的处所。

我打算在本星期寄一个箱子回家，因为我的行李多得拿不下。把我最好的爱给泰比。——亲爱的玛莎，我是你忠诚的朋友，

夏·勃朗特

一八四九年七月

如果我没有收到你的信，我今天也打算写一封信给你。我们的确分别得很突然，互相还来不及说一句话就分手了，这使我心里感到疼痛，不过也许这样倒好些。我是在将近八点的时候到家的。一切都收拾得明亮干净，在等着我回来。爸爸和用人们都很好；他们迎接我的时候表现出来的爱应该使我感到欣慰。连家里的狗也表现出一种奇怪的狂喜。我敢肯定，它们把我当成了另外两个人的先行者了。那些不会说话的动物想，既然我回家来了，那么离家很久的两个人很快也会回来的。

我一会儿就离开了爸爸，走进了餐室。我关上门——回家了，我想使自己高兴起来。我以前总是很高兴的——除了一次例外，即使那一次，我也被逗得高兴起来。但是这一次却感觉不到高兴。我觉得整幢房子都很寂静，房间都空着。我记起了那三个人躺在狭小漆黑的住处，再也不会在人间重新出现了。所以我完全沉浸在这种凄凉和痛苦的感情之中。这种**必须经受的、无法躲避的**痛苦向我袭来。我经受了这种痛苦，度过了一个可怕的黄昏和黑夜，又度过了一个悲伤的早晨；我今天感到好多了。

我不知道今生如何度过，但我对一直支持着我的上帝肯定是信任的。孤独可能会出乎我意料之外，很快地被驱散，变得可以忍受；最大的考验是黄昏过后黑夜来临的时刻，这个时刻，我们过去常常在餐室里相聚——我们常常在一起交谈。现在我一个人坐在那里——只能沉默。我情不自禁地想起她们临终前的几天，回忆起她们遭受的折磨，她们的一举一动，一言一行，以及她们忍受临终时的痛苦的神情。也许时间会使这一切变得不再使人那么难以忍受。

亲爱的埃某某让我再次感谢你对我的帮助，这是我将永远铭记不忘的。你觉得自己家里的人看上去身体都好吗？爸爸认为我强壮了一点；他说我的眼眶不是眍得那么深了。

一八四九年七月十四日

我并不喜欢报自己的流水账。我更喜欢撇开自己而谈一些比较愉快的事情。我的感冒，不管是在伊斯顿，还是在其他什么地方得的，到现在还没有痊愈。开始是头痛，接着是喉咙痛，后来是胸痛加上咳嗽，但只是轻微的咳嗽，我现在有时还在咳。两肩中间的疼痛同样使我很吃惊。这些都不谈了，因为我承认我太神经质。这种神经质像可怕的幽灵。我不敢把任何病痛告诉爸爸；他的担心会使我有一种说不出的苦恼。

我现在就像以前预料的那样生活。有时我在早晨醒来，知道"孤独""回忆"和"渴望"几乎是我一天中仅有的几个伴侣——晚上我带着它们上床，它们会使我很长时间不能入睡——而第二天早上醒来又会想起它们，——有时，内尔，我为此感到心情沉重。但是我还没有被压垮；我的开朗的性情、对未来的希望和不懈的努力也都没有被夺走。我有些力量，可以在人生的战场上搏斗。我注意到，也能够承认，我得到许多安慰和怜悯。我还能**坚持下去**。但是我的确在希望和祈祷，但愿你或任何我爱的人都不要处在我这样的境地。坐在一间寂寞的房间里——钟的滴答声很响地传遍了寂静的房子——去年的一切带着那些震惊、痛苦和损失都在心灵的眼睛前显现出来，——这真是个考验。

我很随便地给你写了这些，因为我相信你会有节制地听我的这些话——你不会受惊吓，也不会认为我在哪方面比我实际的情况更差。

第十八章

《谢利》这部小说是在《简·爱》出版后不久就开始写的。如果读者查一下我对勃朗特小姐在罗海德读书时的叙述，就会在那里看到校舍周围每个地方都跟卢德派的暴动有关，而且还会知道，当时的一些故事和传说仍在附近一些村子的居民中间流传着；也会看到伍某某小姐本人和大多数同学的年长一些的亲属一定都认得那些严酷动乱中的当事人。夏洛蒂长大以后在寻找下一部作品的主题时，脑子里涌现出了小时候在那里听到的事。为了了解那些动乱年代的精神，她写信到利兹去找一八一二、一八一三和一八一四年《信使报》的合订本。她急于把自己了解到和亲眼所见的事情写出来；其中包括西约克郡人的性格，卢德派中间的任何一个故事都能把这种性格充分表现出来。在《谢利》中，她的大多数人物都是根据生活中的真人想出来的，事件和环境当然是虚构的。她想，既然后者都纯粹是想象的，那么她就可以根据真人描写而不被人发觉。但是，在这一点上她估计错误；她刻划的人物太逼真了。有时这使她陷入了困境。她如实地描绘他们的外貌、行动方式和思想方法，尽管这些人物被放在新的地位上，而且是在同现实生活中截然不同的场合里刻划的，但是，人们还是认出了自己，或者被别人认了出来。勃朗特小姐对某一个熟人性格中的力量和怪癖留下深刻的印象；她就用巧妙的才能来研究和分析它；找出它的胚芽，然后把这个胚芽作为一个想象中的人物的核心，再往外塑造。这样就把分析的过程颠倒了过来，而且在不知不觉中把那同样的外部发展重新展现了出来。那"三位牧师"是经常到哈沃斯和附近一带来的真人。他们感觉十分迟钝，一开始看到自己的作风和习惯被记录下来，发了一通火，尔后，他们却喜欢开开玩笑，相互之间用她给他们取的名字来称呼。许多人熟悉普赖尔太太，他们深深爱着那个原型。我相信，约克斯一家几乎整个都是用银版照相法拍摄出来的。勃朗特小姐告诉我，书出版以前，她确实把小说中写这些杰出人物的那几个部分寄给他们的儿子中的一个。那人看过以后，在回信中只是说"她把他们写得不够坚强"。我怀疑，她头两部小说中的男主人公写得真实的地方都是根据那几个多才多艺的儿子描绘的。事实上，除了她的弟弟以外，她所熟悉的年轻小伙子几乎只有他们几个。勃朗特家和他们之间虽然断断续续来往，并不经常，但交情很深，而且有更深的信任。双方都从来没有什么更热烈的感情。

谢利这个人物本身就是夏洛蒂描绘的艾米莉。我这么说，是因为作为一个陌生人，我能够了解到的有关她的情况，并不能使我或者我的读者对她有一个讨人喜欢的印象。但是，我们必须记住，和她的姐姐相比，我们可以说，对她毫不熟悉。她的姐姐凭着比较深刻的了解，说她"真正善良，确实伟大"，她借谢利·基尔达来刻划她的性格，把她写成艾米莉·勃朗特在健康和顺利的情况下可能成为的那种人。

勃朗特小姐是尽了最大的努力来写《谢利》的。她觉得自己已经获得的名声使她必须负起双重责任。她竭力把她的小说写得像现实生活一样，——觉得很有把握，只要把个人的体验和观察如实地表现出来，长远看来总是有效的。她仔细阅读发表过的关于《简·爱》的各种评论和批评，希望能从中得到一些有益的教训和劝告。

这本书正好写到一半时，突然有几个人死去了。勃兰威尔去世时她差不多已写完她的故事的第二卷——接着，艾米莉去世了——然后，安妮又去世了。在有活生生的、亲爱的三姐妹时放下的笔，到只剩一个姐姐时又拿了起来。她是很可以把在这之后写的第一章叫作《死荫的幽谷》①。

---

① 《谢利》第二十四章的题目是《死荫的幽谷》。典出《圣经·旧约全书·诗篇》第二十三篇第四节："我虽然行过死荫的幽谷，也不怕遭害。因为你与我同在。你的杖，你的竿，都安慰我。"

当我读到这一章末尾和下一章开头的那些忧伤的词句时,我有一点猜到了《谢利》的这位匿名的作者准是忍受着极大的痛苦:

　　天亮以前,一直在真诚的祈祷中同上帝搏斗。
　　并不是所有这样敢于同神争斗的人都能获胜的。一夜又一夜,前额上会暗暗冒出痛苦的汗水,恳求者会用无声的心声祈求怜悯,心灵只有在向上帝求助时才用这样的声音。"饶了我心爱的人儿吧,"它会这样苦苦哀求,"治愈我生命的生命吧。别把那长期的感情用来缠绕我整个天性的东西从我这儿拿走吧。天堂里的上帝啊——俯身——倾听——发发慈悲吧!"在这一阵哭号和争斗之后,太阳会升起,看见他被打败。破晓,以往用西风的低语和云雀的欢歌向他致敬,如今却会一开始就从那双失去血色和热气的亲爱的嘴里发出这样的低语:"哦!我这一夜真痛苦啊。今天早上我更糟。我曾竭力想起来。我不能。我不习惯做的噩梦骚扰了我。"
　　然后,那守夜的人走近病人的枕边,看到那熟悉的五官有了一种新的奇怪的模样,立即感到,那难以忍受的时刻临近了,知道那是上帝的意旨,要粉碎他的偶像,于是他低下头来,使自己的灵魂屈服于他不能避开又难以忍受的宣判……
　　她在醒来以前,没有发出可悲的、无意识的呻吟——即使我们发誓要保持坚定,这也是很消耗我们的体力的,一阵无法控制的眼泪把誓言冲走了。接着来的不是一段充耳不闻的冷漠的时刻。首先说出的话,并不是那正在离开这个世界的、有时已经迷失在活人所不知道的王国中的人所说的话。

　　她坚持不懈地写她的作品。像在过去的那些日子里一样,傍晚时在客厅里从这头走到那头,来回踱步,但是却没有人听她谈谈故事的进度——挑出毛病或者表示同感,这样写作是凄凉的。过去,三姐妹是这样做的——后来只剩下两个,另一个妹妹已经不这样踱步了——如今,只剩下孤零零的一个人,想听听再也不会有的应和的脚步声,而听到的却只是风儿用几乎听得清楚的声音在窗口泣诉。

她觉得自己生病了,就一边跟这种感觉拼搏,一边继续把书写下去。"经常出现一种感觉,好像微微有点感冒;喉咙和胸口都有点痛,"她写道,"不管我用什么办法,都没法消除。"

在八月份,又发生了一件事,引起不安,幸亏只是暂时的。

一八四九年八月二十三日

爸爸最近身体很不好,又发了一次支气管炎。我有几天很为他担心——比我想告诉你的还要可怜。在发生了那样的事情以后,不管出现什么病都会令人发抖的。爸爸一有病,我总是深深地感到,他是我在世界上的**最后**一个——也是唯一的一个亲人了。昨天和今天他似乎好了一些,为此我确实感到欣慰。……

就你说的关于某某先生的那番话来看,我想我是会很喜欢他的。某某真得好好挨一顿揍,才会不再为他的外貌操心。只要她丈夫品德好,为人正直,里面穿的衬衫干干净净,那么,他吃饭时外面穿的是燕尾服,还是上街穿的衣服,那又有什么关系呢?

一八四九年九月十日

我的那部作品终于结束,寄到它的目的地去了。你现在必须告诉我你什么时候能有机会来。我担心现在你难以安排,因为离结婚的日期很近了。你听好,如果你到哈沃斯来,给自己或任何别人添了麻烦,那我是会不高兴的。……但是到了**方便**的时候,

351

我会打心底里乐于看见你的。……我怀着欣慰的心情说,爸爸好一点了,尽管还不健壮。他常常感到恶心,想呕吐。我的感冒已经远远不像以前那么讨厌了,我有时丝毫也没有感冒的症状。几天以前,我发了一次严重的胆病,这是过多地坐着写作引起的,但现在好了。这是我从海滨回来后第一次发病。以前我每月发一次。

一八四九年九月十三日

如果为了尽责任,为了别人的健康,我必须待在家里,那我是不会抱怨的。不过,环境不让我们现在见面,我却感到非常、**非常**遗憾。如果爸爸身体再健壮一些,我是会毫不犹豫地到某地去的;但是他的健康状况和精神状态都还没有稳定,所以我也就不可能硬要自己现在就离开他。让我们希望,一旦我们见了面,我们的聚会会因为耽搁过一个时期而变得更加愉快。亲爱的埃某某,你肯定是肩负着一个沉重的负担,但是这种负担只要肩负得好,是对性格有益的。只是,我们万一真能经受住考验的话,那就必须**非常地、十分地、极其地**小心,决不能因为自己有力量就骄傲起来。其实,这种骄傲是本质虚弱的一种征兆。即使我们有力量,那力量也绝不是我们自身固有的,而是上帝赋予我们的。

致威·史·威廉斯先生

一八四九年九月二十一日

亲爱的先生,感谢你为我保守了秘密,因为我和以前一样,急于保持默默无闻,这种急切的心情已经到了无以**复加**的程度了。你在最近的某一封信里问我,是否认为自己在约克郡不会被人认出来。认识我的人很少,所以我认为自己不会被认出来。况且，这本书尽管看上去像是根据现实写的，其实远远不是如此。也许很难向你解释清楚，我的实际生活经验是多么有限，我认识的人以及认识我的人都是多么少。

  为了看看人物是如何处理的，就以赫尔斯通先生为例吧。如果说这个人物有个原型，那么，原型就是几年前以八十高龄去世的一位牧师[①]。我只见过他一面，是在教堂里举行任圣职仪式的时候，那时我还是个十岁的孩子。当时，他的外貌、他那严厉威武的神情给我留下了很深的印象。后来，我在他那地区听人谈论过他；谈起他时有些人带着热情，还有些人却是怀着嫌恶的心情。我听着各种各样的传闻，把一件件事实权衡一下，推断出了一个结论。霍尔先生的原型[②]我看到过；他也有点认识我。但他丝毫没想到我曾经仔细观察他或者把他写成一个人物——事实上，他也丝毫没想到我在写书，写一部小说，正如他没想到他那条叫作"王子"的狗会这么做一样。玛格丽特·霍尔根据《评论季刊》的观点把《简·爱》说成一本"坏书"。我在这里承认，这个说法出自她的口，可说是个沉重的打击。这使我看到《评论季刊》所起的有害作用。如果不是别人把这个看法告诉玛格丽特，她是不会这么说的。

  不管是否出名，不管别人的评论是否公正，我都下了决心，不用别的方法写作。我自己的才能适于怎样写就怎样写。那两个了解我，也被我了解的人已经走了，我还有几个爱我，也被我爱的人，我并不希望，也没有权利希望他们完全了解我。我心满意足，但是在写作方面，我得按自己的写作方法去写。失去了我们所有的最亲近的人，会影响一个人的性格；我们寻找还剩下的能

[①] 指利弗西奇的汉蒙德·罗伯逊牧师。
[②] 指伯斯托尔教区牧师威廉·马格森·希尔德。

支持我们的东西,一旦找到,我们就再次紧紧地抓住它。三个月以前,在我往下沉落时,想象力把我托了起来;它积极活动,使我的头一直保持在水面之上,它的成果现在使我高兴,因为我感到这些成果已经使我能够把欢乐给予别人了。谢谢上帝,是上帝给了我这个力量;对我来说,保护这个天赋,并且让我从这个天赋中获益,是我的宗教的一部分。你的真诚的

夏洛蒂·勃朗特

在写这封信时,泰比和那个帮她做家务的年轻女仆都卧病在床;除了偶尔有人帮一下忙以外,整个家务和服侍两个病人的担子就落在勃朗特小姐一个人头上。

那个年轻仆人病得最厉害时,泰比突然大叫了一声,勃朗特小姐闻声赶到厨房,只见这个可怜的八十岁的老妇人躺在地上,头在厨房里的炉子下面。她是在打算站起来时从椅子上摔倒的。两年以后,我看到她,她向我描述了当时夏洛蒂深情地照料她的情景。她说:"我自己的母亲也不可能比勃朗特小姐更关心我了。"最后说道:"嗳!她是个好人——真是个好人!"

但是有一天,那紧张的神经垮了下来——那时,正如她说的:"我垮了下来,有十分钟之久;坐在那里哭得像个傻瓜。泰比不能站也不能走路。爸爸刚才还在说玛莎病情危急。我自己头痛,难受,情绪低沉。那一天,我简直不知道该怎么办,去向谁求助。感谢上帝!现在玛莎在恢复健康了;我相信,泰比也会好起来的。爸爸很好了。我很满意地听说我的出版商喜欢我寄去的稿子。这给了我支持。但是,生活是一场战斗。但愿我们都能好好地作战!"

收到这封信的那个好心的朋友看出,那可怜的、负担过重的神经需要有人支持,于是她像给她洗淋浴一样寄给她一大堆礼物——她的

朋友早就想这么做了。收到了礼物,她这样写道:

一八四九年九月二十八日

……玛莎现在差不多复原了,泰比也大有好转。昨天来了一大包从"利兹,纳尔逊"寄出的大怪物似的包裹。真该好好地、狠狠地惩罚你。这就是你费了那么多事所得到的感谢。……不管你什么时候来哈沃斯,你都要给你自己的淋浴淋得透湿。我还没把那包倒霉的东西打开呢。你的

夏·勃

她又面临着另一件不幸。早在一八四六年,她就对伍某某小姐说过,有一些铁路股票,她想卖掉,但是因为没法说服两个妹妹同意她的观点,所以她宁可冒遭受损失的危险,也不愿做出和艾米莉意见相反的行动来伤她的感情。现在这些股票贬值了,完全证实了夏洛蒂的判断正确。那是约克—北中部公司的股票。是赫德森先生最喜爱的几条铁路,而且都充分利用了他那特殊的管理方法。她就这个问题向她的朋友和出版商史密斯先生打听。收到他的回音以后,她写了下面这封回信:

一八四九年十月四日

亲爱的先生,收到你的信,我只得不**感谢**你,而仅仅告诉你,信已收到。事实的确很糟;比我预料到的还要糟,比我父亲想到的更要糟得多。事实上,我有的那一点儿铁路财产,按照我的观点和习惯来看,原来的价格已经能成为一小笔足以使我过舒适生活的富裕收入了。现在,其中没有一部分是靠得住的。我得逐步把这个情况告诉我父亲;在这期间,先耐心等待一下,看看

事情可能怎样发展。……不管这事最后怎样,也许我都应该高兴而不应该不满。我拿自己的情况同千万个别人的相比,就觉得几乎没有什么可抱怨的了。不少人,很多人,甚至每天吃的面包都几乎被先前那个奇怪的铁路系统剥夺掉了。所以,那些只是损失掉今后防饥用的谷物的人就得注意一下该怎样抱怨了。想到《谢利》在科恩希尔受到了欢迎,我暗暗感到欣慰。然而,你肯定同我一样,已经准备好接受严格的批评。不过,我还是抱着很大的希望,这条船是造得够结实的,经得起一两阵大风,而且最后还能为你作一次顺利的航行。

这一年快到十月底的时候,她去访问了她的朋友。写完这部小说后,她早就答应过自己,要放假了。可是在度假时,却不断有一种生病的感觉,这扫了她的兴。要么是因为空气的变化,要么是因为天气多雾,她胸口老是觉得不舒服。此外,她又担心,不知自己的第二部作品会在读者心里留下什么印象。由于一些明显的原因,作者对于在获得巨大成功以后写的作品,总是比以前任何时候都更加关心读者的意见。不管声誉的价值如何,作者总是得到了声誉,而且不愿意让声誉减退或者消失。

《谢利》是十月二十六日出版的。

书出版以后,刘易斯先生还没有来得及看,就告诉她说,打算在《爱丁堡》上发表一篇评论。她已经很久没给他写信了;在那期间,发生了许多事情。

致乔·亨·刘易斯先生

一八四九年十一月一日

亲爱的先生,你有一年半没给我写信了;但看来似乎更久一些，因为从上次写信以后，我的命运要我在人生旅途上走过一些黑色的里程碑。从那以后，有几次我不再关心文学、评论和声誉了，那时，我已经看不到《简·爱》第一次出版时在我思想中占突出地位的一切。但是现在，如果可能的话，我要这一切都活生生地回到我这里来，因此，能收到你的信是一种乐趣。我希望你不要把我看作一个女人。我希望所有评论者都相信柯勒·贝尔是个男人，这样他们就会对他更公正些。我知道，你会继续用你认为适合于我的性别的标准来衡量；在我写得不如你想的那么优美的地方，你会批评我。大家会异口同声地反对那第一章；其实那第一章是像《圣经》一样真实的，而且也没有什么可引起反对的地方。不管怎样，我在写作时，总不能老是想到自己，想到女人气质中优雅可爱的东西。我不是在这种条件下，或者怀着这种想法，提起笔来写作的。如果我的作品只是在这种条件下才能被忍受，那么，我会离开读者，不再去麻烦他们。我从默默无闻中出来，我能很容易地回到默默无闻中去。现在我远远地站着，等着看《谢利》的遭遇。我不抱多大希望，我的预料有点暗淡悲观；但是，我竭诚恳求你把你的想法如实地说出来。奉承比自负更糟，奉承并不能给人以安慰。至于谴责，我想了一想，我看不出有什么可以多害怕的。除我而外，没有别人来经受它，人生中的幸福和苦难都会迅速过去的。希望你在你的苏格兰之行中获得成功。亲爱的先生，我是你的真诚的

柯·贝尔

我们已经看到，勃朗特小姐在《谢利》中也跟以前一样，急于隐瞒自己的真实姓名。她甚至认为，这本书中女人的笔触比《简·爱》中的少，因此，当最早的评论一发表，说这位神秘的作者准是个女人

时,她大失所望了。她特别不喜欢的做法是:对于出自女人手笔的小说,评论降低标准;赞美中夹着指出她性别的假献殷勤似的暗示,比直截了当的批评,更使她受不了。

但是小心保守的秘密,终于渐渐泄露出去了。《谢利》的出版似乎更加使人深信不疑:作者是故事背景所在地区的一个居民。有一个聪明的哈沃斯人在社会上有了一点地位,搬到利物浦去定居了。他读了这部小说,看到书中提到的一些地名大吃一惊,而且认出了小说中有一部分采用的方言。他相信这肯定是哈沃斯人写的。他想,除了勃朗特小姐以外,没有别人会写这样一部作品。他为自己的猜测感到自豪,便把这一点(几乎可以说是深信不疑)在一张利物浦报纸的专栏上宣布出来。这个秘密的核心就这样渐渐暴露出来了。勃朗特小姐一八四九年底的伦敦之行使它终于全部公开了。她同她的两个出版商关系一直很好;他们好心地寄一些书给她看,使她能愉快地度过最近常常出现的沉闷、孤独的时刻,同她能从基思利的流通图书馆里借到的书相比,这些书更加适合她的口味。她在寄到科恩希尔去的信中经常写这样的句子:

> 你寄来的这些书的确使我很感兴趣。《爱克曼的同歌德的谈话》①《对真理的猜想》②《议会中的朋友》和那本写英国社交生活的小书都特别使我欢喜,尤其是最后一本。有时候,我们喜爱书正如喜爱人物一样,不是因为他们用来夸口的出众的才智,或

---

① 爱克曼(Johann Peter Eckermann,1792—1854)是德国作家。歌德(Johann Wolfgang von Goethe,1749—1832)是德国诗人、剧作家、思想家。爱克曼是歌德晚年的助手和知友。此书中译本书名为《歌德谈话录》。
② 《对真理的猜想》(*Guesses at Truth*)是英国神学家朱利亚斯·哈尔(Julius Charles Hare,1795—1855)与牧师奥古斯特·哈尔(Augustus William Hare,1792—1834)兄弟合写的一本书。

者惊人的特点，而只是因为某些善良、雅致和真诚的东西。我想那本小书是一位女士，一位和蔼、聪明的女人的作品，我喜欢它。目前你不必再考虑给我选书；我这里的书还有好多没有看完。

　　我接受你关于《雅典尼恩》的建议；如果你寄给我并不麻烦的话，我喜欢看看这份报。我会准时归还的。

她在给朋友的一封信里，抱怨她那很少能摆脱或者从来没法摆脱的生病的感觉。

一八四九年十一月十六日

　　你可不能认为《谢利》中的哪一个人物是作为真人的肖像来写的。那样写不符合艺术的规律，也不符合我的感情。我们只能让现实提**建议**，决不能让现实下**命令**。女主人公们是抽象的，男主人公们也是抽象的。我看到过的、喜爱的和赞赏的性格被作为装饰的宝石这里那里放一点，镶嵌住而保存下来。你说除了几位女主人公以外其余的人你都认得出原型，既然如此，那就请问，你认为那两个莫尔代表谁？寄上两份评论。一份是登在《考察家》上的，作者阿尔巴尼·冯布兰克。他被称为当代最杰出的政论家，他的言论在伦敦颇受重视。另一份是登在《自由之旗》上的，作者威廉·豪伊特，是个贵格会教徒！……如果不是头痛和消化不良，我可以说身体很好。我的胸口最近好转了。

她长期衰弱，头痛，患病，稍微受一点寒，胸口的毛糙和疼痛的感觉就会加剧，因此她决定，为了自己，也为了父亲，要及早把病治好，要到伦敦去请那里的一位医生看看。这倒不是因为她自己先想到要去哪里访问，而是她的出版商盛情邀请，说服了她，所以她决定到史密斯先生家去做客。她去以前，写了两封颇有特点的有关《谢利》的信，我从信中摘引几段。

《谢利》正在获得成功。评论雪片般飞来。……已经刊登出的最好的一篇是登在 *Revue des Deux Mondes*① 上的，那是欧洲的一份世界性刊物，总部设在巴黎。评论者们，甚至在他们的赞扬中，都很少能表示出真正懂得作者的意图。而上面这位评论者欧仁·福萨德，却能紧紧跟着柯勒·贝尔走过每一个拐弯处，看清每一点，区别每一种色调，这证明他自己是精通这个题目，而且主宰这个目标的。如果我看见他，一定会同他握手。我会说："你了解我，先生；我觉得认识你是个光荣。"至于伦敦的那许多评论者，我就不能对他们说这样的话。也许在大不列颠的几百万人当中，能听我这样说的人连五百个都不到。这没有关系。我首先使自己的良心感到了满足；这样做了以后，如果我使一个福萨德、一个冯布兰克、一个萨克雷感到满意和愉快，那么我的雄心壮志就已经得到了它的口粮。它已经吃饱了；它目前可以心满意足地躺下了。我的才能做了一天的工作，挣得了一天的工资。我不是教师；把我看作一个教师，是误解了我。教导并非我的职业。我**是**什么，说也毫无用处。关心这一点的人，自会觉察和发现的。对所有别的人，我只希望做个默默无闻、坚定不移和与世隔绝的人。对于你，亲爱的埃某某，我希望是个真挚的朋友。把你的忠诚的关心给我；我心甘情愿地不要赞美。

---

① 法语：《两世界评论》。

十一月二十六日

你说那些评论不够好，你这么说是符合你的一贯作风的，也是属于你的一种性格，这种性格使你不肯对你的任何衣服、装饰等等说一句不应说的赞美。你得知道，那些评论都很好；我要是对它们不满，那我就是个自负的猴子。**出于完全无私的动机**，对于任何健在的作者来说，再也没有比这更高的评语了。如果一切顺利，我本星期将去伦敦；我想，在星期三去。裁缝给我把那件小东西做得很好，但是我希望你能仔细看看，谈谈看法。我坚持要把衣服做得十分朴素。

在十一月底，她到那个"大巴比伦"去了，立即投入了她看作一种旋涡的忙乱生活；因为别人认为微不足道的变化、场面和刺激，对她来说都很了不起。就跟她平时见到陌生人一样，她一开始对接待她的那家人家有点害怕，以为那些太太小姐是用一种又尊敬又惊异的眼光看待她的。但是，过了几天，如果说这种状况曾经存在的话，那么，她那朴实、腼腆、文静的举止，她那优雅的个人和家庭生活的习惯已经完全把它消除了。她说她们开始喜欢她了，她也很喜欢她们，因为"好意很能赢得人心"。她事先提出过条件，说不能指望她同许多人见面。她过惯了隐居生活，这使她一见到陌生面孔就紧张得畏缩起来，这种情况她持续了一辈子。但是，她却希望看到那些作品或信件使她感兴趣的人的外表和仪态。因此，萨克雷先生被邀请来同她见面，但是正巧那天上午的大部分时间她都出去了，结果错过了她朋友家的午饭时间。这引起了严重的、使她情绪低沉的头痛，因为她过惯了约克郡牧师住宅中样样都早而且很有规律的生活。况且，她非常敬佩《名利场》的作者，同这样一个人会面，听他说话，坐在他身边，这种激动本身就叫她那脆弱的神经受不了。她是这样写这次晚餐的：

一八四九年十二月十日

至于感到快活,那我可以说我是处在激动的场面和环境之中,但有时我感到剧烈的痛苦——我的意思是说精神上的痛苦。当天我只吃了很少一点早餐,而那时已是晚上七点钟了。所以,萨克雷先生出现时,我已经饿得浑身软弱无力。那天晚上,激动和精疲力竭残酷地折磨着我。我不知道他对我印象如何。

她告诉我,在这第一次同萨克雷先生见面时,她觉得很难断定他说话是开玩笑呢还是认真,所以她曾经(她相信是这样)完全误解了他的一句话。他走进休憩室时问她"是否闻到了他们雪茄烟的烟味";她按字面上的意思作了回答,几分钟以后,看到几个人脸上的微笑,这才明白他是暗示《简·爱》中的一段描写①。她的主人们很高兴地陪她在伦敦观光。在预定这样愉快地出去游览的那天,《泰晤士报》上刊登了一篇评《谢利》的严厉评论。她已经听说过这家报纸要登一篇评论,所以那天早上她的主人故意把报纸放错地方。她没找到,心想其中一定有原因。她对他们说,她已经知道为什么不让她看报。史密斯太太马上承认她猜对了,说他们希望她这天出去玩了以后再看它。但是她文静地坚持要看这张报。史密斯太太拿起针线活儿,尽量不去看对方想要用大张报纸遮盖起来的脸;但她还是注意到了眼泪从脸上淌下来掉在裙兜里。勃朗特小姐说的第一句话是担心这样严厉的书评会使书卖不出去,给她的出版商带来重大损失。尽管她感情受到极大伤害,她第一个念头却是为别人着想。后来(我想就在那天下午)萨克雷先生来访;她猜想(她说)他是来看看她怎样对待对《谢利》的这次攻击的。但是她已经恢复了平静,文文静静地跟他谈话。他只是直截了

---

① 简·爱在罗切斯特向她求婚的那个黄昏,在去果园前和在果园中散步时两次闻到他的雪茄烟的烟味。见《简·爱》第二十三章。

当地问她问题，从她的回答中知道她已经看了《泰晤士报》上的文章。她默然承认自己是写《简•爱》的女作家，因为她看到，还是放弃假名对她有利。结果是她认识了马蒂诺小姐。她把刚出版的小说寄给那位小姐，附了一封奇怪的信，说是柯勒•贝尔已经收到了她的作品，为了表示心里的感激，**他**送一本《谢利》给马蒂诺小姐。**他**从《迪尔布鲁克》得到一种新的强烈的兴趣，觉得真正得到了益处。在**他**心目中，《迪尔布鲁克》……等等。

马蒂诺小姐回信说信和那本《谢利》都已收到，回信是从史密斯先生住宅附近的一个朋友家里寄出的。一两个星期以后，勃朗特小姐发现自己同那位写信的人离得很近，她就用柯勒•贝尔的名义写信说要去拜访她。时间定在某个星期日下午（十二月十日）六点钟。马蒂诺小姐的朋友邀请这位陌生的柯勒•贝尔去用早茶点。他们不知道那个名字究竟是男人的还是女人的；对性别、年龄和外貌作了种种猜测。事实上，马蒂诺小姐一清二楚地表明了她个人的看法，她给上面那封显然有男性气息的信写回信时是用"亲爱的女士"开的头；但是在信封上，却写了"柯勒•贝尔先生"。每一次门铃响，大家的眼睛就转向门口。有个陌生人（我想是个男的）进来；有一刹那他们以为他就是柯勒•贝尔，果真是位先生；他待了一会儿——走了。门铃又响了，仆人通报是"勃朗特小姐"；进来了一位显得年轻、个子几乎像孩子般矮小的女士，"穿着重丧服，整洁得像个贵格会教徒，棕色头发光滑而美丽，那双好看的眼睛闪烁着含蓄的光芒，她那张聪明的脸表现出习惯于自我克制。"她来了——看见有四五个人在场，犹豫了片刻——然后凭着本能认出了马蒂诺小姐，径直走到她跟前。她怀着友好的感情和优良的教养的共济会[①]精神，不久就好像是这家人家的成员之一似的，坐在茶桌边。在她离开以前，她用朴实感人的方式把自己的悲哀和孤

[①] 共济会：创立于中世纪的一种组织。

独告诉他们,她同马蒂诺小姐之间亲密的友谊的基础就这样奠定了。

在讨论了一会儿,她提出条件,不能把她特别介绍给哪一个人以后,史密斯先生邀请了几位绅士在她离开伦敦的前一天晚上来吃饭。她当然应该坐在桌子末端男主人的旁边,按照这个次序,给要坐在她边上的几个人都安排好了座位。但是,她一进餐厅,却很快往另一头走,好像要坐在女主人旁边,急于挨近一个女人,好受到她的庇护似的。女人在没有道义上的责任非要求独立不可的情况下,往往会寻求保护,她这个小小的动作,就是出于这种心理。大约就在这个时期,她写了下面这段话:"在被陌生人包围时,某某太太仔细地留意着我。她的眼睛没有离开过我。我喜欢这种监视;这似乎在保护着我。"

她这次去伦敦,同她在布鲁塞尔的老同学又结下了新的友谊,她在给这位同学写信时,是这样叙述这次晚宴的:

> 我离开你以后的那个晚上过得比我预料的好。幸亏吃了一顿丰盛的午餐,喝了一杯令人兴奋的咖啡,我才能够怀着完全听天由命的心情等待那八点钟的晚餐,能够十分勇敢地耐心挨过那漫长的时间,而且也没有精疲力竭到不能和别人交谈的地步。我为此很高兴,因为如果不是这样的话,我的好心的主人们会感到很失望。除了史密斯先生以外,只有七位绅士来吃饭,其中五位是评论家——这些人在文学界受到的敬畏超出了你能想象的程度。直到他们走了,我脑子里出现了反应以后,才知道同他们见面和交谈使我多么激动。晚上我去睡觉时,希望能睡着——但这个努力却是徒然的。我没法闭上眼睛。黑夜过去,早晨来临,我却一刻也没睡过就起床了。我到德比时已经疲累不堪,但我不得不在那里住上一整夜。

> 十二月十七日
>
> 　　我又一次回到了哈沃斯。我觉得自己仿佛是从一个激动的旋涡中走出来。倒不是说，那种匆忙和刺激会使一个习惯于社交和变化的人感到有什么了不起，而是说，在我看来，那一切是很突出的。我的体力和精神在需要作出努力时，往往很不能适应需要。我往往是尽可能地硬挺住，因为我稍一松懈，就可以看到史密斯先生感到不安。他总以为有什么话或者什么事使我不高兴——其实这种情况一次也没有发生过，因为，哪怕从敌对者那里，我遇到的也是十全十美的良好教养——那些敌对者曾经千方百计地写文章贬损我。我一遍又一遍地向他解释，我之所以偶尔沉默，是因为说不出话来，而绝不是不愿说话……
>
> 　　萨克雷是个心灵的巨人。他的风度和才能会在智力上给人留下深刻的印象；我并不把他当作一个普通的人来看待或认识。相比之下，所有别人都变成次要的。我对某些人怀有敬意，而且对所有的人我相信自己都是很有礼貌的。我当然不知道他们对我有什么看法，可是我相信，他们大多数人都希望我能以更突出、更古怪、更令人注目的姿态出现。我相信，他们希望有更多的东西可以赞美，有更多的东西可以责难。除了跟萨克雷在一起以外，我跟别的任何人在一起，心里是感到够自在的；可是跟他在一起，我却愚蠢得可怕。

她回到了她那僻静的家里，回到了她那无声无息的日常家务中去。我急于向她的朋友"玛丽"打听，夏洛蒂在给她的信中有没有高兴地说起她所赢得的声誉。对于这个问题，以及一些类似的问题，玛丽是这样回答的：

她认为在文学界的名声比起其他任何东西来，都是一个更好的进身阶，所以她希望在文学界获得名声。等到她终于得到了以后，却又哀叹它一无用处。"我的孤独的生活使我没有资格进入社交界。我变得毫无准备，神经紧张，容易激动，不善于辞令，说话枯燥乏味。"她谈起她最近一次去伦敦时，是这样对我说的。她的声名，在来到以后，似乎并没有使她有任何改变。她还是和以前一样地孤独，她的生活还是同以前一样地毫无趣味。"我不喜欢成群的人。"她写道；然后又暗示说，她瞥见了一种比较欢乐的生活，但她还是回家来干自己的活儿。她只对我说起，她对自己的书完全厌倦了，这些书花了她许多心血，除此以外，她没有对她的书作过任何评论。

她父亲十分崇拜英雄，对于她叙述的所见所闻，听得津津有味。正是在她有一次去伦敦时，他要她尽可能去看看艾伯特亲王的军械库。我不知道她是否设法这么做了；但是为了能向她父亲描述威武的钢盔甲和亮闪闪的剑，她特地去看了一两个大的国家军械库，这些钢盔甲和剑在她父亲的想象中留下了深刻的印象。后来，在他精力衰退、老年的虚弱一时占了他那顽强性格的上风时，她常常重复采用一个奇特的办法，那就是谈谈她在伦敦看见的那许多奇奇怪怪的武器，直谈到他对这个旧话题重新感到兴趣，又恢复他自己那强烈的、好斗的和聪明的本色为止。

第十九章

她在哈沃斯的生活很是单调,连邮递员来送信都成了一天中的大事。但是她生怕经不住那巨大的引诱,把全部思想都集中在这个时间上,而对其余时间中较小的希望和事情失去兴趣。于是,她故意不让自己过于经常地享受写信的乐趣,因为(在收到回信时)这些回信使她生活中的其余事情都变得索然无味了;或者在收不到信时,她的失望会使她再也没有精力来做家务。

这一年,北方的冬天冷得够呛;然而却并没有像往常那样影响勃朗特小姐的健康。这也许是因为她去伦敦换了一下环境,接受了医生的劝告,这两者对她都有益处;也可能是因为她的朋友来拜访了她,强迫她注意身体上的症状。勃朗特小姐由于怕对自己的身体状况过于紧张,并因此影响她的父亲,所以往往不去注意这些症状。可是,在艾米莉去世一周年的日子来临时,她的情绪却禁不住消沉下来。所有同艾米莉之死有关的回忆都使她感到痛苦,然而却又没有什么外来的事情可以分散她的注意力,使这些回忆不至于给她过大的压力。这时候,以及许多其他时候,我发现她在信里提到从科恩希尔寄来的书使她得到的安慰。

我有时候自问,没有这些书会怎么样呢?我求助于它们,正如向朋友们求助一样,它们使许多小时缩短了,变得愉快了,不然的话,这些小时会过于漫长,过于凄凉。甚至在我的疲劳的视力不允许我继续阅读下去时,望望架子上或者桌子上的书也会感到愉快。我还很富裕,因为我的存书远远没有读完。最近,另外有些朋友送了我一些书。看哈丽埃特·马蒂诺的《东方生活》,使我获得很大的乐趣。登在《灵魂》上的纽曼①的作品让我发现了一个深刻而有趣的研究题材。你看过这部作品吗?很大胆——也许是错误的——但却是纯净和高尚的。弗劳德②的《信念的报应》我不喜欢,我认为它太可怕了。然而,在它的篇页中也可以看到一点真理。

这时,"埃尔河谷、华夫河谷、考德尔河谷和里伯斯河谷"③全都知道了柯勒·贝尔的住处。她把自己比作头藏在沙土里的鸵鸟,说她还把她的头藏在哈沃斯荒原上的石楠里;但是,"这样躲藏只是欺骗自己"。

确实如此。柯勒·贝尔就是哈沃斯那个可敬的牧师的女儿,这个消息在西区④传播得很广;哈沃斯本村也跟着激动起来。

某某先生看完了《简·爱》,正在急着要看那"另外一本",他下个星期可以拿到了。……某某先生已经看完《谢利》;他很喜欢这本书。一个名叫约翰的人的妻子听见她丈夫一个人坐着哈哈大笑,又是拍手又是跺脚,还以为他发疯了呢。他会把关于副牧师的那几段全都朗读给爸爸听。……昨天玛莎跑来,气喘吁吁,兴奋得不得了。"我听到这么好的消息!"她开始说。"什么消息?""哎呀,小姐,你写了两本书……最最伟大的书。我父亲在哈利法克斯听说了,还有G.T.先生、G先生和M先生在布莱德福听说了。他们要在机械学会开会,讨论订书。""别说了,玛莎,去吧。"我直淌冷汗。J.B.、T太太和B都要看《简·爱》了。上帝保佑,救救我吧!……哈沃斯的人们为了《谢利》,使自己都变

---

① 纽曼(Francis William Newman, 1805—1897):英国学者。
② 弗劳德(Richard Hurrell Froude, 1803—1836):英国教士、作家。
③ 约克郡的四个河谷。
④ 指约克郡西部地区。

成了傻瓜；他们都热烈欢迎它。机械学会买到了几本，所有的会员都要借。三本书全拿来抽签，谁借到一本，只能看两天，迟一天罚一个先令。如果把他们谈的话去告诉你，那就是无聊和自负了。

这些摘录的语气同约克郡人和兰开夏人的性格一致，他们总是尽可能用玩笑来把自己的喜悦掩盖起来，几乎像是在跟自己开玩笑似的。勃朗特小姐看到自己小时候就认识的人们为她的成功感到骄傲和高兴，她那热情的心里也暗暗地很受感动。周围四处都流传着这个消息。当她文文静静、无所觉察地上教堂去时，有些"从伯恩利①那一边"来的外地人特地来看她；教堂司事就因为把她指给别人看，"挣了许多个半克朗"。

但是尽管有这种比名声更可贵的真诚的、善意的赞赏，同时却也有一些令人不快的事。《爱丁堡评论》一月号上有一篇关于《谢利》的文章，作者是和她通信的刘易斯先生。我已经说过，勃朗特小姐特别希望别人把她作为一个作家来评论，不要提及她是个女人。不管对与不对，她这个感觉是很强烈的。现在，虽然这篇关于《谢利》的评论并没有什么对女人不敬之处，然而开头两页的标题却是"精神上的男女平等？""女作家的文学"，而且通篇都没有忘记作者的性别。

这篇评论发表以后几天，刘易斯先生收到下面这封信——是用彭布罗克伯爵夫人安妮②、多塞特③和蒙哥马利④的风格写的。

---

① 伯恩利：兰开夏郡的一个城市。
② 指安妮·克立福德（Anne Clifford，1590—1676）。
③ 指英国诗人、多塞特伯爵萨克维尔（Charles Sackville，1638—1706）。
④ 蒙哥马利（Alexander Montgomery，约1545—约1611）：苏格兰诗人。写有讽刺寓言诗《樱桃与黑刺李》等。

致乔·亨·刘易斯先生

我可以提防我的敌人,但是,请上帝把我从朋友那里救出来吧!

柯勒·贝尔

刘易斯先生好心地把她的信给我看了,他对此作了解释,说道:

看到她气得失去了理性,我写信劝她,说她不该对一篇评论的严肃和坦率提出责备。写这篇评论肯定是出于真正的赞美和真正的友谊;甚至在它的反对意见下面也可以听到朋友的声音。

下面是她的回信:

致乔·亨·刘易斯先生

一八五〇年一月十九日

亲爱的先生:我将告诉你,为什么看了《爱丁堡》上的评论我那么不高兴。并不是因为它的批评尖锐或者它的责备有时候严厉,并不是因为它的赞美有限(因为,我确实认为,凡是我应得的赞美你都已经给了我了),而是因为我已经诚恳地说过,我希望评论家把我看作一个**作者**,而不是一个女人,但是你却那么粗鲁地——我甚至认为是那么残酷地——处理了这个性别问题。也许你并无恶意,为了你说不定认为是无足轻重的小事,为什么我会如此伤心,可能你现在无法理解,但是我确实是既伤心,又愤慨。

有一两段你完全不应该写。

然而,我并不因此就对你有了恶感;我了解你的性格;你的性格并不坏,也并不是不善良。尽管你常常会严重地伤害某些感情,而且对于那种感情的畏缩和颤抖,你不可能同情。我想你是既热情又无情,正如你是又精明又粗心一样。你了解得多,发现得也多,但是你急于把一切都说出来,从不给你自己以时间来考虑考虑你那冒失的雄辩会怎样影响别人;尤其是,即使你知道了对别人有什么影响,你也不大在乎。

然而,我同你握手言和;你有一些突出的优点;你是能够做到宽宏大量的。现在我还觉得生气,而且认为自己有理由生气;但那是一种对粗鲁行为而不是对恶劣行为生气。——对你怀着某种敬意,然而怀着更多恼恨的

柯勒·贝尔

正如刘易斯先生说的,"这封信的语气是骑士式的"。但是我感谢他让我公布勃朗特小姐心灵中如此有特色的一面。当时,她的健康状况也不好。我不知道最近是什么样的沉重心情在困扰着我,(她用从内心的忧伤中挤出来的悲惨的词句写道)在使我的官能变得迟钝,使休息变成厌倦,使工作变成负担。房子里的寂静,房间里的孤独,时不时沉重地压抑着我,我觉得难以忍受。其他感觉都消退了,而回忆却依然活跃,强烈,鲜明。我把这种状况一部分归咎于天气。水银在暴风雨和刮大风时总是降得很低的,在这以前我曾经从身体上的虚弱感觉和精神上的深沉忧郁中预料到了天气即将起变化,这就是有人说的**预感**——确实是预感,但并不是超自然的。……在送信的时间来到以前,我禁不住感到期望的激动,等到一天又一天,什么信也收不到时,我的情绪低沉了。这是一种愚蠢的、可耻的、无聊的状况。我对自己的这种依赖心理和愚蠢想法感到很苦恼。但是形单影只地一个人待着,有了小小的不快和失望也没有人可以诉说,可以让你在大笑中

把它们忘掉，这对心情是很不好的。如果我能写信，也许我身体会好些，但我一行字也写不出。然而（靠上帝保佑），我要同这种愚蠢搏斗。

有一天我收到某某一封信。其中有些东西惹恼了我，特别是一种毫无必要的真诚保证，说尽管我在写作这一行里做了那些事，我还是受到她的尊敬。我立即狠狠地、振振有词地写了回信。我说，在这个问题上我丝毫没有怀疑，我没有对她，也没有对自己做出什么不公正的事，能够使她认为拙作中有什么东西可以叫人理应不再尊敬我⋯⋯

几天以前，发生了一件小事，奇妙地感动了我。爸爸把一包信件和纸交到我手里——对我说那是妈妈的，我可以看看。我怀着无法形容的心情看了。纸已经年久发黄了，全都是在我出生以前写的。现在第一次看这些生养我的心灵的那个心灵的记录，我感到奇怪。发现那是个真正美好、纯洁和高尚的心灵，确实感到非常奇怪，又悲哀又亲切。其中，有难以描述的正直、文雅、坚毅、谦逊、理智和温柔。我真希望她还活着，希望我了解她。⋯⋯整个二月，我心情沉重。我没法摆脱或者超越某种悲痛的回忆，尽管我深信不疑，那些人现在是幸福的，但我还是老是回忆起他们最后几天的情景，他们的痛苦和我牢牢记住的那些话语。在晚上和上床时这些想法就袭上我的心头，带来令人困乏的心痛。

读者也许记得她以前记下来的一个奇异的预言性幻象，那是在一八四〇年她的一个学生去世时写的：

不管我在人间的哪个地方寻找，都无法找到她，正如无法找到二十年前枯萎的一朵花或者一片叶子那样。这样失去亲人，使人能体会到，眼看周围的朋友一个个相继离去、只剩下自己孤零零地走完人生旅途的那些人是什么心情。

有些人身体生来健康，没有
"Ricordarsi di tempo felice
Nella miseria——" ①

没有缓缓来临然而影响持久的悲痛来折磨他们的精神，甚至这些人在孤独中也会灰心丧气，食欲不振。勃朗特小姐身体孱弱单薄，早年就受到焦虑忧郁的考验，现在又剩下她一个人来面对她的生活，自然更其如此了！由于勃朗特先生年事已高，而且在家里已长期习惯于一个人工作，所以他的女儿一天大部分时间都是一个人待着。自从他那次发了重病以后，他一直一个人吃饭。她严格按照对他最适合的食谱给他做的饭食，由她亲自送到他房间里去。饭后，她给他念一小时左右的书，因为他的视力太差，不能长时间自己看。他每天有一大部分时间在户外，到他的教民中间去；往往待得过久，超出了他体力允许的范围。然而他却喜欢单独去，因此，眼见他到他的教区里最远的村子里去，要走那么多路，她就爱怜地担心个没完。有几次，他回来时筋疲力尽，只好上床去，他伤心地问自己，以前的体力都到哪里去了。他的意志还跟以前一样强。凡是他决心做的事，不管多么劳累，都要做到；可是他的女儿见他这样不顾自己和自己的健康，却不由得更加担心起来。

牧师住宅里晚上睡觉的时间很早。现在家里是八点钟祷告。祷告完毕，勃朗特先生和老泰比就上床，玛莎不久也去睡觉。可是夏洛蒂即使去睡也睡不着——在她那孤独的床上无法休息。她就待着不睡——这是很有诱惑力的——待到很晚，再晚一点，努力找些什么事

---

① 意大利语：在不幸中回忆幸福的时刻。

做做,来打发这寂寞的夜晚,直到她那双视力很差的眼睛疲劳得再也看不下去或者缝不下去,而且只能在孤独中为已离开人间的故人哭泣的时候为止。世界上谁也想象不出那对她来说是些什么样的时刻。在她的童年时代,迷信的仆人们把北方所有可怕的迷信都灌输给她。现在这一切都回到她这里来了——她倒并不怕死者的鬼魂,而且强烈地渴望再一次面对只有她能感觉到的姐妹们的灵魂。看来仿佛凭着她那渴望的力量就能强迫它们出现似的。在狂风呼号的夜晚,房子里似乎到处都是哭叫、抽泣和悲叹,好像是挣扎着硬要到她这里的亲人们发出来的。《简·爱》中有一段,说简·爱在她一生中的重大关键时刻,听到了远在许多许多英里以外罗切斯特叫她的声音。有人跟勃朗特小姐谈话时,有一次当着我的面对这一段提出异议。她吸了一口气,低声说:"但这是真的事情;真的发生过的。"我不知道她回答时想起的是什么事。

有的读者甚至已经隐隐约约地想象出她这时候的生活,那孤独的白天,不眠的夜晚,他也许还能想象出她的神经紧张到怎样敏感的程度,而且这种状态肯定会怎样影响她的健康。

有一件事对她来说倒并不坏,那就是,大约在这一时期,形形色色的人开始到哈沃斯来,如果不是出自一种比好奇更宽大的同情,希望来看看是否能为这样一个痛苦很深的人效劳或者使她高兴起来,那么,就是怀着好奇心,要看看《谢利》中描写的景色。

在这些人中间有詹姆斯·凯·沙特尔沃思爵士和凯·沙特尔沃思夫人。他们的房子在哈沃斯上面的荒原顶上,和哈沃斯之间的距离,如果乌鸦飞的话是十来英里,那么走大路就要远得多。但是,按照那个居民稀少的地区对"邻居"这个词的含义,只要他们愿意,是可以称为邻居的。因此,詹姆斯爵士和他的妻子在三月初的一个早上驱车来访问勃朗特小姐和她的父亲。告别前,他们热诚邀请她到高索普府去访问他们。高索普府是他们那所坐落在东兰开夏边界上的住宅。她犹豫不决,而在别人提议让她换换环境,去和另一些人交往时,她的父亲总是一心急于要她去。这次他也催促她,她便同意了。总的说来,这次访问很愉快,尽管她害羞,而且在陌生人向她表示了好意而她觉得自己无法回报的情况下,她总是难以接受别人的友好表示。

使她感到很大乐趣的是:驾车到比较古老的山冈和树林中去看古老的废墟和古老的宅邸;在谈话对他合适而又不使我感到压抑和筋疲力尽时,在那古色古香的镶有橡木护壁板的休憩室里的古老壁炉边谈话。那所房子也适合我的口味,有将近三个世纪的历史,是灰色的,庄严而又美丽如画。总的看来,现在已经访问完毕,我并不为作了这次访问而感到后悔。最糟的是,我面临一些威胁,那就是在这个季节里会邀请我去伦敦看望他们。有些人会觉得这是一大乐事,而我却觉得完全是件可怕的事情。去,可以扩大眼界,我高度珍视这方面的有利条件;但是,一想到我必须用精神上的痛苦和身体上的折磨来付出代价,就不寒而栗了。

在她写上面这封信的同一天,还给史密斯先生写了下面这封信:

一八五〇年三月十六日

H先生的信我已仔细看过,在此寄还给你。我作了很大的努力,要想理解他所说的关于艺术的一切;然而,老实说,我的努力取得的是不完全的成功。在这一点上,评论家之间通行一种隐语,我无论在身体上还是在精神上都无法从中看到胜利的曙光。然而,有一件事我看得很清楚,那就是,柯勒·贝尔先生需要改进,而且应该努力做到这一点。而这事(如果上帝允许的话)正是他真心诚意准备做的——然而是从从容容地做,而且遵循着"自然"和"真理"指引的道路。如果这能导致评论家所谓的艺术,那么,这一切都无可厚非。但如果不是这样,那么,这个 desideratum① 就根本没有可能被追求或者捉住。令人困惑的是,在南方人反对我描述北方的生活和风习的同时,约克郡人和兰开夏人却赞同。他们说,正是这种粗暴的性格同高度矫揉造作的教养之间的鲜明对比形成了他们的一个主要特点。这种特点,或者十分类似的特点,是我最近出门时在一些古老的东兰开夏家族的成员身上观察到的。他们的宅邸就坐落在这两个郡之间层峦叠嶂的边界上。于是就产生了这样一个问题:最了解这一点的究竟是伦敦的评论家呢还是年老的北方士绅们?

只要能让我按照耶稣会的原则保留自己的想法,让我在只有忘却才是上策时忘却和许诺,那么,我是会心甘情愿许下你要的任何有关这些书的诺言的。也许,一般人认为《潘登尼斯》②的最后两三部分不够激动人心,但是我却很喜欢。故事虽然有些拖拉,但是(对我来说)却兴趣未减。有些地方我们感到那支笔是由一只劳累的手握着写的,作者由于刚生过病或者另外什么原因心情有点急躁和压抑。可是萨克雷证明了他在精疲力竭时比别的作家在精力充沛时还要伟大。读者当然对他的疲劳不会同情,对他的灵感减退也不会原谅;可是各处都还有一些真诚的读者,看到这个人在没有心情写作时还不得不写,一方面感到悲哀,另一方面,看到他在这种情况下还是写得那么好,又感到惊异。毫无疑问,那一包包的书只有在铁路职员高兴运送时——或者在哈沃斯的邮递员一再低声下气地要求以后才运来——在那以前,我一直怀着适当的耐心和听天由命的心

---

① 拉丁语:迫切要求得到的东西。
② 《潘登尼斯》:萨克雷于一八五〇年出版的一部长篇小说。

情等待着，驯顺地留意着《笨拙》①友好地在"没有保护的女性"内向《英国妇女》栏提供的积极自助的榜样。

我前面已经说过，出版商借给她的书是她莫大的安慰和乐趣。她打开科恩希尔寄来的包裹，总是怀着极大兴趣，但也感到痛苦。因为，她在解开绳子，一本又一本地把书拿出来时，难免会想起另一些人，她们以前在这类情况下，曾经急切地在一旁观看着。"我怀念那些熟悉的、快活而高兴地评论着的声音；房间里似乎很静——很空；但是想到爸爸会喜欢其中一些书，就感到还有一点安慰。完全没有人分享的快乐几乎不能算快乐；没有趣味。"她接着评论了寄给她的那类书。

> 我不知道你怎么能选择得这么好；我决不可能作出这样的选择。我肯定，不管我为自己选择什么，都不会像别人如此亲切、如此明智地为我作的选择这样使我满意。再说，如果我事先知道寄来的是什么，那么，它就会显得比较平淡了。我宁可事先不知道。

特别受欢迎的书中有《骚塞的生平》②《法国妇女》③、赫兹里特④的《散文集》、爱默生⑤的《代表人物》；但是，在全部都是好书的情况下，特别举出几本，似乎会引起反感。……我拿起第

---

① 《笨拙》(Punch, or the London Charivari)：英国带有插图的趣味性周刊。创始于一八四一年。
② 《骚塞的生平》：骚塞之子查尔斯·C.骚塞所编的一本书。全名是《罗伯特·骚塞的生平与书信》。
③ 《法国妇女》：英国女作家朱莉亚·卡万纳(Julia Kavanagh, 1824—1877)所著的一本书。全名是《十八世纪法国妇女》。
④ 赫兹里特(William Hazlitt, 1778—1830)：英国散文作家、文艺批评家。
⑤ 爱默生(Ralph Waldo Emerson, 1803—1882)：美国散文作家、诗人，先验主义作家的代表。

二本小书，司各特①的《对妇女教育的几点建议》。这本书我也是怀着纯粹的乐趣阅读的。这本书很好；论点公正，表达得明白而恰当。这一代姑娘们有很多有利条件。我觉得她们在学习知识和陶冶心灵方面受到了许多鼓励。现在，妇女们可以富于思想和博览群书，而不被大家污蔑为"女学究"或者"书呆子"。在她们力图学得聪明时，男人们已经不再嘲笑或者阻拦，而是开始赞同和给予帮助。至于我自己，我必须说，不管什么时候有幸同一个真正才智出众的人交谈，我并不感到我的那点儿知识被认为是多余的和离题的，而是感到我的知识不够，不能满足别人应有的期望。我总是解释说："你不能指望我有多么深的造诣；有些东西你以为是通过阅读和研究才得到的，其实主要是自发的和本能的。"……人会凭着本能反对某些人（甚至聪明人）的教导。那些人也许有一些造诣，也许可以夸耀见识广博，阅历丰富，但是，如果缺少或者没有比较敏锐的洞察力和感情的比较微妙的方面，那么，其余的那一切又有什么用呢？相信我，一些值得重视的暗示能来自质朴的源泉，来自文化修养虽然不高，但天生敏锐和高雅的头脑，来自和善的、富于同情而毫无嫉妒的心灵。与此同时，夸耀而大声说出的高深的言词却可能是空洞、愚蠢而且可鄙的。到现在为止，还没有什么人是"靠了希腊文登上帕那萨斯②的"，或者教别人登这座山的……

　　附上一张纸条，请你看看。纸条已到了我手中，写纸条的人还不知道。他是本村一个穷苦的工人——一个爱好思考、爱好读书而且富于同情心的人。他的头脑对他身体来说过于敏锐，使身

---

① 指亚历山大·J.司各特（Alexander J. Scott）。
② 帕那萨斯（Parnassus）：希腊中部的山，传说为太阳神和文艺女神们居住的地方。

体垮了下来。我有生以来至多只同他说过三次话，因为他不信奉国教，而且我很少遇到他。纸条上写的是关于《简·爱》的读后感；写得朴实、热诚、真挚和宽容。你看过以后，务请归还给我，因为我把这看得比地位高的人的意见还要宝贵。他说："勃朗特小姐如果知道纸条是我写的，准会瞧不起我。"但是事实上，勃朗特小姐并没有瞧不起他；她只是感到可悲，想出这张纸条上的内容的头脑竟一再被穷困那铅一样沉重的手摧毁，被体弱多病折磨，被人口众多的家庭的负担压垮。

至于《泰晤士报》，你说得对，它的评论之刻毒已在一定程度上证明是它自己的解毒药，要写得更有说服力，那就得更公正一些。我想它在北方这里没有多少影响。也许是即使作出什么令人生气的评论，这些评论也不会传到我的耳朵里。但肯定的是，我没有听到什么对《谢利》的批评，而我却不止一次被别人表示的热情赞扬深深感动。我觉得多谈这些事是不聪明的。但是我必须允许自己说一次，许多约克郡人为这件事感到的极大自豪激起了我的感激心情，而且应该得到我的感激——特别是因为，这使我的父亲在晚年能从中获得有益身心的欢乐。那些副牧师，可怜的家伙，没有表示怨恨；他们每一个人都在教友中自鸣得意，从中颇有特色地为自己的创伤找到了安慰。多恩先生起初有点烦恼；有一两个星期感到不安，但是他现在已经平静了下来。昨天我还高兴地给他沏了一杯热气腾腾的茶，看着他重又洋洋得意地一口一口地喝着。奇怪的是，自从他看了《谢利》以后，反而到这里来得比以前更勤了，而且特别显得温顺和殷勤，要使我们高兴。有些人的性格真是像谜一样。我原来一心以为至少会同他狠狠地吵一架；可是竟然还没有这一类事情发生。

第二十章

这一年春天的头两个月,哈沃斯很不利于健康。天气潮湿,低热流行,牧师住宅里的人和他们的邻居们都在生病。夏洛蒂说:"我已经感到了它(热度),经常口渴,又经常食欲不振;爸爸,甚至玛莎,也都这样抱怨。"身体不好引起情绪不好,她越来越怕同詹姆斯·凯·沙特尔沃思爵士和他的夫人一起去作那次预定到伦敦去的旅行。"我知道会有怎样的结果和怎样的痛苦,我将会怎样地经常感到沮丧,我会变得怎样消瘦和憔悴。但是,逃避受苦的人绝不会赢得胜利。如果我想有所进步那我就非努力和忍受不可。……詹姆斯先生以前当过医生,用医生的眼睛看着我;他一眼就看出,我经不起多少劳累,也不能同许多陌生人见面。我相信,他有一点了解,我体内剩下的活力会很快就处于低潮;但是没有一个人能透过事物的外表看到更多的东西,甚至连医道最好的医生也不行。心知道它自己的痛苦,躯体知道它自己的虚弱,头脑知道它自己的斗争。爸爸急躁不安,要我去;一想到拒绝,他就非常难过。"

但是,在这家人家,生病的感觉却越来越强烈了。教堂墓地就在旁边,那里"铺满了雨水染黑的墓碑",这即使没有引起一些症状,也很可能使症状加重。四月二十九日,她写道:

这一个星期,我们在哈沃斯过得真是糟糕。爸爸身体仍然很差;早上常常觉得很不舒服,我以前说过,这是他的支气管炎发作加剧的一个症状。除非他身体大有好转,否则我决不想离开他去伦敦。玛莎正好同你一样,患了 tic-douloureux[①],恶心,而且有热度。我患了重感冒,喉咙痛老是不好。总之,除了老泰比以外,人人都有病。某某在这里时,他说突然头痛起来,他走了以后的那天晚上我也有这种感觉,很不舒服——持续了大约有三个小时。

两星期以后,她写道:

我想爸爸身体还不够好,我不能离开他,因此就请詹姆斯·凯·沙特尔沃思爵士和他的夫人径自回伦敦,我不去了。按照原先安排,我们一路上要在他们的几个亲戚朋友家耽搁一下;整个旅程要花一个星期或者再多一点。我不能说,错过这次考验我感到后悔。我宁可在烧红的犁头中间行走也不愿去;但是我确实为我将错过的一次盛大宴会感到后悔。下一个星期三,皇家文学基金会将在共济会堂举行周年纪念的宴会。秘书奥克塔维恩·布卢伊特给了我一张女宾楼座的票子。我将可以看到聚集在楼下大厅里的所有的大文学家和大艺术家,听他们说话。萨克雷和狄更斯总是同大家一起参加的。现在不行了。我想整个伦敦再也不能给我提供一次如此有趣的场面了。

然而,过了不久,她为了事务关系,不得不去伦敦一次;因为詹姆斯·凯·沙特尔沃思爵士有病留在乡下,她就接受了史密斯太太的邀请,在她办理事务期间,悄悄地住在她家。

在放弃第一个计划、争取第二个计划之间,她写了下面这封信给文学界的朋友中的一个很受敬重的人[②]:

五月二十二日

我原来想亲自把《领袖》和《雅典尼恩》带来,免得邮寄,

---

① 法语:疼痛性痉挛。
② 指史密斯—埃尔德公司的主要编辑之一詹姆斯·泰勒。

但是结果却相反,我的伦敦之行又一次推迟了,这一次却是无限期的推迟。原因是詹姆斯·凯·沙特尔沃思爵士的健康状况,这个原因我想是不可能很快就消除的。……于是,我再一次在哈沃斯牧师住宅的寂静中安定下来,把书作为家中良伴,把偶尔收到的信作为来访的客人。这是个喑哑的社会,但是没有争执,没有庸俗,也没有停滞不前。

我答应让自己享受一个乐趣,那就是,问你几个有关《领袖》的问题,这份报纸确实是一份有其独特方式的有趣的报纸。除了别的问题以外,我要问问你某几位撰稿人的真名,并且要问问你,刘易斯除了《生活的学徒》以外,还写过些什么。我总认为以《文学》为题的那篇文章是他写的。《公开会议》那一部分中有些通讯是古怪的作品;但是我觉得应该接受它们。这份报纸的体系岂不完全都是新奇的?我记得以前没有看到过同它一模一样的报纸。

我今天早上刚收到你的信;谢谢你把评论附来。五月的阳光激发了你对自由和闲暇的渴望,这引起了我的同情。我看,在暖和的春天和夏天,科恩希尔对于它的居民来说并不比监牢好多少。在这种宜人的天气里,你们都在伏案苦干,这叫我想想都觉得可怜。至于我,我可以自由自在地在荒原上散步。可是我一个人走到那里,一切都会使我想起另外两个人同我一起散步的时刻,于是荒原就变得像一片荒野,毫无特色,凄凉而令人悲伤。我妹妹艾米莉特别喜爱荒原;没有一座石楠丛生的小丘,没有一株羊齿,没有一片越橘的嫩叶,没有一只鼓翅的百灵鸟或红雀不使我想起她。远景是安妮喜爱的景色,我环顾四周时,她就在那蔚蓝的色彩、白茫茫的雾气、天边的波浪和阴影之中。在那山乡的寂静里,她们的诗歌一行行、一节节地来到我的脑海里。以前，我一度热爱那些诗歌；如今我却不敢吟诵，我常常忍不住希望能饮一口遗忘的美酒，把只要头脑存在就永远不可能忘却的许多的东西都忘个干净。许多人似乎怀着忧伤的自满心情回忆他们已故的亲人，我认为这些人没有看到他们缠绵病榻的过程，也没看到他们弥留时的情景；正是这些回忆，夜里站在你的床边，早晨从你的枕边升起。然而，在一切之后还有伟大的希望。现在永生属于她们了。

在这一时期，她不得不写许多信给那些把自己的著作寄赠给她的作者，以及那些向她表示敬慕的陌生人。下面的回信是写给后面这一种人的，那是在剑桥的一个青年：

一八五○年五月二十三日

为了一种"感情的真挚，为了一种心灵的真诚朴实的冲动"而道歉确实是没有必要的。你正是在这种真挚和冲动的驱使下写了我现在正在简短回复的这封信。

我写的东西能够被富于同情的心和高雅的才智接受，对我来说当然是"很有意义"的。我的作品（它们是作品）能在任何友好的手上，或在某个宽容的心灵里受到庇护、欣赏和纵容，那对我来说无疑是非常重要的。很欢迎你把简、卡罗琳和谢利当作你的姐妹。我相信，在她们的义兄感到寂寞的时刻，她们会常常同他谈话；在他忧伤的时刻，她们会常常安慰他。如果她们不能在一个体贴的、同情的心灵里安顿下来，在那个心灵的昏暗中发出一种令人高兴的、其乐融融的光芒，那就是她们的过错。如果是那样，那么，她们就不像应该的那么和善，那么宽厚，那么**真实**。如果她们**能够**做到这一点，而且能够在人们心中找到家庭的圣台，她们就会实现创作时的最好意图，从而在那里保持着温暖而不灼人的、明亮而不耀眼的亲切的火焰。

你在她们身上找到的乐趣有一部分是来源于你自己的青年时期的诗意，而不是来源于她们的魔力，这又有什么关系呢？也许十年以后，你回忆起你目前的想法，会觉得好笑，而且会从另外的角度来看待"柯勒·贝尔"和他的作品，那又怎样呢？对于我来说，这并没有贬低你现在的感觉的价值。青年时期有它自己的浪漫，成熟时期有它的智慧，正如早晨和春天有它们的清新，中午和夏天有它们的力量，夜晚和冬天有它们的平静。各种特点在各自的季节里都是好的。你的信给我带来了快乐，为此我向你表示感谢。

柯勒·贝尔

勃朗特小姐在六月初去伦敦，逗留期间，过得很愉快。根据前去以前的协议，她很少同人们见面。而且把访问时间限于两个星期以内，因为怕稍一激动，她那敏感的身体就免不了会发烧，弄得筋疲力尽。

六月十二日

自从上次给你写信以后，我没有多少时间可以由自己支配，除非是非休息不可的那些时间。不过，总的说来，我到现在为止身体一直很好，也远远不像上次那样筋疲力尽。

我当然没法在一封信里给你写一份说明我的时间如何度过的正规记录。我只能把我认为主要的三件事说一说——在皇家礼拜堂见到了威灵顿公爵（他是个真正的尊贵长者）；去参观了下议院（这情况我希望以后见到你时再描述给你听）；最后一件，但不是最不重要的一件，是会见了萨克雷先生。他早上来看我，坐了两个多小时。自始至终只有史密斯先生一个人在房间里。他事后把这次会见形容为一个"奇怪的场面"，我想是这样。这位巨人坐在我面前，要我谈谈他的缺点（当然是文学上的）。缺点一个又一个地来到我的脑海里，我一个又一个地讲出来，希望他作一些解释和辩护。他确实为自己辩护了，就像一个伟大的土耳其人和异教徒那样地辩护。那就是说，找的借口往往比过错本身还要糟。这件事在体面的和好气氛中结束；如果一切顺利的话，我今天晚上要到他家里去吃饭。

我还看到了刘易斯先生。……我忍不住对他感到一半忧伤，一半亲切——后面那一半是个奇怪的说法，但我不得不用它，因为刘易斯的容貌几乎使我感动得流泪。他的容貌酷似艾米莉——她的眼睛，她的五官，那个鼻子，那张有点凸出的嘴，那个额头——有时连表情都像。不管刘易斯说什么，我相信我都不会恨他。我还看到了另一种相似，这使我感到悲哀。你可记得我说起过一位K小姐①，一位年轻的女作家，她靠写作来维持她母亲的生活？听说她希望见到我，我昨天就去访问了她。……她一半坦率一半颤抖地迎接我。我们一起坐下，我同她谈了五分钟，她的脸就不再陌生了，而是熟悉得可悲，每一处都像玛莎②。我将找个时间再去看看她。……我想在这里至多再待一个星期，可是一个星期以后我还不能回家，因为哈沃斯的房子现在正好拆掉屋顶——不修不行了。

---

① 指英国女作家朱莉亚·卡万纳。
② 她年轻时的朋友，在布鲁塞尔去世。——作者注

就在那一天，六月十二日，她给玛莎写了下面这封信。我把这些信抄在这里，感到特别高兴，因为它们表明了她那女人气质特别强的性格。这些信被小心地保存了下来，而且受到恭敬的对待，这种小心和恭敬可以用来证明拉罗什福科①的著名箴言是错误的。夏洛蒂·勃朗特在她的女仆玛莎心目中，正如在最熟悉她的人的心目中一样，是位女英雄。

一八五〇年六月十五日②于伦敦

亲爱的玛莎：

我答应过给你写信，虽然各种各样的许多约会使我直到现在才能实现诺言，但是我并没有忘记。

今天早上收到爸爸的信，从信里看来，你现在正忙于拆屋顶。我万分焦急地望望多云的天空，希望而且相信在屋顶盖好以前不会下雨。

你和玛莎·雷德曼要小心，别去搬重东西，免得压伤背脊。也别莽莽撞撞跑到风里去，不戴帽子就出去，或者由于别的什么原因生病。我很想知道你怎样为自己和泰比安排住处。

你可不能指望我详细描写伦敦，因为那要花很多时间，而我只有几分钟可写信。我只说一下，这是一个像巴比伦一样的地方，现在特别欢乐热闹，因为正处于所谓的伦敦社交季节的高潮，所有高雅的人们都在这里。几天前的晚上看歌剧时，见到许多贵族老爷和太太小姐，除了衣服华丽以外，我认为他们并不比别人好多少或者坏多少。

如果有时间的话，你写回信时，可以写几行，告诉我爸爸怎

---

① 拉罗什福科（François de La Rochefoucakld，1613—1680）：法国作家，著有《箴言集》。可能有一句箴言大意是："仆人眼中无英雄。"待查。
② 此处日期和上面一段所写不一致，原文如此。

么样,你和泰比怎么样,房子修得怎么样,以及某某好吗。

问候泰比和玛莎·雷德曼。

亲爱的玛莎,我是

你的真诚的朋友

夏·勃朗特

不久,她就跟在这封信后面,来到收信的那位朋友那里。但是她只逗留了很短一个时期,因为,根据离开伦敦以前决定的计划,还要去爱丁堡,同在伦敦招待她住的那些朋友会合。她在苏格兰只住了几天,这几天主要在爱丁堡度过,她喜欢这座城市,相比起来,伦敦成了一个"沉闷的地方"。

我在苏格兰逗留的时间很短,(她在几个星期以后写道)我看到的主要是爱丁堡同它周围一带,阿博茨福德①和梅尔罗斯②,因为我不得不放弃我最早的要从格拉斯哥去奥班,再从奥班穿过一部分高地的打算。不过,虽然时间短,看的景物有限,我却看到了那个地方。那里的人们和那里的环境都有一种魅力,我认为在那短短的时间里体味到的愉快,同在伦敦待一个月所能得到的相比,在程度上尽管相同,而在质量上却有过之而无不及。拿爱丁堡同伦敦相比就像拿一页生动的历史同一大堆政治经济学的枯燥论文相比;至于梅尔罗斯和阿博茨福德,这两个地名本身就听来悦耳,具有魔力。

---

① 阿博茨福德:英国作家司各特的家乡。一八一一年他购下农庄,把它改建为豪华的哥特式府第,其中有他的珍贵藏书、全家相片和历史遗物。
② 梅尔罗斯:苏格兰的一个小城镇。七世纪时附近建有高隆班隐修院,后被毁。一八二二年由司各特主持修复。苏格兰民族英雄罗伯特一世的心脏葬于隐修院圣坛。

在一封给另一个和她通信的人的信中,她又写道:

我不愿一到家就给你写信,因为每次回到这所古老的房子里,总有一种感觉,最好是悄悄地等这种感觉过去之后再开始写信。为期六周的变换环境和欢乐已经过去了,但它们并没有消失。记忆力在每一件事发生时都给它画了一张速写,特别是我在苏格兰度过的两天,那是用清晰的银版照相记录下来的。这是非常愉快的两天。苏格兰作为一个概念,我是一向喜欢的,现在作为现实,我更加喜欢。它给了我一些欢乐的时刻——几乎比得上我以前度过的任何一个欢乐的时刻。不过,别担心,我不会用描写来使你厌烦的;你以前一定看到过有关这一切的精练而愉快的报导,要是我再补充,那就会是多余的了。我目前想做的是,回忆一下我的想法,剪去它们的翅膀,训练它们遵守正确的纪律,强迫它们安定下来做一些有用的工作。它们是闲散的,老是乘着火车上伦敦,或者突然越过边境①——它们特别喜欢作后面这种旅行。事实上,凡是见过有岩石卧狮的爱丁堡的人,谁不会在醒着或睡觉时再次梦见它呢?我告诉你,你那伟大的伦敦,同"我自己的浪漫城市"——暗褐色的爱丁堡相比,就像散文同诗歌相比,或者像一部音调铿锵、散漫沉闷的宏伟史诗同一首纤巧明快、闪电般富有生气的抒情短诗相比。你没有像司各特纪念塔那样的东西,或者即使有的话,也不会集华美建筑之大成。你不会有像亚瑟王②宝座那样的东西,尤其是,你不会有苏格兰的民族性格。归根到底,正是它那了不起的性格把真正的魅力和真正的伟

---

① 指英格兰和苏格兰之间的边境。
② 亚瑟王(Arthur);传说中的英国古代历史人物。他的事迹在民间流传很广,后来成为西欧骑士文学的重要题材。

大赋予了这个地方。

她从苏格兰回来时，又同她的朋友们在一起住了几天，然后才回哈沃斯。

七月十五日

我平安地回到家里，很高兴没有什么不可逾越的障碍使我再耽搁一天。就在布里奇豪斯山脚下，我遇到了约翰——手里拿了一根拐杖。他幸好看到我在马车里，便停下来告诉我，他是按勃朗特先生的吩咐出发去 B 地，看看我的情况的，因为爸爸收到某某小姐的信以后一直很苦恼。我到家时发现爸爸弄得自己又紧张、又激动、又惊慌，甚至到了悲伤的程度。玛莎和泰比也显然同他一样。……房子看上去很干净，我想，不再潮湿了；但还是有许多事要做，要收拾和安排，这足够叫我不愉快地忙上一个时期。看到爸爸身体很好，我真感到欣慰，可是我担心他刚开始出现了一点感冒的症状。我的感冒还在好转。……我到家时，发现报上有一篇文章在等待着我，我觉得这篇文章很有趣。这是一份在我住在伦敦期间出版的报纸，附上，供你一笑。它自称是一个嫉妒女作者的作者写的。我不知道他是谁，但他准是我遇到过的人当中的一个。……那"丑陋的男人"给自己摆上一副"罗切斯特的架子"，这句俏皮话不坏，有些被他讽刺的人是不会喜欢它的。

勃朗特小姐在伦敦逗留期间，被人说服坐下来让里奇蒙画肖像。那是一张色粉画——我觉得这是一张出色的肖像画。当然，对这一点是有不同意见的；跟往常一样，同本人最熟悉的人最认为不像。勃朗特先生认为它看上去比夏洛蒂老,而且她的五官没有美化;但是他承认表情画得出色,栩栩如生。对于肖像到达时的情景,她对赠与人作了如下的有趣的描述:

八月一日

给我的小盒子同给爸爸的大盒子同时到达。当你第一次告诉我,已经给公爵的画配好镜框,把它送给我时,我就因为你做了这样一件职责以外的工作,而有点生你的气。但是现在,我再次看到它,却不能不承认,你这样做是想得很巧妙的。那正是他的形象,就如爸爸看到时说的,几乎一点也不像普通的肖像。不仅表情,而且连头形都不同,要高贵得多。我把这幅肖像视为珍宝。看来,给我把包裹留下来的那位女士是戈尔太太[1]。包裹里有她的一部作品《汉密尔顿》,还有一封非常客气、非常友好的信,我发现她在信中把我称为"亲爱的简"。爸爸似乎很喜欢这幅肖像[2],就同少数看到这幅肖像的人一样。只有一个人例外,那就是我们的老用人,她坚持说画得不像,说显得太苍老;她也同样一口咬定说威灵顿公爵那张画是"主人"(指爸爸)的一幅肖像,可见她的意见是无足轻重的。毫无疑问,她是把回忆中小时候的我同目前的印象混在一起了。请代我向你的母亲和姐妹致以最亲切的问候。我是并不感谢你的(按照你的希望)

夏·勃朗特

像勃朗特先生和他的女儿这样两个人在一起生活,几乎完全是相依为命,而且深深地互相爱着(虽然并没有明显表示出来)。不难想

---

[1] 戈尔(Catherine Grace Frances Gore,1799—1861):英国小说家、剧作家。
[2] 指夏洛蒂的肖像。

象，这家人家的这最后两个成员有时会互相为对方的健康焦急不安。我看到的她的信，没有一封不写到她父亲的健康状况。有时他身体好，她只是真诚地为此感谢上帝；有时老年的病痛折磨着他，她提一下这件事就避开不再细谈，仿佛避开不能触摸的痛处一样。他呢，也注意着他唯一剩下的孩子的每个病痛，把病想得过分严重，有时过于担心，甚至到了苦恼的程度，正像她提到的那次一样。那时，她的朋友在一封信里告诉他，他女儿患了重感冒，他就再也安不下心来，直到派了一个送信人拄着拐杖走上十四英里路，一定要他亲眼看看她究竟怎样，并且回去向他报告。

她明显地感觉到，不管她什么时候生病，父亲和她朋友的这种很自然的担心，都加剧了她自己的神经性的沮丧心情。下面这封信里，她表示了自己的强烈希望，要对方尽可能少提她的健康问题。

八月七日

我真遗憾，让你提到的那些话从我嘴里漏了出来，因为这些话使你感到不安。但是，把一切焦急不安的阴影从你的头脑里驱逐出去吧。除非你受不了那样的拘束，不然的话，你就允许我再次恳求你，以后千万别再同我谈这个问题了。正是别人那种毫不掩饰的、最折磨人的焦急不安，使一些念头和预料在我的头脑里固定了下来，这些念头和预料不管在哪里生根，就在哪里像溃疡一般蔓延开来。宗教也好，哲学也好，有时对此都完全无能为力。屈从它们可说是一种残酷可怕的命运——确实是一个在一把用马鬃吊着的宝剑底下生活的人的命运①。我不得不恳求爸爸考

---

① 希腊民间传说中锡拉丘斯古国国王狄奥尼修斯的廷臣达摩克利斯常说国王多福，国王狄奥尼修斯却命令他坐在一把以马鬃吊着的剑下，让他明白国王多危。

虑这一点。我的神经系统不久就受到了影响。我希望它能保持合理的力量和冷静。但是,要这样做,我就必须坚决地拒绝听那些虽然出于好心,却过于使人厌烦的担心的话,因为那担心的事是否会出现是不可能由我负责的。目前,我身体很好。感谢上帝!我相信,爸爸的身体也不比以前差,但是他却抱怨说虚弱无力。

第二十一章

她父亲看到她在变换环境以后得到了益处，所以总是急于尽可能给她找这样的机会，尽管她事先不愿意离开家和父亲。詹姆斯·凯·沙特尔沃思爵士在鲍内斯那一带买了一所房子，他们邀请她在这年八月去住一个星期。但是她说："我不大情愿地答应了，主要是为了让爸爸高兴，我要是拒绝的话，他会很生气的；可是我不想离开他。他相信自己身体并不比从前差，但他还是说虚弱无力。如果预料会发生不幸，并且总是忧心忡忡地等待它的来临，那是不对的。可是我认为，悲痛是一把双面开刃的利剑，两边都能伤人——回忆一个损失就等于预料另一个损失。"

正是在布赖里作这次访问期间，我第一次认识了勃朗特小姐。凯·沙特尔沃思夫人一番好意邀请我到那里去同她见面。这以后不久，我写了一封信给一个对她的作品很感兴趣的朋友①。如果把这封信抄录一部分，比起我把自己当时说的话扩展成更长的一段描写来，也许能更加真实、更加新鲜地表达我的第一个印象：

我到达温德美尔车站时，天已经黑了。乘马车沿着平坦的大路到劳伍德；然后在一所漂亮的房子跟前停下，走进一间漂亮的客厅。詹姆斯·凯·沙特尔沃思爵士、他的夫人和一位身穿黑绸衣服的矮小的女士待在客厅里。由于灯光亮得耀眼，一开始我没有看到那位女士；她马上过来和我握手。我上楼去脱掉帽子，等等；然后下楼来吃茶点。这位矮小的女士只顾忙着，几乎不说话，但是我有时间好好看看她。她（正如她自己说的）**没有长足**，瘦骨嶙峋，至少比我矮半个头；柔软的棕色头发，颜色并不很深；眼睛（很好看而且富于表情，笔直而坦率地看着你）同她的头发一样的颜色；一张大嘴；额头方方的，宽阔而有点突出。她的声音很甜；在选择词句时有点犹豫，但一旦选定后，就好像并不费力，而且正好适合当时的场合，没有什么过于紧张的地方，而且非常朴实。……吃过早饭以后，我们四个人出去游湖，勃朗特小姐同我意见一致，喜欢纽曼先生的《灵魂》，喜欢《现代画家》②，对《七盏灯》③和我有同样的看法。她非常文静、精确和形象地给我讲了纽曼神父在小礼拜堂的讲道。……她在风度上比任何人都更像某某小姐④——如果你能想象出，某某小姐忍受的痛苦已经使她连一丝欢乐的心情都没有了，而且因为过惯了极其孤独寂寞的生活变得害羞而沉默了。我以前从来没听说过像勃朗特小姐过的这样的生活。某某⑤向我描述过她的情况，说那是在一个由灰色石头房子组成的村子里。那个村子就坐落在一个凄凉的荒原的北坡上，俯瞰着连绵不断的凄凉的荒原，等等，等等。

我们在一起只待了三天。大部分时间是驾车四处游览，让勃朗特小姐看看威斯特摩兰的景色，因为她以前没有去过那里。我们两个都应邀到福克斯·豪去安安静静地喝茶，这时我看到，她到陌生人中间去所作的努力给她的神经带来了很大压力。事先我们知道参加的人数不会超过十二个，但是，晚上她却为此事担心，以致整天都感到剧烈的头痛。

布赖里院高高地坐落在劳伍德上方，在那里当然可以看到更辽阔的景色和更宽广的天际。使我感到惊异的是，勃朗特小姐仔

---

① 指凯瑟琳·温克沃思。
② 《现代画家》：英国艺术批评家约翰·罗斯金(John Ruskin, 1819—1900)的一部美学著作。
③ 指罗斯金于一八四九年发表的美学论文《建筑上的七盏灯》。七盏灯指牺牲、真实、魄力、美、生活、记忆、服从七大美学原则。
④ 指盖斯凯尔夫人的朋友福克斯小姐。
⑤ 指詹姆斯爵士夫人。

细地观看云朵的形状和天空的迹象，从中看出即将来临的天气如何，就像看书一样。我告诉她说，我猜想她在家里一定也能看到同样辽阔的景色。她说我猜对了，但是哈沃斯那里的景色完全是另一种性质的。还说我不会知道对于任何一个生活在孤独之中的人来说，天空会变成怎样一个伴侣——比世界上任何一个无生命的东西更好——比荒原本身更好。

下面这些摘录可以让我们看到她自己对这次访问的印象和感觉：

> 你说过我不应该在威斯特摩兰只待一个星期，现在你应该更了解我了。在一个地方闲逛，远远超过我原先确定的时间，这难道是我的习惯吗？我已经回家了，我很高兴地说，爸爸的身体似乎——至少可以这么说——并不比我离开他时差，但我还是希望他能更强壮一些。我这次访问很好地结束了，我很高兴我去了。风景当然是壮丽的，如果我能在那些小山中**单独**四处逛逛，就能尽情饱览那里的全部景色。即使跟别人一起坐在马车里欣赏一番，也很好。詹姆斯爵士自始至终是尽可能地亲切和友好，他身体好多了。……马蒂诺小姐不在家，在游湖季节，她总要离开她在安布赛德的家，躲开大批拥来的客人，否则的话，准有那么多客人来看她。
>
> 只要我能不让人看见溜下马车，在那些壮丽的小山和可爱的山谷中一个人走开去，那我一定会从这绚丽多彩的景色中充分汲取力量。跟别人在一起，这就很难办到了。有时，当某某要我留意艺术家阶层的缺点时，游荡的艺术家本能却一直在听他说这话的人的心里忙碌着。
>
> 我忘了告诉你，大约在我去威斯特摩兰以前一个星期左右，

我接到去哈登农庄的邀请，我当然拒绝了。过了两三天，有一大群人上这里来，其中包括F太太、另外几位女士和两位绅士——其中一位高高的，挺神气，黑头发，黑颊须，原来他就是约翰·曼纳斯勋爵。另一位相貌不像他那么突出，腼腆而有点古怪，他是斯特兰福德勋爵的儿子斯迈思先生。我发现F太太在风度和仪表方面都是个真正的夫人，非常文雅而且朴实。约翰·曼纳斯勋爵手里提着一对松鸡，送给爸爸，这是个很合时宜的礼物。正好在一两天以前，爸爸想吃松鸡。

除了这些摘录以外，我还得从这个时期的另外一封信里摘引一些。那封信是写给伍某某小姐的。伍某某小姐是她少年时代和成年以后的好朋友。伍某某小姐邀请她到自己的村舍里去住两个星期。

> 一八五〇年九月二十七日，哈沃斯
>
> 当我告诉你我在这个季节已经到湖区去过，而且回来才一个月的时候，你一定会明白，我无法接受你的盛情邀请了。我倒希望能够上你那里去。但是我已经出去游览过了，只好作罢。詹姆斯·凯·沙特尔沃思爵士住在威斯特摩兰附近的一所叫作"布赖里"的房子里，我今年八月就是在那里住了短短一个时期。他出于好意带我看了那一带的风景，**只是从马车上看到的一些**，我看出湖区的乡村是个绚丽多彩的地区，我只有在醒着和睡着时的梦境中才看到过，坐在马车上寻找美景，我觉得肯定不合我口味。一辆运货车，一辆弹簧货车，甚至一辆驿车都还可以；而马车却把一切都搞糟了。我巴不得能不让人看见，溜下车来，在小山和山谷中一个人跑开去。漂泊和游荡的本能折磨着我，我只得控制住，或者不如说是硬压下去，生怕流露出任何程度的热情，引起

人们对"母狮"①——女作家的注意。

你说你猜我现在一定认识了不少人。不,我不能说认识了不少人。我怀疑自己是否有这个愿望或者这个能力。我希望有少数几个朋友,而且这几个朋友我希望能够熟悉。如果这种熟悉能够带来相应的尊敬,那我就会禁不住把我的感情集中在他们身上。我认为,放荡似乎是稀释的同义词。然而,我几乎还没有经受过考验。今年春天,在伦敦度过的那一个月里,我一直很安静,老是怕结交名流。我只出去参加过一次宴会,出席过一次晚会;而且只访问过詹姆斯·凯·沙特尔沃思和我的出版商。我不想离开这个原则;就我所看到的,不加选择的访问只能是浪费时间,并且使性格庸俗化。况且,也不该常常离开爸爸;他今年七十五岁了,老年的疾病开始渐渐在他身上出现。整个夏天,他被慢性支气管炎折磨得很苦,但是我高兴地说,现在他好一点了。我觉得自己的健康从变换环境和运动中得到了好处。

在 D 地有人自称有权说:"勃朗特小姐在伦敦时,星期日没有去做礼拜,平时到处去参加舞会、看戏、看歌剧,就这样来打发她的时间。"另一方面,伦敦一些爱管闲事的人却把我的足不出户说成一件稀奇的事,杜撰出二十个浪漫故事来说明它。以前我常常是兴致勃勃地听传闻的,而且深信不疑;可是我现在却听而不闻,而且抱怀疑态度;经验告诉我,传闻中的故事是多么毫无根据。

我现在得从我有幸收到的她的第一封来信里摘引几段。这封信是八月二十七日写的。

---

① 指有名气的女人。

爸爸和我刚吃完茶点；他现在正静悄悄地坐在他的房间里，而我坐在自己的房间里。"一阵阵暴风雨"在花园和墓地上空掠过，荒原却隐没在浓雾里。我虽然只是孑然一人，但并不感到不愉快；我有上千件事可以感到欣慰，其中一件就是：今天早上我收到了你的信，今天晚上有幸给你写回信。

我不知道《西德尼·泰勒传》这本书，什么时候有机会我将买一本。你说的那本法国小书，也将被列入要尽早购买的书的单子中。对于这本书论述的题目，所有女人——也许特别是未婚女人，都会感到兴趣的。不过，像你这样的母亲是为了女儿才去研究的。《威斯敏斯特评论》这本杂志我并不经常阅读，但是不久以前我拿到一期——我想是今年的一月号吧——里面有一篇题目叫《女人的使命》（这是陈词滥调），内容有许多部分我觉得是中肯有理的。男人们对女人地位的看法开始和以前不同了，有少数男人富于细腻的同情心，又有强烈的正义感，思考和谈论这个问题时，态度之坦率，使我不由得不赞赏。不过，他们说我们境况的改善要靠我们自己，这在一定程度上是对的。肯定有一些弊病最好由我们自己来努力解决。但同样肯定的是，另外还有些弊病深深扎根于社会制度的基础之中，那却是我们的努力无法触及的，对此，我们不能抱怨，最好不要过多地去想它。

我已经读过丁尼生[①]的《悼念》，或者不如说其中的一部分——我看了将近一半就把书合上了。这首诗很美，很哀伤，很单调。表达的许多感情带有真实的印记；但是，如果阿瑟·哈勒姆[②]同艾尔弗雷德·丁尼生关系更密切——是他的兄弟而不是他的

[①] 丁尼生（Alfred Tennyson，1809—1892）：英国诗人。
[②] 阿瑟·哈勒姆（Arthur Henry Hallam，1811—1833）：英国散文家、诗人。是丁尼生的挚友。丁尼生于一八五○年发表的哲理诗《悼念》是为悼念他而写的。

朋友——那么，我就会对这首有韵律的、印刷出来的悲哀的记录产生怀疑。时间的流逝会起什么作用，我不知道，但在我看来，深沉的悲哀在新近出现时是不会用诗句流露出来的。

我答应过把华兹华斯的《序曲》寄给你，所以今天寄出了。另一本小书将在一两天以后寄出。不管你什么时候有空写信，我都高兴听你的消息，**但是无论如何一定要在想写的时候和有空的时候写**。如果你是觉得有责任写，那么收到这样的信，我是不会感谢你的。

我们在布赖里见面以后不久，她给我寄来了柯勒·贝尔、埃利斯·贝尔和阿克顿·贝尔的那本诗集；附在包裹中的那封信是这样谈这些诗的：

这本小诗集是为了实现一个匆忙许下的诺言才寄出的。许下这个诺言是为了免得你浪费四个先令买一件不值得买的东西。我不喜欢这部作品中我自己的那一部分，也不在乎别人是否读它。我认为埃利斯·贝尔的那部分写得好而且有力，而阿克顿的却有真实和朴素的优点。我的那部分主要是少年时代的作品，一个不能平静的心灵的不安而兴奋的产物。在那些日子里，海动不动就"汹涌澎湃"，杂草、沙泥、木片会在一片混乱中翻腾上来。这个题目用这个比喻是过于夸张了，但请你原谅。

大约在这个时期，还有一封九月五日写给一位文学界的朋友的信，很是有趣：

《雅典尼恩》的出现很受欢迎，这不只是因为它自身的缘故,——虽然我认为能有机会阅读这本杂志是个特权,——而且是因为作为朋友们每周一次的怀念的标志,它给人带来愉快和欢乐。我只是担心经常邮寄会变成你的一个负担;在这种情况下,请立即停寄吧。

我这次去苏格兰,的确过得很愉快,但是这个地区的面貌我看得不多——没有看到它的更壮丽或更优美的景色;而爱丁堡、梅尔罗斯、阿博茨福德——这三个地方本身就足以激起深深的兴趣和赞美,在当时和以后,我都并不因为没有更广阔的空间让我充分欣赏而感到遗憾。已经有足够的空间和景色的变化使我感到非常高兴了。有句谚语说:"知足常乐。"女王和她的丈夫、孩子爬上亚瑟王的宝座,那确实是做得对的。我们爬到顶上,大家都坐下来俯瞰着城市——看看大海、利思、彭特兰山,当时的感觉我不会很快就忘掉。毫无疑问,你一定会因为自己是个苏格兰人而感到自豪——为你的家乡、它的首府、它的孩子和它的文学而感到自豪。你无可指摘。

《帕拉斯[①]神像》上的那篇文章是那些能使作者既高兴又发抖的书评之一。使他高兴的是:看到自己的作品受到很好的、充分的、热情的赞赏,使他发抖的是:这种赞赏给他加上了一种责任。有人劝我再等着看看——如果这是上帝的意志,我将这样做。然而,要捆住双手,要观察力和思考力都默默地、不被人察觉地活动,这样等待却要比机械地劳动困难得多。

对于有关《呼啸山庄》的评论我有什么感受,这无须明说。这些评论激起了最悲哀然而又是最感激的心情。它们是正确的、有识别力的、充满了迟来的正义感的,但是来得很迟——唉!在某种意义上来说,**太**迟了。然而,多说这些话,多说为一个过早

---

① 帕拉斯:希腊神话中智慧女神雅典娜的别名之一。

熄灭的光亮感到遗憾的痛苦,并不是明智的。不管这篇文章的作者是谁,我都将对他感激不尽。

可是你看,甚至在这里,和《简·爱》相比,《谢利》是被贬低了。可是我在《谢利》这本书上下了很大的功夫。我并没有匆忙地写;我是尽力而为了,而且我自己觉得,它并不比前一部作品差。的确,我在这本书上花了更多的时间、思考和焦虑。但是它的大部分是在正在逼近的灾难的阴影下写的,而且,我不能否认,最后一卷,是在焦急不安地要同几乎无法忍受的精神上的痛苦进行搏斗的心情中写的。

你从科恩希尔寄来的邮包,其中一个附寄了一本塞缪尔·布朗写的悲剧《伽利略·伽里莱①》;我记得,其中有几段写得非常之美。不管你什么时候再寄书来(但这必须在我把手头的书还给你以后),如果你能在这些书中加一本《阿诺德博士传》,那我一定很高兴。你还知道《西德尼·泰勒传》吗?我连这个名字都不熟悉,但这本书被作为值得一读的书介绍给我。当然,在我举出任何书的时候,这总是要理解为应该在方便的时候才寄。

---

① 伽利略·伽里莱(Galileo Galilei, 1564—1642):意大利物理学家、天文学家。

第二十二章

　　大约就在这个时期，夏洛蒂认为最好让两个妹妹的作品《呼啸山庄》和《艾格妮丝·格雷》重新出版，于是，就着手编辑这两本书。

　　一八五〇年九月二十九日她写信给威廉斯先生说：我想写几句关于《呼啸山庄》的评语，建议作为一篇简短的前言放在故事前面。我还强迫自己再把这本书从头到尾读一遍，这是我在妹妹去世后第一次打开这本书。小说的力量又使我赞叹不已，但是我感到抑郁；它几乎不让读者尝到不掺杂其他感情的欢乐。每一束阳光都是从险恶的乌云间倾注下来的；每一页都充满了精神上的闪电；而这一切作者却并没有意识到——没有什么能使她意识到。

　　这引起我思考——也许我也看不到我自己风格中的缺点和怪癖。

　　如果寄校样不太麻烦的话，我想在校样上修订一下。我觉得最好把老用人约瑟夫的话的发音改一改；因为，原来的发音尽管能使约克人听来觉得约克方言顺耳，但是我肯定南方人听不懂，这样，书中最形象化的人物之一，对他们来说就失去了作用。

　　我很伤心地说，我没有两个妹妹中任何一个的肖像。

　　她在给自己的好朋友，给一个既认识又喜爱她两个妹妹的人写信时，就更加充分地写了她做这件工作时的痛苦。

　　一切平安，我现在按你的希望在给你写信，只是告诉你我**现在**很忙。史密斯先生希望重印艾米莉和安妮的作品，根据她们留下的文稿作几个小小的补充。我一直忙于修订、抄写，准备前言、短评等等。由于做这工作的时间有限，我只得勤奋地干。一开始我觉得这是一件非常痛苦和令人沮丧的差事；但是把这看作一种**神圣的责任**，我就坚持了下去，现在已能更好地工作了。然而，这工作我不能在晚上做，如果在晚上做，那我夜里就睡不着觉。我高兴地说，爸爸身体好一点了，我想我也是这样，相信你也一样。

我刚收到马蒂诺小姐的一封亲切的信。她已经回到安布赛德。听说我去了湖区，她为不在家表示遗憾，等等。

我对自己感到又气愤又惊异，因为我精神不振——因为还没有对我命中注定的孤独寂寞和与世隔绝觉得习惯，或者至少是甘于忍受。但我最近这项工作的结果是，有几天，而且事实上一直到现在，都感到很痛苦。阅读文稿，勾起回忆，又带来了失去亲人的悲痛，还造成了几乎无法忍受的情绪低沉。有一两夜，我简直不知道该怎样挨到天明；而到了早晨，我还是一直有一种令人难受的忧伤。我告诉你这些事情，是因为要设法摆脱这种状况，这是绝对必要的。请你原谅我，不要为这件事操心，也不要以为我的实际情况比我说的还要差。这完全是一种精神上的疾病，我相信而且希望现在有了好转。我想是这样，因为我能谈论这种情况了，这在我最悲伤的时候是办不到的。

一个人待在家里时，我想从写信中得到消遣和乐趣，但迄今为止，我的努力却是徒然的。我丝毫没有兴致。也许，你会劝我出门散散心；可是，即使我能安心地再离开爸爸（感谢上帝，他身体好一点了），那也没有用。我从伦敦、苏格兰等地回来以后度过的是怎样一段时间，那是无法描述的。有一种反作用使我的心情低沉到了最低点。那死一般的寂静、孤独、凄凉真太可怕。渴望和志同道合的人在一起，又没有摆脱困境的希望，这都是我怕再产生的感觉。

亲爱的某某，我想到你时是怀着同情和亲切的心情，这种心情几乎无法使我高兴起来。恐怕你在精神上也太孤独,太空虚。这似乎是我们的命运,至少目前如此。愿上帝赐恩,帮我们忍受吧!

在她最后一次去伦敦时,正如她在有一封信中所说的,她认识了和她通信的刘易斯先生。那位先生说:

> (《爱丁堡》上刊出了关于《谢利》的书评)几个月以后,柯勒·贝尔来到伦敦,我接到邀请,到你家去跟她见面。你也许记得,她要你不要把我指给她看,而要让她自己在可能的范围内来发现我。她**确实**是差不多在我一走进房间时就认出了我。你也用同样方式考验了我;我的眼光就没有那么敏锐。不过,那天晚上,我大部分时间是坐在她的身边,很感兴趣地听她说话。告别时,我们握了手,她说:"我们现在是朋友了,对不?""这么说,我们以前并不一直是朋友啰?"我问。"不是!并不一直是朋友,"她意味深长地说;这是她唯一的一次暗示那篇使她生气的文章。我借给她几本巴尔扎克①的和乔治·桑的小说,让她带到乡下去;下面这封信是她还书时写的:

> 我相信,你一定认为我很拖拉,迟迟不把你好心借给我的书还给你。事实是,我还有几本书要寄,为了要寄在同一个包裹里,所以把你的书就耽搁下来了。
>
> 这些书让我在愉快的阅读中度过一些时刻,为此,请接受我的感谢。对我来说,巴尔扎克是个完全陌生的作家;在通过《莫黛斯特·米蓉》和《幻灭》熟悉他时,我有点感到兴趣了,这是

---

① 巴尔扎克(Honoré de Balzac,1799—1850):法国作家。

你不能怀疑的。一开始，我以为他会写得过于细腻，叫人难受，而且过于拖沓，使人害怕。他在把他的人物聚集在舞台上时，作了冗长的细节描写，他缓慢地展示无关紧要的环境，对于这些描写，读者会感到不耐烦。可是，我似乎渐渐看出了他那技巧的奥妙，满怀喜悦地发现他的力量所在。力量不正是在于主题的分析，在于细致地洞察最隐蔽、最秘密的心理活动吗？不过，尽管我们赞赏巴尔扎克，但是我想，我们并不喜欢他。我们对他的感情犹如对一个并不和蔼的熟人那样，这种熟人老是把我们的缺点暴露在强光之下，而很少举出我们较好的品质。

确实，我还是比较喜欢乔治·桑。

尽管她往往是个爱好幻想的、狂热的、不切实际的热心人——尽管她对人生的许多看法都不符合实际情况——尽管她容易被自己的感情引入歧途——但是乔治·桑的天性要比巴尔扎克先生的好；她的头脑更宽广，她的心灵更热情。《一个航海者的书信》充满了作者本人的特点。我从来没有像在阅读这部作品时这样强烈地感到：她的大部分缺点是来自她那过分的优秀品质。正是这种过分的优秀品质往往使她陷入困境，使她长期感到遗憾。

但是我相信，像她那种心灵，灾难性的经历可以使她得到教训，但并不能使她变得软弱，也不能使她过于沮丧。在这种情况下，她活得越久，就能变得越好。她的所有作品中都有一个很有希望的特点，那就是很少虚伪的法国感情——但愿我能说一点也没有。但是，这里那里有一些这种杂草，甚至《书信》中也不例外。

我记得，勃朗特小姐在同我谈起巴尔扎克的某几部小说时用了一个恰当的表示厌恶的说法："它们给我嘴巴里留下了一个不好的滋味。"

读者会注意到，我现在引用的大部分书信都是评论和文学方面的。这些确实是她这时的主要兴趣。修订她妹妹的作品，写一篇关于她们的短短的回忆录，这些是她在一八五〇年那个沉闷的秋季每天从事的痛苦工作。她那忧伤的回忆过于忧伤，使她厌倦不堪，她就在荒原上长距离散步，从中寻找安慰。《每日新闻》上出现了一篇洋洋洒洒的文章：《柯勒·贝尔之死》，她的一个朋友在给我的信中谈了这件事，还给我讲了个趣闻，不妨在这里引一下。

他们搞错了，说她身体太弱，再也没法到小山上去漫游，呼吸新鲜空气了。我想，在这个地区里没有一个人，当然没有一个女人，会像她这样经常地在天气许可的情况下到荒原上去。她确实习惯于这样做，甚至连住在很远的公地边上的人们都很熟悉她。我记得有一次，一个老妇人远远望见她，就大声叫道："嘿！勃朗特小姐！你看见我的小牛吗？"勃朗特小姐说她说不上来，因为她不认识那头牛。"啊！"那老妇人说，"你知道，它现在长大了，比母牛小一点，比小牛大一点——你知道，就是我们所说的牛犊，勃朗特小姐，你回去的时候要是碰巧看到它，就把它赶到这儿来，好吗，勃朗特小姐？**就这样**，勃朗特小姐。"

一定也是在这一时期，她的一些邻居由他们的一个共同的朋友介绍，到她家去做客。有一封信里描写了这次访问，我在征得同意以后，从这封信里摘引几段，读者可以从中看到她家附近的乡村特点和其他环境给他们留下的印象：虽然天下着蒙蒙细雨，我们还是决定去作这次计划已久的哈沃斯之行，所以我们裹上了水牛皮，坐上了双轮马车，在十一点钟左右出发。雨停了，天气和景色正好相配——荒凉而寒冷——大堆大堆的乌云笼罩在荒原上，这里那里有一片阳光悄悄从云间溜下来，带着魔幻般的朦胧光芒落在某个处于高处的荒村上；或者射进某个深深的幽谷，照亮了高高的烟囱，或者在谷底的窗玻璃上和磨坊的湿屋顶上闪闪发亮。我们走进哈沃斯时，乡村变得越来越荒凉。最后四英里路我们是在一个大荒原上往上走，荒原顶上就是那阴郁的、看上去黑黝黝的哈沃斯村。村里的那条街本身就是我见过的最陡的小山之一，石子路颠得可怕，如果可能的话，我倒宁可走下马车，同W一起步行。可是一旦往上走了，那就不可能停步。顶上就是我们在里面逗留的那家客店，紧挨着教堂。人家告诉我们，牧师的住宅就在墓地顶上。所以我们就穿过墓地——那真是个阴郁而又阴郁的地方，真可以说是用给雨淋黑的墓碑**铺**成的，而且全部是在斜坡上。因为在哈沃斯，最高的高地上还有更高的高地，勃朗特先生住的房子比教堂还要高得多。房子就耸立在我们面前，一所小小的、长方形的石头房子，没有一棵树来替它挡住彻骨的寒风。可是，我们不知道该怎么从墓地里走到房子跟前去！墓地里有一个老人在坟墓上沉思，像个盗尸者似的，脸上露出一种可怕的狂喜神情。我认为他看上去不大像个人；但他却是个人，给我们指了路，不一会儿，我们就到了那间没有多少家具的小客厅里。不久，门开了，进来一条年老体衰的猛犬，后面跟了一位同勃朗特小姐面貌很像的老绅士。他跟我们握了手，然后去叫他女儿。去了很久，这段时候，我们逗弄那条老狗，看看里奇蒙画的勃朗特小姐的肖像，这是房间里唯一的装饰，在光秃秃的墙上显得突兀，好像放得不是地方。我们再看看小书架上的书，其中大部分是勃朗特小姐出名以后作家们送她的礼物。不一会儿，她进来了，很亲切地向我们表示欢迎，把我带到楼上，帮我脱掉帽子，亲自给我端来水和毛巾。没铺地毯的石楼梯和地板，用木架支起来的旧五斗柜都干净整洁，一尘不染。我们回到客厅里以后，开始非常舒适地交谈。这时门打开了，勃朗特先生朝里面望了望。他看到女儿已在里面，我想，他认为没事了，便走到过道对面他的书房里去，过了一会儿又进来，给 W 带来一张乡下报纸。这是我们离开以前他最后一次出现。勃朗特小姐以最大的热情谈论马蒂诺小姐和她从马蒂诺小姐那里得到的益处。啊！我们谈了各种各样的事情，人们的性格——她的孤独，等等，等等，一直谈到她离开房间，我想她是去帮着准备午餐的，因为她去了很久才回来。那条老狗不见了；一条胖胖的鬈毛狗来陪了我们一会儿，但是最后表示想要出去，所以我们就孤零零地留在客厅里。她终于回来了，女仆端着午餐跟在后面，这使我们大家都觉得比较自在了。我们非常愉快地交谈，谈话中，时间过得比我们想的要快，因为最后 W 发现已经三点半了，而我们还要赶十四五英里的路呢。所以我们就匆匆地走了，走以前她答应在春天来看望我们，那位老绅士也从书房里出来向我们道别；我们回到小客店里，尽可能早地赶回家去。

勃朗特小姐使我想起了她自己的简·爱。她看上去比以前更矮小，轻轻地走来走去，不发出一点声音，就像一只小鸟，正如罗切斯特称呼她的。只有一点不同，那就是小鸟是欢乐的，而这所房子自从建造以来，欢乐还从来没有到里面去过。但是，也许在那位老人结婚以后，把新娘带回家，在房子里到处响着孩子的说话声和脚步声时，甚至连那荒凉的、拥挤的墓地和凛冽的寒风也不能使欢乐和希望消失。现在看到那个小人儿像住在坟墓里似的住在这样一个地方，像幽灵般走来走去，这不由得不使人感伤。尤其是想到那纤弱平静的身躯里包含着烈火一样的生命的活力的时候，这种活力是任何事物都不能使之冻结或消灭的。

在这之前的某一封信里，勃朗特小姐提起《帕拉斯神像》上发表的一篇文章，她认为这篇文章对她妹妹艾米莉的小说《呼啸山庄》作了恰如其分的赞扬。她自己的作品也受到了赞扬,而且是很有鉴赏力的赞扬,她为此十分感激。但是,别人对已故的人作出公正的评价,她那热情的心里对他充满了亲切的感情。她迫切地打听作者的名字;一发现那人是西德尼·多贝尔①,他就立即成为她的一个:

  死神使之可贵的奇特人物。

她兴致勃勃地阅读他写的每篇文章;不久,我们就发现他们互相通信了。

  致威·史·威廉斯先生
       十月二十五日

  那箱书是昨晚收到的,同往常一样,对所作的选择我只能感激地赞赏。杰弗里②的《散文选》《阿诺德博士传》《罗马人》③《阿尔顿·洛克》④,这些都是我所希望得到的,也是很受欢迎的。

  你怪我不把书留下;请原谅——我正在为自己的掠夺感到惭愧呢。我已经留下了麦考莱的《历史》⑤、华兹华斯的《序曲》和泰勒的《菲利浦·范·阿蒂维尔德》。最后这两本书——因为是诗歌——算不上什么,我用这句话来使自己觉得心安理得。这对我来说是个方便的原则:《罗马人》我也考虑按照这个原则办理,

---

① 西德尼·多贝尔(Sydney Thompson Dobell, 1824—1874):英国诗人。
② 杰弗里(Franis Jeffrey, 1773—1850):苏格兰律师、评论家、散文作家。
③ 《罗马人》是西德尼·多贝尔的一首长诗。
④ 《阿尔顿·洛克》:英国作家金斯莱(Charles Kingsley, 1819—1875)所著的长篇小说。
⑤ 麦考莱(Thomas Babington Macaulay, 1800—1859):英国作家。此处《历史》指他的《英格兰史》。

所以我相信在科恩希尔不会有人对这个原则产生怀疑，或者认为诗歌除了放在滞销书堆放处以外，会有什么价值。

我已经有了麦考莱的《散文集》，西德尼·史密斯①的《道德哲学演讲集》，以及《诺克斯②论种族》。我没看到过皮克林③写的这一题材的著作，利·亨特的《自传》我也一卷都没有见到过。不过，我现在有许多书，可以看一段时期。我非常喜欢赫兹里特的《散文》。

正如你所说，秋天天气很好。我、孤独和回忆，常常从荒原上秋天的阳光中获益。

《呼啸山庄》的校样还没有寄来，我有点失望。我迫不及待地想完成修订工作，这狂热的念头老是缠着我。做阅读文稿等等工作，心情不可能平静，思想也不可能不起变化，过于亲切的联想，过于痛苦的哀悼，都会从这中间跳出来。现在，科恩希尔寄来的书跟在这以前一样，是我最好的良药，——所提供的安慰是那些从一般图书馆里借来的书无法提供的。

我已经读了《罗马人》的大部分；其中某些段落具有真正的诗歌才可以夸耀的那种激动人心的优点；有一些真正伟大的形象；有些句子一下子就铭刻在读者脑子里。天上真的出现了一颗新的行星，使所有的星辰都似乎迅速消隐了吗？我相信是的，因为这位西德尼或多贝尔是用自己的声音说话的，而不是借用或模仿别人的声音。在《罗马人》的一些段落中，的确有时能听到丁尼生的声音，有时能听到拜伦的声音。但在这以后，你又有了一种新的曲调，——那在某一首短抒情诗里表现得再清楚也没有

---

① 西德尼·史密斯(Sydney Smith, 1771—1845)：英国作家。
② 诺克斯(Robert Knox, 1791—1862)：英国人种学家。著有《种族》。
③ 皮克林(William Pickering, 1796—1854)：英国出版家。

了，是在一次诗人的集会上唱的，好像是为一个已故的兄弟唱的挽歌；——**它**不仅使耳朵和头脑入迷，还能使心灵得到安慰。

读者会怀着兴趣阅读下面摘引的一段，从里面可以看到她在读了《阿诺德博士传》以后产生的一些想法：

十一月六日

我刚读完《阿诺德博士传》；但是现在，在我希望按照你的要求谈谈读后感时，却觉得这个工作不大容易做——似乎缺少恰当的词汇。这个性格不是说几句颂扬的话就能过去的；那不是一个只有一面的性格；用纯粹的颂词是不合适的。阿诺德博士(在我看来)并不完全是个圣人式的人物；他的伟大是在道德模子里铸出来的；他有点严格，几乎有点严厉；他激烈而且带几分敌意。他自己工作起来是最不知疲倦的，我不知道他是否能理解或者是否能原谅需要更多休息的性情。但是具有他那种工作能力的人，可以说两万个人当中连一个也没有；因此，我认为在工作的人当中要数他最伟大。在这一点上，他也是苛刻的；就算他是这样，而且有一点急躁、严峻和独断，这些也是他仅有的几个缺点(如果这确实能称为缺点的话，其实这丝毫不能贬低这个人自身的性格，而只能使他周围的人的比较差的天性感到压抑和过于紧张)。然后是他的优秀品质。这些品质是无可怀疑的。我们还能在哪里找到比他身上更充分，更纯粹的正义、坚定、独立、诚恳和真挚呢？

可是还不仅如此，我为此感到高兴。除了高度的才智和无瑕的正直以外，他的书信和他的生活都证实他具有最真挚的感情。**没有**这一点，不管人们会怎么赞扬，我们都不会爱他；但是，有了这一点，我想我们是很喜爱他的。有一百个这样的人——有五十个——不，有十个或者五个这样正直的人，那就能拯救任何一个国家，能支持任何一项事业获得胜利。

我还对他一生里几乎从不中断的幸福感到吃惊。毫无疑问，有这种幸福，主要是因为他正当地运用了上帝给予他的健康和力量，还有一部分是因为他奇怪地没有遭到大多数人都得忍受的深重的悲痛。他的妻子正好是他所想娶的那种人；他的孩子们身体壮实，前途光明；他自己也很健康；他从事的事业获得了成功；甚至他死的时候也死得爽快——因为，尽管临终时感到剧痛，但持续的时间却很短。从他在摇篮里的时候起，一直到进入坟墓，上帝的保佑似乎一直伴随着他。居然有人能这样度过一生，光是知道这一点，就足以叫人感到欣慰了。

今年八月我在威斯特摩兰时，在福克斯·豪度过一个黄昏，阿诺德太太和她几个女儿现在还住在那儿。我是在暮色苍茫中乘车到那里去的。到达以前，天就差不多黑了；但是我看得出周围的景色是可爱的。那所房子看上去像半埋在花儿和攀藤植物中间的一个窝巢。尽管天色昏暗，我还是感觉得到四周的幽谷、群山都美到了极点。

如果我把以前已经说过的话再说一遍，那也只是为了让我的读者对她这时的沉闷单调的生活一再加深印象。这一年的阴暗凄凉的季节又带来了使她难以度过的漫漫长夜，尤其是因为她那衰弱的视力使她除了在烛光下编结以外，不能再做其他任何工作。不仅为她自己，而且也为了她的父亲，她不得不努力消除已成习惯的沮丧情绪。因此，她接受了邀请，到安布赛德去同马蒂诺小姐一起住一个星期，或者十天。她还提出在去威斯特摩兰途中要到曼彻斯特来看我。但不幸的是，我出门去了，所以没法招待她。当时我住在英国南方的朋友家里，我因为没法接受她的友好提议表示了遗憾，我的朋友们听了，知道她身体差，情绪不佳，亟须变换一下环境，便写信请她来和我一起在他们家住一两个星期。她在给我的下面这封信里谈到了这次邀请：

一八五〇年十二月十三日

我亲爱的盖斯凯尔夫人：某某小姐和你的盛情邀请使我处于进退两难的境地，我不知道该怎样来表示我的感受。不过，这一点我是很清楚的，那就是，如果我**能**去同你一起在如此幽静的南方村舍里，同像你描写的如此和善的朋友住上一两个星期，那我是非常愿意的。我觉得这个建议完全符合我的口味；这是最愉快、最美好、最可爱的诱惑。但是，尽管这种诱惑使人快活，如果不经理智批准，是绝对不能向它屈服的，所以，目前我希望保持沉默，退缩不前，要等到我到马蒂诺小姐家去过，回到家里以后，再好好考虑这是不是个既使人愉快，又很妥当的计划。

在这期间，只要想一想这个建议，就对我有好处。

十二月十日，《呼啸山庄》第二版出版了。她寄了一本给多贝尔先生，附了下面这封信：

致多贝尔先生
一八五〇年十二月八日
于约克郡，基思利附近哈沃斯

我把这本小书赠给《帕拉斯神像》上那位评论我的作品的评论家，务必请他相信，伴随此书的是最诚挚的感激。这倒不是因为他说了什么关于我的话，而是因为他怀着崇高的公正态度评论了一个对于我和我自己一样亲密——也许更亲密的人。也许为她

说的一句好话引起的感激心情,比堆在我头上的颂词所引起的还要深刻,还要亲切。你看了那篇生平记略以后,就会知道,我妹妹不能亲自向你致谢,她已经走出了你我所在的天地,人间的谴责和赞扬现在对她都无所谓了。但是对我来说,为了她的缘故,谴责和赞扬还是有所谓的;尽管她早已作古,但是她的天才的作品却终于获得了可贵的赞赏,看到这一点,我精神振奋了好几天。

请告诉我,你读了那篇前言以后,心里对于《呼啸山庄》《威尔德菲尔府》的作者是谁等等问题是否还有怀疑,你那不信任的态度对我来说是有点不公正的。这证明了一般人都以为我有某种性格,其实,我如果把这称作自己的性格,我会感到很遗憾的。但是,我们在只凭作品来评判它的作者时,自然会产生这些错误的想法。为了公正起见,我也应该不承认过誉的那一面。我可不是什么"mediis in millibus①中的年轻彭特西利亚②",而是一个普普通通的乡村牧师的女儿。

再一次向你致谢,而且是全心全意地向你致谢。

夏·勃朗特

---

① 拉丁文:千军万马。
② 彭特西利亚(Penthroselia):古希腊传说中的亚马孙女王,曾在特洛伊战争中率领女兵与希腊人作战。 这个名字后来被用来指坚强的、爱发号施令的女人。

第二十三章

她妹妹的书重新出版以后,她马上到马蒂诺小姐家去了。

亲爱的埃某某,我现在可以给你写信了,因为我离开了家,由于换了空气和环境,至少暂时可以摆脱情绪低沉的沉重负担。坦白说,将近三个月以来,这种情绪使我的心简直沉到了地上。我将永远忘不了上一个秋季!有些白天和黑夜真是痛苦不堪,但是现在,已经把这告诉了你,我就不必再在这个题目上多谈什么了。我对寂寞感到的厌恶,已到了无以复加的地步;我对我妹妹的回忆鲜明得叫我无法忍受。现在我好一点了。我正在马蒂诺小姐家住一个星期。她家的房子里里外外都很雅致,一切都安排得又整洁又舒适。她的客人们可以享受到最大的自由,她自己要求的东西,她也给予他们。我按照自己习惯的时间起床,一个人吃早饭(她五时起身,洗个冷水澡,顶着星光散步,吃完早饭以后,七时开始工作)。〔关于马蒂诺小姐的时间,我必须在这里插入一个更正;事实上,马蒂诺小姐是六点钟起身,八点半去工作,早饭是同客人分开吃的,——正如她在给我的一封信里说的:"我习惯于在夏·勃坐下来吃早饭时去同她谈谈,**然后我才去工作。**"〕我在休憩室里度过上午——她在她的书房里。两点钟时我们再碰头——一起工作,谈话,散步,一直到五点钟,这是她进晚餐的时候。晚上也在一起,她滔滔不绝,畅所欲言,谈得非常坦率。十点敲过以后不久,我回我自己的房间,——她熬夜写信,一直到十二点。她似乎有无穷无尽的体力和精神,有不知疲倦的工作能力。她是个伟大而且善良的女人。当然并不是没有怪癖,但我还没看到她有什么怪癖使我觉得讨厌。她既严厉又热心,既直率又热情,既慷慨又专断。我相信她并没有意识到自己的独断独行。我告诉了她,她拼命否认;我只好对她笑笑。我相信她几乎可说是统治着安布赛德。有些绅士阶层的人不喜欢她,但较低的阶层却很尊重她。……我想我是希望在回家以前和你在一起度过两三天的;所以,如果对你不太麻烦的话,我将(如果符合上帝的意志)在星期一来,住到星期四。……我在这里做客确实很愉快。我见到许多人,大家都是那么友好,真叫人惊异。阿诺德博士一家也很友好。我喜欢马蒂诺小姐,到了言语无法表达的程度。

勃朗特小姐去作了她在这封信里提议的访问,但是只待了两三天。然后她就回家,又立即开始受到那老是跟她作对的、痛苦的、令人沮丧的头痛的折磨。因为她不得不忙于家务,这病痛就更加难以忍受。那时正好一个仆人生病,躺在床上,另一个仆人泰比已经八十多岁了。

这次去安布赛德做客,对勃朗特小姐很有裨益,给了她许多愉快的回忆,还使她在孤独生活中有一些新的有趣的事可干。她的信中多次提到马蒂诺小姐的性格和友好。

她肯定是个在智力和身体方面都有杰出天赋的女人;虽然我不大同意她的一些看法,而且认为她在某几点上判断错误,但我还是由衷地敬重她。她既有最高的思想修养,又能最利落地执行女人的职务,她把两者结合了起来,这使我惊叹不已,她那亲切友好的态度赢得了我的感激。……我认为她那些优秀崇高的品质超过了她的缺点。我习惯于把个人同他的(或她的)名声分开来,把实践和理论分开来,把天性同获得的见解分开来考虑。哈丽埃特·马蒂诺的人品、行为和性格激起了我最真挚的感情和尊敬。……你问我马蒂诺小姐是否把我变成了一个相信催眠术的人？不大可能；但是我听到过催眠术产生的奇迹，对于别人告诉我的话，我很难一点也不相信。我甚至亲自做了实验；虽然结果不十分清楚，但是可以推断：到时候我会证实一个出色的命题。我相信，马蒂诺小姐在她的一部即将问世的著作中，会毫无保留地讨论催眠术问题；我还有一些令人痛苦的预感，知道其中还会以什么方式涉及一些不大会引起猜测的其他命题。

马蒂诺小姐把下面这段有关勃朗特小姐提到的"亲自做的实验"的叙述寄给我："顺便说一句，对于拿夏·勃做催眠实验这件事，我不能负责。关于这一点，她执拗得出奇，因为只有我们两人，而且我对她的神经缺少信心，所以我根本是很不情愿地做给她看的。她一天又一天地要我给她催眠。我始终说，而且真诚地说，我太疲劳，做也不会成功，因为我们直到末了一天才有机会做。最后，在星期日晚上，我们在某个地方吃了一顿早茶点回家。我不能说自己太疲倦，而她呢又坚持要做。她一声大叫，说感觉到了，我马上就停下，我不想再做下去。"

承马蒂诺小姐的好意，她让我采用她记得的发生在这一时期的一两件轶事：

> 有一个特点也许会使你感到兴趣。是她那对威灵顿公爵的敬佩使我想起来的。有一天早上，我带去我的《历史概论》，给她看其中有关半岛战争那一章的第一页，说："告诉我，用这作为开头是否可以，等等。"我们站在炉火前，我给她念了那一页或者两

页,她抬起头来看看我,把手悄悄搁在我的手上。使我感到惊奇的是,泪水顺着她的脸颊淌了下来。她说:"哦!我真感谢你!哦!我们意见相同!哦!为了你对这个人作的公正评价,我感谢你。"我立即看出,在这件事情上有点崇拜的味道,但这是一种可爱的热情。……至于你问起的演讲,夏·勃那时坐在斜对着我的地方。那次演讲很长,我讲得兴致来了忘掉了时间。她从头到尾把眼睛盯着我,她的脖子一定疼得要命。人们散开时,她悄悄地走到我站着的小平台跟前,灯光照到她的眼睛里,她一再(模仿我的声音)说:"我的儿子死了吗?"(爱德华三世在克勒西战役①中在一个风车那里说的话。)我们一声不吭地回家(只有一点儿路)。到了休憩室,我做的第一件事就是点灯,第一道光就让我看到夏·勃正睁大了眼睛瞪着我,一再重复说:"我的儿子死了吗?"

夏·勃致伍某某小姐的信

你最近一封信表示了对阿诺德博士的如此真诚和恰当的敬佩,也许你听到下面的情况不会丝毫不感到兴趣:我在最近去访问马蒂诺小姐期间,常常看到福克斯·豪和那里面的居民,从那位最伟大、最优秀的人物之一的寡妇和孩子们身上,我每天都能看到一些最为可贵的、最讨人喜欢的品质,不由得不为之赞叹。至于那位好心的女主人本身,我再怎么评价也不会过分。尽管我对于她在哲学、政治或宗教方面的观点不能完全同意——不能接受她的理论——但我还是在她身上看到了一种价值和伟大,在她的行为中看到了一种坚定、仁慈和毅力,就是能赢得最真诚的尊

---

① 克勒西战役:英法百年战争中的一次大战役。于一三四六年发生在法国北部克勒西附近。英王爱德华三世统帅英军,用射程达三百步的弓箭射击由法王腓力六世指挥的法国重铠骑士,大胜法军,乘势包围加来港,于次年占领之。

敬和感情的那一种。她不是一个单凭她的著作就能对她作出判断的人，而是应该从她的行为和生活来判断的。再也没有什么比她的行为和生活更能作为榜样或者更加崇高的了。在我看来，她似乎是安布赛德的女恩人，然而又不以她那积极的、不知疲倦的慈善行为而居功自傲。她把家务管理得井井有条，令人惊叹。从写历史到最无足轻重的妇女的工作，她做的一切事情都做得很好。在她的统治下，任何粗心或疏忽都不容许存在，但她却又并不过于严格或者过于严厉地苛求；她的仆人和邻居不仅尊敬她，而且还喜爱她。

然而，我不应该犯这样一个错误，即仅仅因为看到她在智力方面的力量和精神方面的价值，现在心里留下了深刻印象，就过多地谈论她。她有缺点；但是这些缺点同她那些出色的优点相比，就显得微乎其微了。

关于 A 先生，你的叙述同 M 小姐的叙述正好完全相符。她也说平易随和（而不是独创性和力量）是他外部的特点。她把他描写成一个古时希腊的圣贤同现代欧洲的科学家的混合体。也许我只是因为任性才认为：在他那大理石的外表下有着迟钝的血管和一颗冰冷的、跳得缓慢的心。但他是个唯物主义者；他平静地否定我们对永生的希望，悄悄地把天堂和来世从人的未来中抹去。这就是为什么在我对他的感情中夹杂着一丝苦味。

你说的有关萨克雷先生的一切都很形象化，很有特点。他在我心里激起了悲哀和气愤。他为什么要过这样困苦的生活呢？他那讥讽的舌头为什么偏要这样任性地否认他情绪较好时的较好的感情呢？

有一段时期，她只要身体和心情还好，就写作《维莱特》；但她常常写不下去，而因此感到悲伤，生自己的气。在二月份，她写了下面这封信给史密斯先生：

> 你说起去伦敦的事；但这话听来像是梦话，幸好我不是非听从或者非回答不可。伦敦和夏天离我还有好几个月呢；现在我们整个荒原上还是白雪皑皑，红胸脯的小知更鸟每天早上都到窗口来讨面包屑吃。人们总不能在三四个月之前就订计划。何况，我还不配去伦敦；没有人比我更不配去换换环境或者受别人的款待。正好相反，我心里暗自思忖，我真该关进牢房里，每天一个人关在里面靠面包和水维持生命——甚至收不到一封从科恩希尔来的信——直到我写出一本书来为止。持续十二个月受到这样的对待，肯定能做出一两件事情来。要么是我关满十二个月出来时手里拿着一部三卷的手稿，要么是那时的智力使我从此以后再也不能在文学方面有什么作为或期望。

在这期间，马蒂诺小姐的《书信集》等等著作出版了，她为此感到不安和悲哀。她的心一直怀着痴迷和执着的信念向往来世，认为在那里，她可以同那些"亲爱的、暂时失去的"人们团聚，而这些著作却以奇特的力量和分量压倒了这颗心。

> 一八五一年二月十一日
>
> 亲爱的先生：你可曾读过马蒂诺小姐和阿特金森先生的新作《自然和人类发展书信集》？如果还没有，那是值得一读的。
>
> 这本书给我留下的印象，我不想多说。这是我读过的第一个公开承认无神论和唯物主义的论述，也是我看到过的第一个明确宣布不相信上帝或来世存在的声明。为了评判这样的论述和声

明，人们希望完全抛开它们引起的出自本能的恐惧，用不偏不倚的精神和镇定的心情来考虑。我觉得这很难做到。最奇怪的是，竟然要我们为这种没有希望的空虚感到欢欣鼓舞——把这种令人痛苦的损失看作伟大的收获——把这种无法言喻的孤寂当作一种快活的自由来欢迎。如果有谁愿意这么做的话，他**能**做到这一点吗？如果有谁能做到这一点，他**愿意**这么做吗？

至于我自己，我真诚地希望能知道真理；但是，如果这就是真理的话，那么，她很可能用神秘来保卫自己，用一层面纱把自己遮掩起来。如果这就是真理，那么，看到这真理的男人和女人就只能诅咒自己出生的日子了。不过，我已经说过，我不想细谈**我的**感想，我倒宁可听听别人是怎么想的，——想听听一个判断力不受感情歪曲的人的想法。那么，请不抱任何偏见地阅读这本书吧，坦率地把你的感想告诉我。我当然是说，如果有时间的话——而**不是没有时间硬挤时间去读**。

然而，许多评论家用来评论这本书的轻蔑口吻她却又觉得无法容忍。这比我认识她期间的其他任何事情都更加使她气愤。尽管这本书出版，她感到非常遗憾，但是她认为，这并不能使任何人有权嘲笑一个肯定不是出于世俗动机的行动。

你对马蒂诺小姐和她的书作了评论，我对评论的语气和精神颇为满意。我甚至为了她的利益擅自抄录了一两句，因为我知道这些句子会使她高兴。她喜欢受到同情和赞赏（所有值得同情和赞赏的人都是这样）；不少评论家评论她的著作时用了严厉和轻蔑的语气，你对这种语气表示讨厌，我完全同意你的看法。

在我撇下作者的文学观点回到女人的家务兴趣上来以前，我必须把她对《威尼斯的石头》①的感想抄录下来：

《威尼斯的石头》似乎是以高贵的方式安放和雕凿的。多么出色地揭示了一个巨大的大理石矿藏啊！我觉得罗斯金是当代少有的几个真正的作家之一，和写书匠不同。在某几段之中，他的诚挚甚至使我觉得有趣；因为功利主义者们见到他对艺术所抱的深沉的、严肃的(和**他们**认为的)狂热的尊敬，也许会感到愤怒和烦恼，一想到这个，我就忍不住大笑起来。你说他具有纯洁的、严谨的心灵，这确实在每一行文字里都显示了出来。他像一个献身为"抽象和理想工作的牧师"般地写作。

我将随身带着《威尼斯的石头》——大理石和花岗岩的基础，连同它们从中劈出来的那个宏伟的石矿一起；而且还要加上约翰·罗斯金先生的私人财产——少量的各类作品和格言。

随着春天来临，以前的那种低沉情绪又开始折磨她，"用一种日夜不断的梦魇把她压垮了"。她担心自己又像秋天那样消沉。为了避免出现这种情况，她说服了她那位老朋友和同学在三月份到她家来同住几个星期。有这位朋友做伴，使她得到很大的好处——一方面是因为在一起志趣相投，另一方面也是因为必须招待客人，让客人住得舒服，这样，自己就不可能多去沉思默想。这时，勃朗特小姐说："经常离开家，去暂时逃避压抑，而不是去面对着它，同它搏斗，战胜它或者被它战胜，这是不行的。"

现在我要引用她的一封信，这封信在时间先后上是故意放错的。

---

① 《威尼斯的石头》：英国艺术批评家约翰·罗斯金的一部著作。

我引用它，不仅是因为这与她遇到的第三次求婚有关，而且因为我发觉有人以为，她既然在小说中以非凡的力量表现了爱的激情，那她自己也一定会很容易堕入情网。

> 我对某某①的感情足以让我嫁给他吗？友谊——感激——敬重——这些我是有的；可是，每当他走近我，看到他的眼睛盯着我，我的血管就冰凉了。如今他走了，我对他的感觉也温和得多；只有在靠近的时候，我才变得好像僵硬了似的，一种半带恐惧半带愤怒的奇怪感觉使我紧张起来，只有他离开了，或者完全改变了态度，这种感觉才会缓和下来。我不想摆出骄傲的样子，也不打算摆出骄傲的样子，但是我不得不如此。说得更确切些，我们是由一个凌驾于我们上面的天父主宰着；我们的意志在他手中犹如泥土在陶工手中一样。

现在我已经讲了她遇到的所有的求婚，后来又有人向她求婚，她终于接受了。这封信中所说的这位先生一直作为她终生的朋友关心着她，这件事使他和她都值得赞扬。

在她的朋友埃某某动身以前，勃朗特先生感冒了，发支气管炎，一连病了几个星期。他的情绪也低落下来了，他的女儿竭尽全力要使他高兴起来。

等到他身体好一点儿，恢复了体力，她决定接受不久前接到的邀请，到伦敦去做客。这一年，一八五一年，人人都记得，是开大型展览会②的那年。但是，即使有这样一个展览会在吸引她，她也不愿在那

---

① 指史密斯—埃尔德公司的编辑詹姆斯·泰勒。他是夏洛蒂的第三个求婚者。他被公司派往印度开展业务，临行前去哈沃斯拜访夏洛蒂，希望明确关系。
② 指一八五一年夏，在伦敦举行第一届国际工业博览会。

里多待;她跟往常一样,在最后接受他们的盛情邀请以前,同她的朋友们说定,她住在他们家必须像以前那样安静,因为,如果不是这样的话,她身心两方面都会受不了。每当谈话中有什么吸引了她,她都不显得激动,除非只是一会儿;但是她常常感到激动,甚至为了一些比较小的事情,而且接下来肯定会有精疲力竭的反应。在这种情况下,她变得十分消瘦和憔悴,然后她却认为这样变换环境,事后总是对她有好处的。

在这个欢乐的季节里的欢乐的时刻,她为这次出访准备的衣服同她那种女人的审美观完全一致——她酷爱朴素、精致、整洁的衣服,而且还要求做得合身,她总是默默地渴望做这样的衣服。但是在每次选择时却又都记住要同她总的外表和她的收入一致。

顺便说起,你去利兹时我打算请你做一件小事,但又怕你手头事情太多,忙不过来。只不过是这样一件事:我以前跟你说起过白色或黑色花边斗篷,万一你偶尔上哪家出售这种斗篷的铺子,那就请问问价格。我想他们不大会愿意送几件到哈沃斯来看看。的确,如果卖得太贵,那就毫无用处;如果价格合理,他们愿意把斗篷送来,那我是想看看的,还要一些小尺寸的(健美女人的尺寸对我不合适)紧胸衬衣,要平时穿的简单式样,质地要最好的。……看来,我经济宽裕了一些,就没法心满意足地安定下来。我告诉过你,我买了一件黑色的花边披风,但是当我穿上了我主要想穿的黑缎裙衫,试披披风时,却发现效果很不好。花边的美消失了,披风看上去带点黄褐色和铁锈色。我给某某先生写了信,要他把它换一件同样价格的**白色**披风;他非常客气,派人到伦敦去要一件,今天早上我拿到了。价格便宜一些,只有一英镑十四先令;披风很美,洁净轻柔,披在黑衣服外面很好看。我考虑了一下，得出个哲理性的结论，那就是，像我这样收入的人，穿一件便宜些的衣服并不丢脸，所以我想还是把它买下来，如果你见了，称它"华而不实"，那可就糟糕了。

你可知道，你在利兹的那天——上星期三，我也在利兹？我本来想告诉你我要上哪里去，希望你相帮，陪我买一顶帽子等等，但是后来我想这样利用你未免太自私了，所以决定自己来应付或者胡乱应付这件事。我上赫斯特-霍尔帽铺去买帽子，在所有华丽的帽子中挑了一顶显得黯淡和文静的；但是现在看来，那顶粉红色里子的帽子看上去太鲜艳了。我看见一些色泽可爱的浅色的美丽绸缎，但是却没有胆量和财力挥霍，去买五先令一码的料子。最后我还是买了三先令一码的黑绸。我有点后悔，因为爸爸说，他要是知道的话，会借一个金币给我。我相信，如果你在场，准会逼我负债。……我在去伦敦之前无法去 B 地，正如我不能飞行一样。在我走以前，有许多针线活要做，还有一些家务事要安排，因为他们要趁我不在家时打扫等等。除此以外，我头痛得厉害，相信换换空气头痛会消失。但是在这期间，由于头痛是胃部引起的，这使我变得很瘦很老。不管是你，还是任何别人，都没法使我胖起来，或者使我处于适合去做客的状况；这已经是注定的了。没关系。你别激动；但是看到这情形我很高兴。有这种精神似乎证明身体还健康。匆匆告别。

你那可怜的母亲就像泰比、玛莎和爸爸一样；他们都以为，我会通过某种神秘的办法在伦敦结婚，或者订婚。我心里真是觉得好笑！这想法真是毫无根据，根本不可能成为事实！爸爸昨天严肃地对我说，如果我结了婚，离开了他，他就不再维持这个家，而要住到别处去了！

我抄录下面这封信,为了用寥寥几句话描绘夏末石楠丛生的荒原的景色:

致西德尼·多贝尔先生

一八五一年五月二十四日

亲爱的先生,我匆匆给多贝尔太太寄去亲笔签名册。"册"这个字把我吓坏了,我以为她是希望我特意为此写一首十四行诗,这我却不会写。

你提出的关于去瑞士旅行的建议很好,它以强大的诱惑力吸引着我,但是严厉的"不可能"却拖住了我。不!我今年夏天不能去瑞士。

《折衷主义者》的编辑为什么把最有力、最形象的那段删掉呢?他不可能不感到它的美;也许他觉得它亵渎神圣吧。可怜的人!

对于你所描绘的这个果园之乡,我一无所知。我从未见过这样一个地区。我们的小山冈只是在隐蔽的凹处长出些细嫩的蕨类植物和苔藓,透出绿意,表示夏季来临。山上的花儿要留到秋天才开;到那时候,山花像火烧似的,呈现出一派浓烈深沉的色彩,跟花园里的花儿害羞似的娇艳无疑是不同的。下个月底前后,我打算去伦敦作一次短暂而安静的访问。我担心运气不会那么好,让你在我待在伦敦时也去那里,否则的话,如果你也能去,我该是多么高兴啊。问候多贝尔太太。——相信我是你的真挚的

夏·勃朗特

她的下一封信是从伦敦发出的:

六月二日

我比原来打算的早一天给叫来,在星期三来到这里,为的是赶上萨克雷在星期四下午发表的第二次演讲。你也猜想得到,这对我来说真是一件难得的乐事,没有错过,我很高兴。那次演讲是在威利斯会堂①发表的,那是一个宽敞的、漆了油漆并涂了金色的大客厅,用长沙发代替长凳。阿尔麦克舞会也是在那里举行的。据说这次演讲的听众都是伦敦社交界的精华,看来真是这样。这位伟大的演讲者有那么些崇拜他的公爵夫人、伯爵夫人成排地坐在他面前,我想他在这种情况下不会认出我或者注意我;但是,我一进去,他就过来同我握手,带我到他母亲跟前,把我介绍给她。我以前没见到过她。她是一位文雅、漂亮、显得年轻的老太太;非常慈祥。第二天,她带了一个孙女来看我。

萨克雷也另外单独来看了我。我跟他作了一次长谈,我想他现在对我比以前稍微有了些更多的了解;但这一点我还不能肯定。他是个伟大而又奇怪的人。他的演讲引起了轰动。这些演讲是一种散文,以他自己特殊的独创性和气势为特点,而且是以一种高雅的情趣和从容的态度发表的,这种情趣和态度别人只能感觉到,却无法描述。就在演讲开始以前,有个人走到我背后,俯下身来对我说:"请允许我作为一个约克郡人介绍自己。"我回过头去——看见一张奇特的并不漂亮的脸,这使我困惑了半分钟。然后我说:"你是卡莱尔勋爵吧。"他点点头,笑了笑;他非常愉快、非常客气地谈了几分钟。

后来又来了一个人,用同样的借口说话,也说他是约克郡

---

① 威利斯会堂:伦敦国王街上的一个会堂,一七六四年由威廉·阿尔麦克建造,原名阿尔麦克会堂。十九世纪初,贵族们经常在那里举行舞会。后改名为威利斯会堂。

人,原来这人是蒙克顿·米尔恩斯先生。再后来,福布斯医生来了,看见他,我打心里感到高兴。星期五我去了水晶宫①,那真是个奇妙的、激动人心的、使人感到迷惑的景象——一个神怪宫殿同巨大市场的混合物,但不大合我的口味。我还是更加喜欢那次演讲。星期六我参观了在萨默塞特厅举行的展览会,大约有五六幅画很好也很有趣,其余的没有多少价值。星期日——昨天——是个值得记下来的日子。这一天的大部分时间我都感到非常快活,既不疲劳又不过于兴奋。下午我去听了伟大的法国新教传教士道比涅的讲道;再一次听到法语真是愉快——又亲切,又悲哀——而且奇怪地引起联想。考虑到我来的时候身体很不好,现在可以说身体迄今为止还很好。

陪勃朗特小姐去听萨克雷上述演讲的那位女士说,她们刚坐下,她就发觉萨克雷把她的同伴指给好几个人看,但是她希望勃朗特小姐自己没有发觉。许多人回过头来,许多人戴起眼镜,为了看一看《简·爱》的作者。过了一会儿,勃朗特小姐说:"萨克雷先生恐怕是在跟我开玩笑。"但是她不久就全神贯注地听演讲,不去留意别人在注意地看她,除非别人直接同她谈话,像卡莱尔勋爵和蒙克顿·米尔恩斯先生那样。演讲结束,萨克雷先生走下台,朝她走来,问问她的看法。过了不多几天,她把看法跟我谈了,所加的一些评语同后来我在《维莱特》中看到的一样。在那本书里,描写了保罗·伊曼纽尔的一个类似的行动。

  我们一行人离开大厅时,他站在门口。他一眼就认出了我,

---

① 指伦敦海德公园里的一座用玻璃和钢建造的建筑物。当时第一届国际工业博览会就在这里举行。

举起了帽子;他在我身边走过时,伸出手来,说了这样的话:"Qu'en dites-vous?"①——这句话显然很有特点,甚至在他这个得意洋洋的时刻,也使我想起他那寻根究底的不安心情,想起他缺乏我认为应该有的自我克制,这些是他的缺点中的一部分。他不该在那时急于问我的想法或者任何别人的想法,但是他**是**急于问了,而且太朴实,不会掩饰,太冲动,不会抑制自己的愿望。啊!如果说我责怪他太心急,那么,我是喜欢他的**天真**的。我本来可以称赞他一番,我心里有许多称赞的话;但是,唉!我嘴边却无话可说。在那一刻,谁会**有**话可说呢?我结结巴巴地说了几个残缺不全的词语,可是,别人带着滔滔不绝的祝贺走过来,用他们的喋喋不休掩盖我的哑口无言,这时我可真觉得高兴。

当他们准备离开大厅时,她的同伴惊愕地看到许多听众在她们朝门口走去时必须经过的过道两边排成两行。她的朋友知道,任何耽搁只会使这种折磨更加难以忍受,于是就挽着勃朗特小姐的胳臂,沿着这条由急切和崇拜的脸组成的道路走过去。在这样通过这种"社交界精华"时,勃朗特小姐的手抖得厉害,她的同伴担心她会昏厥,没法往前走。她不敢表示同情,也不敢碰勃朗特小姐一下,或者说一句什么话来给她增添力量,生怕这会招来她所担心的严重状况。

这种莽撞的好奇表示,对真正的礼貌来说,确实是一个污点!她这次伦敦之行是访问时间最长的一次,现在用她自己的话来叙述这次旅行的其余部分:

今天早上,我在一种无法表达的无精打采的心情中坐下来给

---

① 法语:你觉得怎么样?

你写信。昨天一整天和前天,头痛渐渐加重,最后变得失控、暴烈,直到以极度的痛苦告终。今天早上我感到很虚弱,脸色苍白。原来希望把头痛病留在哈沃斯;但是看来,我是小心地把它们装在我的箱子里带来了,我来到这里以后,它们一直妨碍着我。……自从我上次给你写信以来,我看到各种值得一写的事物——其中有伟大的法国女演员拉歇尔[①]。可是今天,我实在没有精力做这件工作,而只能用整个的心来和你说声"再见"。

我不能夸口说,这一次伦敦之行对我很适合。经常头痛和不舒服带来的压抑感,以及一种情绪低沉使许多原来很可能过得愉快的时刻遭到了破坏。有时,我深深感到这一点,忍不住要抱怨命运之神。命运之神强迫我在一年之中有十一个月比较沉默和比较寂寞地过日子;而在第十二个月中,刚有了一些社交方面的享受,她却把可以使我好好享受一下的精力和快活夺走了。但是,环境已经给我们作好了安排,我们只能顺从。

你的信本来在昨天就要回的,但是信送来以前我就出去了,而且出去了一整天。人们心地是很好的,也许事后我会对看到的景象感到高兴,但是当时却往往有点叫人难以忍受。星期四,威斯敏斯特的侯爵夫人要我去参加一次盛大舞会,要我同 D 太太一起去。D 太太是个美丽的女人,我认为她心地也很好。我拒绝了邀请。星期五,我在某某家吃饭,遇到了 D 太太和蒙克顿·米尔恩斯先生。星期六我去听了并看了拉歇尔的演出;一幅奇妙的景象——可怕得很,仿佛大地在你脚下裂出很深的口子,让你瞥见了地狱似的,我永远也忘不了。她使我从骨髓里发抖;准是有个魔鬼把她的身体作为家住在里面。她不是个女人;是条蛇;她

---

① 拉歇尔(Elisa Félix Rachel, 1820—1856):法国著名悲剧演员。

是——。星期日我到西班牙大使馆的教堂里去了。威斯曼红衣主教穿戴着大主教的法衣和帽子举行了坚信礼。这整个一幕富于戏剧性，却并不虔诚。昨天(星期一)，人家派人来要我去同可敬的老年诗人罗吉斯①先生共进早餐。D太太和格兰纳格勋爵在那里；没有旁人，这确实证明是一次极为安静的、高雅的、智力交流的聚会。早餐后，大卫·布鲁斯特来带我们上水晶宫去。我对这有点害怕，因为大卫爵士在科学方面造诣很深，我怕听不懂他对机械装置等等作的解释；的确，我几乎不知道如何问他问题。我给免去了这一切麻烦；他不用我问，就主动用最亲切、最简单的方式说了有关情况。我在展览会上花了两个小时，你猜想得到，我在那里感到**很累**，我们还得到威斯敏斯特勋爵家里，再花两个小时，在他那华丽画廊里看他珍藏的画。

她给另一个朋友写信时，这样写道：

某某也许已经告诉了你，我今年夏天在伦敦度过一个月。你来的时候，可以就这一点随便问什么问题，我将尽我可能回答你，尽管会回答得结结巴巴。别在"水晶宫"这个题目上多逼我。我到那里去过五次，当然看到了一些有趣的事物，那 coup d'œil② 是很叫人惊异和迷惑的；但是我在这个题目上从来不会感到狂喜，每次重新去参观都是在强迫之下，而不是出于我自己的意愿。那是个过于热闹的地方；而且那些奇妙的事物只能使眼睛感兴趣，很少能触及心灵和头脑。对最后这句话，我举出一个例外的例子，这对科学知识广博的人有利。有一次，我同大卫·布

---

① 罗吉斯(Samuel Rogers，1763—1855)：英国诗人。
② 法语：一瞥。

鲁斯特爵士一起去,我看见他用和我不同的另一种眼光看着那些东西。

勃朗特小姐从伦敦回家时取道曼彻斯特,并且在六月底到我们家做了几天客。天气炎热不堪,她自己由于在伦敦观光已经精疲力竭了,所以我们除了开了窗在家坐着聊天以外,几乎没有干什么别的事。她唯一花力气去做的事,是给泰比买件礼物。那将是一条大披巾,或者不如说是一块大手帕,她可以用乡下的老式方法把它围在脖子和肩膀上,用别针扣住。勃朗特小姐费了很大的劲儿找一条她认为那位老妇人会喜欢的披巾。

她一回家,就给那位在伦敦招待她住宿的朋友写了下面这封信:

一八五一年七月一日于哈沃斯

我亲爱的史密斯太太:我又回到家里来了,我很欣慰地说,到家时发现父亲身体很好。去曼彻斯特的路上有点太热,而且尘土太多,但是除此以外,倒还愉快。我上车时的那两位占了车子很大一部分的胖绅士,在拉格比下车。余下的旅程中,车上只有另外两位女士和我三人。去盖斯凯尔夫人家访问,是旅途中一次令人快活的休息。哈沃斯牧师住宅可说是同她家形成了对比,然而,在这明媚的夏日天气里,甚至连哈沃斯牧师住宅都不显得阴郁。这里比较安静,可是窗户开着,我能听到一两只鸟儿在花园里的几棵荆棘树上唱歌。父亲和仆人们认为我看上去比我离开家时好一些,我自己当然也觉得,换一下环境以后,身体有了好转。你很像你的儿子,使我觉得应该对你们在我访问期间给予的盛情款待多说几句话。不过,人们(像克特尔上尉那样)禁不住把这些事情记下来。爸爸说要我以他的名义谢谢你,并向你致敬,

所以我就这么做了。对你周围所有的人表示真挚的问候,相信我是你的非常真诚的

夏·勃朗特

一八五一年七月八日

亲爱的先生:我认为萨克雷上一次的演讲是他最好的一次。他说的关于斯特恩①的那些话是正确的。他发表的有关文学界人士、他们的社会责任和个人责任的意见,在我看来也是正确的,而且充满了精神的和道德的力量。……根据《文学报》的报道,国际版权会议似乎成果很小。我看不出 E.鲍沃尔爵士②和其余的人**做**了些什么;也看不出他们有权做什么。目前的非法翻印体系越来越损害美国本国的文学,有关这个问题的争论是一次很好的、健康的争论;但是我担心,出版商——诚实的人们——思想上还没有准备给予这种说理以应有的重视。我认为,所指出的他们自己遭受的损害,由于非法翻印中的一种令人难以忍受的竞争,会更严重地影响他们。但是我认为,一切既定事实,不管是好是坏,都是难以改变的。关于"骨相学中的性格",我只得闭口不谈。你自己已经找到最安全的观点来看待它:我不会说"再往高处看"。我认为你看这件事,就像我们都应该看与我们自己有关的事一样。如果我有权利低声说一句劝告的话,那就只能是这样说:不管你目前是怎样一个人,你都要尽可能坚决地下决心,决不从那里退下来。小心提防掉落的阴影。宁可坚决望着那个标准以上的地方,努力超过它。人人都欣赏某些社会财产,看到邻

---

① 斯特恩(Laurence Sterne, 1713—1768):英国小说家,感伤主义文学的主要代表。
② 可能指英国作家、政治家爱德华·鲍沃尔-李敦(Edward George Earle Bulwer-Lytton, 1803—1873)。

居占有了这些财产就喜欢他们；可是，也许没有什么人仔细研究一个朋友在智力方面的能量，也不关心这种能量会怎样发展，是否在培养方面提供了方便，是否为成长留下了余地。我觉得，即使由于严峻的环境和冷酷的命运，得不到这种余地和方便，你知道或者牢牢记住自己有这种能量，那对你还是大有好处的。别人用大量已经获得的知识把你淹没，而这种知识是你没有机会取得、可能也没有用心去取得的——这时，你可不要因为有这种想法就感到骄傲，而要从中得到支持。如果没有写出新书，那么这些头脑中有一些本身就好比是空白的几页。它们只会接受印象；它们并非生来脑子里就有进行思考的记录，也并非生来心灵里就有感觉事物的本能。即使我从来没看到过一本印出来的书，大自然也一定早已让我在观念中有了一幅不断在叙述的变幻无穷的图画。用不着别的教师，大自然本身早已给我灌输了朴素的、真正的知识。

在我收到你上一封信以前，我就已经下决心要告诉你，我在未来的三个月里不指望收到什么信(后来打算把这种节制扩大到六个月，因为我小心提防，免得以后非在这方面放纵自己不可；毫无疑问，你是看不到其中的原因的，因为你过的并不是我过的这种生活)。我现在也不指望收到什么信，但是，既然你说了你想时常写信来，我总不能说"千万别写"，而不在我真正的意愿上硬加上一层它们所拒绝的伪装，强加给它们一种它们完全拒绝忍受的暴行。我只能说，在你高兴写时，不管是严肃地写还是作为一种消遣而写，你的信只要寄到我这里，总是会受欢迎的。告诉某某，我会努力培养我的良好心情，就像她精心培植她的天竺葵那样。

第二十四章

勃朗特小姐回家以后不久，朋友去看望了她。她住在哈沃斯时，写了我在下面引用的那封信。其中在友谊问题上表现的强烈理智和正当感情足以说明为什么别人一旦成为勃朗特小姐的朋友以后，就会对她产生经久不变的友情。

致威·史·威廉斯先生

一八五一年七月二十一日

……我禁不住要想，对我来说，科恩希尔是否会变，正如对你来说，牛津已经变了那样。现在我和科恩希尔有一些愉快的联系——这些联系会有一天改变性质吗？

也许会变——尽管我相信不会变，因为，我**想**，我并不扩大我的偏爱；我**想**，我是把优点连同缺点——美点连同污点一起接受下来的。除此以外，在友谊问题上，我已经看到在这方面产生的失望，主要**不是**因为过于热爱我们的朋友们或者把他们看得过高，而是因为过高地估计了**他们**对**我们**的喜爱和对**我们**的看法。如果我们有足够的谨慎小心防止自己在这方面犯错误，而且能够满足于，甚至乐于用超过别人的感情来报答别人——能够把双方的情况作一个公正的比较，并且从中得出极其正确的结论，而决不让自爱蒙住我们的眼睛——那么，我想我们就可以终生坚定不移，忠贞不渝，而不至于有那种由于感情突变而产生的愤世嫉俗来毒害友谊。这些话听起来有点玄妙，可是你只要考虑一下，那是很有道理的。其中的教训是：如果我们把友谊建筑在坚实的基础上，我们就得因为**朋友**的缘故而不是**我们自己**的缘故才爱他们。我们就得看到他们忠实于**他们自己**，就像他们忠实于**我们**一样。在后面这种情况之下,对自爱的每一个损伤都会是产生冷淡的原因。而在前面这种情况之下,只有朋友性格和心情中的某个令人痛苦的变化——在他同他本性中较好一面的忠诚关系中发生的可怕分离——才能使心变得疏远。

你那位老处女表亲议论你父母时说的那些话,你听起来一定会觉得多么有趣;而且在发现她所记住的只是愉快的事实和特点时,你又一定会多么感激!的确,在白垩山冈间的那个衰落的小村子里,生活的节奏一定是很慢的。你可以相信,在拥挤的社区里工作得精疲力竭,总比在一种死水般停滞不前的寂寞中无所事事而死去要好。不管什么时候,你对工作和忙乱感到厌烦,那就想一想这个真理吧。

在这之后不久,我收到她的一封信;虽然通篇都提到了我在给她的信中所说的话,但是那番话引起的回答却有着如此奇特的特点,以致我无法使自己不引几段就放过去:

一八五一年八月六日于哈沃斯

我亲爱的盖斯凯尔夫人:终于收到了你的信,我太高兴了,现在决不会因为信来迟了而想抱怨你。

大约两星期以前,我收到了玛蒂诺小姐的一封信。也是一封长信,写的正好是你详谈的那两个题目,即博览会和萨克雷先生上次的演讲。把这两封信放在一起——研究心灵的两个方面——通过两种方式轮流看看同一场景,确实有趣。区别是很惊人的;因为不是善与恶的粗略的对比,而是不同类别的善的比较微妙的对立和比较难以捉摸的区别。一个性格中的杰出之处有如(我认为)特效良药——也许味道很苦,但滋补力强;另一个性格的优点却更像我们日常吃的面包，富于营养。它并不苦，也不甜得发腻；吃起来味道不错，但并不十分可口；它能维持体力但并不过于提神。

你说的一切，我都非常同意。为了要有一些变化，我倒几乎有点希望意见不要这样完全一致。

首先谈谈特拉法尔加广场①。在这一点上，我的口味同你的和美塔的完全相同。我一向认为那是个好地方(也是好的**景色**)。站在台阶顶上，放眼望去，景象宏伟而庄严——包括纳尔逊柱；喷泉我可以不去管它。至于水晶宫，我的想法和你的也正好一致。

其次，关于萨克雷的演讲，我相信你说的话是公正的。你做得对，不去管那些讨厌的比较，而且对那些"没什么新鲜内容"之类的陈词滥调感到不耐烦。这种说法真是莫名其妙，只能证明那些习惯于这样说的人欣赏能力的粗俗和薄弱，没有能力察觉**独创**和**新奇**所具有的相对价值；缺少细致的观察力。这种观察力不用经常更新题材的刺激就能从新的处理方法中获得足够的乐趣。对于这种评论家来说，夏日清晨最美好的时光也不能带来欢乐。他们忙于责怪厨师没有做出一顿新奇而开胃的早餐，因而对日出、露珠、微风中存在的影响都无动于衷，认为那里面都"没有什么新鲜内容"。

是不是某某先生的家庭经历影响了你对天主教的看法呢？我承认，我对这刚开始的变化不可能感到遗憾。毫无疑问，在罗马天主教徒中有好人——**很**好的人们，但是那种制度却不值得像**你**这样的人同情。瞧瞧那不勒斯的除去面具的教皇制度吧！

---

① 特拉法尔加广场(Trafalgar Square)：伦敦的一个广场，为纪念纳尔逊(H. Nelson, 1758—1805)统帅英国舰队于一八〇五年十月在西班牙特拉法尔加角海战中战胜法国和西班牙混合舰队而命名。

我已经读过《圣徒的悲剧》。作为"一件艺术品",我认为它要比《阿尔顿·洛克》或者《酵母》①好得多。尽管它有缺点,写得粗糙而且不平衡,但有些部分却像是用一只甚至在犹豫不决时都很坚强的手深深扣动了人性中的几根弦。从头至尾(我认为)我们都能看到伊丽莎白的头脑并不是而且从来不是完全正常的。从她过于自谦地称自己为"蠢姑娘"的时候起,直到她临终出现幻觉、躺着呻吟的时刻为止,她整个生存都有一种轻微的疯狂。这是好的,是正确的。一个正常的头脑,一种健康的智力,会把牧师的权力扔到墙上撞个粉碎;会卫护她的天然感情,不受牧师控制,正如母狮卫护幼狮那样;会忠于丈夫和孩子,正如你那心地忠实的小麦琪忠于她的弗兰克那样。只有一个有着致命缺点的软弱的头脑才**可能**像这位可怜的圣徒这样受到影响。可那是怎样的痛苦——怎样的搏斗啊!我看书时不大会哭;但是我读到这里却禁不住泪如雨下。当伊丽莎白把头转向墙壁时——我停了下来——不需要再看下去了。

这个悲剧中触及一些深奥的真理——只是触及,没有充分阐明;这些真理激起一种特殊的怜悯——一种因为愤怒而变得强烈的、因为痛苦而变得深沉的同情。这不是诗人的梦,我们知道这类事情是**已经**做了;有些头脑是已经这样被控制了,有些生命是已经这样白白浪费了。

请代我向盖斯凯尔先生问好和致敬。我虽然没有见过玛丽安,但是,我得请求你在代我向别人致意的同时,也代我向她致意。你能否代我轻轻吻一下那个亲爱的,但是危险的小人儿裘利亚?她偷偷地把我的心占去了一小部分,自从我看到她以后,我

---

① 《圣徒的悲剧》是英国作家金斯莱(Charles Kingsley, 1819—1875)的一首长诗;《阿尔顿·洛克》和《酵母》都是他的长篇小说。

就失掉了那一部分。——相信我是你的真诚的、深情的

夏·勃朗特

她在信末提到的是我最小的女儿,她们两人相互之间有着一种强烈的好感。那小孩会偷偷地把小手伸进勃朗特小姐的比她的大不了多少的手里,两人对这种显然无人察觉的爱抚都感到快活。但是有一次,我叫裘利亚给她带路,陪她到宅子里某一间房间去,勃朗特小姐却退缩了。"别**叫**她给我做事,"她说,"像以前那样,她**自发**地表示一点好意,就很可爱。"

为了说明她对孩子的感情,我可以引用一段她在另一封给我的信中说的话。

不管什么时候再看到弗洛伦斯和裘利亚,我都会觉得自己像个痴迷的、害羞的情人,他怀着笨拙的敬慕心情,不敢贸然走近一个美人儿。对于我所喜爱的,而又觉得我陌生的孩子,我所怀的心情,只能这样给你一个最明确的描述。哪个孩子会觉得我不陌生呢?在我们看来,他们都是小小的奇迹;他们的谈话,他们的举止,都会引起半带赞美半带困惑的猜测。

下面是她给我的一封长信中的一部分,这封信我是在一八五一年九月二十日收到的:

……詹姆斯·马蒂诺的讲道中有些句子很美,有些是最纯净的、真正的宝石;经过深思熟虑的、表达得很好的见解。我很想看看他写的有关他妹妹的书的评论。你问我的那些文章,除了《威斯敏斯特》上那篇引人注目的关于妇女解放的文章以外,我

一篇也没有看见过。可是为什么在某几点上，你我的想法(也许不如说是**感觉**)正好相同，没什么可辩论的呢？你就这篇文章所说的话，表达了我的想法。充分说理——观点明确，逻辑性强——但是缺了些什么，缺得很多；结果就猛击着每一根纤细的心弦，使它忍受不了。缺的是什么呢？我想我是知道的；正因为我知道，我要大胆说出来。我想，作者忘掉了世上还有像自我牺牲的爱和无私的献身精神这样的东西。我第一次读这篇文章时，还以为作者是个意志坚强、头脑清醒的女人，她有一颗严厉的、嫉妒的心，铁样的肌肉，坚固的皮革般的神经；她渴望权力，却从来没有感情。对许多女人来说，感情是可爱的，权力能征服麻木——虽然我们都喜欢赢得影响。我相信J.S.米尔会把它写得极其严肃、枯燥和可怕的，但是他在文章中的大部分却都说得头头是道，令人赞叹——尤其是当他说这样一段话时，即，如果女人生来就不适合担任男人的工作，那就没有必要在这个问题上订出法律。让一切职业都开放吧；让她们试试；应该成功的自会成功，或者至少能得到一个平等的机会——能力差的自会退到对自己合适的地位上去。同样，他十分简洁地处理了"母道"问题。总之，J.S.米尔的头脑也许很好，但是我倾向于蔑视他的心灵。你说人性有个很宽的边缘，那是逻辑学家们无法管辖的。你这话说得对，我很高兴情况确实像你说的那样。①

我通过这班邮件寄上罗斯金的《威尼斯的石头》，希望你和美塔会在里面看到一些你们喜欢的片段。若不是因为那充溢在每一页中的特点和明显的个性，有几部分会是枯燥和纯技术性的。我

---

① J.S.米尔先生在有关这一段的一封信里说："我不是这篇文章的作者。我可以承认是它的编者；我同意那里面的每一种思想、感情和说法，并以此感到骄傲。作者是个女人，一个十分热心的女人，在我认识的人当中，她有最广泛的、最真诚的同情心，以最大的忘我精神慷慨热诚地给别人带来荣誉。"——作者注

希望玛丽安在那次演讲时能过来同我说说话，那会使我非常高兴。你说的有关那个小精灵袭利亚的话，我觉得很有趣。我相信，你还不知道她身上有许多她妈妈的性格(只是没有妈妈的那么明显)；但是我想，等她长大了你会发现的。

如果萨克雷先生在曼彻斯特演讲而环境和条件使他的听众中不包括你和盖斯凯尔先生这样的人，这难道不会是个大错误吗？我认为他在伦敦的计划太狭窄了。查尔斯·狄更斯①就不会像这样限制自己的活动范围。

你要我谈谈自己的情况。在这宝贵的题目上，我能说些什么呢？我的健康状况很好。我的情绪却不是一直很好。我没有发生什么事。在这个世界上，我并不希望和期待什么，我没有更多地沮丧和痛苦，对此已经很感欣慰了。谢谢你问起我们的老用人；她身体很好；她很喜欢那条小披巾等等。我怀着高兴的心情说爸爸身体也很好。他和我一起向你和盖斯凯尔先生致以最亲切的问候。——相信我是你的真诚而深情的

夏·勃朗特

还没有到深秋，她那孤独生活和哈沃斯牧师住宅的对健康不利的环境就已经像往常那样产生了影响。那是以难忍的头痛和痛苦的、惊醒的不眠之夜的形式出现的。她没有在信中多谈这些；但是信中毫无欢欣的语气，偶尔漏出一句，其含义却比许多话还深刻得多。牧师住宅里到处是病痛——以它习惯的那种拖延很久的流行性感冒和低热的形式出现。表面上看来，她是家里最强壮的一个。有一个时期，所有的家务劳动全落在她的肩上。

---

① 查尔斯·狄更斯(Charles Dickens, 1812—1870)：英国作家。

致威·史·威廉斯先生

九月二十六日

我很感兴趣地读完了你信中对那十分惊人的一幕作的生动描述，放下信时，心里禁不住再次强烈地感到一个真理。这个真理虽然平凡，却始终给人留下深刻的印象，那就是，从我们自己的天地里被拉出来，并且被迫走到近边去看一看别人的痛苦、贫穷、奋斗和困难，是有益的。如果我们心满意足地生活，那么，被提醒一下，成千上万的同类，正由一种不同的命运主宰着，那是好事。把处于沉睡状态的同情心激发起来，使麻木不仁的自私心震惊，也是好的。另一方面，如果我们正在同特殊的痛苦、同熟悉的折磨、同上帝认为应加在我们自己的生活之杯中的特殊苦味搏斗，那么，能知道我们的悲惨命运并非独一无二，那也很有益处。这样能够制止住埋怨的话语和想法——这样能够激励衰退的力量，让我们清楚地看到：世界上有无数的苦恼，也许每一个都比得上——有些还超过——只有我们自己才为之忧伤的个人的痛苦。

所有那些挤在一起的移民都有他们各自的烦恼——各自流落他乡的不幸的原因。你这位旁观者，有"你的希望和遗憾"——你的同天伦之乐和家庭幸福混合在一起的焦虑。这种类似情况可以再继续举下去，结果仍然是真实的——仍然是同样的；每个人的肉中都有一根刺；所有的人都有些负担，有些矛盾。

社会制度的变动——民族习惯的改变——会在多大程度上使这种状况得到改进呢？ 这是可以也是应该认真考虑的；但这不是一个容易解决的问题。正如你指出的，弊端是巨大的、实际存在的、极其明显的，而纠正的办法却模糊不清。但是对于来自过多竞争的困难，移民准是个好办法。在一个新的国家过新的生活准会激发新的希望；比较空旷的土地，比较稀少的人口，准能开辟一条新的道路，让人们去奋斗。但是，我总认为，采取这个步骤，应该有能够努力奋斗和忍受艰苦的强健的体力。……听说你遇到了一个有**独创性**的作家，我从心底里感到高兴。独创性是文学中价值巨大的明珠——最稀罕、最宝贵的东西，有了它，作者就能受到重视。你们下一季度的出版前景是否还兴旺发达，令人满意？你问起"柯勒·贝尔"。在我看来，如果你把他的名字从你的新书预告单中划去，那并不会留下什么空白，但是却可以免得他感到不安，因为他在肯定无法出现时，想到别人需要他，是会感到不安的。

也许柯勒·贝尔在为这些事暗自悲叹；可是真是这样的话，他也决不会让别人知道。没有必要为这种事情浪费言语，因为没有什么言语能够改变这种状况。这是要由他和他的地位、他的能力和他的命运来决定的。

我的丈夫和我急于邀请她在隆冬季节来到以前来我家做客，她拒绝了我们的邀请，这样写道：

十一月六日

如果说有谁能劝诱我离开家，那就是你。但是现在，我不能离开，也不想离开。我觉得现在身体比三个星期前大有好转。因为我已经注意到，在秋分或春分前后的一个月或者六个星期是一年中我感到难受得出奇的时期。有时是精神上受到考验，有时却是体力上受到考验。我患神经性头痛，或者情绪低沉到了极点（但是这种情绪低沉我还能默默忍受）。我认为并且相信，今年这段讨厌的时期已经过去。那是我可怜的弟弟去世、妹妹病重的一周年。我不必再多说什么。

　　每次我要作这类斗争时都离开家里，这样可不行；况且那种"不可忽视的状况"又会跟着出现。至于要摆脱它，那却是不可能的。我曾经拒绝到某某太太家去，到玛蒂诺小姐家去，现在我拒绝到你家去。但是听着，别以为我是拂逆你的一番好意，或者以为你的好意没有能起到你希望的有益作用。正好相反，你信中表达的感情——由你的邀请证实了——**一直深入**到你要它去的地方，像你预期的那样治愈了那里的病痛。

　　你作的有关弗雷德里卡·布雷默①的描写正好同我在不知哪本书里读到的不谋而合。读到弗雷德里卡的特殊才能时，我忍不住大笑起来，你是用明显的朴实手法描写的，这正好合我的口味，法国人会说这是"极其宝贵的"。你在哪里能找到没有这类小小缺点的外国人呢？真是可怜。

　　就在这一时期伍某某小姐来访，这在当时对勃朗特小姐很有好处。她说，有她这位客人陪伴，对她父亲和她自己来说，都是"很愉快的"，"就像喝美酒一样"。可是伍某某小姐不能在她身边久留，在那以后，生活的单调又以它的全部力量包围着她，一天又一天，一星期又一星期，唯一的大事是偶尔收到的信件带来小小的变化。有一点必须记住，那就是，她的健康状况常常使她在那严寒或者冬季的气温下不能出门一步。只要稍一暴露在寒冷的空气里，她就会喉咙痛，胸口发闷，发痛，呼吸困难。

　　新近访问她的客人回去以后，写来的信使她深受感动，很是高兴。信中只是为受到的关怀和招待表示感谢，但是最后说她已经有好

---

① 弗雷德里卡·布雷默(Fredrika Bremer, 1801—1865)：瑞典小说家。

多年没有像在哈沃斯度过的十天这样过得愉快了,这短短的一句话使勃朗特小姐心里产生一种有益健康的不过分高兴的感觉,她说:"这对我有好处。"

在一封大概也是在这一时期写的信中,我看到一段有关她伦敦之行的追述。写的范围很广,不能被看作只是重复过去说过的话;而且这还说明,她的所见所闻留下的最初印象并非粗糙的、暂时的,而是经得起时间和事后思考的考验的。

今年夏天,我在伦敦住了几个星期,这你已经听说了,我对在那里的许多见闻很感兴趣。现在留在我记忆中的,主要是萨克雷先生的演讲,拉歇尔小姐的演出,道比涅、麦尔维尔和毛里斯的讲道,以及水晶宫。

萨克雷先生的演讲很有趣,你大概已经在报上看到了报道和评论。其中表达的感情或者提出的意见,我并不完全同意;但是我赞赏演讲者那种绅士样的从容态度、文雅的幽默、审美观、才华、朴实和独创性。

拉歇尔的表演使我惊异得发呆,喜欢得入迷,害怕得发抖。她用巨大的力量表现最恶劣的情欲的最强本质,这种表演同西班牙的斗牛和古罗马斗士的格斗一样激动人心,而且,(在我看来)丝毫不比这些有毒的、刺激人们残酷心理的玩艺儿更加有道德。她表演给你看的几乎不是人性,而是更狂野更恶劣的东西——一个恶魔的感情和愤怒。毫无疑问,她是有伟大的天赋的;但是我担心,她把它滥用了,而不是好好地利用它。

对那三位传教士,我都很满意。我觉得麦尔维尔口才最好,毛里斯最真诚;如果由我选择的话,我将经常去听毛里斯讲道。

我不必对水晶宫作什么评论。这种评论你一定已经听得太多了。一开始我只是模模糊糊地感到惊异和赞叹。但是有一天，我有幸同你的一位杰出的同乡大卫·布鲁斯特爵士一起去参观，他用他那友好的苏格兰口音对许多东西作了清楚的解释，这些东西我以前一无所知，听了以后才稍微有了些了解，或者至少了解了其中一小部分。最后是否能达到预期效果，我并不知道。

不管她的理智和意志怎样努力，她的病还是越来越重，直到把她压垮为止。她试图用写作来忘却那些使她心情沉重的回忆。她的出版商又硬要她写出一本新书。《维莱特》开始写了，但是她没有力量继续写下去。

我的书（她说）不大可能在你提出的时间以内完成。如果我身体健康的话，我将像应该的那样尽快把它写下去，即使不能写得**很好**，也要尽我可能把它写好。**一点也不能再快了**。有时写作的心情离开了我（当时它没留下一言一语告诉我什么时候再回来），我收起稿子，等待它再回来。上帝知道，我有时得等待很久——在我看来是**很久**。在这期间，如果我有什么事情要求你，那就是这个：在我把书写完、交到你手里以前，请别再提起它。你也许不喜欢这本书。就目前已完成的部分而论，我自己并不对它感到高兴，你不用我说也知道，作者对自己的作品总是怀着深情的溺爱，甚至盲目的偏爱。即使最后它写得还不错，我还是认为，一本像小说这样昙花一现的书，事先像件什么大事似的多加议论，对它的成功是有害的。人们容易形成或者至少表示过高的希望，其实那根本不可能成为事实。接着来的就是失望和应有的报复、贬低和失败。如果我在写作时就想到那些评论家，我知道他们有些人在等待柯勒·贝尔，准备"叫他粉身碎骨或者跌到洞底"，那么，我的手准会瘫痪在我的书桌上。不管怎样，我只能尽力而为，然后把我的头蒙在"耐心"的斗篷里，坐在她脚下等待。

这里提到的心情并没有离开；那是深深扎根在她的身体里的。消化不良，恶心想吐，头痛，失眠——这一切都结合起来，形成了难以忍受的情绪消沉。大约就在这一时期，发生了一件小事，使她不能高兴起来。那就是，艾米莉的狗，可怜的、忠诚的老基伯死了。它是在身强力壮的青年时期来到牧师住宅的。它阴郁而又凶猛，它的主人就是倔强的艾米莉。它跟大多数这一类狗一样，对于驯服它的人，既害怕又尊重，同时还深深地爱着。它怀着它那忠心耿耿的天性哀悼她，在她死后一下子就苍老了。现在，艾米莉的还活着的姐姐写道："可怜的老基伯病了一夜之后在星期一死去了；它平静地睡着了；我们把它那忠诚的头安放在花园里。弗洛西（那条'胖胖的卷毛狗'）闷闷不乐，思念着它。 失去这条老狗，令人很悲哀，但是，它遇到的是自然的命运，对这一点我还是高兴的。人们老是暗示要把它摆脱掉，对这个意见爸爸同我都是连想都不愿意想。"

勃朗特小姐在十二月八日写这封信时，正患着重感冒，胁部疼痛。她的病不断加重，在十二月十七日，尽管她那么耐心、沉默而且善于忍受病痛，尽管她那么怕接受别人无私的帮助，她却不得不向朋友求助了。

目前我没法去看你，不过，如果你能来看我，哪怕只是几天，我也会感激你的。说实话，这一个月里，我过得实在够呛。我一直希望身体好转，可最后还是不得不求助于医生。有时我觉得非常虚弱，情绪消沉，很希望能有人做伴；但就是不能说服自

447

己采取自私的行动,仅仅因为摆脱自己的困境就把你请来。医生说了些鼓励的话,但我还是没有好转。病已经生了很久了,我想,不可能指望它一下子消失。我并没有卧床不起,但我却虚弱——没有胃口差不多已有三个星期了——夜里也睡得很不好。我自己很清楚,极度的和持续的抑郁心情同这病的起因有关。我知道有人愉快地稍微陪我一阵,对我的益处会超过几加仑的药。如果你**能**来,那就在星期五来吧。明天就给我写信,告诉我你是否可能来,并且告诉我什么时候到基思利,以便我派车去接你。我并不要求你长住;我要求的只是住几天。

她的朋友当然去了。有这个朋友做伴,勃朗特小姐总是很高兴,这次在一起,也得到了一定程度的益处。但是她的病痛实在是根深蒂固了,她如此令人感动地寻求的"有人愉快地稍微陪一阵"也只能使病痛暂时缓和一下而已。

不久她又垮了下来,病得很重,用的药对她那特别敏感的体质起了一种不平常的作用。勃朗特先生为他唯一剩下的这个孩子的健康状况焦急万分,因为她已经有一个多星期没能吃东西,身体虚弱不堪了。她强打起精神,每天用茶匙一匙一匙地喝半茶杯流质,这是她一天中所进的唯一的食物。但是为了父亲的关系,她没有躺倒,而是一个人耐心地挣扎着度过最艰难的时刻。

她在恢复期间,需要精神上的支持。这时,她的朋友诚恳地邀请她去,她接受了。在勃朗特小姐生病时,某某小姐一直想来看她;但是她拒绝接受这种好意,说:"拖累自己已经够了;如果再麻烦别人,那就受不了。"甚至在她病得最重的时候,还幽默而快活地告诉她朋友说:她已经冷静地设法截住了某某小姐给勃朗特先生的几封信中的一封,她疑心这些信会使他更加为女儿的状况感到惊慌,她说她一下子就猜出了信的大意，终于使信的内容只有她一个人知道。

使大家庆幸的是，勃朗特先生这年冬天身体好得出奇——睡得好，精神好，胃口也一直很好，这似乎标志着精力旺盛；在这种情况下，夏洛蒂可以离开他，去同她的朋友一起过一个星期而用不着多担心。

她到她朋友家去住。他们一家子都亲切地照料她，愉快地陪伴她，她得到了很大的益处。他们关心她，一点也不是因为她是"柯勒·贝尔"，而是因为她是他们认识和喜爱多年的夏洛蒂·勃朗特。对于他们来说，正因为她患了病，身体虚弱，才更应该怀着深情关怀这个孤独的女人，他们最早认识她时，她还是个很小的、失去母亲的女学生呢。

大概在这一时期，勃朗特小姐写信告诉我一些有关她生病的情况：

一八五二年二月六日

当然，上一个冬天对我来说是一个奇怪的时期。当时我如果看到自己还能活过冬天，那么，我的祷告一定会是："让这个杯子从我这儿再递过去吧。"我上次写信时以为已经过去的抑郁心情又以巨大的反作用回来了；接下来是内出血，然后是发炎。我右半边身子痛得厉害，胸口经常火烧火燎似的疼痛。睡眠似乎抛弃了我，或者说，除了伴随着噩梦以外，几乎不再到我这里来。胃口没有了，低热是经常陪伴着我的伴侣。过了一段时间，我才去请医生诊治。我一直以为自己的肺部受了感染，对药物的力量没有信心。不过，最后我还是找了医生，他说我肺部和胸口都正常，把我的病痛归因于肝脏不好，似乎是这个器官在发炎。我亲爱的父亲和我听了这个诊断都如释重负；但是接下来就接受了相当严格的治疗训练，人瘦了很多。虽然还没有复原，但是我非常高兴，我已经能说自己现在**好多**了。我的睡眠、胃口、体力似乎都恢复了。

她能很早就看到《艾斯芒德》①，这是她深感兴趣的；是史密斯先生给了她这个特权，她给他写了一封评论性的信，谈了她对这本书的看法。

亲爱的先生：读萨克雷先生的作品，对我来说是一大乐事。现在我在接受了别人的好意以后，很少表示我的感受，所以你一定得允许我为这样一种难得的、特殊的乐趣向你致谢，只此一遭，请别责怪我。然而，我并不打算称赞萨克雷先生，也不打算称赞他的书。我已经读了，欣赏了，觉得有趣，而且最后既觉得愤怒和悲哀，又觉得感激和赞叹。不过，一个人看完他的书，把书放下时，总不免产生后面这两种心情，不管书中写的是什么题材。在这本书的前半部，给我的主要印象是，作者使自己进入所写的那个时代的精神和文学时所用的奇妙方式。引喻、事例、风格，都安排得十分协调、和谐，而且前后一致，具有优美而自然的真实性，丝毫不夸张，这一切在我看来，都是如此出色。没有一个第二流的模仿者能用那种方式写作；没有一个粗糙的风景画家能用如此微妙而完美的引喻使我们入迷。但是却又有着多么辛辣的讽刺，多么无情的对病态题材的剖析！话说回来，如果这位野蛮的外科医生不是这样凶猛地为自己的工作沾沾自喜，那么，

---

① 《艾斯芒德》：全名是《亨利·艾斯芒德的历史》，是萨克雷于一八五二年出版的一部长篇历史小说。以十八世纪初英国对外战争和保王党的复辟活动为背景。

这样做也是对的，或者说会是对的。萨克雷喜欢解剖一个溃疡或者一个动脉瘤；他乐于把他那残酷的刀或者探针刺进发抖的活肉中去。萨克雷并不想要整个世界都变得美好；没有一个伟大的讽刺家会希望整个社会都变得完美无缺。

跟以往一样，他对女人不公正——很不公正。他叫卡斯尔伍德夫人从钥匙孔里张望，在门口偷听，还妒忌一个小伙子和挤奶姑娘，他这样写，几乎可以说不管给他什么惩罚，他都是罪有应得的。我发现，还有许多其他东西使我在读的时候感到悲哀和愤怒。但是，接着又来了几段如此真实可信、如此深思熟虑、如此感情真切的描写，你也就禁不住会原谅他并且赞美他了。

．　．　．　．　．　．　．　．　．

但是我倒希望能有人劝劝他，不要过多地描写当时政治的和宗教的阴谋。萨克雷在心底里并不看重任何时代、任何日子的政治的或宗教的阴谋。他喜欢给我们看在家里表现出来的人性，就像他自己每天看见的那样。他那奇妙的观察力喜欢活动。在他身上，这种能力是处于领导和为首的地位的，如果什么时候他的写作中有几段枯燥乏味，那就是在这种主要能力暂时处于次要地位时写的。我想目前这一卷的前半部分就是这个情况。写到中间，他摆脱了束缚，又成为他自己了，于是就一直坚强有力地写到结束。现在一切都取决于第二卷和第三卷。如果在意义和趣味上，它们不如第一卷，那就不可能得到真正的成功。如果后面比开始部分更好，如果这条河越流越汹涌澎湃，那么，萨克雷就会获得胜利。有些人习惯于把他称为当代作家中的第二名；这些评论家给他的称号是否恰当，那就要由他自己决定了。他不一定要成为第二名。上帝使他不亚于任何人。如果我是他，我就要拿出自己的本色来，而不是要做得像评论家说的那样；无论如何，我会尽

力而为。萨克雷先生从容、懒散,不大想尽力而为。再一次谢谢你;相信我是你的真诚的

夏·勃朗特

勃朗特小姐的身体仍然不好,她希望写作,但是在那次发了重病以后,一连好几个星期都还不能写。在这一段时期里,她感兴趣的少数几件事也没有什么可以使她高兴起来。三月里,她听说一个朋友的住在殖民地的亲戚去世了;我们看到了她心里的一些腐蚀性的恐惧。

上星期从玛某某的一封信里得知 E 某某去世了。那是封长信,它那朴实、强烈和真挚的感情使我心痛如绞。我只敢读一遍。它以可怕的力量撕裂了已经有一半结痂的伤口。临终时完全一样——呼吸停止,等等。她担心自己会在她那寂寞无聊中变成一个"严厉、粗暴和自私的女人"。这种担心叩动了我的心弦;我自己就一次又一次出现过这样的感觉。同玛某某的地位相比,**我**的地位又是怎样的呢?愿上帝帮助她吧,因为只有上帝才能给她以帮助!

她在寂寞之中由于身体关系经常情绪低沉,这过多地伤害了她的健康,这时,她的朋友一再催促她离开家;还有许多人也向她发来邀请,帮助她成行。但是她不允许自己这样出去散心,除非是因为健康关系,非去不可。她怕老是这样求助于变换生活环境和变换生活圈子,因为事后肯定会产生反作用。就她所能看到的,她是注定了要过孤独生活的,她只得使自己的性格屈服于生活,而且,如果可能的话,使两者和谐起来。等到她能够再写小说时,一切就都比较好了。小说中的人物是她在寂寞时的伴侣。她常常一连许多天不能出去,完

全一个人孤零零地过日子。她小说中的人物的兴趣填补了她生活中缺少兴趣的空白。"记忆"和"想象"找到了他们合适的工作,不再来伤害她的重要器官。但是她往往不能写,不能去看她的人物,不能听他们说话;头痛像一层巨大的迷雾把他们抹去了;对她说来,他们已经不存在了。

这就是这一年整个春天的状况;尽管她的出版商催促她把这本书写完,《维莱特》还是一无进展。甚至连写给朋友的信也少了,短了。我从这些信里看到有一些句子可以引用,值得保存下来。

> 玛某某的信很有趣;它显示出一个叫人不能不真心赞美的心灵。把它那清醒的坚定信念同可怜的某某那种动摇不定的依赖心比一比看。我记得,后者在第一次感到喜不自胜时,从来没有用感谢上帝的话来表达这种心情。她对自己的幸福缺乏信念,感到怀疑,这始终叫人觉得可怜。而玛某某却深信不疑。她的信念是感恩的,不受干扰的;在她自己感到幸福时,她又是多么关心别人啊!

> 一八五二年三月二十三日
> 亲爱的埃某某,你说你常常希望我也能像你一样,在纸上聊天。我怎么办得到呢?我有什么材料可写呢?难道我生活中有丰富的可以用来聊天的题材吗?难道我看到过什么来客吗?难道我到哪儿去做过客吗?不,得由你写,让我听,并且说"对"或"不对",以及"谢谢你!",以此作为五分钟的消遣。
> ·　·　·　·　·　·　·　·
> 你对政治感兴趣,我听了觉得有趣。别指望激励我;对我来说,所有的部长和所有的反对派似乎都完全一个样。以前,迪斯

453

雷利作为反对派的首领是派性很强的，而约翰·拉塞尔勋爵[1]现在处于迪斯雷利的地位，也将是派性很强的。达比勋爵[2]的"基督徒的爱和精神"只值三枚半个便士的铜子。

致威·史·威廉斯先生
一八五二年三月二十五日

亲爱的先生：不久以前，史密斯先生说他想重版《谢利》。我已经把这部作品作了修订，现附上勘误表一份。今天我还通过铁路寄出一箱还到科恩希尔的书。

我最近很高兴地读了《两家人》。看来我应该在一月份收到这部作品；但是由于搞错了，它在死信办公室里耽搁了，在那里放了将近两个月。我很喜欢那个开头；结尾似乎很难比得上《罗丝·道格拉斯》。这位女作家把主要的兴趣从开始时着重描写的两个人物——本·威尔逊和玛丽——移到写得比较差的另外两个人物身上，我认为她这样做是犯了一个错误。如果她把本和玛丽作为她的男女主角，继续用她一开始用的那种真实、自然的方式展示他们的命运和性格，结果也许能写出一本杰出的、有独创性的书。至于莉丽亚斯和罗诺德，他们不过是浪漫的虚构人物，身上毫无真正的苏格兰农民的气息。他们说的甚至不是苏格兰话，而像文雅的女士和先生那样尽说空话。

我早就应该承认自己是很高兴地阅读卡瓦纳小姐的《信基督教的女人》的。她的博爱精神和（总的说来）她的不偏不倚是很美的。的确，她处理匈牙利的伊丽莎白这个主题时用的手法未免过于温和；而且，对于新教的博爱精神**似乎**少于天主教的这个事

---

[1] 约翰·拉塞尔勋爵（John Russel，1792—1878）：英国政治家，曾两次出任首相。
[2] 达比勋爵（Edward George Geoffrey Smith Derby，1799—1869）：英国首相。

实,她自己思想上显然有误解。她忘记了,或者不知道,新教的教义比罗马天主教的要文静些;因为它不要牧师穿上红色法衣,也不把善良的女人立为圣徒,在她们的名字前加上"圣"字,宣扬她们的善行。在关于人的记忆中,也许并不记载他的施舍,但是在天上却跟在地上一样,是有它的账目的。

向你和你的家属致以亲切的问候,我相信他们在最近刚过去的恶劣天气以及使我们约克郡的春天仍然寒冷彻骨的东风中都安然无恙。亲爱的先生,我是你的真诚的

夏·勃朗特

一八五二年四月三日

亲爱的先生:书箱稳妥地到达了,承蒙你的好意为我精选了这些书,非常感谢。

既然你希望我谈谈我对《父亲的学校》的看法,我便匆匆地阅读了这本书。依我看,这本书写得聪明,饶有兴味,非常有趣,很可能受到普遍欢迎。背景选择得很出色,并不过于平凡。主题、性格、时代都比较新鲜,使这个故事有某种吸引力。我认为,其中有一种形象化的情景描写,还有一种勾画可见的有形事物,描写眼睛看到的事物表面的杰出天才。我觉得那幽默如果用在舞台上,效果一定很好;大部分场景似乎还需要有一些戏剧性的辅助描写才能够取得最佳效果。但是我认为,只能给予这样的赞美,再高就会不恰当了。坦白地说,在读这个故事时,我觉得它在寓意和情操上有一种奇妙的空虚;在目的和感情上有一种奇怪的浅薄。总之,"杰克"并不比"托尼·伦普金"[1]好多少,在

---

[1] 托尼·伦普金:哥尔斯密的讽刺喜剧《屈身求爱》中的人物。

他这样的小丑和他父亲要他成为的花花公子之间，并没有多少选择的余地。年迈的英国猎狐者那种基本上可说是粗俗的生活，同文雅的绅士那种轻浮的生活，形成了两个极端，各以自己的方式引起人们的反感，所以作者写一个青年被迫从一种生活转到另一种生活，从马厩里拉出去，或许由别人通姓报名引进舞厅，而且还要我们为这个青年的命运感伤一番，这时，我们就有点忍俊不禁了。杰克的确死得悲惨，你看到这个可怜的人死得过早，难免会觉得遗憾；但是你不会忘记，如果他不被硬塞到彭罗道克上校的武器跟前，他也许可能在一次猎狐中摔断脖子。托马斯·瓦伦爵士的性格刻划得很出色；自始至终是一致的。艾迪生的性格也不错，但却像一幅速写，只有个轮廓——缺少色彩和润饰。这个人的肖像是在那里，还有他的服装和他一生中几件零零碎碎的轶事；但是这个人的天性——灵魂和自我在哪里呢？对于几个女的角色，我什么也不谈——一句也不谈。只谈一下，我觉得莉迪亚像个穿着漂亮衣服的小演员，在一出时髦的喜剧里仪态万方地出现了，消失了，然后又出现了，摆出适合于她那角色的感情，连同所有得体的机智和天真以及——如此而已。

你作的典型生意人的描绘十分逼真，对这一点我毫不怀疑，但是我们不会担心社会将给完全带到这个水平上来。人性（尽管坏）毕竟还有一些成分是会阻止这样做的。不过，达到这个结果的趋向本身——我担心还是当代的显著的趋向——却无疑会引起惨痛。然而，在竞争的弊端超出一定限度的时候，难道不会出现自己克服弊端的办法吗？我想会的，不过那时是通过一些痉挛性的危机，这些危机像地震似的崩坍在它周围。与此同时，有多少人的生活就只是斗争。享乐和休息都给剥夺了，劳动给可怕地加剧了，到了天性无法忍受的地步！我常常想，若不是坚定地相信有

个来世，自觉的努力和耐心的受苦都会在那里得到酬报，那么，这个世界将会是个最可怕的谜。亲爱的先生，请相信，我是你的真挚的

夏·勃朗特

在写给她从前在布鲁塞尔的一个朋友的信里，她简单地回忆了她度过的这个郁闷的冬季。

一八五二年四月十二日哈沃斯
……我常常是以极大的困难度过冬季和初春的。一月初，我的朋友跟我一起住了几天；她没法再多住。她在的时候，我觉得好一些，但是她走后不久，我就又垮了下来，这使我体力大大衰退。不能否认，我的处境的寂寞加剧了处境的其他苦痛，真是可怕。有几个漫长的暴风雨的日日夜夜，我渴望支持和有人做伴，这种感觉已经到了无法表达的地步。我睡不着觉，就一夜一夜地醒着躺在床上，身体虚弱，什么事也不能做。一个白天又一个白天，我坐在自己的椅子上，只有最悲哀的回忆陪伴着我。这种时刻我永远也不会忘记。但是既然是上帝送来的，那就一定是最好的。

现在我的身体稍有好转，而且恢复到还算健康的程度，我为此感到非常高兴。不过，仿佛总要有点痛苦似的，爸爸尽管整个冬天身体都好得出奇，现在到了春天却在发支气管炎。我由衷地相信，这次发作会过去的，他会像以前那样渐渐好转。

让我别忘了回答你关于白内障的问题。告诉你爸爸，**我的**父亲在接受手术时是七十岁。他当时很不愿意尝试这种实验，不相信像他这样年纪大、体力差的情况，手术会成功。我在这件事情

上不得不十分坚决,一切都由我负责。白内障摘除(不是只抑制一下),至今已经过了将近六年,这六年里,他对于这一步一次也没有后悔过,几乎没有一天他不为恢复了一度失去的宝贵视力表示满意和高兴。

我在一封信里给勃朗特小姐讲了我当时正在写的那部小说的故事概要,她在回信中这样说:

> 你写的那部作品(对于这部作品,我当然无话可谈)的梗概,我觉得很好。它的目的可能不仅在理论趋向上是崇高而正义的,而且在实际效果上也是有益的。这样一本书可能让许多人恢复希望和活力,他们本来以为已经失去了这两方面的权利。这本书还可能为某些人开辟一条明确的道路,让他们可以努力赢得荣誉,他们本来以为,在这个世界上,自己已经和一切荣誉分道扬镳了。
>
> 然而——听听我的抗议吧!
> 她为什么非死不可呢?为什么要我们流着泪合上书本呢?
> 一想到那必定会经受的痛苦,我的心就受不了。但是,你只得顺着你自己的灵感冲动来写。如果**它**下命令要杀死那个受害者,那么,旁观者就无权伸出手来按住那把献祭的刀。不过我认为你在处理这些事情时是一个严厉的女祭司。

天气转暖,她的健康状况有了改善,写作能力也增强了。她用加倍的活力开始写那摆在她面前的作品。为了坚持写作,她摒弃了一切欢乐。因此,她这样给她的朋友写信:

五月十一日

亲爱的埃某某：我决心目前既不出去访问别人，也不接受别人来访。在你去 S 地以前，你就安安静静地待在 B 地，因为我将留在哈沃斯；心里的告别话可以同嘴上的一样真诚，也许不那么令人痛苦。天气变了，我很高兴；西南风来了，这对我很合适；但我希望你没有理由因为失去了你喜爱的东风就感到遗憾。……最近我在一本法国书里读到一句句子，意思是："婚姻可以解释为双重自私的状况。"那么，就让独身者得到安慰吧。为了玛丽的信，向你表示感谢。她**的确**似乎很幸福；我没法向你说清楚，她的幸福似乎比某某的更加真切，更加持久，更有保障。我认为这主要同她本人以及她自己那文静的、纯洁的、坚信的和虔诚的性情有关。我总觉得某某的幸福是一种游移不定的、不稳固的狂喜，完全取决于动荡不安的环境。如果玛丽能当个母亲，你看到的区别将会更大。

亲爱的埃，祝愿你在这次访问中健康、愉快。就目前所能判断的，这个愿望似乎有着能够实现的美好前景。你的真挚的

夏·勃朗特

第二十五章

读者一定记得，安妮·勃朗特是葬在斯卡巴勒老教堂的墓地里的。夏洛蒂嘱咐过要在她坟上竖一块墓碑。在上一个冬季的孤独时刻，她曾经好几次悲哀和焦急地想起这发生最后一场巨大不幸的地点，她挂念着是否已经为纪念死者作了所有的妥善安排。最后她默默作出了决定，要亲自去看看墓碑上刻的字是否保存完好。

         一八五二年六月六日，菲利，克利夫大厦

亲爱的埃某某：我孤零零地一个人待在菲利。别生气；采取这个步骤是对的。我考虑过，而且作了应有的思考以后才作了决定。是有必要变换一下空气；至于我为什么不去南方而来这里，这也是有原因的。星期五，我到斯卡巴勒去，看了墓地和墓碑。碑必须重新磨过，重新刻字；上面有五个错字。我作了必要的嘱咐。这样就尽了**那个**责任；长久以来，这事一直沉重地压在我的心头，我觉得只能由我一个人来处理，这是我的特权。

我住在我们以前住的那个地方，在史密斯太太家。不过，不是原来住的那几间，而是住在比较便宜的套房里。他们见了我似乎很高兴，他们还很清楚地记得你和我，显然怀着极大的好意。过去侍候我们的那个女儿刚结婚不久。我觉得菲利变化很大；又盖了一些寄宿所——其中有些很漂亮；大海还跟以前一样壮观。我常常在沙滩上散步，竭力使自己**不**感到孤独忧郁。不用说，我心里是多么地渴望你来啊。我洗过一次海水浴，这对我很有好处。也许我将会在这里住上两个星期。迄今还没有多少游客。你常常仔细观察里面住些什么人的那所大房子里，现在住着一位温洛克夫人。有一天我出去，想走到菲利桥那里，可是被两头母牛吓回来了。我打算哪天早上再去试试。我离开家时,爸爸身体很好。我来这里以后,常常头痛,胁部也疼痛,不过我觉得这是吹了冷风的关系,因为前一阵天气一直很冷,最近才转暖;目前我觉得有一些好转。还要我跟以前一样给你寄报纸吗?请马上写信把这件事和你想到的任何其他事情告诉我。——请相信,我是你的真挚的

         夏·勃朗特

    一八五二年六月十六日,菲利
  亲爱的埃某某:请别为我担心。我真的认为,住在菲利以后,我比以前好多了——比我预料的更有好处。我相信,如果能在这里住上两个月,不仅锻炼身体,呼吸新鲜空气,还参加一些愉快的社交活动,那么,我的健康一定会完全恢复。不过,这不可能办到;但是,因为已经得到了益处,我感到欣慰。我将在这里再住一个星期。
  我给某某写了回信。我为她难过,相信她是在忍受痛苦;但是我不大喜欢她那种表达自己感受的方式。……不同的人表达喜悦的方法大不相同,同样,表达痛苦的方法也大不相同。她在谈起她的"可贵的成为圣徒的父亲"时,是诚挚而认真的,对于这一点我并不怀疑;但是我希望她用更朴实一点的语言。

她从菲利回来以后不久,勃朗特先生生了一场很重的急病,这使她非常惊慌。有几天,他们一直担心他会永远失明,在这种恐惧心理中,他的情绪令人痛苦地大大低落了。

  伴随着任何类似旧病复发而来的沮丧(他的女儿写道),几乎

总是最难以控制的一点。亲爱的埃某某，你真是太好了，提出要来陪我；但是你还是安安静静地留在原地吧。你可以完全放心，我觉得缺少陪伴，无事可做，并不是在现在，也不是在目前这种情况下；现在我的时间给占得满满的，我的脑子也忙于思考。……关于你上次信中的主要内容，我不能允许自己多加评论；没有必要提出什么劝告。据我看来，你似乎至今为止一直能勇敢机智地接受这些考验。我只祈求上帝，让你继续保持坚定和忍耐。顺从、勇气，在可以努力时努力——这些似乎是我们在进行人生的长期斗争时必需的武器。

我想，就在她整个脑子都在这样为她父亲焦虑不安时，她收到了她的几个出版商的信，询问他们知道她正在写的那部作品的进度，因为我发现她写给威廉斯先生的下面这封信，提到史密斯-埃尔德公司提出的一些打算。

致威·斯·威廉斯先生

一八五二年七月二十八日

亲爱的先生：你是否考虑不久出版《谢利》的新版本？推迟一些时候不是更好吗？关于你信中的一部分，请允许我表示这个愿望，——我相信，这样做，不会被认为是越出了作为作者的地位，来干涉你们的业务，即在我的出版者确实拿到原稿以前，不要发《简·爱》作者的新书预告。有关未来的事，也许我们谁也不能把话说得十分肯定。有些人认为，在作这样一些估计时，不管怎样小心都不大可能算是过分；我得把自己划到这些人中间去。这样做时，我也不会用抱歉的口吻，尽力而为的人是做得对的。

去年秋天，有一个时期我写得很快。当时我想，春天可以出版了，可是我的身体垮了下来。我度过的那个冬天是一旦经历过就永远也不会忘记的。今年春天只不过是延长的考验而已。天气转暖，我到海边去了一次，这些对我身体很有好处。但是我还没有像以前那样生气勃勃，写作能力也不像以前那样强。即使不是这样，这一区别也没有什么用。我的时间和心思目前完全用来服侍我的父亲，他现在的身体处于十分危险的状态，炎热的气温使血液都涌到头部去了。——我是你的真挚的

夏·勃朗特

八月底以前，勃朗特先生完全康复了，在得到他那小心的女儿的允许以前，他早就急于去履行他的职责了。

九月十四日，那位"伟大的公爵"[1]去世了。我们知道，她从小就把他看作她心目中的英雄；但是在这个时期，我却只看到她在下面引用的这段文字里提到他，这是从她给朋友的一封信里摘录的：

今年夏天你变换了一下环境，我希望，并且相信，这对你永远有益，尽管其中时常夹杂着痛苦。不过，你不久就回家来，我感到高兴；我确实不能说我多么希望已经到了再一次毫无障碍地欢迎你来哈沃斯的时候。但是，唉！我没有进展；我觉得烦躁——无能——有时情绪很低沉。不过，这个问题目前不能细谈；它过于强烈、过于紧迫、过于痛苦地压抑着我。在这部作品完成以前，我比以往更不能品尝和体味欢乐。然而，我却常常深更半夜地坐在床上，思念着你，为你祝祷。谢谢你给我寄来《泰

---

[1] 指威灵顿公爵。见前注。

晤士报》；它在这个重大的和可悲的题目上所说的都说得**很好**。似乎全国一下子都对那个伟人作了公正的评价。有一本美国书上也有一篇评论，我看了很高兴。读读《汤姆叔叔的小屋》①吧；不过，也许你已经读过了。

爸爸的健康状况继续令人满意，感谢上帝！至于我，我那可怜的肝脏最近又出了毛病，不过我希望它会好转；它妨碍我的工作——促使体力和感情的调子都下降了。我不能不时常想着这种失调。

哈沃斯还同以往一样，处于对健康不利的状况。勃朗特小姐和泰比都染上了当时流行的病，病得很重。前者过了很久才摆脱这病的影响。她那要等完成作品以后才跟别人来往或者换换环境的决心是白下了。她病得没法写作；伴随疾病而来的是从前那种沉重的心情、往事的回忆和对未来的担忧。最后，勃朗特先生表示了一个非常强烈的愿望，要请她的朋友来陪她，她也感觉到稍微振作一下精神是绝对必要的，所以在十月九日，她请求她的朋友到哈沃斯来住一个星期。

我原来以为自己可以在完成作品以前，坚持采取克己的态度，但是我发现这样不行。事情毫无进展，而这种过分的孤独又过于沉重地压抑着我。所以，让我看看你那亲爱的脸吧，埃，只要有一个星期让我恢复一下精力就够了。

但是她只肯在指定的那段时间里接受她朋友的陪伴。她在十月二十一日这样写信给伍某某小姐：

---

① 《汤姆叔叔的小屋》：美国女作家斯陀夫人（Harriet Beecher Stowe，1811—1896）于一八五二年发表的一部长篇小说。

埃某某只陪了我短短一个星期。我不让她再待下去,因为我对自己和自己的耽搁不满,而且认为请她来是因为我自己软弱,经受不住诱惑。事实上,我情绪很低——有时低到了极点——她给了我无法言喻的益处。我不知道什么时候能再在哈沃斯看到你。我父亲和仆人们都一再明白表示,希望在夏天或秋天邀请你来,但我一直不听。我想:"还没到时候,我要先空闲下来再说。"先工作,然后再玩乐。

某某小姐的来访对她很有裨益。白天有人愉快地做伴,带来了夜间难得的安眠的幸福。在她朋友走后,她身体好转,已经可以"着手工作了",于是几乎一停也不停地写她那本即将写完的《维莱特》。下面这封给史密斯先生的信似乎是连同原稿的第一部分一起寄去的:

一八五二年十月三十日

亲爱的先生:你必须把看了《维莱特》以后的想法如实地告诉我。我简直无法向你说明自己多么渴望听听除了我自己的以外别人的意见,而且,因为没有人可以让我念一句给他听,或者征求他的意见,我有时感到多么沮丧,多么失望。《简·爱》不是在这种情况之下写的,《谢利》的三分之二也不是的。为此我感到非常悲哀,别人一提起这本书,我就受不了。书还没有写完,但现在我希望可以写完了。至于匿名的出版问题,我要说的话是:如果删去作者的名字会严重损害出版者的利益,影响书店的订数等等,那么我也就不再坚持。但是,如果不会产生这种不良影响,那么,能够躲在化名的庇荫之下,我会万分高兴。我似乎很怕广告——用大字印的"柯勒·贝尔的新小说"或"《简·爱》作者的新作"。 不过,我清楚地感觉到,这些是一个退隐的可怜虫的先验论。所以你必须坦率地说……我将很高兴看见《艾斯芒德》。我不喜欢第二卷，原因是：我认为这里面确实写了过多的历史——过少的故事。

在另一封有关《艾斯芒德》的信中，她用了如下的字句：

在我看来，第三卷最富于光彩、动力和情趣。我觉得第一、第二卷有些部分是值得赞美的，但缺点是写了过多的历史——过少的故事。我认为一部小说应该是一部创造性的作品；在应该用于**虚构**的篇页中，**事实**应该写得少一些。家里普通的面包比蛋糕更有益健康，更必不可少；但是，谁愿意看到黑面包放在餐桌上作为甜食呢？在第二卷里，作者给我们大量供应极好的黑面包，在他的第三卷里只有一部分黑面包，像掺在一个精美的、不太油腻的葡萄干布丁中的面包屑。

她在给史密斯先生的信中提到了《艾斯芒德》，这使我想起了上述引文。给史密斯先生的信是这样写的：

你会看到，《维莱特》没有触及公众感兴趣的事情。我写不出处理当代题材的书，试也没用。我也写不出有助于当代风气的书。虽然我尊敬慈善事业，我也不能采取一个慈善计划；在比彻·斯陀夫人的作品《汤姆叔叔的小屋》中处理的那种重大题材面前，我只能心甘情愿、真心诚意地把脸蒙起来。要正确处理这些巨大事件，那就必须作长期的、切实的研究——熟悉这些事件的涵义，真正感觉到它们的弊端；不能把它们作为一种例行公事、一种商业投机来对待。我深信不疑，斯陀夫人从小时候起，在她想到写书以前很久，心里就觉得奴隶制残酷了。充满在她整部作品中的感情是真挚的，而不是硬造出来的。记住要对《维莱特》作出老实坦率的评论，要威廉斯先生作出毫不留情的批评。倒不是说我会改变什么，而是我想知道他的和你的印象。

致乔·史密斯先生

十一月三日

亲爱的先生：来信收到，非常感谢。这使我如释重负，因为我一直担心《维莱特》在别人眼中会是怎样一部作品，这种疑虑折磨得我很苦。我觉得在某种程度上可以信赖你的良好印象，因为你指出的不赞同之处，是说得完全正确的。你指出的缺点中，至少有两点正好是我自己意识到的——在格雷厄姆少年时期和成年时期之间有脱节现象，缺少完美的和谐；他对范肖小姐的感情转变得突然，不自然。可是，你得记住，他降低标准，暗暗欣赏那位小姐已经有一个时期了——认为她**仅仅**次于天使。不过，还是应该让读者对情绪的转变有个思想准备。至于出版安排，我让科恩希尔去考虑了。你说老是要保持保不住的秘密是不明智的，毫无疑问，你话不无道理；所以你得按你认为最好的办法去做。我也只好听任你们用大字登广告了，不过心里是很不情愿的，而且还像鸵鸟似的只想躲起来。第三卷的大部分都用来刻画那位"脾气乖戾的教授"的性格发展。露西不该嫁给约翰医生；他太年轻，太漂亮，太快活，太温和。他是大自然和命运之神的一个"鬈发宝贝"，必须在生活的彩票中得奖。他的妻子必须年轻，富有，漂亮，的确必须把他写得很幸福。露西如果跟谁结婚，对方只能是那位教授——对于这个人，有许多事要原谅他，也有许多事要"容忍他"。不过，我对**弗罗斯特**小姐并不宽厚；从一开头起,我就没有打算把她放在愉快的位置上。第三卷结尾仍然是一件令人不安的问题;然而我只能尽力而为。如果我当时能防止讨厌的头痛,那就可以很快地写完了。不管我什么时候全神贯注地写作,这头痛病总要来袭击我,打垮我。……

亨利·艾斯芒德上校刚到。他穿着安妮女王①时代的服装,显得古老而突出。而假发,宝剑,花边,褶边都由从前的《旁观者》的形式表现出来。

关于这封信的结尾一句话,我可以把她告诉我的情况说一下。勃朗特先生急于要她给她的新小说写一个好的结尾,因为他不喜欢那些给读者心里留下忧郁印象的小说。他要她让男女主人公(像童话中的男女主人公那样)"结婚,以后永远过着幸福的生活"。但是保罗·埃马纽埃尔②先生在海上遇难这个想法牢牢地铭刻在她的想象中,直至像事实一样鲜明强烈,以致她没法改变小说的结尾,仿佛她叙述的是事实似的。为了满足父亲的愿望,她只能用预言性的词句把这厄运遮盖起来,而让读者们凭着自己的性格和鉴别力来解释她的意思。

致威·史·威廉斯先生

一八五二年十一月六日

亲爱的先生:为了你的亲切的来信和其中对《维莱特》作的坦率和卓越的评论,我必须毫不耽搁地向你表示谢忱。你提出的严厉的批评有许多我是同意的。也许第三卷可以避免其中一些缺点;其他的缺点仍然存在。我想情趣的高潮不会有什么地方达到你希望的程度。其中能有的高潮一直要到书快结束时才出现。我

---

① 安妮女王(Queen Anne, 1665—1714);英国女王(1702—1714)。
② 保罗·埃马纽埃尔:《维莱特》中的男主人公。

怀疑，甚至在那时，一般的小说读者是否会认为"痛苦积聚得够深"（像美国人说的那样），或者涂在画布上的颜色够大胆。不过，恐怕他们只能满足于提供给他们的东西。我的调色板上拿不出更鲜艳的色彩；如果要我把红色画得更浓，或者把黄色画得更亮，那我就只能作一些拙劣的修补了。

除非我估计错误，我认为这本书的感情自始至终处于一种还可以容忍的抑制状态。至于女主人公的名字，我几乎说不清楚是什么微妙的想法使我给她一个冰冷的名字；不过，一开始，我给她取名为"露西·斯诺"（拼法中有个"e"字）①；后来我把这个斯诺改为"弗罗斯特"②。再后来，我后悔作了这个改动，希望再改为"斯诺"。如果不是太晚的话，我想现在在原稿上全部改一改。她必须有一个**冰冷的**名字。一部分也许是按照"lucus a non lucendo"③的原则——一部分是按照"事物合情合理"这个原则，因为她的外表冷若冰霜。

你说读者也许会认为她是病态的和软弱的，除非把她的身世写得更充分些。我认为她有时**是**病态的和软弱的。她的性格并没有打算表现出纯粹的坚强，任何人过她那种生活，必定会变得病态的。譬如说，促使她去忏悔的并不是健康的感情，而是孤独的忧伤和病痛引起的半昏迷。然而，这本书如果没有把这一切表达清楚，那么，一定是什么地方有个大缺点。我还可以说明另外几点，但那太像画一张画然后在下面写上所画的东西的名称。我们知道，需要写字的笔帮助的是哪一种画笔。

我请求你谈谈印象，你明确而充分地谈了，为此我再一次向

---

① 原文为Snowe，去掉e，这词的意思是"雪"。
② 原文为Frost，意思是"霜""冰冻"或"严寒"。
③ 拉丁语，直译是："树丛"一词来自"不明亮"。意即荒谬的推理。

你表示感谢。亲爱的先生,我是对你十分真诚的

夏·勃朗特

我相信,除了史密斯先生和你以外,别人不会看这部原稿。

一八五二年十一月十日

亲爱的先生:我只希望把《谢利》推迟到《维莱特》快完成时再出版。这样,你认为什么时候出版合适就可以在什么时候出版,我不会反对。至于把原稿拿出去付排,我只想说,如果能按我一般的写作速度写第三卷,而且只有一般的干扰,那么我希望再过三个星期左右写完。究竟是等三个星期再付排好,还是立即付排好,这请你决定吧。如果你能在印第一、第二卷以前先看看第三卷,那当然更好。不过,如果等一等可能不利,那我也并不认为非等不可。我看了《艾斯芒德》第三卷,觉得这一卷写得既引人入胜又令人激动;它似乎具有一种超过另外两卷的动力和刺激——前两卷有时缺少的曲折情节和才气横溢,这一卷里都有了,有几段,我想萨克雷是全力以赴的,它们那宏伟肃穆的气势令人深感满意。我禁不住自言自语:"他终于使出了他的力量。"我认为这本书里没有一个人物的性格比比阿特丽克斯的更出色,这个人物构思新颖,描绘生动。它是奇特的,给人一种新的印象——至少对我来说是新的。比阿特丽克斯本人并不坏。有时她流露出不少善良的和伟大的品质,使你有这个感觉——你认为她是受了命运的驱使。你会认为有某种古老的厄运在迫近她的房子,那一度在那么多世代里都是它最光辉灿烂的装饰物的东西要变成它最大的耻辱。有时,她那善良的品质和这个可怕的命运搏斗,但是命运之神获得了胜利。比阿特丽克斯不可能成为一个老实的女人和一个善良的人的妻子。她"作过努力,但是她**不可能**

成为这样一个女人"。她骄傲，美丽，有着污点，她生来就是她后来变成的那种人，一个国王的情人。我不知道你是否看过《领袖》上的书评；我是在看完这本书以后看的。我认为这篇书评写得温和、冷淡、贫乏，这想法有可能错了吗？尽管它申明抱友好态度，但是它留给我的却是最令人沮丧的印象。别人肯定会对《艾斯芒德》作出另一种公正的评价。这位评论家有一句尖锐的话，意思是：布兰·艾默里和比阿特丽克斯是相同的，是根据同一原型描写的！在我看来，她们之相同犹如一只鼬鼠和一只孟加拉巨虎相同一样。后面两者都是四脚动物，前面两者都是女人。但是，我可不能继续说下去，免得占掉你的或者我的时间。请相信，我是对你真诚的

夏·勃朗特

在这个月晚一些时候的一个星期六，勃朗特小姐完成了《维莱特》，把它寄给她的出版商。我写完以后做了祷告，写得是好是坏，我不知道。如果上帝愿意，我现在将努力安静地等着结果。我想，这本书不会被看作是一本故作惊人的书；也不是能引起敌意的那种书。

因为结束了工作，她觉得自由了，可以让自己稍微换一下环境。有几个朋友急于看看她，欢迎她到她们家里去。她们是马蒂诺小姐、史密斯太太和她自己的忠实的埃某某。她在把《维莱特》已经完成这个消息告诉埃某某的信里，提出要同她一起过一个星期。她还开始考虑，接受史密斯太太的盛情邀请是否好，觉得在当地改校样可以方便些。

引用下面这封信，不只是为了看看她自己对《维莱特》的评论，而且是因为它可以让我们看到，她已经学得把小事情的意义扩大化

了,所有过着沉默寡言、孤独寂寞的生活的人都是这样的。史密斯先生在寄《维莱特》的稿费时,未能同时寄封信来,因此她收到稿费时没有见到一字一句。和她同住的朋友说,她立即以为对方对《维莱特》感到失望了,要不然就是她的某句话或者某个行动得罪了他。若不是中间夹着一个星期日,让史密斯先生的信及时寄到,她真会动身去伦敦,在路上和这封信交错呢。

一八五二年十二月六日

亲爱的先生:稿费和信都已安全到达。稿费是星期六收到的,信封里没有信,这使我决定星期一乘火车去伦敦看看是怎么回事,是什么使我的出版者缄口无言。星期日早上你的信来了,这样你就免得不速之客柯勒·贝尔突然出现在科恩希尔了。在可能范围之内,应该避免无法解释的耽搁,因为这些耽搁会使为它们担心的人一时冲动,突然采取一些措施。

你说在第三卷里兴趣从一组人物转到另一组人物身上,我不能不再说一遍,你这种抱怨是对的。这样做使人看了觉得不舒服,读者也许不欢迎。事实上,在某种意义上说,作者是万不得已才这样写的。传奇精神会指出另一条道路,那要远远地比现在的这条更加美好、更加受欢迎。它会塑造出一位杰出的英雄,并且忠实地依附着他,使他受到人们高度的崇拜;他会成为一个偶像,而且也不是一个哑口无言、毫无反应的偶像。但是,这样会不像现实生活,而和现实的情况不符——和可能的情况不同。不过,我很担心,这本书里最差的一个人物是我有意使之成为最美的那一个。如果是这样,那么,缺点在于它没有**真**人作原型,而是纯粹出于想象。我感觉到这个人物缺少坚实基础,恐怕读者也会有同感。和它结合太像同云结婚的伊克西翁①的命运了。不过，我认为波丽娜的童年想象得很好，但是她……（这句有趣的句子的其余部分给从信上撕去了）。因此，去伦敦作短期访问就变得比较可行了，如果你母亲能在有空时写封信，并且在圣诞节以后定一个对她合适的日子，那么，因为爸爸的健康允许，我将乐于接受她的邀请。但愿我去时能来得及改校样，至少改几页；这样可以省掉麻烦。

---

① 伊克西翁(Ixion)：希腊神话中的拉皮泰人之王。因夸口博得赫拉的爱情，被绑在永远转动的地狱火轮上。主神宙斯曾将一朵云变成赫拉的形状送到他那里去。

第二十六章

当我最初有幸被约请写这本传记时,我最强烈地感觉到的困难是,怎样才能既写出夏洛蒂·勃朗特是一个真正高贵、忠贞和温柔的女人,而又不过多地在她的生平中混入她最亲近、最知己的朋友的历史。就这一点反复考虑以后,我作出了决定。如果写的话,那就要写得真实,什么也不回避,虽然有些事情,由于它们本身的性质,不能讲得像其他事情那样详细。

关于她的生平,人们最感兴趣的事情之中,有一件当然是她的婚事和此事之前的情况。但是在我这方面来说,这件事因为日期更近,而且不仅同她,还和另一个人同样密切有关,所以处理起来需要比处理其他任何事情更加细致,免得过于粗暴地损害记忆中最神圣的东西。但是我有两个理由,在我看来都是很正当的理由,要谈谈事情经过的详情细节。这些事情导致了她不多几个月的婚后生活——那为时很短的极大幸福。第一个理由是,我希望读者注意这个事实:好几年来,尼科尔斯先生①几乎每天都看见她——看见她是个女儿,是个女主人,是个朋友。他是个不为任何文学上的声誉所吸引的人。我想,在他看到一个女人具有这种声誉时,这一点本身就会使他退缩。他是个严肃的、沉默的、谨慎的人,有强烈的宗教感和作为牧师的责任感。

他默默地观察她,爱慕她,已经有很久了。这样一个人——一个好几年来每天都观察她的生活方式的人——爱上了她,这对于她那作为女人的性格可说是个有力的证明。

他的感情究竟有多深?对这个问题,即使我能用言语表达,也不敢说出来。这年十二月的一天晚上,他来用茶点的时候,她不知道自己竟然是他特别关心的一个对象,她几乎还没开始怀疑到这一点。用完茶点,她像往常一样从书房回到自己的起坐间去,留下父亲同他的副牧师在一起。不久,她听到书房门打开了,指望接着会听到前门砰的一声关上。然而没有,听到的是轻轻的叩门声。"像闪电一样,我一下子想到将发生什么事。他进来了,站在我面前。他说些什么话,你可以想象得到。他的举止你几乎无法理解,我也不可能忘掉。他使我第一次感觉到,一个男人在不知道对方会有什么反应时就宣布爱情,那要他作多大的努力。……看到一个平时像一座雕像一样的人这样发抖,这样激动,这样被感情压倒,我感到一种奇怪的震惊。当时我只能请求他离开,答应明天给他回答。我问,他是否同爸爸谈过。他说他不敢。我想我是半送客半驱逐地把他赶出了房间。"

勃朗特小姐竟然在这个善良的人心中激起了如此深厚、如此狂热、如此持久的感情!这对她来说是一种光荣。正因为这样,我才认为自己有责任说这么多,而且充分引用她写的有关此事的信件。现在我谈谈我详细谈这件事的第二个理由,这件事,有些人乍一看来,也许会认为是私事,不宜公开。尼科尔斯先生离开她以后,夏洛蒂立即到她父亲那里,把一切都告诉了他。他一向反对婚姻,经常说些反对的话。但这时,他岂止是反对;尼科尔斯先生居然爱上了他的女儿!这个想法就叫他受不了。父亲最近刚生过病,她怕他激动了会引起不良后果,便匆匆答应他,第二天一定明确拒绝尼科尔斯先生。曾经遭到过无知评论者狠狠批评的她,就是这样默默地、谦逊地收到了这个强烈的、充满激情的爱的表白——就是这样周到地为她父亲考虑,而不是自私地为自己考虑。除了按照他的愿望以外,根本不考虑自己应该怎样回答!

尼科尔斯先生表白爱情的直接后果是,递交了辞职书,辞去了哈沃斯副牧师的职务。还有一个直接后果是,勃朗特小姐在言语和行动

---

① 亚瑟·贝尔·尼科尔斯(Arthur Bell Nicholls, 1818—1906)于一八四五年五月来到哈沃斯,是勃朗特先生的副牧师。

上都只是表现得被动，但是因为父亲谈论尼科尔斯先生时用了激烈的词句，因为父亲显然觉得悲痛，身体很差，她内心感到痛苦万分。在这种情况下，她比以前任何时候都更加乐于接受史密斯太太的邀请，再到伦敦去看望他们。因此，她在一八五三年的第一个星期就到那里去了。

我收到了从伦敦寄来的下面这封信。现在我怀着一种悲哀的、骄傲的愉快心情抄下她这些充满友情的话语：

一八五三年一月十二日于伦敦

这次应该由**你**写信。自从我上次去信以后，没有收到过你的信，但是我想我是知道你沉默的原因的，那就是，忙于写作——所以，我不只是顺从地，而且是满意地接受你的沉默。

从上面日期后的地点可以看到，现在我在伦敦，非常安静地住在我的出版商家里，正在改校样，等等。在收到你的信以前，我觉得不愿给《露丝》①带来什么妨碍，这一点我已经对史密斯先生说了。倒不是因为**她**同《维莱特》接触会受到什么损害——我们只知道损害可能是在另一方，不过，我一直认为，拿作品作比较是讨厌的，宁可我和我的朋友都不要被用作比较的题材。因此，史密斯先生建议把我的书的出版日期推迟到本月二十四日。他说，这样日报和周报就可以先报道《露丝》，所有二月份的杂志也都可以登它。如果这样推迟，你觉得还不够，那就请告诉我！它还可以再推迟。

也许，不管我们怎样安排，还是不能完全阻止别人作比较。有些评论家生性就是喜欢诽谤。但我们不必介意，我们可以向他

---

① 《露丝》：盖斯凯尔夫人在一八五二年出版的一部长篇小说。

们挑战。他们**必将**无法使我们成为仇敌;他们**必将**无法使我们相互的感情中混入一丝一毫的嫉妒。我伸出手保证这一点;我知道你也会用握手来回报我的握手。

《维莱特》确实没有理由抢在《露丝》前面。后者有一种善良的、慈善的目的,一种社会效用,这些是前者一刻也不能企求的;前者也没有磅礴的气势可以作为借口,来要求占优先地位。我认为这本书比《简·爱》要朴素得多。

. . . .

我希望能看到**你**,也许至少像你希望看到**我**一样,所以,你邀请我三月份去,我把这看作已经约定的事。大约在三月底,我将到你那里作一次短期拜访。问候盖斯凯尔先生和你那个亲爱的圈子里的每一个人,我是……等等。

这次在史密斯太太家做客,比以前任何一次都更加安静,因此更加合勃朗特小姐的口味。她去看的是事物而不是人;由于让她自己选择观光的内容,她选择了"生活中**真实的**一面,而不是**点缀的**一面"。她去参观了两座监狱——一座古老的,一座现代的——新门和彭顿维尔。参观了两家医院,育婴堂和贝瑟兰姆医院。她还请人带她去看了伦敦的几个大的值得参观的地方:银行,交易所,罗思柴尔德①,等等。

宏伟而严密的组织总能引起她的尊敬和赞叹。她比一般女人更加充分地赞赏它。她在这最后一次到伦敦访问期间看到的一切给她留下了深刻的印象——深刻到使她无法一下子说出自己的感受来,无法趁印象还鲜明的时候好好地思考一下。如果她还活着的话,她那深沉的

---

① 罗思柴尔德(Rothschild):国际著名的犹太财团家族,十八世纪末在德国莱茵河畔法兰克福建立银行。此处指在伦敦的英国分行。

心迟早会对这些事物发表意见的。

她看到的事物萦回在她的脑海里，沉重地压在她的心头。她的主人们以最大的盛情款待她，她对他们还是怀着以前那种热烈的感恩心情。但是，知道了后来时间老人给予的"未来"的情况，再回过头来看看，那就不能不认为，为这最后一次告别作的准备，调子有些降低了。她是在二月的一个星期三早上向她最后一次看到的这些好心的朋友告别的。她回家时在基思利碰到了她的朋友埃某某，两个人一起去哈沃斯。

致玛莎·布朗
一八五三年一月二十八日
于伦敦，格洛斯特巷

亲爱的玛莎：如果一切顺利的话，我将在下星期三回家。我已经请某某小姐和我同行。我们将在下午四时左右到达哈沃斯，我知道你准能把一切安排得舒适和妥帖。餐厅的桌子上最好铺上桌布。你还得准备一些可以作晚餐的食物——也许，一块煮熟的冷火腿抵得上任何别的菜肴，因为早餐也可以吃。伦敦这里天气变化太大。我常常挂念，你同爸爸在家里遇上这种天气怎么受得了。我在一定程度上感觉到了天气的变化，但远远不像在哈沃斯那样。我来了以后，只有一天因为头痛和生病感到真正不舒服。我想你同泰比处得很好，在你干活需要帮手时能有人帮你。代我向泰比问好，相信我，亲爱的玛莎，——你的真诚的朋友

夏·勃朗特

《维莱特》单就一个故事来讲，没有《简·爱》那么有趣，然而却显示出作者更多的杰出天才。这本书受到了一阵热烈的欢迎。这个

奇妙的故事是在一小群居住在一所像"膳宿学校"这样沉闷单调的地方的人们中间展开的！

她获得了成功，请看她是怎样对待这个消息的！

一八五三年二月十五日

> 昨天和今天我收到了一包报纸，竟然有七份。所有的评论都使我充满了向上帝感恩的心情。受苦，工作，动机，上帝都注意到了。爸爸也很高兴。至于一般的朋友，我相信，不指望他们大大地分享这种欢欣，我也能爱他们。我年岁越大，就越是看得清楚，脆弱的人性不能过于紧张；它忍受不了多少。

我疑心，最后几行里流露出一点失望情绪，是因为她对她所珍视的意见——马蒂诺小姐的意见——非常敏感。马蒂诺小姐在《每日新闻》上的一篇关于《维莱特》的书评里，以及在给勃朗特小姐的私人信件里，都说了一些批评的话，这大大伤了她的心。她认为这一批评是不公正的，没有根据的，不过，如果这一批评是正确的、符合事实的，那么，就会比只是艺术上的缺点更加严重。一个作家也许可以使自己相信，他能沉着地忍受任何一方面的谴责；但是谴责是否有力量却完全要由谴责者的性格来决定。在公众眼里，一个评论家也许同另一个评论家一样，是同样的非个人的生物。但是一个作者却往往赋予各种意见以一种深刻得多的意义。这些意见是他所尊敬和崇拜的人的评论，或者只不过是他不在乎他们意见如何的那些人的几句话。正因为作者知道了评论者意见的个人价值，有些意见才如此深入、如此沉重地压在他心上。就这样，勃朗特小姐越是对马蒂诺小姐抱有真诚的、坚定的敬意，在听了马蒂诺小姐的评价以后，便越是感到痛苦。她认为马蒂诺小姐不仅对写作而且对性格作了不公正的评价。

很久以前,她曾经要求马蒂诺小姐告诉她,是否认为《简·爱》中有什么缺少女人所应有的文雅或端庄的地方。马蒂诺小姐让她放心,说没有。勃朗特小姐请求她,如果在"柯勒·贝尔"以后的作品中看到任何这一性质的缺点,那就一定要坦率地指出来。忠实的、说真话的马蒂诺小姐当时许下的诺言,在《维莱特》出版时履行了。勃朗特小姐听了她认为不公正[①]的评论以后,感到痛苦不堪。

在《维莱特》即将出版时,她这样写信给马蒂诺小姐:

一八五三年一月二十一日

我知道你会把你对我的书的看法坦率地告诉我,就像你跟近亲说话那样,你把对她是否有益看得比她是否高兴还重。我在被定罪的痛苦下畏缩了——跟任何其他软弱的血肉之躯一样;但是我爱真理,尊重真理,向真理屈服。让她批我的脸颊吧——好!眼眶里也许会噙满泪水;但是勇敢!还有另一边脸颊,再批吧,狠狠地批。

"这,"正如马蒂诺小姐说的,"是这个女人的真正的精神。"

马蒂诺小姐为了回答这个恳求,写了一封信,其中一部分是这样的:

---

① 多亏马蒂诺小姐,我才能写出这个误会的细节,因为她为我写了下来。 看来是这么一回事:一八四九年十二月勃朗特小姐第一次同马蒂诺小姐见面时,她为了能同一个朋友讨论评论家的某些苛刻的评论而表示高兴。这些评论她不理解,而且很想从中得到益处。"她说,这些评论有时使她困惑。有些评论把一些东西强加于她,这些东西使她认为自己一定是跟别人大不相同的,或者说,这些东西使她被人误解,她根本不能理解,希望我能作些解释,我想,当时我还没有看到过那种评论,但是听说有人认为《简·爱》'粗俗'。我告诉她那种爱是用不平常的广度处理的,那种交流是异乎寻常的,而且描写得也是异乎寻常的。但是我**并不**认为这是一本粗俗的书,虽然我不能保证其中没有一些地方,我在第二次从容容看时,不会因此之故而不喜欢。她恳求我看第二遍,我看了,那有一个先决条件:她得把我的评论看作是她的书的评论者通过自己的眼睛作出的。"——作者注

至于你急于知道的问题的另一面，我只有一件事要说；但那不是一件小事情。我不喜欢那种爱情，爱情的性质和程度都不喜欢。爱情在书中所占的主导地位和对情节的影响，都有助于解释你同我讨论的评论中的那几段，而且似乎为那些评论提供了一个根据。

马蒂诺小姐还允许我引用《每日新闻》上她那篇关于《维莱特》的书评中有关这个缺点的一段。

所有的女性人物，在她们的思想和生活中，都充满一样东西，或者说是读者从爱情这一个角度来看她们。在书的开头——一幅可爱的画——爱情通过一个六岁的孩子开始出现，到最后一页，爱情同书一起结束。这个观念是如此地占着主导地位——作者要描写对爱情的需求，这种倾向是如此地不断出现——以致叙述自己的故事的那个女主人公终于给读者留下了一个不舒服的印象。她要么是怀着双重的爱，要么是没有作一点过渡的表示就让爱情从一个人身上转到另一人身上。现实生活中并不是这样的。对于各种年龄的妇女来说，都有一些实际存在的、出自内心的关怀，在一般情况下，这跟爱毫无关系。在女人的生活中，没有反省，没有无意识，没有安宁——除非是在特别幸运的情况下——而这本书中却没有写到这种状况。正因为没有写到，有些读者就会对这本书作出一些批评。这些读者并不是过于拘谨的人，但是他们的理智和趣味会反对这样一种假定，即，只通过一种激情来看待事物和人物。这里就结束了一切异议……等等。

别人认为她的作品中的那种粗俗的东西，她一无所知，在这里谈谈这个情况似乎是合适的。有一天，就在我初次认识她的那次对布赖里的访问中，谈话转到了妇女写小说这个题目上。有人谈了这样一个事实：在某些情况下，女作家曾经大大越出了男人们觉得这类作品应有的正当范围。勃朗特小姐说，她不知道这在多大程度上是听任想象力过于经常发挥的自然结果。詹姆斯·凯·沙特尔沃思爵士夫妇和我表示，这种违反正当原则的情况，在人们所指的那些作家本身来说，完全是无意识的。我记得她严肃而认真地说："我相信，在上帝让我分不清什么该说什么不该说以前，上帝一定会先夺走我可能有的一切想象力和表达力！"

在她听到有谁由于上述原因不赞成《简·爱》时，她又是不免会感到震惊和苦恼。有人在伦敦对她说："勃朗特小姐，你知道你和我都写了色情小说！"她老是想着这句话；而且，好像这件事沉重地压在心头似的，她找机会问了史密斯太太，《简·爱》中是否有这样严重的问题。如果她不是自幼失去母亲的话，她会这样问她的母亲。

至于我自己，我并不否认她的作品这里那里是有一些粗俗的东西存在，如果没有这些东西，她的作品就完全是高尚的了。我只要求读她的作品的人们考虑一下她的生活——这是公开在他们面前的——并且说说，不这样，又能怎么样。她没有看见过什么男人；就在这少数几个男人当中，有一两个是她从很小的时候起就熟悉的——他们向她表示了深厚的友谊和善意——通过他们的家庭她获得了许多乐趣——对他们的才智她是深怀敬意的——他们即使不是向她说话，而是在她面前说话，他们也是像罗切斯特向简·爱说话那样毫无保留。拿这个同她那可怜的弟弟悲惨的一生，同她生活其间的坦率的人们联系起来——记住她那强烈的责任感，要把生活表现得符合真实而不是表现得像应该的那样——然后，对她的为人，对（如果上帝让她继续活着）她以后的为人作出公正的评价，而不能因为像事实上那样，环境强迫她接触了沥青,她的手暂时被玷污了,就对她大加谴责。那只是浮面的污点。她一生中的每个转折点都在净化她;这很难使她的地位升高。我再一次呼叫:"如果她还活着,那该有多好!"

为了《维莱特》和马蒂诺小姐产生的误会使勃朗特小姐感到非常遗憾。她认为,她那女人的生性受到了侮辱性的错误看法的触犯,而这个无意中伤害了她的人却是她深深爱着的人。就在刚过去的那个一月份,她还在给朋友的回信中写了下面这封信,从这封回信中可以猜到她朋友的信里的大意。

我仔细阅读了你有关马蒂诺小姐的那些话;你经常真诚地为我担心,这使我深深感动。如果忽视或者反对你的劝告,我会伤心,但是我觉得不应该完全断绝同马蒂诺小姐的来往。她性格中有许多东西是很高贵的;许多人抛弃她[①],恐怕主要是怕自己的美好名声同她的联系在一起,会受到损害,而不是像你说的那样,因为单纯相信她那致命的信条会带来有害的后果。我不想和这些只能同安乐而不能共患难的朋友为伍;至于她的过错,难道那不是只能由上帝而不能由人来判断的吗?

老实说,我亲爱的某某小姐,我相信,如果你处于我的地位,像我这样熟悉马蒂诺小姐——如果你跟我一起得到她真正友好的表示,看到她由于被人抛弃而暗暗悲伤——那你就决不会抛弃她了。你就会不是看着世人的榜样把背朝着她,而是把犯过错的人同过错分开来,而且觉得,仿佛应该在她困难的时刻,悄悄地和她待在一起,尽管这样待在一起是不合时尚、不得人心的。

[①] 关于这一段,马蒂诺小姐是这样写的:"有一个无法解释的错觉,认为由于《阿特金森书信集》的关系人们'遗弃'了我。……事实是最好的证明;所以我只消说,我没发现自己因为那本书的关系失去任何朋友,而是得到了不少同情。"——作者注

我相信她是这样一种人，人们越是反对她，越是遗弃她，她越是坚持错误；而耐心和容忍却能深深地、强烈地感动她，使她扪心自问，她走的路是否可能错了。

真是友好的、忠诚的话啊！这些话马蒂诺小姐却始终不知道，也不能在夏洛蒂失去听觉、全身冰冷地躺在她已故的妹妹身边时，以更伟大、更温柔的话来回报她了。尽管她们之间发生了短暂的、可悲的误会，她们还是一对崇高的女人和忠实的朋友。

我再回过来谈一个比较愉快的话题。勃朗特小姐在伦敦时，看到过劳伦斯①画的萨克雷先生的画像，并且大为赞赏。她在画像跟前站了一些时候，在这之后说的第一句话是："来了一头犹大的狮子②！"这时候，画像已经印出来了，史密斯先生送了她一张。

致史密斯先生
一八五三年二月二十六日于哈沃斯

亲爱的先生：昨天黄昏很晚的时候，我有幸在哈沃斯牧师住宅接待了一位贵客，不是别人，而是威·梅·萨克雷先生。想到应尽地主之谊，今天早上我恭恭敬敬地把他挂了起来。他在他那美丽而雅致的金色框架里，看上去好极了。他有威灵顿公爵做伴（你还记得给了我那张画像吗？），还有一张里奇蒙画的一个在这个社会中必须隐姓埋名的微不足道的人的画像作为对比和陪衬。萨克雷的眼睛不看后面那个人而望着别处，流露出一种威严的蔑视神态，叫人看着很受启发。我不知道这些礼物的赠送者是否会

---

① 劳伦斯（Thomas Lawrence，1769—1830）：英国肖像画家。
② 狮子是犹大部族的纹章图案，基督被称为犹大部族的狮子。《圣经·旧约全书·创世记》第四十九章第九节："犹大是个小狮子。我儿啊，你抓了食便上去，你屈下身去，卧如公狮，蹲如母狮，谁敢惹你。"

在它们现在挂着的墙上看到它们；想到有朝一日他也许能看到，我觉得高兴。我父亲今天早晨站着朝这个伟人仔仔细细地端详了一刻钟。仔细端详得出的结论是，他认为那是个令人困惑的脑袋；如果他事先对那人的性格一无了解，他不可能从画像中的五官上看出这点。对此，我感到奇怪。在我看来，那宽阔的额头似乎表示才智。从鼻子和脸颊那里的某些纹路看得出他是个讽刺家和愤世嫉俗的人；嘴巴表示出孩子似的单纯——也许，甚至还有点优柔寡断，自相矛盾——总之是个缺点，但并非是一种不可爱的缺点。我觉得这幅画的图版很好。一种不完全是基督徒的表情——"坦率地说"——在他本人身上表现得非常明显的"怨恨"神情在这里给冲淡了，也许有一点——很少一点——力量在这美化过程中消失了。你是否也有这个感觉？

勃朗特小姐在一八五二年到一八五三年的这个冬天，身体比上一年好得多。

至于我自己，（她在二月份写信给我说）到现在为止，在寒冷的天气中，身体一直很好。我在嚓嚓作响的雪地里长距离散步，觉得严寒的空气令人神清气爽。对我来说，今年冬天不像去年冬天。一八五一年的十二月到一八五二年的一月和二月像一个漫长的暴风雨之夜那样地过去了，仿佛在做一场令人痛苦的梦，充满了孤独的悲哀和病痛。一八五二年到一八五三年的这几个月，我过得很平静，毫无不快之处。感谢上帝，给了我这个转变和安宁！只有上帝知道，那多好啊！我父亲在这个季度里身体也很好；我的书和它在读者中的反应迄今为止使他愉快和高兴。

到三月份,这所平静的牧师住宅有幸接待了当时的里彭主教的来访。他同勃朗特先生一起住了一夜。傍晚时,邀请了一些附近的教士同他见面,一起用茶点和晚餐。在进晚餐时,有些"副牧师"快活地责怪勃朗特小姐,说不该把他们"写进书里去"。这样在自己的餐桌上被称作女作家,又是当着一个陌生人的面,她不由得畏缩了,她文雅地求助于主教,问他这样叫她难堪是否完全公平。据说,主教看见他的女主人举止温文谦逊,把这个俭朴的家安排得妥妥帖帖,井井有条,对她有了很好的印象。主教对这次访问的回忆就写这些。现在我们再回过来写她的回忆。

三月四日

主教来过了,已经走了。他确实是个最可爱的主教——是穿布袖衣服的绅士①中最慈祥的一个;不过也很庄严,完全能做到不容别人侵犯。他这次来访情况极好;访问结束,他离开时表示对看到的一切都很满意。上星期督察也来过了,所以我相当忙。如果你当时能在哈沃斯分享招待客人的乐趣,而不因为做准备工作时的小小的忙乱而感到不方便的话,那我会**非常**高兴。你也想象得到,那时家里跟平时很不一样,不过,一切都很有秩序、很平静、很顺利地过去了。玛莎侍候得很出色,我请了一个人给她帮厨。爸爸完全像我希望的那样情绪很好,尽管我怀疑,如果再这样过一天,他是否受得了。主教一走,我的惩罚就以剧烈头痛的形式出现了。它耐心地等到他走以后才来,我多么高兴啊!今天我还昏昏沉沉。当然,这是几天过于忙碌、过于兴奋的反应。招待一位主教不必费事,这话说起来挺轻巧,可你**总得**为他作些准备啊。

---

① 英国圣公会主教都穿用上等细布制袖子的法衣。

这时，有些评论开始就《维莱特》这本书进行挑剔了。勃朗特小姐又提出了她以前的请求。

致威·史·威廉斯先生

亲爱的先生：如果出现一篇怀着三倍敌意的评论，**请别瞒着我**。我喜欢看令人高兴的书评——特别是我喜欢把它们拿给我父亲看。但是，令人不快的，怀有敌意的，我**也得**看；这些评论对我自己特别有启发；——正是在这些评论中，我才最充分地了解公众的感情和意见。躲开危险的和不愉快的事物，不去仔细看看，我认为这是胆小的行为。我总是希望看看**究竟**是怎么回事，只有蒙在鼓里时我才会感到不安。……

至于露西·斯诺的性格，我一开始的意图是，不要让她像简·爱那样，被缺乏判断力的崇拜者捧得很高。她得处在我要她处的地位，在那里没有人能指责她自我赞赏。

你今天早上寄来的哈丽埃特·圣克莱尔夫人写的信，内容正好同马洛克小姐①的请求相同——希望确切地、权威性地谈谈保罗·埃马纽埃尔先生的命运！你瞧女士们多么关心这个身材矮小的男人，而你们谁也不会喜欢他。有一天我收到一封信，信中说有一位颇有点名望的女士，她一直有这样一个决心：不管什么时候结婚，她的丈夫必须是个奥斯丁小姐的《爱玛》中的奈特利先生②那样的人，现在她却改变了主意，立誓说，要么她找到一个像埃马纽埃尔教授这样的人，要么就终身不嫁！我给哈丽埃特夫人写了一封回信，内容写得仍然不解决问题。既然这个小小的谜使

---

① 马洛克小姐（Miss Muloch）：即英国小说家克雷克（Dinah Maria Craik，1826—1887）。
② 奈特利先生：简·奥斯丁的小说《爱玛》中的男主人公。

女士们很感兴趣,那么,给她们一个答案,扫她们的兴,那就未免太可惜了。

复活节,有一些陌生教士来讲道,讲完以后,必须在牧师住宅里招待他们,机械学会里还要召开一些会议,学校里也要举行茶会。在这一切都过去以后,她在四月底到曼彻斯特来访问我们。当时正好有一位朋友——一位年轻的小姐住在我们家。勃朗特小姐原来以为没有旁人;尽管我们的朋友既温文尔雅又通情达理,正是勃朗特小姐喜欢的那种人,但是有这个人在场,就足以使她紧张不安了。我发现我的两位客人都异常沉默;我看见勃朗特小姐的身子有时还微微打个寒颤。我可以说明,那个年轻小姐为什么谦逊地沉默不语;第二天勃朗特小姐告诉我,她是由于意外地看见一个陌生面孔才感到紧张的。

早在这以前的两三年,我在她那里看到过类似的情况,那是在福克斯·豪等待度过一个安静的傍晚时。从那以后,她在伦敦看到过许多各种各样的人;但是,由于羞怯产生的身体上的感觉却依然如故;第二天她被头痛折磨得很苦。有好几次,我有机会看到,这种紧张是她的体质固有的,她在竭力克服时,忍受着剧烈的痛苦。在我们的一次社交夜晚,客人当中有一对姐妹,苏格兰民谣唱得很好。在她们开始唱《艾里的美丽的房子》以前,勃朗特小姐一直默默地、拘束地坐在那里。但是这支歌和接下来唱的《卡莱尔·耶茨》的效果却同汉姆林的吹笛人①的演奏一样迷人。她眼睛里出现了美丽清澈的光芒,嘴唇激动地发抖。她忘却自我,站起身来,走到房间那头的钢琴跟前,热

---

① 汉姆林的吹笛人(Piper of Hamelin);也译"花衣魔笛手"。据中世纪传说,一二八四年,汉姆林城发生鼠疫,城中居民请一位乐师吹笛将城中老鼠全部吸引到河中淹死。事后居民未按原约付酬,吹笛人一怒之下再次吹笛。这次城中一百三十名儿童闻声来至一座山上,不知所终。英国诗人罗伯特·勃朗宁(Robert Browning, 1812—1889)曾以此为内容写过一首诗。

切地一再请她们再唱一支。那两姐妹邀请她第二天早上去看她们,到那时,她要她们唱多久,她们就可以唱多久;她答应了,心里很高兴,而且连连称谢。可是,到达她们家时,她的勇气却消失了。我们在街上徘徊踯躅。她一直责怪自己太蠢,她宁可回忆那悦耳的余音,也不愿去想我们进屋时非见不可的第三个姐妹。但是没有用;我生怕她这样的思想斗争会引起她那难以忍受的头痛,所以最后我只得一人进去,尽量为她没来这件事向她们道歉。我认为,这种害怕看见陌生人的紧张心理,多半是因为她觉得自己外貌丑陋。她从小脑子里就深深地印上这个印象,她自己还以一种特别的方式扩大了这种丑陋。"我注意到,"她说,"一个陌生人一旦朝我的脸看了一眼,他就会留意不再朝房间的这一部分看!"任何人的脑子都没有出现过比这更荒谬的想法了。在这次访问期间,有两位绅士看到她,不知道她是谁,但是却特别地被她的外貌吸引住了。这种被可爱的容貌、甜蜜的嗓音、文静而羞怯的态度所吸引的感觉,在其中一位绅士身上表现得十分强烈,以致消除了他以前对她的作品的厌恶。

在这一时期,我还知道了另外一个情况,这透露了一些有关这个纤弱的人的秘密。一天夜里,在上床睡觉以前,我刚要讲一个可怕的鬼故事,她就吓得不敢听,承认自己迷信,听了别人谈到什么不吉祥的阴森森的事情以后,会经常不知不觉地一再想起。她说,她第一次到我家来时,发现梳妆台上有一封由一个约克郡的朋友寄来的信,信里讲的那个故事在那以后一直鲜明地印在她的脑子里。还说有时那个故事同她在夜里做的梦混在一起,使她睡不安稳,第二天没有精神。

有一天,我们请了两位绅士来吃饭,同她见见面,指望她和他们都能乐于相识。但是使我们失望的是,他们稍一主动同她说话,她就胆怯而缄默地退缩,别人问她问题或者对她说话,她尽可能简短地回答。最后他们失望了,不再引她说话,而只是彼此交谈,并且同我丈夫谈论当地人感兴趣的新闻。在这些新闻中，有萨克雷的演讲（最近在曼彻斯特发表的），那是专门评论菲尔丁①的。有一位绅士激烈反对这篇演讲，认为有损道德，并且觉得遗憾，像萨克雷这样一个对当代思想倾向有如此重大影响的人，居然不更加仔细掂掇自己讲话的分量。另一位绅士却持相反的观点，说萨克雷事实上是从人的内心来描写人；通过他那戏剧性共鸣的巨大力量，把自己同某些人物等同起来，感受他们受到的引诱，进入他们的欢乐，等等。这些话激励了勃朗特小姐，她竟然热烈地参加讨论。她那沉默寡言的冰块打碎了，从那时起，她对别人的话全都感兴趣，而在那天晚上的任何交谈中，都作出了自己的贡献。

在这场有关萨克雷的演讲的争论中，她说的话和采取的立场，可以从下面这封涉及同一话题的信中揣摩出来：

> 《演讲集》已奉收；我从头至尾读了两遍。必须仔细研究以后，才能赞赏它们。当初我听演讲时，觉得讲得好，但是现在却看到了其中真正的力量，巨大的力量。有关斯威夫特②的演讲对我来说是新鲜的；我认为这篇演讲简直是无与伦比。这决不是因为我一向同意萨克雷的意见，而是因为他的气势，他的洞察力，他的简练朴实，他的口才——他那雄伟的、铿锵的口才——使人钦佩不已。……对于他的错误，即使不应该，我也要提出抗议。那次他作关于菲尔丁的演讲，我在场；那一小时是痛苦的一小时。我的良心告诉我，萨克雷对待菲尔丁的性格和过错的方式是错误的。看了那篇演讲以后，我三倍地觉得他错了——错得很危险。

---

① 菲尔丁（Henry Fielding, 1707—1754）：英国小说家。
② 斯威夫特（Jonathan Swift, 1667—1745）：英国讽刺作家。代表作为长篇小说《格列佛游记》。

萨克雷如果有一个儿子，已经长大成人，或者正在成长，既聪明，又莽撞——他是否还会那样轻描淡写地谈论通向耻辱和坟墓的路？他谈论它，仿佛在讲大道理；仿佛他一生中从未看到过这种缺点的实际后果，仿佛他从未站在一边看到过这一切的结局和最后结果。美好的生活前景一开始就被放荡的生活方式破坏，我相信，他只要在身边看到一次这种情况，就**决不会**这样轻率地谈论导致它可悲地毁灭的事物。如果我还有一个活着的兄弟，那么，我就不敢让他读萨克雷有关菲尔丁的演讲。我会把书藏起来，不让他看。如果，尽管我采取了措施，书还是落到他的手中，那我就会恳求他别被这个魔术师的声音引入歧途，让他的魔术失灵吧。倒不是因为我要萨克雷**辱骂**一下菲尔丁，或者甚至要他言不由衷地谴责他的生活；而是因为我深深地觉得悲哀，他心里从来也没有忧伤而深切地感觉到这种生活的危险，并且觉得可以用他那巨大的力量来提出有力的警告，要任何年轻人都不去过这种生活。我相信，诱惑常常袭击最高尚的男子汉大丈夫的性格，犹如觅食的麻雀和毁灭性的黄蜂专拣最甜最熟的果子吃，而避开酸的和生的果子。真正热爱人类的人应该全力以赴地来防范和保护人类；他应该痛恨诱惑，把诱惑消灭干净。也许，你认为这太严重了；但是这个问题是严重的，人们不能不认真对待。

第二十七章

她到曼彻斯特访问以后，不得不回来重新开始处于上一个冬天的那种痛苦境地，这时尼科尔斯先生快要离开哈沃斯了。在一次公开的会议上，教区居民们向这个为他们忠实地工作了八年的人表示了敬意。他离开了这个地方，她觉得，以后除了偶尔从邻区的教士那里得到一点第二手的消息以外，不再会有机会听到一句有关他的话。

六月初，我收到勃朗特小姐寄来的下面这封信：

一八五三年六月一日，哈沃斯

六月来临了，现在我想知道你能否在本月九日星期四来这儿。

自从我去曼彻斯特以后，一直在盼望你来。倒不是因为我想说明邀请你来是应该的；正如我在这所房子里告诉你的，这地方并没有什么吸引人之处。爸爸也对这事很感兴趣。我只祈求天气晴朗，我现在患的感冒能在九日以前痊愈，这样，我就可以毫无障碍地陪你上荒原去了，那是唯一可以去的地方，但是对于像你这样一个热爱大自然的人来说并非不值得一看。

当你向家里人告别，离开普利茅斯树林来哈沃斯时，你的心情必须像去美洲落后的边远地区作短期旅行那样。离开了你的丈夫、孩子和文明，你不得不来到野蛮、寂寞和自由中间。这种变化如果不是时间拖得太久，也许会是有益的。……请在写信时告诉我，你将乘哪班火车来，几点钟到达基思利；因为我必须采取措施派一辆车子到车站去接你，否则的话，因为那里叫不到出租马车，你会感到不便，没法过来。

接到她这个邀请以后,我答应在我从伦敦回来的时候去访问她,但是日子刚约定,就收到勃朗特先生的一封信,说她正在患重感冒,头痛剧烈,他只得请我推迟访问,等她身体好一些再去看她。我一方面为她的病感到遗憾,另一方面,并不为推迟访问觉得惋惜,因为推迟到下一个季节,荒原上会开满紫色的欧石楠花,那正是她常常对我描绘的景象。所以我们一致认为我不要在八九月份以前去。在这期间,我收到了一封信,我禁不住要摘录下来,因为这不仅说明她认为应该怎样写小说,还说明她一直亲切地关心着我正在做的工作。

一八五三年七月九日

来信收到,谢谢;它像一次安静的谈心一样令人愉快,像一场春雨一样受人欢迎,像一次朋友来访一样令人兴奋;总之,它很像《克兰福德》①中的一页。……我突然有了一个想法。你有那么多朋友——交游那么广——你坐下来写作时,是否容易使自己摆脱所有这些联系和他们的可爱的联想,让你做你**自身的女人**,不去想你的作品会给别人什么印象,会引起谴责呢还是同情,不让这些念头来影响和干扰你?难道不会有什么明亮的云彩来到你和严酷的现实之间,就像你自己那秘密的、洞察一切的心灵中所知道的那样?总之,难道你从来没有想使你的思想迎合那些**感情**始终亲切但**目光**有时不准的人,把你的人物写得比生活中的好吗?不必回答这个问题,我的用意不是要你回答。……你关于斯陀夫人的叙述很有趣,而且有促进作用。我渴望见到你,要你把这些话和许多其他事情全部再说一遍。我父亲的身体正在继续好转,我的身体也比以前好;但是今天我又头痛了,这使我几乎不

---

① 《克兰福德》:盖斯凯尔夫人写的一部小说,一八五一至一八五三年在刊物上发表,之后出版了单行本。

能连贯地写。把我的亲切的爱给米和玛,她们真是幸福的姑娘。现在你还不能把我的口信带给弗和裘。我珍爱那朵小野花——倒不是因为我认为送花的人关心我;她**并**不关心,也不**可能**关心,因为她不认识我——但这没关系。记得她是个有点声望的人。我认为她生性文雅,坦率,确实很有前途。我常常回忆起我们去看《第十二夜》①的那个晚上,她昂然从圆柱门廊朝马车走去时的情景。我对裘的未来怀有信心;我喜欢她举止中流露的神态,以及容貌上显示的性格。

下面这封信是在我去诺曼底作了短期旅行回来以后不久寄来的:

　　收到你的短信,听说你已经又回到家里,我很高兴。其实,这倒不是说,你在诺曼底或在曼彻斯特对我有多大不同,距离短也许和距离长同样使人分开,但是,想到你只离我三十英里,似乎有一种心理上的安慰。

　　你一有可能就到哈沃斯来吧,现在欧石楠开花了,我一直等着看它的紫色信号,把这看作先你而来的前驱。在十六日以前,花还不会怎么凋谢,但是过了那一天,就会立即枯萎。但一定要写明到达基思利的日期和时间。

　　我父亲这一个夏天过得不好,但比我预料的好一些。他主要是抱怨体力衰弱、情绪抑郁;他想到你要来,还是觉得高兴的。看到他那盼望的心情,我感到吃惊。我自己的健康最近好多了。

　　我想米塔在这以前已经又回学校了吧。对她和玛丽安来说,今年夏天的旅行无疑是个终生难忘的愉快回忆。几个小家伙看见

---

① 《第十二夜》:莎士比亚的一个喜剧。

你们都回来了，一定很高兴。

　　我从报上看到，S先生患猩红热在威尔士的家中病逝。你以前不是把弗洛西和裘利亚留在那里的吗？我想起这个，联想到可能发生的事，不由得害怕得打起寒颤来，不过，我相信，现在一切都平安无事了。可怜的S太太怎么样了？

　　请向盖斯凯尔先生和全家致以非常、非常亲切的问候。有空时请来信——尽可能早来，相信我是你的非常忠诚的

夏·勃朗特

快到九月底时，我去了哈沃斯。冒着重复前面已说过的话的危险，我从我当时写的一封信里抄录一部分。

　　在乘火车去基思利途中，天色阴沉，漆黑，下着蒙蒙细雨。基思利是铺展在小山之间山谷里的一个正在发展的毛纺业城市。那不是一个美丽的山谷，而是约克郡人称之为"底部"或"低部"的地方。我乘了一辆车离开基思利到四英里以外的哈沃斯。这是艰巨、陡峭、上山的四英里。四周地平线上都是波浪起伏般的山峦，看上去像无穷无尽地绵延下去似的，仿佛是斯堪的纳维亚传说中那条环绕地球的巨蛇的一部分。道路就在这些山峦间弯弯曲曲地向前伸展。天空同铅的颜色一样；路边是石头建造的工厂——属于这些工厂的灰暗的一排排石屋。然后我们来到那些贫瘠可怜的田地；到处是石砌的围墙，哪儿也看不到树木。哈沃斯是一座长长的、房屋零零落落的村子；有一条陡峭狭窄的街道——陡峭到铺路的石板只能竖着铺，让马蹄子能有个踩得住的地方，不至于滑下来，如果走得顺利，很快就可到达基思利。但是如果装上了防滑器，马就能跑得更快些。我们（赶车人、马、车

和我)沿着这条路上山,直到为纪念圣奥特斯特(他是谁?)而造的教堂跟前。然后我们往左拐进一条小巷,经过教堂司事家中副牧师的住宿处,经过校舍,一直到牧师住宅院子门口。我绕过宅子到面对教堂的前门。教堂再过去,四处和上面都是荒原。拥挤的墓地围绕着住宅和晾衣服用的一小块草地。

我想我从未见过比这里更干净的地方,这是我见到过的最精巧的处所。说实话,这里的生活就像时钟一样有规律。没有人到宅子里来;没有什么来干扰沉沉的宁静;几乎听不到人声;在房子里任何地方,你都可以听到厨房里的钟声,或者客厅里一只苍蝇的嗡嗡声。勃朗特小姐一个人坐在客厅里;九点钟同她父亲一起在他的书房里进早餐。她帮着做家务,因为一个仆人,泰比,已将近九十岁,而另一个还只是个小姑娘。然后,我陪她到那连绵不断的荒原上去散步。一两天以前,下了一场雷阵雨,把石楠花打坏了,现在这些花全都变成灰褐色的,而不像原来那样是鲜明灿烂的紫色的。啊,那些高耸在整个世界上的空旷、凄凉的荒原,那寂静本身的王国啊!两点钟回家吃饭。勃朗特先生的午餐是送到他的书房里吃的。小桌子上的一切也必须安排得精巧朴素。然后我们休息,在明亮的炉火边聊天。这地方很冷,住宅各处都生着火,闪着美丽、温暖、跳跃的火光。客厅显然在不多几年前重新布置过,因为勃朗特小姐的成功使她手头可花的钱比以前稍多一些。一切都同收入菲薄的乡下牧师拥有的住宅相适应、相一致。这间房间主要用的是深红色,因为室外的景色阴冷灰暗,所以布置一个暖和的环境。那里有里奇蒙给她画的肖像,有印出来的劳伦斯画的萨克雷像;在那又高又窄的老式壁炉架的两旁有两个凹处,放满了书——别人给她的书,她买的书,这些说明了她个人的消遣和趣味。它们**并不是**一般的书。

她视力差，除了编织以外很少做别的什么事。视力变弱的过程是这样的：她十六七岁的时候很喜欢画画；她从年鉴上临摹矫揉造作的铜版画（艺术家们不是把那称作"点画"①吗？），每个细小的点都画上，画了六个月，她画出一本临摹得非常忠实的画册。她想学习用画来表达自己的思想。她试着**画**故事，但没有成功，于是采取了写作这个更好的方式。但是她的字写得很小，她在这个时期写的东西几乎无法辨认。

不过，现在还是回到我们午饭后安静的休息时刻来吧。我不久就发现，她有爱整齐的习惯，如果一张椅子放得不是地方，她就没法继续谈话。一切都细心地安排得有条不紊。我们谈起她的童年时期；谈起她的大姐（玛丽亚）之死——就像《简·爱》中海伦·彭斯之死一样；谈起她想用某种方式——写作或画画来表达自己思想的欲望（这个欲望几乎到了快使她生病的程度）；谈起她的减退的视力，这使她在十七岁到十九岁两年里什么事也不能做；谈起她当家庭教师；谈起她的布鲁塞尔之行；这时我说我不喜欢露西·斯诺，我们讨论了保罗·埃马纽埃尔；我告诉她某某赞赏《谢利》，这使她高兴起来，因为谢利这个角色是影射她的妹妹艾米莉的，她谈论起艾米莉来从来不会感到厌倦，我听她谈论艾米莉也从来不会感到厌倦。艾米莉准是提坦②们的后裔——是那些曾在地球上居住过的巨人的曾孙女。有一天，勃朗特小姐拿下来一幅粗糙的、看上去普普通通的油画，是她弟弟画的她自己和她的两个妹妹。画上的她是个矮小的、显得有点一本正经的十八岁的姑娘；两个妹妹，一个十六，一个十四，头发剪得短短的，眼睛忧郁而蒙眬。……艾米莉有一条大狗，有点像猛犬，也有点

---

① 点画：用小点子而不用线条的绘画。
② 提坦（Titan）：希腊神话中曾统治世界的巨人族的成员。

像叭喇狗,性子凶猛,等等。……这条狗去参加了艾米莉的葬礼,同她父亲并排走着,然后,每天睡在她的房门前,朝门下面嗅着什么,每天早上呜呜咽咽地叫,直到它死的那天为止。

在六点钟用茶点以前,我们一般再去散一次步;八点半做祷告;九点钟,除了我们两人外,全家上床休息。我们一起坐到十点或者超过十点。我走了以后,听见勃朗特小姐下楼来,在客厅里来回走上一小时左右。

抄录这一封信,又使那几天愉快的访问清楚地在我眼前浮现出来——清楚得令人万分悲哀。我们在一起是那么快活;我们是那么关心对方所谈的事情。我们有许多事情要谈,要听,只觉得白天太短。看到了她生活的地方——她热爱和受苦的地方,我对她的生活比较理解了。勃朗特先生是位最彬彬有礼的主人;当他同我们在一起时——在他书房里进早餐时,或者在夏洛蒂的客厅里用茶点时——他用一种庄重威严的神态描绘过去的时代,这种神态同他那引人注目的外貌很相称。夏洛蒂在身边时,他似乎一直还把她看作一个需要引导、需要管教的孩子;而她呢,也默默地顺从他,这使我既觉得有趣,又觉得惊奇。但是,在她不得不走出房间时,他那为女儿的才能和名声感到自豪的心情就流露出来了。我把自己听到的人们对她的作品的高度赞扬告诉他,他总是急切地听着。他会一再要求重复某些话,仿佛要把这些话铭刻在记忆中似的。

她同我两人在晚上交谈,除了我信中提及的一些话题以外,记得还有两三个话题。

我问她是否吸过鸦片,因为她在《维莱特》中描写的鸦片起的作用正好同我体会到的完全相同——鲜明而过分强烈地感觉到眼前景物的存在,但这些景物的轮廓却是模糊的,消失在金色的迷雾中间,等等。她回答说，就她所知道的，自己从未吃过任何形状的鸦片，但是她采用了她平时在不得不描写没有亲自经历过的事物时一直采用的步骤。一连好几晚在入睡以前专心思考——考虑那究竟会像什么样子，可能会怎么样子——直到最后，有时在故事的进展在这一点上停顿了几个星期以后，忽然早上醒来，一切都清清楚楚地呈现在面前，仿佛她真的亲身经历过似的。然后就能一个字一个字地把发生的事像发生过似的描绘出来。我没法从心理角度对此作出解释，却只能肯定这是事实，因为她是这么说的。

她问了许多有关斯陀夫人的外貌的问题；听说《汤姆叔叔的小屋》的作者长得矮小、纤瘦，这显然同她的某个理论一拍即合。她还有一个理论是，混血决不可能产生像苏格兰人和英格兰人这样精神上和道德上都优秀的性格。

我还记得她说过，写了《简·爱》以后，她在马尔什夫人①写的《残废》这部小说中读到半夜神秘叫声的令人毛骨悚然的效果，自己非常担心别人指控她犯了剽窃罪。她还说，读了《邻居》以后，觉得人人都会以为她的简·爱这一角色，是从布雷默小姐的小说中的叙述者弗朗西莎这个人物身上得到启发才写出来的。至于我自己，我丝毫也看不出这两个人物之间有什么相似之处，所以就这样告诉她。不过她还是坚持说，弗朗西莎是嫁给一个性情和善的像熊一样的瑞典外科医生的简·爱。

我们不是有意地而是偶然地在长距离散步时去看了几个穷人。我们向其中一个借了一把伞；在另一个穷人家里躲避九月的狂风暴雨。所有这些村舍，她都文文静静地访问过。在离她家三英里路的地方，人们为她掸去椅子上的灰尘，亲切地说："请坐，勃朗特小姐。"她也

---

① 马尔什夫人（Anne Marsh, 1791—1874）：英国女作家。著有《老人的故事二则》《爱米莉亚·温德汉姆》《时间》《复仇者》等。

知道应该问候这家人家的哪一位出门的或生病的成员。她虽然沉默寡言，但那些约克郡人听了她悄悄的、温和的话语，却显然感到愉快。他们对她的欢迎方式，虽然粗率而简短，但却是由衷的，真诚的。

我们讨论生活的不同道路。她以她自己那种沉静的态度说话，仿佛深信这理论是事实似的。她说她相信有些人是早就注定了要饱经忧患和失望的。并不是所有的人——像《圣经》里说的——都交上好运。注定要走比较崎岖道路的那些人最好看到这是上帝给他们安排的，所以不要抱太大的期望，还是把希望留给那些有另一种命运的人，把忍耐和顺从作为美德来培养吧。我的看法不同。我认为人的命运比她想象的要平等些；对于有些人来说，幸福和悲哀（可以说）像对比强烈的一片片光亮和阴影，而在另一些人的生活中，这两者却自始至终几乎相等地混在一起。她抿嘴笑着，摇摇头，说她自己就竭力训练自己不要指望任何欢乐；还说最好是老老实实地做到勇敢而驯顺；为什么世上有些人注定了要悲哀和失望，这是有充分理由的，到时候我们自会明白。最好是承认这一点，自始至终以宗教的虔诚来面对这一真理。

与这次谈话有关的是，她说了一个未能完成的小小的计划，这计划我以前从没听说过，那就是她曾经打算在那年七月同几个朋友（一对夫妇和他们的孩子）到苏格兰去旅行。他们高高兴兴地出发了；她特别快活，因为苏格兰在她心目中是她深深喜爱的地方，她以前只在爱丁堡匆匆观光了两天。但是离开卡莱尔以后，刚走了第一段路，那一岁的小娃娃就有点儿不舒服。焦急的父母以为是外地的食物对孩子不合适，因此急忙赶回在约克郡的自己家里，当时的心情同两三天以前，他们出发朝北旅行，希望痛痛快快地游览一个月时一样急切。

我们分手时，双方都希望以后能经常享受一下我们在一起时感到的乐趣。我们约定不管什么时候她需要热闹，或者我需要安静，就让对方知道，并且根据当时情况的需要互相访问。

我注意到这时她心里十分焦急。在知道她为了什么事以后，禁不住深深佩服她在对待她父亲的行动上所表现的驯顺。

我离开哈沃斯以后不久，她就去访问了伍某某小姐，伍某某小姐当时住在霍恩西。和这个朋友在一起，时间过得又安静又快活，她一年比一年更喜欢同这个朋友交往。

致伍某某小姐

一八五三年十二月十二日

我不知道这些漫长的冬日黄昏你是怎么度过的。也许同我一样，是孤零零一个人度过的吧。我独自枯坐时常常这样想，如果你住得离我很近，我可以走到你家，那么我就可以时常去看你，或者请你来同我一起过一天，住一夜，那该有多么快活啊。对，在霍恩西的那一个星期，我过得愉快，我盼望你能在春天实现你的诺言，来看望我。我担心，你在霍恩西一定很寂寞。在世上某些人看来，过你这样的生活一定很艰难！要心情平静、毫无不快地过这种生活是完全不可能的啊！我觉得奇怪，因为你不像某某太太那样麻木冷淡，无动于衷，而是生来就具有最敏锐的感情。这种感情在封锁起来时，往往会损害心境和情绪。而你却不然。使你保持现状的一定一部分是原则性，一部分是自制力。

当然，到最近几年我就不可能详尽地写出细节，而在这以前，我却觉得运用那些细节并没有什么不对，勃朗特小姐是在孤独和不安之中度过一八五三到一八五四年的那个冬季的。但是时间这个伟大的征服者慢慢地征服了强烈的偏见和人们的决心。勃朗特先生对于女儿结婚这件事渐渐想通了。

在我们完全忘掉她是位作家，而只想到她是个快成为妻子的胆小谨慎的女人，只想到她那九个月婚后生活的过短的、几乎称得上完美的幸福以前，还有一封给多贝尔的信可以展示她性格中智力的一面。

  一八五四年二月三日于基思利附近的哈沃斯

  亲爱的先生：我几乎无法告诉你我是多么高兴，能有个机会解释一下你提及的沉默。你的信是在一个危急和操劳的时期来到的，那时我父亲患着重病，我无法离开他的床边。当时所有的来信我都一概不回。后来稍空一些，考虑了你的信和另外两三封信的内容，又觉得要回信已经太晚了，最后只得放置一旁。如果你还记得的话，你那封信是邀请我到伦敦去；不论是去还是拒绝，都太晚了。我相信你已经离开了伦敦。你提到一件事，那就是你妻子的病，我好几次想到她，不知她是否好些。你这次信中没有提到她，不过我相信她一定早已恢复健康。

  《鲍尔德》[1]已妥收无误。我在裁开书页以前，怀着特殊的乐趣看看他。我还清楚地记得他的哥哥，那强有力的《罗马人》，所以我当然会热诚地欢迎那来自同一门庭、同一种族的新的后裔。我已经看过他了。他留给我的印象是：他很有力量，我在他身上看到狂放、充沛的生命力，但是我认为，他宠爱和喜欢的那个孩子会给父亲带来麻烦——会使他心疼。我觉得他的力量和美不大像雅各时代的支柱约瑟[2]，而像尽管心里一直怀着爱，但是却给父亲带来麻烦的浪子。

  天才的头生子往往能带来荣誉，而第二个孩子几乎往往会引

---

[1]《鲍尔德》：西德尼·多贝尔于一八五三年发表的一首长诗。
[2] 雅各和约瑟：《圣经》中的人物。雅各生子十二人，约瑟是他最宠爱的儿子。后约瑟为埃及宰相，将父亲接去供养。

起忧伤和操心,这究竟是怎么回事呢?我几乎可以预言,你第三个孩子将会消除第二个孩子带来的一切不安。

《鲍尔德》的这个人物是有力量的,在我看来还有点可怕。你是否故意要在写出力量的同时表现这个艺术人物的任何特别的缺点呢?我觉得那些缺点始终没有强烈地刻画出来。我并不认为,也不可能认为,你是打算把他作为你心目中珍爱的那位真正的、伟大的诗人典范拿出来的。我把他看作一幅色彩鲜明的图画,上面画了过分的自大和近乎疯狂的灵感,还画了这样一种天性,它使才智成为莫洛克神①——在异教的火焰中奉献天然感情——把心灵作为牺牲奉献给头脑。难道我们不是都知道真正的伟大是纯朴的和忘我的,而且容易产生毫无野心、毫不自私的眷恋之情吗?我肯定你从内心深处感觉到这是真理。

不过,如果评论者们现在评错了(迄今为止我还没有看到他们的著作),那么,你将有一天在《鲍尔德》第二部中使他们纠正过来。你将让他们看看,你也知道——也许比他们知道得更清楚——真正伟大的人感情真挚,不会舍不得作出牺牲;他全神贯注地工作,而不会大事张扬;他致力于找出最好的工作方法,而不去想自己的大事——自己只不过是工具而已。如果上帝在他的路上设置了一些似乎是障碍的东西——如果他的职责有时似乎妨碍了他的能力——他都敏锐地感觉得到,并且在这种障碍和耽搁的缓缓的折磨下挣扎。不过,如果他胸中有一颗真正的人的心,那么,他就能够耐心地忍受,服从,等待。

不论谁同我谈起《鲍尔德》——虽然我过着隐居生活,不大会出来评论——我都会按照你的建议和我自己的印象来回答他。

---

① 莫洛克神:古代腓尼基人所信奉的火神,以儿童作为献祭品。

为了公正起见，你应该给自己作解释。现在，再见吧，请相信我是——忠成的、感激的

夏洛蒂·勃朗特

西德尼·多贝尔先生

在她给布鲁塞尔的一个同学的信中，我们可以看到这年冬季事态发展的外貌：

三月八日

我很高兴，又看到了你写的字。我相信，已经有一年没有收到你的信了。最近我时常想起你，对于你不写信来的原因，我都开始有了不祥的预兆了。你的来信愉快地驱散了这一切。总的来说，它带来了一些令人高兴的消息，其中有你的爸爸、妈妈和姐妹的消息，最后，但不是最少，是亲爱的、可敬的、你自己这个英国人的消息。

这一个严寒的冬季我亲爱的父亲很好地挺过来了，为此，我特别高兴，因为去年夏天好几个星期他身体状况一直很危险。那以前的六月份他发了一次病，有几个小时，虽然他的头脑、说话甚至连动作的能力都丝毫没有受到影响，但是视力却完全丧失了。在那一段漆黑一片的令人忧伤、几乎令人绝望的时间以后，他又一次看到了一点日光，我当时的高兴劲儿简直没法对你说。我原来担心他视神经萎缩。有很长一个时期，他看东西像蒙着一层雾。确实，到现在为止，他看东西还不十分清晰，但是他能看、能写、能走动，每个星期日讲**两次**道，副牧师只念祈祷。**你**很能理解我怎样祝愿和祈祷，希望他的视力一直保持到最后；他真害怕失明之苦。他的头脑还和以前一样坚强和活跃，他像**你的**

爸爸一样对政治感兴趣。沙皇，战争，英法联盟——他把自己整个心灵都放在这上面。这一切似乎把他带回到他比较年轻的时代，又激发起上一次欧洲大争斗时的激动。当然，我父亲（还有我）是完全同情正义和欧洲，反对暴政和俄国的。

就因为我处在这样的境况中，你会明白，我在去年既没有空也没有心思多出门。春天里，我同盖斯凯尔夫人一起住了一个星期，后来又同另外一个朋友住了两周，这就是我上次见到你以后仅有的两次访问。我的生活确实很单调、很幽静——超出了有益身心健康的程度；但是我还时不时地得到一些支持，让我高兴起来，所以有理由常常怀着新的感激心情。我的身体虽然不能说没有垮下来，但是总的说来，有时我还是觉得比三年前还强壮些；头痛和消化不良是我最严重的病。这个季度我是否去伦敦过几天，还不知道；不过，如果去的话，我希望把P.普莱斯请来。

四月，她把她订婚的事告诉了伍某某小姐。

四月十二日于哈沃斯

我亲爱的伍某某小姐：你一向出于真正的好意关心我的事情，这使我觉得有一件事应该让你早些知道，这件事我已经不止一次同你商量过。因此我必须告诉你，自从我上次写信给你以后，爸爸的心思渐渐转了过来，他现在的观点和以前完全不同。经过一个时期的通信，尼科尔斯先生在一个星期以前来这里访问，结果大家都同意，等到爸爸目前的助手一找到职位，他就重新担任哈沃斯的副牧师，到适当时候，就接纳他为家里的一员。

我父亲对这事采取了新的观点以后，得意洋洋地老是谈论这件事，看到这个情况，我说不出地高兴。在作一切安排时，都要小心考虑他的方便和安静。尼科尔斯先生似乎打心里希望在他日益衰老的岁月中，给他安慰和支持。我想，根据尼科尔斯先生的性格来看，我可以相信他不只是一时感情冲动才产生这个希望，他是会坚定不移地把这作为责任来接受的，作为一种感情的任务来认真执行的。上帝凭着自己的善良和智慧提供给我的命运，我知道一般人并不会认为是光明灿烂的，但是我相信，我从中看到了一些真正的幸福的萌芽。我相信，感情的需要和责任的需要这两者会因为正考虑采取的措施而在一定程度上统一起来。尼科尔斯先生希望今年夏天举行婚礼，他提出在七月份，但那似乎很快就要到了。

来信时请把你的近况告诉我。……我现在已经断然谢绝去伦敦访问。接下来的三个月里有许多事要做，一个月也不能浪费掉。……爸爸刚收到善良的、亲爱的主教的来信，这封信使我们非常感动和高兴。信中热诚地批准尼科尔斯先生调回哈沃斯（这事同他商量过），还亲切地对家里接下来的安排表示满意。看来他很有洞察力，他一八五三年六月在这里时就看出了苗头。

她在另外几封信里对那引导她通过许多困难、许多痛苦和心灵的困惑的上帝表示感谢；但是也体会到了只有大多数考虑周到的女人才有的那种感觉。她们在莽撞的青年时期那种最早的热情过去以后才结婚，而在宣布订婚时，有一种奇怪的、半带忧郁的心情——因为伴随着希望而来的是无法摆脱的担心和恐惧。这时有一件事使她心头如释重负。那就是，她相信，对于一切有关她婚礼的想法和为她婚礼作的准备，她父亲都肯定会感到高兴。他急于把一切尽快办好，为了把尼科尔斯先生作为女婿接到牧师住宅中来而作的一切安排，他都很感兴趣。由于勃朗特先生年事已高，而且视力衰退，不得不采取这个措施,这就给一个像夏洛蒂这样孝顺的女儿加上了一个至高无上的责任,要用像过去一样多的时间和照料来满足他的种种需要。尼科尔斯先生也希望,在这位老教士需要他效劳的任何时候,能因为近在身旁而给他增添一些安慰和乐趣。

五月初,勃朗特小姐在结婚以前,出门作了三次访问。第一次是访问我们。她只住了三天,因为她必须到利兹附近去买些结婚用品。她说,她筹备婚事不能花费太多,也不能铺张。主要是适当添置一些衣服,把牧师住宅重新糊上墙纸,漆上油漆;尤其是要把(她起居室后面)过道上那间铺了石板的小房间重新布置一下。过去那里只用来堆东西,现在要布置成她丈夫的书房。她就这个主意考虑了很久,为了让他像她父亲一样住得舒适一些。我们谈论这些事情时怀着不知疲倦的欢乐心情,我想,所有女人在讨论这类事情时都有这种心情——尤其是当金钱方面的考虑需要作出查尔斯·兰姆在《古旧瓷器》中说的那种巧妙安排时更是这样,因为除了终于获得一件东西时感到的乐趣以外,这又增添了一种很大的乐趣。

五月二十二日于哈沃斯

自从回家以来,我一直忙于缝纫。那间新的小房间已经整理好了,绿白两色的窗帘已经挂了起来,正好同墙纸相配,看上去够整洁的。一两天以前,我收到一封信,信上说,尼科尔斯先生明天来这里。我为他感到不安,在一个问题上担心得甚至不敢对自己说清楚。看来他又在忍受风湿的剧烈疼痛。这消息我不是从他本人那里听到的,而是从另一个来源听到的。我在曼彻斯特和B地时,他已经生病了。他没有向我透露过一句;在这点上一点暗示也没有。唉!他希望他已经克服了病痛,我知道他那些自相矛盾的希望使他悲哀。由于一些并不自私的理由,他衷心希望这种痛苦不要变成慢性的。我真担心，真担心，不过，如果他注定了要受苦，那他就更需要关心和帮助。好吧！不管发生什么，愿上帝赐给他和我帮助和力量吧！我怀着既焦急又不安的复杂的心情盼望着明天。

勃朗特先生患了一场小病，使她十分惊慌。除此以外，家中筹备事宜的一切操劳全部压在新娘一个人身上——这倒没有引起什么不快，只是把她全部时间都占去了。她实在太忙，结婚时穿的衣服从哈利法克斯送到以后，过了几天还没有从包里拿出来，但是尽管忙，她还是想到了为伍某某小姐前来参加婚礼提供方便。

今天我写信给伍某某小姐，亲爱的，如果你能安排一下，和她同一天来哈沃斯，乘同一列火车到基思利，那么，我可以预定一辆马车到车站去，把你们和你们的行李一起接回来，这样不是更好吗？在如此炎热的天气里，无论是你还是她，步行都根本不可能。我知道，如果听任她自己一个人做主，她准会坚持步行，到达时累得半死。我想最好还是先跟你谈谈这个安排，然后，如果你愿意的话，可以同某某小姐约定时间，以及诸如此类的事，然后再告诉我。一定要及早告诉我，让我可以写信给"德文希尔纹章"去预订马车。

尼科尔斯先生心地仁慈，很能体谅别人。尽管他有一些男人的缺点，但是和我有共同的愿望，要悄悄地办这件事，这在某种程度上使我感激他。只要没有人干扰和破坏他的安排，他就会安排得使哈沃斯没有一个人注意到这一天。他还关心"女士们"——这是指你和伍某某小姐。还在我同他商量如何为你们动身之类的事情作安排以前，他就考虑到了。他同S先生早一天晚上到达某地，他们一到就写信告诉我他们已到那里。早上八点正他们将在教堂里等我们，我们在那里同他们会面。格兰特先生和太太被请来用早餐，但不参加婚礼。

婚礼定于六月二十九日举行。她的两个朋友早一天到达哈沃斯牧师住宅。当天那漫长的夏日下午和黄昏，夏洛蒂都用来为了第二天的活动，为了让她父亲在她出门期间能过得舒适作周密的安排。一切都准备停当——行李打点好，早餐安排好，结婚礼服也已经摊开了，这时，在就寝时刻，勃朗特先生却宣布，别人去教堂时，他将留在家里。这怎么办呢？谁给新娘当主婚人呢？参加婚礼的只有执行婚礼的教士、新娘和新郎、女傧相和伍某某小姐。于是查了祈祷书，在书上看到，仪式规程中说牧师将为"由父亲和**朋友**当主婚人的女人"举行婚礼，至于"朋友"的性别却没有具体规定。所以在急难中一向乐意助人的伍某某小姐便主动提出给她的老学生当主婚人。

这一小群人还没离开教堂，举行婚礼的消息就泄漏了出去，许多上了年纪的、出身贫寒的朋友都来参加，他们说，看到她"像一朵雪花"。她穿着白色薄纱绣花长衣，披着累士纱披巾，戴着镶绿叶的白帽，这也许会使人想起一朵冬天的白花。

尼科尔斯先生和她到爱尔兰去访问他的亲友；到基拉尔尼、格兰加里夫、塔伯特、特雷利和科尔克去游览观光。她谈起这些地方时说："有些部分比我想象的还好。……应该说我喜欢我这些新亲戚。我亲爱的丈夫在他自己的故乡以一种新的姿态出现。我不止一次很高兴地听到各方面对他的赞扬。他家的有些老仆人和侍从对我说，我真幸运，嫁了一位最好的绅士。……我确实感谢上帝，让我作了看来是正确的选择。我向上帝祈祷，让我能给这个真诚可敬的人的坚贞的爱情以应有的报偿。"

从此以后，家庭的神圣的门关上了，我们再也看不到她婚后生活的情景。我们，作为她的深情的朋友，站在门外，偶尔能瞥见一点幸福的情景，听到一些愉快而平静的喃喃低语，这告诉我们，门里边的生活是欢快的。我们互相看看，悄悄地说："在进行了漫长的艰苦斗争之后，在经历了许多操劳和许多悲痛之后，她现在终于尝到了幸福！"我们想到了她性格中那些略带苦涩的部分，心想这些部分将会在家庭安乐的和煦阳光中变得成熟而甜蜜。我们想起了她的考验，想到上帝已经看到应该擦去她眼睛里的泪水，我们感到高兴。看见她的人都觉得她的神情有了改变，这外表上的改变说明了内心的情况。我们怀着我们伟大的爱和崇敬去思考、希望和预言。

但是，上帝的意图并不等于我们的意图！

请听听我们倾听并且听到的一些幸福的低语吧：

自从你、埃某某和我一起走到哈沃斯教堂去的那个朦胧安静的六月早晨以来，我真的忙得好像几乎连片刻空闲都没有。倒不是因为我被支使得疲累不堪，事实是，现在我的时间不是我自己的了。另外有个人要占去很大一部分，他说："我们必须这么、这么办。"于是，我们就这么这么**办**。一般看来，做得是对的。……我们有许多远道来访的客人，最近为了在村里举行一个小小的招待会又稍微忙了一阵。他调回来以后，教区居民们都衷心表示欢迎，普遍表示了良好意愿。尼科尔斯先生和我自己都很希望答谢一番。因此，主日学校和一般学校的师生、教堂里打钟的人、唱诗班的人等等，一共五百人，被请到教室里来吃茶点和晚餐。他们在招待会上似乎都很高兴，看到他们兴高采烈的样子是很令人愉快的。有一个村民在提议为我丈夫干杯时把他描绘成一个"**言行一致的基督徒和心地仁慈的绅士**"。我承认，这句话使我深受感动，而且我认为(我知道**你**要是在场的话一定也会这样认为)能够配上和赢得这样一个评语，那要比获得财富、名声或权力更好。我想附和那评价虽高但是朴实的赞扬。……我们从爱尔兰回来时，我亲爱的父亲身体不适。不过，我现在很高兴地说，他已经有了好转。愿上帝再让他同我们一起生活几年吧！不知为什么，现在我比结婚前更希望他长寿，更关心他的幸福和健康。自从我们回来以后，爸爸没有讲过道；每次我看到尼科尔斯先生穿上长袍或法衣，想到同他结婚使爸爸在晚年有了一个好帮手，我就感到安慰。

九月十九日

对！我很高兴地说，我丈夫现在身体和心情都已好转。听他时不时地用简短而朴实的真诚词句表示他感到的幸福，我觉得又满意又感激。我自己的生活比以前充实。我没有多少时间可以思考，我不得不更讲究实际，因为我的亲爱的亚瑟不仅严守时刻，有条有理，而且还是个非常讲究实际的人。每天早上九点钟，他在国立学校给孩子们上宗教课，一直上到十点半。几乎每天下午他都到贫苦的教区居民中去访问。他当然会时常找一些小小的工作给他妻子做，我希望她并不因为能帮助他而感到遗憾。他这样全心全意致力于日常生活中的事务，积极帮助别人，毫不喜欢文学和沉思，我相信这对我来说倒并不是坏事。至于他那忠贞的爱情和亲切的照料，我是不会多谈的，不过这两者都没有改变，也没有减退。

她的朋友兼女傧相在十月份去访问他们。我本来也打算去的，但是，使我抱憾终身的是，有些小小的障碍使我没有去成。

我不谈战争；但是我读到战争恐怖时，却禁不住要想，它是人类遭受的最大的灾祸。我相信这不会持续很久，因为我真的觉得，不管赢得什么荣誉都不足以补偿那非忍受不可的苦难。这话听起来似乎有点缺少崇高的思想和爱国的热情；但是我认为，当我们快到中年时，崇高的思想和爱国的热情的意义在我们看来同年轻时看到的是不同的。

　　承蒙你好意问起爸爸。他好一点了，天气转凉以后，他的体力似乎也强了一些。最近几年，他的身体在冬天确实要比在夏天好。我们确实都很好；至于我自己，我已经很久没有像前三个月那样犯头痛等等的病了。我的生活同过去的不同。愿上帝让我为此感恩！我有了一个善良、仁慈的爱我的丈夫；我自己也一天比一天更加爱他。

　　秋末，詹姆斯·凯·沙特尔沃思爵士越过兰开夏和约克郡之间的界山，来同他们一起度过两三天。

　　大约就在这一时候，别人给尼科尔斯先生提供了一个职位，收入比在哈沃斯当副牧师丰厚得多，而且各方面都有利，但是他自己觉得在勃朗特先生在世的时候，他不能离开哈沃斯。不过，这个提议还是使他的妻子打心底里感到巨大的喜悦，因为这证明她的丈夫是受到尊敬的。

十一月二十九日

　　昨天我本想写一封信，但是刚坐下来要写，亚瑟就叫我去散步。我们出发了，不打算走远，但是，尽管那时天气恶劣，乌云密布，早上却还晴朗。我们在荒原上走了半英里路光景，亚瑟建议去看看瀑布。他说雪融化以后，一定很好看。我以前常常想看看它在冬天的气势——所以我们就继续往前走去。的确很好看;一股滚滚洪流翻过岩石奔腾而下,雪白雪白的,很美!看着看着,天下起雨来,我们便在大雨滂沱中赶回家来。这次散步,我还是觉得说不出的愉快,而且无论如何也不愿错过这个美景。

在这样的天气中走了七八英里路,她未能安然无恙。尽管采取了所有的预防措施,她回家以后不久,就开始发抖,患了严重的、久久不愈的喉咙痛和感冒,病拖了很长时间,使她消瘦了,衰弱了。

我们的可怜的小弗洛西死了,我告诉过你没有?它躺倒了一天,夜间就毫无痛苦地默默死去了。哪怕失去一条狗,那也是一件很令人伤心的事。但是,也许从来没有一条狗比它生活得更幸福、死得更从容了。

圣诞节白天,她同丈夫一起步行去看一个贫苦的老妇人。她过去在没这样幸福的日子里,曾经为那妇人去找过小牛。这次去时,他们带了一个加了香料的大蛋糕,想让她高兴高兴。在圣诞节那天,哈沃斯村许多粗劣的饭食因为有了她的礼物而变得比较丰盛了。

第二年(一八五五年)年初,尼科尔斯先生夫妇俩到高索普去拜访詹姆斯·凯·沙特尔沃思爵士。他们只住了两三天,但是,由于有一次穿了单薄的鞋在湿地里长距离散步,她那久久不愈的感冒加剧了。

她回家以后不久,又无休止地感到恶心,想吐,时常头晕。这种状况持续了一个时期,她只得顺从尼科尔斯先生的意愿,请医生来诊治。医生来了,认为这种可悲的症状是由于正常的原因;稍微忍耐一阵,一切都会过去的。在病痛中素来善于忍耐的她竭力忍耐,并且继续忍耐下去。可是那可怕的恶心却越来越严重,后来一见食物就呕吐。有人说："她在最后六个星期里吃的那一点东西，连鹪鹩吃了都会饿死。"泰比的健康状况突然彻底垮了下来，她为自己多年侍候过的这家人家的最后一个女儿感到苦恼和担心，就在这样的时刻中去世了。玛莎亲切地服侍女主人，时常谈论即将出世的婴儿，想使她高兴起来。"也许到时候我会觉得快活，"她会这么说，"可是我现在很不舒服——很累——"后来她躺在床上，累得坐不起来了。临终前，她在病榻上用铅笔写了两封信。第一封信没有日期，是写给她自己的"亲爱的内尔"的。

> 我必须在我难受的床上写一封信。玛某某可能复原的消息像一丝欢乐的阳光似的来到我这里。我不想谈我的病痛——那全是徒然而痛苦的事。我想肯定地告诉你，你听了一定会感到欣慰——那就是，我发现我的丈夫是女人有生以来最温柔的护士，最亲切的支持，最好的尘间的安慰。他永远不会失去耐心，这种耐心经过了许多忧伤的白天和不眠的黑夜的考验。写信把 H 某某太太的情况告诉我，她病了多久，病情怎样？爸爸——感谢上帝——总算好些了。我们那可怜的泰比**死了**，**葬了**。把我深切的爱转达给伍某某小姐。愿上帝赐给你安慰和帮助。
>
> 夏·勃·尼科尔斯

另一封信——铅笔笔迹也是很淡很淡——是写给她那在布鲁塞尔的同学的：

一八五五年二月十五日

不管身体是好是坏，你的来信都**将**得到几行复信。目前我因病卧床不起，已经病倒了三个星期了。自从我结婚以后，直到三个星期以前，我的健康状况一直很好。丈夫、我同我父亲一起住在家里；我当然不能离开他。他身体很不错，比去年夏天好。我觉得，世上没有比我丈夫更亲更好的丈夫了。现在，我健康时不缺少亲切的陪伴，生病时也不缺少最细心的护理。你告诉了我 W 博士的情况和你那位杰出的母亲的担忧，对这一切我都深有同感。我相信，他不会冒险再动一次手术。我现在写不下去了，因为我瘦了很多，虚弱得很。上帝保佑你们大家。你的深情的

夏·勃·尼科尔斯

我想，她在这以后没有再写过一行字。一个个漫长的白天和更长的黑夜过去了；仍然是那同样无情的呕吐和眩晕，仍然是怀着耐心的信念忍受下去。大约在三月份的第三个星期，病情有了变化；出现了一种轻微的恍恍惚惚的谵妄；在这种状况里，她不断地要求刺激。她现在狼吞虎咽了；但为时已晚。在神志昏迷中，她苏醒片刻，看见她丈夫悲伤得憔悴的脸，听到他喃喃地祈求上帝让她活下去的祷告声。"哦！"她用微弱的声音说，"我不会死，对吗？我们这样幸福，他不会把我们分开的。"

三月三十一日，星期六清晨，哈沃斯教堂的钟声敲响了，向村民们宣告她的逝世。村民们从她小时候就认识她了，他们一想到两个人凄凉而寂寞地坐在那所古老的灰色房子里，他们的心就禁不住颤抖起来。

第二十八章

福斯特①先生的《哥尔斯密传》中有一段话一直使我深深感动。在谈到哥尔斯密去世后的景象时,作者写道:

> 据说"砖院"②里的楼梯上挤满了吊唁的人们,叫家里的用人应接不暇。一些女人来为他痛哭流涕,她们没有家,没有任何家务,除他而外没有任何朋友。还有这个庞大、孤寂和丑恶的城市中的一些无家可归的人也来了,他生前从来不忘记对他们表示关切和宽厚。

我在听到夏洛蒂葬礼上的一些情况时,想到了这一段话。

受到远方各国称颂的她,在那个复活节早上去世了,这件事在那个山区的小圈子以外,很少有人知道。她马上要给埋入坟墓了,在那里,她的亲属比在世的多。留下的两个亲人万分悲痛,不知所措,他们不希望外人表示同情。教区里的大多数人家,每户只有一人被请去出席葬礼。许多贫苦家庭里,把最后一次向她致意的特权让给别人,成了一种克己的行动。被排除在正式送葬行列之外的人们挤到教堂墓地和教堂里来看她被抬出来,安葬在她自己的亲人旁边。不多几个月以前,他们刚看见她,一个脸色苍白的新娘,哆哆嗦嗦地怀着幸福的希望进入新的生活。

在那些沉痛哀悼死者的穷苦朋友中,有一个村里的姑娘,她不久以前被人玩弄了,但是她发现夏洛蒂像是她的一个圣洁的姐姐。夏洛蒂用自己的帮助、自己的忠告、自己的鼓励的话来庇护她,在她困苦的时刻给她一些必需品。这个可怜的年轻女人听说她的朋友病逝了,非常非常伤心,直到今天还在沉痛地哀悼她。一个双目失明的姑娘,住在离哈沃斯四英里路的地方，深深爱着尼科尔斯夫人，她一再哭哭啼啼地哀求周围的人带她沿着大路，顺着荒原上的小道走去，一心要听听那最后的庄严的言词："从土到土，从灰到灰，从尘到尘；通过我们的耶稣基督，肯定有再获得永生的希望。"

这些就是对着夏洛蒂·勃朗特的坟墓哀悼的人们。

我没有什么别的可说了。如果我的读者认为我说得不够，我倒是认为自己已经说得太多了。我没法衡量和判断一个像她这样的人物。我没法像绘制地图那样勘测出缺点和优点，以及有争议的地带。有一个认识她很久而又很熟悉她的人——这本传记中的"玛丽"——是这样写她的已故的朋友的：她很看重自己的责任，她对责任的看法比大多数人的看法要崇高，要清楚，而且比大多数人更成功地坚持了这种看法。在我看来，她履行责任要比神经更强、命运更好的人困难得多。她一生都是辛劳和痛苦。她从来不为了眼前的欢乐而卸下这个重负。我不知道你怎么运用我所说的一切。我是怀着要别人赞赏她的强烈愿望才把这一点写下来的。但是这又有什么关系呢？她运用了她具有的一些才能，已经亲自要求这个世界对此作出评价。这些才能不是最好的，但是是她能用来为陌生人效劳的唯一的东西。他们由衷地、贪婪地享受着她的劳动果实，然后发现，正因为她具有这些才能，她就应该大受谴责。为什么要求这样一个世界对她作出评价呢？

但是我不去理会那些严厉的、毫无同情心的公众——他们因为只看表面，而不深入思考，往往作出粗暴的评价。我面向更广大、更严肃的公众，他们知道怎样怀着温柔的谦逊态度来看待缺点和错误，怎样大大赞赏杰出的天才；怎样热情洋溢、全心全意地敬重所有崇高的优点。我是将这本回忆夏洛蒂·勃朗特的书呈献给这部分公众的。

---

① 福斯特（John Forster, 1812—1876）：英国传记作家。
② 砖院：原文为 Brick Court，是专用名称。

附 录
勃朗特年表

1777 年　帕特里克·勃朗特生于当恩郡。

1783 年　玛丽亚·勃兰威尔(后为勃朗特夫人)生于彭赞斯。

1802 年—1806 年　帕特里克在剑桥大学学习。获文学士学位。

1806 年—1809 年　帕特里克在埃塞克斯、希罗普郡、约克郡任副牧师。

1811 年，1813 年，1815 年，1818 年　帕特里克出版《村舍诗集》《乡村诗人》《林中村舍》《基拉尔尼少女》。

1812 年　帕特里克和玛丽亚·勃兰威尔结婚。

1813 年 4 月　玛丽亚·勃朗特生于哈茨海德。

1815 年 2 月 8 日　伊丽莎白·勃朗特生于哈茨海德。

1816 年 4 月 21 日　夏洛蒂·勃朗特生于桑顿。

1817 年 6 月 26 日　帕特里克·勃兰威尔·勃朗特生于桑顿。

1818 年 7 月 30 日　艾米莉·简·勃朗特生于桑顿。

1820 年 1 月 17 日　安妮·勃朗特生于桑顿。

1820 年　帕特里克(父)任约克郡哈沃斯教区牧师。

1820 年 2 月　全家迁至哈沃斯牧师住宅。

1821 年 9 月 15 日　勃朗特夫人去世。

1823 年　帕特里克(父)想再次结婚，未成。伊丽莎白·勃兰威尔(姨妈)去哈沃斯。

1824 年 7 月 1 日　玛丽亚、伊丽莎白进柯文桥教士女儿学校学习。

1824 年 8 月 10 日　夏洛蒂进柯文桥教士女儿学校学习。

1824 年 11 月 25 日　艾米莉进柯文桥教士女儿学校学习。

1825 年 5 月 6 日　玛丽亚去世。

1825年6月15日　伊丽莎白去世。

1825年　帕特里克(父)将夏洛蒂和艾米莉领回家。

1826年　夏洛蒂、勃兰威尔、艾米莉、安妮开始写小故事。

1829年1月—1830年12月　夏洛蒂和勃兰威尔编写小杂志，创作《岛民故事集》等，发展为《安格里亚传奇》，后艾米莉和安妮创作《贡达尔传奇》。

1831年1月　夏洛蒂去伍勒小姐在罗海德办的学校学习。

1832年5月　夏洛蒂离开罗海德。

1835年7月　夏洛蒂去罗海德任教师，艾米莉去该校学习。

1835年　勃兰威尔在利兹一位画家威廉·罗宾逊指导下学画。

1835年—1837年　勃兰威尔和夏洛蒂写信给《黑木杂志》、骚塞、华兹华斯，未得到结果。

1836年　安妮去罗海德学校学习。勃兰威尔拟去伦敦的皇家艺术学院学画，未成。他在布莱福德开设画室专画肖像，未成。

1837年9月　艾米莉去哈利法克斯附近的帕切特女士的学校任教师。

1839年3月　夏洛蒂拒绝亨利·纳西求婚。

1839年4月—12月　安妮在米尔菲尔德的英汉姆太太家任家庭教师。

1839年5月—6月　夏洛蒂在斯通盖普的西奇威克太太家任家庭教师。

1839年8月　夏洛蒂拒绝詹姆斯·布赖斯求婚。

1840年1月—6月　勃兰威尔在布劳顿-因-弗内斯的波斯尔思威特家任家庭教师。

1840年8月—1845年6月　安妮在索普格林的罗宾逊家任家庭教师。

519

1840 年 9 月—1841 年　勃兰威尔在利兹—曼彻斯特铁路线上任售票员。

1841 年　夏洛蒂写信给华兹华斯。

1841 年 3 月—12 月　夏洛蒂在劳顿的怀特家任家庭教师。

1841 年　夏洛蒂计划自己开办学校。

1842 年 2 月　夏洛蒂和艾米莉去布鲁塞尔埃热夫人的学校学习。

1842 年 3 月　勃兰威尔被铁路当局开除回家。

1842 年 10 月　姨妈勃兰威尔小姐去世，夏洛蒂和艾米莉回哈沃斯。

1843 年 1 月　夏洛蒂去布鲁塞尔继续学习。

1843 年 1 月—1845 年 7 月　勃兰威尔在索普格林的罗宾逊家任家庭教师。

1844 年 1 月　夏洛蒂回家，与艾米莉筹备开办学校。

1845 年　亚瑟·贝尔·尼科尔斯到哈沃斯。

1845 年 6 月　安妮离开索普格林回家。

1845 年 7 月　勃兰威尔被罗宾逊家辞退回家，酗酒，负债。

1845 年秋　夏洛蒂偶然看到艾米莉的诗，建议三人合出诗集。

1845 年秋　安妮完成《艾格妮丝·格雷》。

1845 年—1846 年冬　艾米莉写《呼啸山庄》。

1846 年 1 月　夏洛蒂致函艾洛特与琼斯出版公司联系自费出版诗集。

1846 年 5 月　《柯勒、埃利斯、阿克顿·贝尔诗集》出版。

1846 年 6 月　夏洛蒂完成《教师》。

1846 年 7 月 4 日　夏洛蒂致函亨利·科尔本联系出版《呼啸山庄》《艾格妮丝·格雷》和《教师》三部小说。前两部被接受；后一部被退回。

1846年8月　夏洛蒂陪父亲去曼彻斯特接受白内障摘除手术，同时开始写《简·爱》。

1847年8月24日　夏洛蒂将《简·爱》手稿寄给史密斯-埃尔德公司。

1847年10月16日　《简·爱》出版，立即获得巨大成功。

1847年12月　《简·爱》再版，加作者序。纽比公司出版《呼啸山庄》和《艾格妮丝·格雷》。

1848年7月　安妮的《威尔德菲尔府的房客》出版。夏洛蒂和安妮去伦敦向出版商乔治·史密斯说明四本小说作者的身份。

1848年7月22日　安妮写《威尔德菲尔府的房客》再版序。

1848年9月24日　勃兰威尔去世。

1848年10月　《诗集》再版。

1848年12月19日　艾米莉去世。

1849年5月28日　安妮去世。

1849年10月26日　夏洛蒂的《谢利》出版。

1849年11月—12月　夏洛蒂去伦敦，会见萨克雷和哈丽埃特·马蒂诺。

1850年6月　夏洛蒂去伦敦，然后去爱丁堡。

1850年8月　夏洛蒂去威斯特摩兰湖区，在凯·沙特尔沃思家会见盖斯凯尔夫人。

1850年9月—11月　夏洛蒂为艾米莉的《呼啸山庄》做修订工作。

1850年12月10日　《呼啸山庄》和《艾格妮丝·格雷》再版，其中加了夏洛蒂写的序。

1850年12月　夏洛蒂访问马蒂诺小姐。

1851年4月　夏洛蒂拒绝史密斯-埃尔德公司的编辑詹姆斯·泰勒

的求婚。

1851 年 5 月　夏洛蒂接受史密斯的邀请第四次访问伦敦，去听萨克雷的演讲。回家途中去曼彻斯特访问盖斯凯尔夫人。

1851 年秋　夏洛蒂开始写《维莱特》。

1852 年 6 月　夏洛蒂去斯卡巴勒看安妮墓碑。

1852 年 12 月　夏洛蒂拒绝亚瑟·贝尔·尼科尔斯的求婚。

1853 年 1 月　夏洛蒂去伦敦访问史密斯一家。

1853 年 1 月 28 日　《维莱特》出版。

1853 年 4 月　夏洛蒂去曼彻斯特访问盖斯凯尔夫人。

1853 年 9 月　盖斯凯尔夫人去哈沃斯访问夏洛蒂。

1854 年 5 月　夏洛蒂访问盖斯凯尔夫人。

1854 年 6 月 29 日　夏洛蒂和亚瑟·贝尔·尼科尔斯结婚，去爱尔兰旅行。

1855 年 3 月 31 日　夏洛蒂去世。

1855 年 7 月　帕特里克·勃朗特先生请盖斯凯尔夫人为夏洛蒂写传。

1857 年 3 月　盖斯凯尔夫人的《夏洛蒂·勃朗特传》出版。

1857 年 6 月 6 日　《教师》出版。

1861 年 6 月 7 日　帕特里克·勃朗特先生去世。

1893 年 12 月 6 日　英国勃朗特学会成立。

1895 年 5 月 18 日　勃朗特纪念馆在哈沃斯镇开幕。

1906 年 12 月 2 日　亚瑟·贝尔·尼科尔斯去世。

1928 年　勃朗特纪念馆迁至哈沃斯牧师住宅。

祝庆英

译后记

一位著名的女作家为同时代的另一位女作家写传,写出一部真实生动、至今仍激动人心的传记,这在文学史上也许是极少见的事。

伊丽莎白·克·盖斯凯尔,通常称为盖斯凯尔夫人,这位被马克思称为"现代英国的一批杰出的小说家"之一的女作家,对我们不是一个陌生的名字。她的《玛丽·巴顿》的中译本早就深受我国读者的欢迎。盖斯凯尔夫人原名伊丽莎白·克莱格霍恩·斯蒂文森,生于一八一〇年。二十二岁时,她和唯一神教会牧师威廉·盖斯凯尔结婚,从此定居曼彻斯特。她因为协助丈夫做一些社会工作,所以有机会和工人接近。她关心和同情他们的生活和斗争,也逐渐了解宪章运动高潮时期英国的工人运动情况。她第一部优秀作品《玛丽·巴顿》(1848)就揭露了当时英国工人和资本家的矛盾。以后她又写了《克兰福德》(1853)、《露丝》(1853)、《北与南》(1855)、《西尔维亚的恋人》(1863)、《妻子与女儿》(1866)以及许多中短篇小说。她在一八六五年去世。

她和夏洛蒂·勃朗特的友谊是在一八五〇年开始的。夏洛蒂在一八五〇年八月二十六日写给同窗好友埃伦·纳西的信里这样写道:

> 一同游览的有盖斯凯尔夫人(《玛丽·巴顿》的作者),她比我晚一天抵达布赖里。和她在一起,我确实感到高兴。她具有真正的才华,态度可爱,待人热情,我相信——她有一颗善良的心。

那是一八五〇年八月下旬,夏洛蒂接受詹姆斯·凯·沙特尔沃思爵士的邀请，到英格兰西北部著名的湖区他的家里做客，在那里她遇到了盖斯凯尔夫人。

八月二十五日盖斯凯尔夫人在写给凯瑟琳·温克沃思的信里，对她和夏洛蒂的初次见面写得相当详尽，她对夏洛蒂的外形的描绘只有三四百字，可是却向我们提供了一幅极其逼真的肖像画。这封信已经收在本书第二十一章里。

八月二十七日，夏洛蒂回到家里以后，立即提笔写信给盖斯凯尔夫人：

……我坐在自己的房间里。……我虽然只是孑然一人，但并不感到不愉快，我有上千件事可以感到欣慰，其中一件就是：今天早上我收到了你的信，今天晚上有幸给你写回信。

从盖斯凯尔夫人和夏洛蒂分别以后立即先写信给她，和夏洛蒂写回信时的喜悦心情，可以看出她们真是一见如故，可是这种友情并不是突然产生的。当时盖斯凯尔夫人已经出版了《玛丽·巴顿》，夏洛蒂已经出版了《简·爱》，她们都看过对方的作品，自然产生了仰慕之情。从一八五〇年起，这种崇高的友情日益发展。一八五一年七月一日夏洛蒂写给乔治·史密斯的信里，我们又可以看到她提到盖斯凯尔夫人：

途中访问了盖斯凯尔夫人，这使我紧张的神经很快就松弛了下来。虽然只同她一起度过两天，但这两天却非常愉快。……盖斯凯尔夫人是这样一位妇女，同她谈话，和她在一起，我绝不会很快感到厌烦。我觉得，她为人和善，天资聪颖，富有生气，毫不矫揉造作。

她们两人经常书信往返，但是盖斯凯尔夫人这时还没有到过夏洛蒂的家。夏洛蒂在一八五三年七月九日写给盖斯凯尔夫人的信里说："我渴望见到你。"后来又写信说："你一有可能就到哈沃斯来吧。"果然，过了不久，在九月，盖斯凯尔夫人来探望夏洛蒂了，在她家里住了四天。这是她第一次到哈沃斯。关于这次访问的所见所闻，盖斯凯尔夫人曾经写了好几封长信。在本书的第二十七章中她自己就引用了其中一封。不过，另外有一封她给一位朋友的信没有收进。但克莱门特·肖特在序言中引用了。这封信相当详细地叙述了她对夏洛蒂家庭的印象和了解到的夏洛蒂的悲惨的过去。这时夏洛蒂只和她的老父两人生活在一起。盖斯凯尔夫人写到夏洛蒂家对面的教堂、墓地、荒原、狂风、老勃朗特先生的单调孤独的生活等等。关于夏洛蒂，她是这样写的：

> 有些人知道的事实和轶闻很快就会讲完；而勃朗特小姐却不是这种人。她有她自己的和她妹妹的一生中那些怪诞离奇的事情，除此以外，而且超出这一切的是，她有她自己的独特的和启发性的见解。所以，我在最后一天感到，像那荒原一样，我们的谈话朝任何一个方向伸展开去，都不可能达到任何话题的尽头。

在盖斯凯尔夫人这次访问中，夏洛蒂对她谈到了她和尼科尔斯之间的关系。我们可以想象，夏洛蒂像对一位大姐姐那样向盖斯凯尔夫人倾吐了她的心事和痛苦。一八五四年四月十八日，夏洛蒂写信给盖斯凯尔夫人，欣喜地告诉她："不知怎的，事情发展了。细节不必说了。结果正如人们所说的，我'订婚'了。"

盖斯凯尔夫人当然为夏洛蒂感到高兴。夏洛蒂在结婚前一个月还到过她家里。

盖斯凯尔夫人和夏洛蒂的友谊，在本书里其实已经叙述得非常详细。我在上面又简略地交代了一下，主要是想说明盖斯凯尔夫人担当起写这部《夏洛蒂·勃朗特传》的原因。

一八五五年三月三十一日，夏洛蒂享受婚后的幸福只有半年多，正在她声誉日上、才能还待继续发挥的人生中年，却不幸去世。她的逝世是英国文坛的一大损失，给她的老父和好友带来无限的悲痛。老勃朗特牧师看到有些关于他的女儿生平事迹的报道不太真实，心中不安。他想请人替他的女儿写一部能够忠实叙述她的一生的传记。他想到了盖斯凯尔夫人，这位曾来他家住过四天，每天白天陪他顶风在荒原上散步、晚间在炉火边听他谈论往事的盖斯凯尔夫人，他的女儿的密友。他相信她，认为她是写这部传记最理想的人。

果然，盖斯凯尔夫人没有辜负老勃朗特牧师的委托，她认为为夏洛蒂写传是她义不容辞的任务。她怀着对亡友的深切的悼念，开始了工作。

盖斯凯尔夫人知道要写好这样一部传记，单凭她对夏洛蒂的一点了解是很不够的，她首先要做的是实地调查，收集资料。她再次到夏洛蒂的故乡，了解它的沿革，探索环境对女作家的影响；她又到夏洛蒂学习和生活过的许多地方，寻访夏洛蒂当年的踪迹。她知道夏洛蒂生前写有大量书信，这是处在凄寂的荒原上的夏洛蒂和外界保持联系的唯一途径。她尽一切可能收集夏洛蒂写的信。盖斯凯尔夫人认为这些信充满夏洛蒂的真实的感情和思想，她的毫不保留的论点和意见，因此她在这本传记中引用了许多夏洛蒂的原信。

盖斯凯尔夫人是一位卓越的女作家，她当然没有枯燥地罗列许多事实和材料，让人如同读年表一样来读这本书。这本《夏洛蒂·勃朗特传》又是一部感人的文学作品。她生动地介绍了勃朗特姐妹的才华和她们的悲剧，写到她们姐弟之间的亲切的感情，写到她们的艰苦的创作生活，写到社会对她们的不公正的态度等等。读者读到这些章节时，想必都会受到感动。当然我们更加难以忘记在盖斯凯尔夫人笔下夏洛蒂那生动的形象，热情而顽强的性格，追求自由和幸福的精神。盖斯凯尔夫人带着对亡友的最深切的怀念，写出了一个活生生的夏洛蒂。

最后，应该提到《夏洛蒂·勃朗特传》的文献价值。从夏洛蒂去世至今，关于勃朗特姐妹的传记、评论和研究论著越来越多。但是盖斯凯尔夫人的这本传记是第一本，而且由于作者和夏洛蒂本人的交往，书中所叙许多都根据第一手资料，因此，尽管以后的评论和研究勃朗特姐妹的著作大量出版，这本传记却永远以它的独特的长处成为了解勃朗特姐妹的最好的资料。而且，《夏洛蒂·勃朗特传》的意义还在于它写到了当时英国的文坛动态、文学论争等等。这些都有极高的史料价值。列夫·托尔斯泰，我们都知道，在文学评论上的态度是极其严格的，但是他对盖斯凯尔夫人的这本书中的这一优点评价却很高。他在一八五七年七月二十一日写给波特金的信中向他建议："读读贝尔(Currer Bell)的传记，这十分有意思，可以亲切地理解现代英国作家各个优秀集团的文学观点以及它们的关系。"[①]

我在翻译《简·爱》的时候，为了想多了解一点作者的情况，找了一些有关资料参考。其中这本《夏洛蒂·勃朗特传》深深地吸引住了我。我看了好几遍，它帮助我进一步理解《简·爱》这部杰作，同时我也萌生了把它翻译出来、介绍给我国读者的想法。译完《简·爱》以后，我和祝文光同志合作，几经寒暑，终于完成了此书的翻译工作。现在在写这篇译后记的时候，正是中秋前后。金黄色的秋天，是美好的季节，收获的季节。盖斯凯尔夫人也好，夏洛蒂也好，虽然

[①] 转引自苏联科学院高尔基世界文学研究所编：《英国文学史(1832—1870)》第488页，人民文学出版社1986年版。

都不能说是著作等身，但是她们对英国文学的影响，她们对世界文学的贡献，她们在各国读者心中的地位，不都说明了她们毕生努力从事的工作得到了丰盛的收获吗？我们今天都会惋惜这两位女作家寿命太短，夏洛蒂·勃朗特只活了三十九岁，盖斯凯尔夫人只活了五十五岁，没有更多一些作品留给后世，但是《玛丽·巴顿》和《简·爱》的光辉照耀了一百多年，这不充分证明了她们的生命的价值吗？我希望这本凝结着这两位女作家的友情的《夏洛蒂·勃朗特传》也会受到我国读者的喜爱。

祝庆英

一九八六年九月

Elizabeth Gaskell
THE LIFE OF CHARLOTTE BRONTË
根据 Oxford University Press，1955 年版本译出

图书在版编目(CIP)数据

夏洛蒂·勃朗特传 /（英）盖斯凯尔夫人
(Elizabeth Gaskell)著 ； 祝庆英， 祝文光译. -- 上海：
上海译文出版社, 2025. 6. -- ISBN 978-7-5327-9730-1
Ⅰ. K835.615.6
中国国家版本馆 CIP 数据核字第 20256DM746 号

夏洛蒂·勃朗特传

[英] 盖斯凯尔夫人　著　祝庆英　祝文光　译
责任编辑/管舒宁　装帧设计/张志全工作室

上海译文出版社有限公司出版、发行
网址：www.yiwen.com.cn
201101　上海市闵行区号景路 159 弄 B 座
苏州市越洋印刷有限公司印刷

开本 890×1240　1/32　印张 17.25　插页 6　字数 348,000
2025 年 6 月第 1 版　2025 年 6 月第 1 次印刷
印数：0,001—5,000 册

ISBN 978-7-5327-9730-1
定价：98.00 元

本书中文简体字专有出版权归本社独家所有，非经本社同意不得转载、摘编或复制
如有质量问题，请与承印厂质量科联系。T：0512-68180628

most greatly housekeeping. — but the
richer sort of people despise her for
poverty, & they would have nothing
in common if they did meet. These peop[le]
build grand houses, & live in them
on hundreds of thousands of pou[nds]
& yet bring up their sons with only [a]
scanty learning, to qualify them [as]
over-lookers during their father's li[fe]
time, & greedy grasping money-m[en]
after his death. Here & there from the
higher Moorland hamlet we saw n[ewly]
built Churches, — which her Irish cur[ates]
see after.   Long one of them being [the]
copies of different curates in the n[eigh]
bourhood, whose amusement has be[en]
long since to call each other by the[ir]
names. the parson in Shirley.
In the evening Mr Nicoll came to see
me, & smoked a pipe, a regular cl[ay]
& we sat over the fire & talked, — talk[ed]
of long ago when that very same roo[m]
was full of children; & how one boy o[f]